法大诉讼法学博士文库

总主编　熊秋红

实质性解决行政争议视角下行政不作为诉讼研究

刘　群　著

中国人民公安大学出版社

·北　京·

图书在版编目（CIP）数据

实质性解决行政争议视角下行政不作为诉讼研究/刘群著．—北京：中国人民公安大学出版社，2022.1

（法大诉讼法学博士文库）

ISBN 978-7-5653-4257-8

Ⅰ.①实…　Ⅱ.①刘…　Ⅲ.①行政诉讼—研究—中国
Ⅳ.①D925.304

中国版本图书馆 CIP 数据核字（2021）第 137907 号

实质性解决行政争议视角下行政不作为诉讼研究

刘　群　著

出版发行：中国人民公安大学出版社
地　　址：北京市西城区木樨地南里
邮政编码：100038
经　　销：新华书店
印　　刷：北京市泰锐印刷有限责任公司

版　　次：2022 年 1 月第 1 版
印　　次：2022 年 1 月第 1 次
印　　张：11.875
开　　本：880 毫米×1230 毫米　1/32
字　　数：320 千字

书　　号：ISBN 978-7-5653-4257-8
定　　价：48.00 元

网　　址：www.cppsup.com.cn　www.porclub.com.cn
电子邮箱：zbs@cppsup.com　zbs@cppsu.edu.cn

营销中心电话：010-83903991
读者服务部电话（门市）：010-83903257
警官读者俱乐部电话（网购、邮购）：010-83901775
法律图书分社电话：010-83905745

法大诉讼法学博士文库

编　委　会

序

时光荏苒，21 世纪不知不觉间已经过了二十余载。进入新世纪以来，随着数字技术的高速发展和诉讼案件数量的大幅增长，诉讼法学研究者在继续深耕传统理论问题的同时，也面临着拓展新领域、发掘新问题之需，这给研究者的知识结构和研究能力带来了很大的挑战。在一个激变的历史时代，如何开展富有理论价值和时代意义的诉讼法学研究，是研究者们共同面对的问题。

我国诉讼法学研究起步于晚清民国时期。作为西学东渐的成果之一，清政府效仿西方列强，在实体法之外创立了单独的程序法典。到了民国时期，体系较为完善、内容较为详实，以诉讼理论为支撑的诉讼法典得以建立，典型的标志是1928年《中华民国刑事诉讼法》与1930—1931年《中华民国民事诉讼法》的颁布。随着立法进程的发展，诉讼法学作为一门独立学科也开始得到重视，多所大学纷纷设置了相应的课程。在当时的法学研究者中，沈家本最早对诉讼法的作用、原则和制度进行了系统的阐述。之后经过夏勤、陈瑾昆、郭卫、熊元襄、康焕栋、戴修瓒、孙少康、蔡枢衡等若干学者的不懈努力，在20世纪40年代形成了较为完整的诉讼法学理论体系。

新中国的诉讼制度，是在废除国民党政府旧法统，继承和总结我国新民主主义革命时期司法实践经验的基础上建立和发展起来的。新中国成立之初，诉讼法学研究主要围绕着社会主义诉讼制度和马克思主义诉讼法学展开。当时的诉讼法学理论主要承袭苏联传统，苏联的刑事诉讼制度和检察制度对我国诉讼法的发展产生了深远的影响，切里左夫的《苏维埃刑事诉讼》、阿布拉莫夫的《苏维埃民事诉讼》和维辛斯基的《苏维埃法律上的诉讼证据理论》等著作成为当时的必读书目。1954年，我国制定了第一部宪法，并于同年颁布了《中华人民共和国人民法院组织法》《中华人民共和国人民检察院组织法》和《中华人民共和国逮捕拘留条例》。1956年，最高人民法院总结司法工作经验，拟定出《各级人民法院刑、民事案件审判程序总结》，作为各级法院办案的基本依据。

然而，从1957年下半年开始到1965年，诉讼法学研究受到了极左思想的影响，逐渐陷入停滞。随后，反右斗争扩大化，一大批从事诉讼法学研究的教师和科研人员被打成“右派”，无法从事诉讼法的教学与科研工作。虽然1957年在总结我国司法实践经验和外国经验的基础上草拟出《中华人民共和国刑事诉讼法草案（草稿）》，并于1963年形成了200条的《中华人民共和国刑事诉讼法草案（初稿）》，但是在极左思潮的冲击下，这一过程被迫中断，至“文化大革命”时期，社会主义法制遭到破坏，诉讼立法和法学研究再次陷入停滞。

1976年10月之后，在短短几年间，诉讼法学的理论研究队伍迅速扩大和成长，大批中青年学者活跃在诉讼法学界，成为研究队伍中的生力军。当时，全国已有近十个单位招收诉讼法学专业硕士研究生，并首次批准在中国政法大学设立了诉讼法学博士学位授予点，为我国培养出了一大批诉讼法学专业人才。1984年，全国性的诉讼法学学术团体——中国法学会诉讼法学研究会正式成立，并主编发行了《诉讼法学论丛》（年刊）。自1986年开始，每年都要举行一次全国性的诉讼法学年会，讨论刑事诉讼、民事诉讼和行政诉讼中的有关理论问题，以及改革与完善诉讼制度等问题。迄今为止35年间，既有前辈大师筚路蓝缕在前，又有老中青几代学人薪火相传、孜孜不倦在后，为新中国诉讼法学的学科发展和理论研究作出了不可磨灭的贡献。

在这一时期，虽然苏联的法学理论依然在诉讼法学研究中有所体现，如检察监督是理论界长期争议的话题。但是学者们的目光开始转向西方诸国，在对英美法系和大陆法系国家的诉讼理论与诉讼制度进行比较研究的基础上，尝试建构具有中国特色的诉讼法学学科体系、学术体系和话语体系。在刑事诉讼法学领域，从 20 世纪 80 年代末开始，学者们相继对刑事诉讼构造、目的、职能、价值、方式、司法体制等基础理论问题展开了深入的研究。而在民事诉讼法学领域，对于民事诉讼法学科建立的必要性、该学科的知识结构、民事诉讼基本原则、管辖、反诉、简易程序、涉外程序等问题进行了具体的研究。学者们尝试探索我国诉讼法学理论的发展方向，并力图回答一个问题：中国的诉讼制度究竟应向何处去？作为一种现象，刑事诉讼法学研究常常借鉴英美法律制度及其理论，而民事诉讼法学研究则更多从德日等大陆法系国家继承体系化的理论，两者出现了研究进路上的分化。但是，形成共识的是：无论如何利用比较法资源，都要避免简单的条文比较，而应重视在社会背景、条件、文化之下的功能比较，“橘生淮北则为枳”，只有从功能比较出发解读和学习西方的法律制度，才能避免简单的模仿和盲目的移植。

诉讼法学是一门实践性非常强的学科，仅仅使用逻辑思辨的方法进行研究是远远不够的，还需要重视实证研究方法的运用，因为诉讼法学研究“不仅仅是满足个人心性的自由思考，还应该充满对于时代生活的热切关怀”。实证研究不仅能够帮助我们了解中国诉讼制度在实践中的运转情况，更重要的是能够提供发现问题、解释问题，并在此基础上解决问题的新线索和新思路。实证研究同样也需要理论作为支撑，理想的路径是将“形而下”的诉讼实践作为理论研究的出发点和归宿，真切地感知动态的诉讼活动的内在机理，细致地发掘与梳理每一个看似细小却很有可能决定改革方案成败以及知识产品有效与否的节点。应当注重对经验材料的运用，做到研究结论的得出建立在对实践经验的归纳、总结与分析之上，而非偏重主观演绎与推理，甚至套用某些不具备普适性的“元理论”草率地对现实进行评判。从实践出发得出研究结论之后，还应将结论再交由实践检验，剔除其中的偏见和错误，在科学地把握“实然”的前提下，再去贯彻“应然”的价值取向，进而搭建起真正能够经受住实践考验和理论反驳的诉讼法学话语体系。

过去的十多年间，诉讼法学研究呈现出一个新的特点，即开始从“地方性知识”向“全球话语”转变。这主要体现在三个方面：第一，诉讼法学的地方性特色逐渐弱化，两大法系之间相互借鉴、学习和靠拢，使得现在大多数国家的诉讼法都不再是单纯的当事人主义或者职权主义，而是呈现出混合模式的特征。第二，在世界范围内，制度的改革开始同步化，而不再有明显的先发和后发国家的区分。从美国辩诉交易制度的产生到中国建立认罪认罚从宽制度，其间经过了一百余年的时间，而企业合规制度的比较借鉴经过了二十余年，在线诉讼和在线法律援助的发展差距甚至在十年左右，各国诉讼制度的发展开始齐头并进。第三，数字技术如人工智能和大数据对于诉讼法的影响在全球范围内受到广泛关注，数字时代的加速到来带来了大量的社会问题，诉讼法学需要对这些时代所关心的问题进行回应。改革开放之后，我国的诉讼法学界一直都在关心中国诉讼法学研究的“主体性”问题，担忧在模仿西方诉讼法律制度时丢失了中国自身的实践需求和理论话语。但是，现在中国特色的社会主义诉讼制度已经建立，其背后的中国诉讼法学基础理论也得到了较为充分的阐释。在新的历史时期，我们更应该关心的是中国诉讼法学研究的“先进性”问题，这是中国诉讼法学理论如何具有世界影响力的关键性问题。先进的学术话语离不开标识性概念的提炼，更离不开融通中外的话语体系的搭建。中国的学术作品既要会讲“汉语”，也要会讲“外语”，要找到中国学术理论恰当的国际化表达方式。

创新是学术研究的灵魂，诉讼法学研究需要不断注入新的思想。读博期间是一个青年学者时间最充裕、思想最活跃的研究黄金期，博士论文更是在学术界的“黄莺初啼”

“小荷露尖”，是对博士阶段学习成果的总结，也是对学术理论和前沿问题的集中探讨。一篇品质上乘的博士论文最重要的是围绕一个重要而富有新意的问题展开，一切的理论创新都始于问题，问题意识贯穿学术话语创新的全过程。在研究方法上，要打破学科壁垒，与不同学科进行学术对话与争鸣，在开放性思维中重新认识自我，并寻求适宜的表达方式。如果将视野局限在诉讼法学科内部，这种固步自封的学术研究只会越走越窄。同时，好的学术成果还要有良好的语言表达，让阅读者“愿意听”也“听得懂”，只有这样才能让自己的学术作品被学术界、实务界甚至是社会大众所接受，从而真正对司法实践产生影响。“德不孤，必有邻”，非常幸运的是，我们身处“一个需要理论而且一定能够产生理论的时代”“一个需要思想而且一定能够产生思想的时代”，诉讼法学界形成了以追求知识和真理为核心的学术共同体，这为青年学者开展自身感兴趣的研究打下了良好的基础。

中国政法大学诉讼法学研究院是教育部于 2000 年 10 月审批通过的全国第二批社科重点研究基地，是诉讼法学专业唯一入选全国普通高等学校人文社会科学百所重点研究基地的研究实体。依托中国政法大学雄厚的法学专业基础，以国家级重点学科诉讼法学科为重心，诉讼法学研究院涵盖刑事诉讼、民事诉讼、行政诉讼三大诉讼法以及证据制度、司法制度等多个研究领域。自成立二十余年来，诉讼法学研究院在完成教育部要求的基地建设目标方面成就显著，同时在学术创新、服务社会、交流合作等多个方面取得了骄人业绩，所产出的诉讼法学科研成果的数量和质量均位居全国前列，对于国家立法作出了重大贡献，人才培养数量多、质量高，学术交流活动广泛，是诉讼法学研究和高层次人才培养的重要平台。

“法大诉讼法学博士文库”是中国政法大学诉讼法学研究院主持编选并组织出版的中国政法大学诉讼法学专业(含刑事诉讼法学、民事诉讼法学、行政诉讼法学、证据法学）博士学位论文系列丛书。这套丛书旨在搭建学术平台，推出诉讼法学新人新作，营造百花齐放、百家争鸣的学术氛围。此外，由于博士学位论文不仅能够反映博士生个人的勤奋和智慧，还常常凝聚了博士生导师的心血和才智。因此，这套丛书的出版也是对法大诉讼法学博士研究生指导成果的集中展示。我们希望能够通过本套丛书的出版，培养和造就一批高素质的诉讼法学博士生，推动诉讼法学年轻学者之间的交流和互动，促进我国诉讼法学的繁荣和发展。

是为序。

熊秋红

2022 年 1 月 6 日

目录

绪　论

一、研究背景和意义

（一）问题的提出

行政诉讼立法目的是其社会功能在法律层面的集中体现。为解决程序空转和实质化解行政争议，2014年修订后的《行政诉讼法》将“解决行政争议”写入立法目的，强化行政诉讼制度实质性解决行政争议方面的功能作用。“实质性解决行政争议”旨在在司法能力和司法权限内实现两个尽可能：第一，尽可能多地解决行政争议，实现无遗漏的权利保护；第二，尽可能地将行政争议解决到位，达到案结事了、救济到位和监督到位。

由于《行政诉讼法》在不作为诉讼的起诉期限、审查标准、裁判方式等方面尚不够健全，需要进一步明确该类诉讼案件的受理条件、审理规则和裁判规则等具体内容。同时，行政机关有懒政怠政趋势以及存在反腐高压态势下的不愿为、不敢为等不作为现象。伴随立案登记制的实行和行政相对人权利意识觉醒，审判实践中申请行政主体履行作为义务的案件数量激增，成为行政诉讼案件新的增长点，而不作为案件判决方式也显得尤为重要。修订后的《行政诉讼法》在立法目的、受案范围、原告资格、行政诉讼判决方式等方面进行了调整和完善。尤其在判决方式方面，履行判决在行政诉讼判决种类中发挥着越来越重要的作用，同时也是实现当事人权利有效救济的重要方式。但是在审判实践中，履行判决的客观效果不明显，行政机关在履行判决后仍存在履职不充分、不完善的情况，导致履行判决在实质性解决行政争议方面与立法目的相去甚远，程序空转问题依然存在。因此，本书从“实质性解决行政争议”的视角来研究行政不作为诉讼，通过提出完善对策从而使大量行政不作为诉讼案件得到实质性化解。这也是出于为当事人权利提供有效救济和督促行政机关积极履职的实践需要。

从实质性解决行政争议视角来看，与实现行政不作为诉讼目的联系最为紧密的是起诉条件、审理规则和裁判规则。基于行政诉讼类型的不同往往会有不同的起诉条件、审理规则和裁判规则。司法权与行政权之间的关系可以说是行政诉讼基础性关系问题，不仅涉及案件受理的程序性问题，还涉及实体审理问题。其中，第一个阶段的程序性问题涉及司法权与行政权之间的横向关系；第二个阶段的实体审理问题涉及司法权与行政权之间的纵向关系。具体而言，行政不作为诉讼包括三个阶段，第一个阶段所要处理的是诉讼必须适法提起，即“诉的有效性”问题，其对应的是不作为诉讼的起诉条件；第二个阶段所要解决的是程序上必须适法，即“诉的适法性”问题，其对应的是不作为诉讼的审理要件；第三个阶段则属于法院针对原告的诉讼请求进行判决阶段，即“诉的效果性”问题，其对应的是不作为诉讼的实体审查要件和裁判规则。①

（二）选题研究的意义

本选题以实质性解决行政争议为视角来探讨行政不作为诉讼，具有重要的理论和审判实践价值。

1. 从本选题的理论价值来讲

通过系统梳理和界定不作为概念、性质及表现形态从而充实行政行为理论体系，保证其系统性和完整性。此外，行政不作为诉讼的研究有助于完善权力监督体系，是深入推进依法治国的重要切入点。本选题对于强化行政权的监督具有重大意义，是权力监督和社会治理的重要制度，也是完善国家治理体系和治理能力的重要创

① ［日］原田尚彦：《诉的利益》，石龙潭译，中国政法大学出版社 2014 年版，第 34~89 页。

新点。

2. 从本选题的实践价值来讲

随着不作为争议案件诉讼实践的日益发展，客观上也要求对其进行法律层面的规制及完善。加强对行政不作为诉讼的研究，有利于统一裁判尺度。通过充分保障相对人实体权利救济，是提升司法公信力的重要立足点，对推进司法裁判规范化、标准化具有重大作用。本选题结合我国近年来的典型案例，对行政不作为诉讼相关问题进行分析并提出完善建议，以期能够促进司法公正目标的实现。

总之，本书以实质性解决行政争议为视角对行政不作为诉讼进行研究，有助于将法治精神制度化并构建和完善行政不作为诉讼的制度载体。通过平衡行政不作为诉讼中权力与权力以及权力与权利之间内在价值之间的张力，提高司法审判的有效性进而内化为行政机关积极作为的一种习惯。而公正、高效、权威的行政不作为审判实践，也是我国法治建设中的重要一环。“法律必须被信仰，否则它将形同虚设”①，行政不作为诉讼在坚持规则治理的同时要秉持良法善治，践行法治精神中形式治理和实质治理的统一。现代法治是将法治精神内化为市民社会的法意识，并使法与伦理相统一实现正义目标，从而重塑和延续法秩序。② “建设法治中国要求行政法治应从消极控权走向控权和促进积极履职双管齐下，即不仅要让政府有所不为，还要让其有所为。”③

二、研究现状

本书主要针对行政不作为诉讼未达到实质性解决行政争议的诉讼目的，通过提出相关的问题及对策，达到“实质性解决行政争

① ［美］伯尔曼：《法律与宗教》，梁治平译，上海三联书店 1991 年版，第 14 页。

② ［日］川岛武宜：《现代化与法》，王志安等译，中国政法大学出版社 1994 年版，第 32~87 页。

③ 江必新：《法治中国的制度逻辑与理性构建》，中国法制出版社 2014 年版，第 58 页。

议”与行政不作为诉讼应然性与实然性的结合与统一。

旨在回应以下几个问题：第一，如何理解“实质性解决行政争议”，该问题既涉及行政诉讼立法目的层面及文本解读，也涉及理论层面的转向。第二，“行政不作为”相关基础理论的完善，并将该研究列为重中之重。第三，“行政不作为诉讼”存在的问题及制度完善对策。该问题主要涉及不作为诉讼在解决行政争议方面存在的短板与不足从而提出建议，因此需要通过结合相关研究文献进行充实与完善。

（一）关于“实质性解决行政争议”的理解

有关行政诉讼目的和功能的研究分为“一元说”“二元说”和“三元说”[①]，主要围绕“权利救济”“监督行政权”“解决争议”等方面展开。[②] 学界对于行政不作为诉讼应当以保障当事人合法权益为最终目的已经进行了充分论述，基本达成了共识。[③] 另有学者认为，确定行政诉讼目的应该抓住行政诉讼的本质，从价值观念、主体需要、客体属性三个方面进行确定，从而为研究行政诉讼目的提供了有益思路及借鉴价值。[④] 修订后的《行政诉讼法》增加“解决行政争议”的规定，立法旨在不仅通过诉讼进行权利救济和权力监督，更为重要的是争议解决功能，目的是促进行政争议的实质性解决[⑤]，系对解决争议目的之贯彻与实现，体现了司法权“定分止争”的一般特性。根据部分学者的观点，从诉讼经济、审查的

① 马怀德：《行政诉讼原理》（第二版），法律出版社 2009 年版，第 54~70 页。

② 贾亚强：《论行政诉讼实质性解决行政争议的实现——以争讼行政法律关系的确定为研究进路》，载《法律适用》2012 年第 4 期，第 67 页。

③ 肖锋昌：《论行政诉讼目的的唯一性》，载胡肖华主编：《权利与权力的博弈——行政诉讼法修改纵横谈》，中国法制出版社 2005 年版；胡卫列：《行政诉讼目的论》，中国检察出版社 2014 年版，第 57 页。

④ 杨海坤、章志远：《行政诉讼法专题研究述评》，中国民主法制出版社 2006 年版，第 28 页。

⑤ 章志远：《我国司法政策变迁与行政诉讼法学的新课题》，载《浙江学刊》2009 年第 5 期，第 143~149 页。

有效性和及时性考虑，实质性解决行政争议包含解决争议的妥善性、一次性和迅速性等内容，即追求全面妥善解决当事人之间的权利义务争议，防止循环诉讼。① 为了达到行政争议的实质性解决，其重点还应放在行政诉讼机制本身，其中可以通过完善行政不作为诉讼实现其有效运作。目前学界多从宏观层面粗浅叙述“实质性解决行政争议”，研究成果不仅数量少且不够深入，对相应制度构建的研究着力不均。② 在审判实务领域，主要集中于从形式法治与实质法治之间的关系入手，主张从实质法治主义背景下切入讨论实质性解决行政争议问题。③

（二）关于“行政不作为”的理解

1. 行政不作为概念

目前关于该概念的观点众说纷纭，比较有代表性的观点有“评价说”“程序说”“职责说”及“折中说”等。具体来说，关于“评价说”，亦可称为“主观抑制说”，该学说认为行政不作为是消极行为，主要体现为拖延履行作为义务的违法和合法之形态。④“程序说”是指行政机关消极不履行作为义务构成不作为⑤，

---

① 钱弘道、吴亮：《纠纷解决与权力监督的平衡——解读行政诉讼法上的纠纷解决目的》，载《现代法学》2008 年第 5 期，第 3~13 页。

② 贾亚强：《论行政诉讼实质性解决行政争议的实现——以争讼行政法律关系的确定为研究进路》，载《法律适用》2012 年第 4 期，第 67~72 页。

③ 江必新：《论行政争议的实质性解决》，载《人民司法》2012 年第 19 期，第 13 页；江必新：《论实质法治主义背景下的司法审查》，载《法律科学》2011 年第 6 期，第 55 页；李桂林：《实质法治：法治的必然选择》，载《法学》2018 年第 7 期，第 71~82 页。

④ 朱新力：《论行政不作为违法》，载《法学研究》1998 年第 2 期，第 121 页；江必新：《贯彻〈中华人民共和国行政诉讼法〉专题讲座》，人民法院出版社 2015 年版，第 23 页；胡建淼：《行政行为基本范畴研究》，浙江大学出版社 2005 年版，第 148 页。

⑤ 贺荣：《行政执法与行政审判实务——行政裁决与行政不作为》，人民法院出版社 2005 年版，第 274 页以下；周佑勇：《行政不作为构成要件的展开》，载《中国法学》2001 年第 5 期，第 64 页。

持该观点的代表有黄志强、周佑勇等。[①]“职责说”主张具有作为义务的行政主体不履行“法定职责”构成不作为[②]，其中否定性作为、不正确作为和迟延作为等都不属于行政不作为。[③] 该观点是从“法定职责”的角度并将其作为前提条件来解读行政不作为的。“违法说”认为行政不作为是消极不作为之违法行为。[④] 持该观点的学者有罗豪才、徐银华等。“实质说”主张不作为的表现形式应该包括“形式和内容不作为”“积极和消极不作为”，其中陈小君、方世荣等学者持该观点。[⑤]“折中说”主张行政不作为中既有合法的行政不作为，也有违法的行政不作为。持该说的代表学者有朱新力等。[⑥]

2. 关于行政不作为的表现形态

目前学界在不作为表现形态上并未达成一致观点。有部分学者主张不作为表现形式包括不予答复、拖延履行或逾期不作为等[⑦]。

① 黄志强：《行政不作为相关法律问题探析》，中国法院网：https://www.chinacourt.org/article/detail/2002/11/id/17739.shtml（访问时间：2018 年 1 月 12 日）；周佑勇：《行政不作为构成要件的展开》，载《中国法学》2001 年第 5 期，第 64 页。

② 杨解君：《行政违法论纲》，东南大学出版社 2000 年版，第 35 页；朱维究、王成栋：《一般行政法原理》，高等教育出版社 2005 年版，第 511 页。

③ 周佑勇：《行政不作为判解》，武汉大学出版社 2000 年版，第 35~52 页；吴偕林：《关于不作为行政行为与不作为案件范围的思考》，载《行政法学研究》1995 年第 1 期，第 51 页；马生安：《行政行为研究》，山东人民出版社 2008 年版，第 212 页。

④ 罗豪才：《中国司法审查制度》，北京大学出版社 1993 年版，第 168 页；徐银华：《关于行政不作为几个问题的探讨》，载《法商研究》1994 年第 6 期，第 42 页；周佑勇：《论行政不作为的救济和责任》，载《法商研究》1997 年第 4 期，第 35 页；孙兰洁：《论行政不作为的法律性质》，载《求索》2004 年第 12 期，第 76~77 页。

⑤ 陈小君、方世荣：《具体行政行为几个疑难问题的识别研析》，载《中国法学》1996 年第 1 期，第 50 页；徐银华：《关于行政不作为几个问题的探讨》，载《法商研究》1999 年第 6 期，第 42 页。

⑥ 朱新力：《论行政不作为违法》，载《法学研究》1998 年第 2 期，第 121 页。

⑦ 周莹：《略论行政不作为违法》，载《政法论丛》2002 年第 3 期，第 19~20 页；徐银华：《关于行政不作为几个问题的探讨》，载《法商研究》1994 年第 6 期，第 42 页。

另有学者主张不作为的表现形态分类应以发生原因为依据，并提出危险防止型不作为[①]，也有学者主张“典型不作为”和“程序未终局的不作为”。[②]

3. 关于“明示拒绝行为”和“不完全履行作为义务”的认定

至于“明示拒绝行为”是否属于不作为表现形式，有学者持肯定观点，主张明示拒绝属于“形式为而内容不为”的实质不作为行为，且纳入行政不作为诉讼审理范畴。[③] 有学者持否定观点，认为明示拒绝属于形式或者程序上已经履行义务的作为行为，不构成不作为。[④] 另外，关于“不完全履行”，有学者对不完全履行的概念、构成要件、理论依据进行了相关研究。[⑤] 有学者提出了不完全履行的认定，主张行政机关受理申请人要求其履行作为义务的申请后，已经履行部分作为义务，但违法行为仍在持续尚未终止，致使公民、法人或者其他组织的合法权益受到侵害的，应认定其不完全履行作为义务，法院应判决行政机关继续履行。[⑥]

---

① 王和雄：《论行政不作为之权利保护》，台湾三民书局 1994 年版，第 297~310 页。

② 杨伟东：《行政行为司法审查强度研究——行政审判权纵向范围分析》，中国人民大学出版社 2003 年版，第 235~246 页。“典型不作为”是程序上无明确意思表示的不作为。如公安机关对公民要求保护人身安全的请求不予理睬。“程序未终局的不作为”是指行政主体虽然采取一定程序性行为但是未全部实质完成最终环节程序的不作为。如城市建设主管部门接到群众关于违法建设的举报，进行了调查取证却逾期不作处理决定。

③ 陈小君、方世荣：《具体行政行为几个疑难问题的识别研析》，载《中国法学》1996 年第 1 期，第 50~51 页。

④ 熊菁华：《行政不作为的救济》，中国政法大学 2001 年博士学位论文，第 16~19 页；周佑勇：《行政不作为构成要件的展开》，载《中国法学》2001 年第 5 期，第 64~67 页；刘永廷：《论行政不作为的构成要件》，载《法学杂志》2008 年第 2 期，第 139 页。

⑤ 李卫华：《不完全作为行政行为研究》，载《山西警察学院学报》2017 年第 2 期，第 60~64 页。

⑥ 杨甜甜、周祺：《行政机关不完全履行法定职责的认定探析》，载《法制博览》2015 年第 27 期，第 185 页。

（三）关于“行政不作为诉讼”的研究

针对有关不作为诉讼的专题研究，目前研究成果部分集中于起诉条件、审查要件及裁判方式等方面。

1. 起诉条件及司法识别要件

当前我国行政不作为诉讼在受理条件上存在原告资格泛化、起诉期限界定不清、滥用诉权与诉权保障不足等方面的困境，部分学者对此提出了制度化的构想来完善不作为救济。[①] 另外，仅仅依赖于纯粹的合法性审查根本无法达到实质性解决行政争议之目的，因为随着行政法治的发展，行政权作用的空间不断延展，涉及不作为的案件类型和案件数量也不断增多。如果司法审查仅仅停留于形式层面，过于强调形式合法性，可能会造成实质合法性的流失。有学者提出行政不作为诉讼的司法审查标准应以“合法性审查为主，相对人的申请为辅”，该学者认为构成行政不作为的前提是存在法定作为义务，这成为法院进行合法性审查的基础，据此司法审查的核心聚焦于行政主体作为义务的履行与否。[②] 对此，有学者侧重于研究不作为义务的来源，尤其是对于行政机关自身的先行行为导致作为义务之产生。[③]

2. 行政不作为诉讼的司法审查标准及强度

有学者主张应该建构行政程序正当性的司法审查标准，这既关乎当前法治国家建设又是实现良法善治的新动力源。[④] 由于行政不作为诉讼属于广义行政诉讼范畴，因此其仍应遵循法院关于“法律问题”“事实问题”及“行政裁量权”的审查，侧重于对不作为

---

① 刘振铭、马乐明：《行政不作为司法审查制度的反思与重构》，载《山西省政法管理干部学院学报》2013 年第 3 期，第 34~36 页。

② 徐华强、娄琪勇：《行政不作为司法审查研究》，载《法制与社会》2014 年第 5 期，第 286~287 页。

③ 王鉴辉：《行政不作为违法的国家赔偿责任研究》，载《现代法学》2000 年第 1 期，第 64~65 页。

④ 江必新：《行政程序正当性的司法审查》，载《中国社会科学》2012 年第 7 期，第 131 页。

事实、不作为义务前提基础以及在行政不作为案件中的自由裁量权是否得当。具体来说，包括针对行政不作为行为的"合法性"审查强度和构成要素的审查强度。有学者主张我国的不作为诉讼司法审查强度可以通过"控权"价值观的提升、审查强度重构与直接判令等完善。[①] 针对不作为案件，有学者主张我国目前已经基本具备了将不作为案件的合目的性审查模式引入制度的条件，下一步在合目的性司法审查模式的完善上应立足于司法审查标准的细化、区分合理性与专业性审查、完善不同层次的义务来源体系、考量对基本人权的侵犯程度以及进行必要的理论借鉴。[②]

3. 行政不作为诉讼中行政裁量权的研究

罗豪才、王名扬先生分别从行政机关的合理性判断和裁量空间等不同侧面对行政裁量权进行了相关定义。[③] 还有诸多学者也从不同层面对行政裁量权进行了界定。[④] 另有学者主张通过以"选择性执法"变相不作为等为视角，从而得出判断特定选择性执法行为是否违法的方法和审查步骤，目的是执法者如何把握运用规则之"限度"，司法机关如何对"过度"的行为进行规制。[⑤]

4. 行政不作为诉讼与行政诉讼类型化及裁判方式

有部分学者主张从课予义务诉讼角度进行不作为的类型化研究和相关完善建议，将诉求内容作为类型化的主要标准同时辅之以诉

---

① 刘宏博：《论行政不作为的司法审查强度》，载《理论与改革》2014 年第 2 期，第 160~164 页。

② 姜鹏：《不履行法定职责行政案件司法审查强度之检讨》，载《华东政法大学学报》2017 年第 4 期，第 181~192 页。

③ 罗豪才：《行政法学》，中国政法大学出版社 1999 年版，第 121 页；王名扬：《美国行政法》，中国法制出版社 1995 年版，第 546~547 页。

④ 姜明安：《论行政自由裁量权及其法律控制》，载《法学研究》1993 年第 1 期，第 44~50 页。

⑤ 俞晓雅：《不作为型裁量权行使之司法审查——以选择性执法作为研究视角》，载《法制与社会》2015 年第 9 期，第 135~136 页。

讼标的，进而建立起结构完整、精细的不作为诉讼类型体系。[①] 还有部分学者将研究的侧重点集中于履行判决的相关研究，从履行判决的适用范围[②]、判断基准[③]、司法审查强度[④]、实体性判决[⑤]等角度展开讨论，侧重于履行判决的重构。[⑥]

（四）研究现状的特点及存在的问题

尽管我国学者针对行政不作为诉讼进行了相关研究，但是没有形成相应的理论体系，且仅就不作为诉讼的某一方面内容进行分散式的研究。

通过梳理国内现有研究成果，呈现出以下几个特点：第一，行政不作为概念解读泛化，通过阐述“作为义务”“不履行法定职责”等关联概念来界定“行政不作为”，并且对于“行政不作为”与“不履行法定职责”概念不加以区分且存在混同与混用的局面；第二，集中于研究行政不作为的构成要件；第三，提出以诉讼类型化为研究视角并作为行政不作为诉讼争议解决的思路；第四，研究侧重点在于对不作为行为的司法救济和相关赔偿制度；第五，针对行政不作为行为，主张以构建课予义务诉讼为制度重心。

可以说，国内学者关于不作为诉讼的研究略显局限，切入思路与视角稍显局促。目前，学界研究成果存在的问题主要表现为以下几个方面：

---

① 王星：《行政不作为诉讼的类型化分析》，载《法制与社会》2016 年第 18 期，第 125~127 页。

② 温泽彬、曹高鹏：《论行政诉讼履行判决的重构》，载《政治与法律》2018 年第 9 期，第 24~38 页。

③ 李泠烨：《论不履行法定职责案件中的判断基准时》，载《当代法学》2018 年第 5 期，第 49~58 页。

④ 姜鹏：《不履行法定职责行政案件司法审查强度之检讨》，载《华东政法大学学报》2017 年第 4 期，第 181~192 页。

⑤ 于洋：《行政诉讼履行法定职责实体判决论——以“尹荷玲案”为核心》，载《北京理工大学学报》2018 年第 2 期，第 132~140 页。

⑥ 毛建军：《行政诉讼履行判决研究——从行政不作为角度分析》，载《上海政法学院学报（法治论丛）》2013 年第 6 期，第 70~76 页。

1. 系统性研究行政不作为诉讼的成果偏少且层次不高

目前没有专门系统性研究行政不作为诉讼的专著，仅就不作为行为进行研究的专著也数量很少。学界基本停留于对行政不作为进行精细化研究，但是并未系统性触及有关不作为的诉讼理论及制度实践问题。

2. 关于不作为诉讼制度研究的理论性不足，研究深度表面化

目前已有的研究成果，仅仅停留于象征性、片段式地提出不作为诉讼某一方面存在的问题及解决对策，但是对于深层次的理论问题基本不予触及。既缺乏法学理论基础，也欠缺实践价值需要。

3. 研究成果的社会效果和法律效果不理想，研究价值不大

目前我国学者关于行政不作为诉讼的研究侧重于法律效果层面，而忽视不作为诉讼实质性解决行政争议的社会效果，研究成果虽然可以为立法提供些许指引，但是实践效用欠缺存在说教之嫌，并且缺失相关保障机制，实质化解行政争议效果不明显。

反观域外有关行政不作为诉讼的研究，主要以“课予诉讼”“课予义务诉讼”等作为研究重点。关于救济形式主要采取诉讼类型化[①]的方式，如对于行政不作为研究较为成熟的德国、日本、法国等域外国家都对其采取类型化的处理，其中课予义务诉讼是目前最为推崇的有效解决行政不作为的诉讼类型。国内和国外的相关研究内容对于我国行政不作为诉讼的完善都提供了些许经验。

三、研究思路

（一）以“问题”为导向

随着行政不作为案件的攀升，政府机关懒政、怠政等行政不作为现象越发突出，尤其是在目前我国反腐的高压态势之下，为了避

① 王和雄：《论行政不作为之权利保护》，台湾三民书局 1994 年版，第 51 页；李源：《韩国的行政复议和行政诉讼》，中国政法大学出版社 2015 年版，第 39～67 页；胡建淼：《世界行政法院制度研究》，武汉大学出版社 2007 年版，第 542～545 页。

免因作为行为担责，行政机关不作为现象尤为突出。“实质性解决行政争议”视角的提出以及“行政不作为诉讼”的选取，都是立足于当下我国行政不作为诉讼立法及司法审判实践中存在诸多亟须解决的问题。诸如滥用诉权、程序空转、司法审查的形式化倾向、诉权保障不足等问题。

（二）理论性与实践性相结合

本书选取“行政不作为诉讼”作为研究对象，以“实质性解决行政争议”作为视角主线，系统梳理了国外不作为诉讼的相关经验，并运用实证数据结合审判实践中的大量相关案例作为支撑，探讨了司法权与行政权的关系，运用“司法能动”“权利有效保障”理论等进行司法权运行基础的论证，对如何适用行政不作为诉讼提出了具体的规则，具有较强的理论及实践应用价值。

（三）坚持系统性研究

本书是在梳理前人观点基础上的创新，既体现继承性、时代性，又具有系统性、创新性。为了增强本书的逻辑性和条理性，需要采取系统性的研究思路。本书遵循“背景”—“问题”—“分析”—“对策”的系统性思路，首先介绍实质性解决行政争议提出的背景，从而为本书写作的展开铺垫背景知识，以期以此为视角分析行政不作为诉讼存在的问题并发掘潜在的问题；通过国内外研究状况的纵向比较，深入梳理我国行政不作为诉讼的现状和存在的相关问题；运用文献分析法、比较分析法、实证分析法、案例分析法等深入分析我国行政不作为诉讼的构建路径；本书在进行上述分析的基础上提出具体化、完善化的制度构建建议及结论。

四、研究方法

研究方法在一定程度上决定着研究质量。鉴于本书选题兼有理论性与实践性的特点，在写作过程中笔者坚持理论联系实际、具体问题具体分析，秉持应然与实然、理论法学与部门法学、法律的本土化与国际化有机结合的基本思路，对行政不作为诉讼从实质性解决行政争议的视角进行深度的理论剖析和相关司法对策研究。本书主要采用的研究方法包括规范分析法、实证分析法、比较分析法、文献分析法、案例分析法、理论构建法等。

（一）规范分析法

规范分析法是开展法学研究的重要方法，通过逻辑标准的运用追求法律规范文本的有效性及正当性，既关注法律本身的实质正当性又保证法律体系的系统性和完整性。本书在研究方法上运用了大量的规范分析法，针对国内外有关行政不作为的相关立法进行法律文本的规范分析，从而发现我国不作为诉讼立法层面存在的问题。

（二）实证分析法

本书运用实证分析法主要体现为分析“实质性解决行政争议”提出的行政审判背景时，通过运用大量的实证分析数据指出我国目前存在“四高四低”现象。另外，在梳理行政不作为诉讼案件现状和存在的问题时，也进行了大量的实证数据分析。通过审判实践中所调查总结的相关数据，本着具体情况具体分析原则，探析行政不作为诉讼存在的相关问题，并寻找切合实际、行之有效的司法对策。

（三）比较分析法

由于国内外在行政不作为诉讼的立法和实践上存在差异，本书力求通过纵向的比较研究从而博采众长，既立足于本土化研究又适时、恰当地进行域外有益经验的借鉴。本书运用比较分析法主要体现为在行政不作为的司法审查、诉讼类型和裁判方式方面，进行比较法借鉴。

（四）文献分析法

本书依据所选定的行政不作为诉讼作为研究对象，进行相关文献资料的收集整理，进而挖掘文献资料蕴藏的理论和制度价值。通过系统性地对文献资料文本进行分析归纳，在前人研究基础上进而为本书观点创新进行理论铺垫。

（五）案例分析法

本书将行政不作为诉讼的理论与自身审判实践相结合，通过运用大量案例，并对典型案件进行分析研究进而对原理、经验等内容归纳、总结，撷取典型代表案例来佐证文章观点并挖掘相关问题，从而为行政不作为诉讼制度的完善提供审判实践的支撑性样本和有说服力的论证目的及研究效果。

（六）理论构建法

由于本书属于对策性文章，具有较强的审判实践价值；而具体对策的提出是基于行政不作为诉讼现实理论层面和实践层面存在的诸多问题。即，通过“发现问题”提出“规则重构的理论”再到“构建具体规则”。

第一章　行政不作为诉讼基本理论

行政不作为诉讼的核心在于“不作为”基础理论的界定。修订后的《行政诉讼法》在行政不作为法学理论上仍存在需要改进的空间，尤其是关于行政不作为的定义界定、性质定性和表现形态等基本理论问题都存在争议，并且行政审判中不断攀升的不作为案件类型，给我国行政审判实践也带来了困扰。本章通过对行政不作为诉讼基本理论问题进行研究，以期为后续章节确定不作为认定标准和裁判方式提供理论前提。这既是完善行政行为法学基础理论的需要，也为构建完整的行政不作为救济体系提供理论支撑。

第一节　行政不作为基础理论

本书要展开探讨行政不作为诉讼，首先有必要对行政不作为的概念、性质和表现形态等进行梳理和明晰，从而为后续研究进行相关理论铺垫和注脚。

一、行政不作为的概念

关于“行政不作为”概念，需要从该概念的学理起源和行政审判实务领域进行界定，从而得出概念的基本要素。正如博登海默所言，概念是解开法律问题的钥匙，只有清晰严格的概念才可以精准解决法律问题。①

① ［美］E. 博登海默：《法理学：法哲学与法律方法》，邓正来译，中国政法大学出版社 1998 年版，第 486 页。

（一）学理起源

我国在20世纪80年代中后期正值1989年《行政诉讼法》出台前后，才开始进行不作为概念等相关研究。关于行政不作为的概念，学界存在多元化的定义模式，有观点是基于行为表现形式，有观点是基于行为结果，还有观点是基于不同行政行为类型进行定义。[①] 行政不作为行为的基础法律概念是“行为”。“行为”是人们在一定的目的、意识、欲望等相联系的意志支配下的外部举动[②]，它表现为自然存在论视角下主体对客体产生的积极动作，或者是从法律意义层面上为达到法律效果通过拟制的法律行为。[③] 法律行为是行为主体所实施的可以发生法律效力和产生法律效果的行为。将法理学上的行为分类引入行政行为研究，可将行政行为划分为作为与不作为。[④]

关于行政不作为的起源，国内有两种代表性观点：第一种观点从法理学角度主张，作为与不作为是区分法律行为表现形式的一对概念。[⑤]“不作为”较早出现于民事和刑事领域。在民事侵权领域中，“不作为”是指行为人不履行其应履行的特定义务致人损害，加之行为与损害间具有因果关系。[⑥] 在刑法领域，“不作为”是指违反法律的命令性规定之行为。第二种观点认为，作为与不作为的划分是借鉴刑法中作为犯与不作为犯的分类理论，通过将该理论导

① 杜仪方：《行政不作为的国家赔偿》，中国法制出版社2017年版，第50~51页。

② 张文显：《法理学》（第五版），高等教育出版社2018年版，第140页。

③ 刘宏博：《行政不作为诉讼研究》，吉林大学2015年博士学位论文，第11~12页。

④ 叶必丰：《行政不作为略论》，载《法制与社会发展》1996年第5期，第12页；周佑勇：《论行政作为与行政不作为的区别》，载《法商研究》1996年第5期，第72页；吴偕林：《关于不作为行政行为与不作为案件范围的思考》，载《行政法学研究》1995年第1期，第51页。

⑤ 张文显：《法学基本范畴研究》，中国政法大学出版社1993年版，第152页。

⑥ 王利明：《侵权行为法归责原则研究》，中国政法大学出版社2004年版，第494页。

入行政行为分类，从而精确界定行政不作为的内涵。[①] 例如，刑法中的不作为犯只有以存在法定作为义务为前提时，才成立不作为犯罪。最早提出不作为犯罪义务的是费尔巴哈，该理论成为德国 19 世纪刑法通说，后来又逐渐演变为习惯法中的先行行为理论、公序良俗都成为作为义务的根据。笔者在中国知网上输入“不作为”关键词进行检索发现，1991~2018 年中国知网上收录的 4893 篇与不作为相关的文章中，仅有 1291 篇与行政不作为方面的主题有关，所占比重不足 30%，而刑法方面关于不作为犯罪的研究仍占据主导地位。

（二）行政审判实务领域中不作为概念

从我国审判实践来看，根据《行政诉讼法》中关于受案范围的规定可以推导出行政不作为的表现形态，通过学理解释由此概括出行政不作为的概念。[②] 2004 年最高人民法院为了统一行政案由，在《关于规范行政案件案由的通知》中将案由明确为“作为”“不作为”及“行政赔偿”三大类，其中不作为案件案由的组成要素包括“行政主体类别”“诉”“不履行特定作为义务”等。[③] 相较于学术界在行政不作为概念上的激烈争鸣，审判实务领域对于行政不作为的概念并没有清晰的界定。由于目前法院在大量案例中对行政不作为的概念没有统一裁判尺度，导致法院在适用相关判决时就行政机关应该作为的内容描述到什么具体程度存在分歧，不利于实

① 朱新力：《行政违法研究》，杭州大学出版社 1999 年版，第 134~135 页；陈小君、方世荣：《具体行政行为几个疑难问题的识别研析》，载《中国法学》1996 年第 1 期，第 50 页；王鉴辉：《行政不作为违法的国家赔偿责任研究》，载《现代法学》2000 年第 1 期，第 64~65 页。

② 黄学贤：《形式作为而实质不作为行政行为探讨——行政不作为的新视角》，载《中国法学》2009 年第 5 期，第 43~54 页；罗豪才：《中国司法审查制度》，北京大学出版社 1993 年版，第 168 页。

③ 宋智敏：《论行政拒绝履行行为的司法审查——以 42 份行政拒绝履行案件判决书为分析样本》，载《法学评论》2017 年第 5 期，第 173 页；张颖：《履责之诉起诉条件研究——基于李国秀案展开的分析》，浙江大学 2018 年硕士学位论文，第 13 页。

质性解决行政争议。

（三）学术争鸣

关于行政不作为的概念，有学者主张以行为方式为区分标准，行政作为表现为作出一系列动作，是以积极的意思表示作出某种行为。还有学者主张，行政不作为是与行政作为相对应的范畴，通常是不具有意思表示的行为，是指应当作为却消极不履行法定职责。[①] 有学者主张以行为是否改变现有法律状态为标准，行政作为行为是积极改变现有法律状态的行为，而行政不作为是消极维持现有法律状态的行为。[②]

大体来说，学术界存在以下不同观点：

1. “评价说”

亦可称为“主观抑制说”。该学说认为行政不作为是消极行为，主要体现为拖延履行法定职责的违法和合法形态。[③] 正如有学者主张，“消极的行政不作为，是指行政机关为维持现有法律关系或法律状态从而实施否定行政相对人主观意愿，或者对于行政相对人改变现有行政法律关系的意愿置之不理的行为”。[④] 还有学者主张，不作为是“行政主体具备积极作为之义务，但外部形态上消极不作为或仅以预备性程序行为作为表现形态，由此根据法律推定其已作意思表示之行为”。[⑤]

2. “违法说”

该学说认为行政不作为是消极不作为之违法行为。[⑥] 针对“违

---

① 罗豪才：《行政法学》，北京大学出版社 1996 年版，第 121~122 页。

② 应松年：《行政法与行政诉讼法学》，法律出版社 2005 年版，第 117 页。

③ 朱新力：《论行政不作为违法》，载《法学研究》1998 年第 2 期，第 121 页。

④ 江必新：《贯彻〈中华人民共和国行政诉讼法〉专题讲座》，人民法院出版社 2015 年版，第 23 页。

⑤ 胡建森：《行政行为基本范畴研究》，浙江大学出版社 2005 年版，第 148 页。

⑥ 罗豪才：《中国司法审查制度》，北京大学出版社 1993 年版，第 168 页；徐银华：《关于行政不作为几个问题的探讨》，载《法商研究》1994 年第 6 期，第 42 页；周佑勇：《论行政不作为的救济和责任》，载《法商研究》1997 年第 4 期，第 35 页。

法说”，有学者提出反对观点，主张“从逻辑学上，‘作为与不作为’‘行政作为与行政不作为’‘行政作为违法与行政不作为违法’这三组相对概念是呈现级差表现并具有层层包含关系的，如果将行政不作为违法等同于行政不作为则会造成基本概念的混乱”。[①]

3. “职责说”

行政不作为是指具有作为义务之行政主体不履行“法定职责”之行为[②]，其中否定性作为、不正确作为和迟延作为等都不属于行政不作为。[③] 该观点是从“法定职责”角度并将其作为前提条件来解读行政不作为的，除包含前述程序性标准外，也包含“实质说”或称为“内容说”，持该种观点的学者主张程序“为”而实体上“不为”的行为应划入行政不作为的范畴，如拒绝履行。[④]

4. “程序说”

该种学说主张应该从程序法上对行政不作为进行界定，突破其他部门法从实体法上界定不作为的做法。“行政不作为”是指行政主体在程序上存在逾期不为之行为。[⑤] 该观点从侧重程序合法性角度出发，主张行政不作为的重要表征就是程序上的消极不作为，即“程序说”是关于行政机关消极不履行作为义务构成不作为之观点。[⑥]

---

① 朱新力：《行政违法研究》，杭州大学出版社1999年版，第131页。

② 杨解君：《行政违法论纲》，东南大学出版社2000年版，第35页；朱维究、王成栋：《一般行政法原理》，高等教育出版社2005年版，第511页。

③ 周佑勇：《行政不作为判解》，武汉大学出版社2000年版，第35~52页；吴偕林：《关于不作为行政行为与不作为案件范围的思考》，载《行政法学研究》1995年第1期，第51页；马生安：《行政行为研究》，山东人民出版社2008年版，第212页。

④ 陈小君、方世荣：《具体行政行为几个疑难问题的识别研析》，载《中国法学》1996年第1期，第50页。

⑤ 黄志强：《行政不作为相关法律问题探析》，中国法院网：https://www.chinacourt.org/article/detail/2002/11/id/17739.shtml（访问时间：2018年11月4日）。

⑥ 贺荣：《行政执法与行政审判实务——行政裁决与行政不作为》，人民法院出版社2005年版，第274页以下；周佑勇：《行政不作为构成要件的展开》，载《中国法学》2001年第5期，第64页。

5. “无意识说”

亦可称为“维持现状说”，该观点主张不作为是行政主体对其具有的法定职责没有表现出意思表示的行为状态[①]，仅是维持现有法律效果的行政行为。

6. “特征说”

该观点认为行政不作为具有消极性、非法性、侵害性、损害性和隐蔽性等特征。[②]

通过梳理目前学者的主要观点，发现大部分学者是从形式或程序标准来界定行政不作为的概念的，也有少数学者突破单纯从程序标准来判断行政不作为，而是兼顾程序和实体标准进行概念界定，将行政不作为表述为“通过不作出有内容意义的动作系列”。[③]“评价说”与“程序说”属于比较典型的观点，但是“评价说”仅从行政主体的积极和消极主观层面进行判断，不符合行政不作为的客观标准。“程序说”的判断标准容易把握，且与《行政诉讼法》修订前的立法概念规定大体保持一致，实务界也基本取得共识。但其并未严格区分依申请和依职权的行政行为，忽视行政相对人的实体权利保护，仅以行政主体是否启动行政程序作为判断标准欠妥。

（四）以“实质说”界定行政不作为

笔者主张，通过突破不作为概念界定的程序束缚，从行政机关是否实质履行法定职责和满足相对人实体诉求的“实体不作为论”来考量不作为。即，对于行政不作为的界定应采用“实质说”，主要理由如下：

第一，有助于避免仅从程序上界定不作为概念导致相对人权利

---

① 王淑玲、王春云、徐庆来：《论行政不能》，载《山东审判》2003年第4期，第45~46页。

② 庞明礼：《对行政不作为的理论探讨》，载《江西行政学院学报》2000年第3期，第22~24页。

③ 赵肖筠、沈国琴：《从行政不作为看政府与社会关系的新发展》，载《江苏社会科学》2001年第1期，第97~102页。

救济的不充分，通过直接回应当事人的实质诉求，可以为拒绝履行提起履责之诉扫清障碍，避免撤销重作判决可能导致的循环诉讼。同时，采用“实质说”来界定行政不作为，有助于减少诉累且利于行政争议的实质性解决。

第二，考虑到我国行政诉讼立法关于原告资格的起诉标准仍然采取了“认为”其合法权益受到侵害的主观说。因此，从原告视角来看，其通常会认为只要行政机关未按照其申请作出行政行为就属于不作为。从“诉判一致性”原理考虑，如果在此情形下将“拒绝履行”行为排除在行政不作为之外，就容易造成与原告诉求不对应的情形，且与行政诉讼立法关于原告资格的立案标准不对应。

第三，从行为方式来看，笔者不赞同通过法理学上将法律行为以行为方式为依据所进行的“作为”与“不作为”之区分，也就是所谓的“间接作用说”或者“消极不作为”。[①] 该类观点简单套用和照搬法理学中关于行政不作为的定义，并未凸显出行政不作为的特殊性。行政机关作为行政行为的作出主体，不仅具有实现公共利益的义务，而且其行为的作出具有确定力和执行力，这就要求行政机关不仅要进行自我抑制而且要有所积极行为。

第四，从行政程序来看，行政主体在是否启动行政程序上应赋予相对人知情权，否则构成不作为。同时，行政主体应保持行政程序的完整性，对于未作出终结行政程序的行为同样属于行政不作为。即，从实体内容来看，行政主体履行作为义务不仅应达到程序上作为而且实体上也要作为。

综上，关于“行政不作为”的概念可以界定为：行政主体具有作为义务的前提且具有履行的现实可能性，但无正当理由不予履行的违法状态，其表现形式包括明示拒绝履行、消极不履行或者不完全履行等。即，结合主观和客观因素来解读行政不作为，包括程

① 张文显：《法学基本范畴研究》，中国政法大学出版社 1993 年版，第 152 页。

序上“为”但逾期，其中故意逾期构成“完全不作为”、过失逾期构成“不完全履行”。

二、行政不作为的性质

“行政不作为”是不作为诉讼司法审查的一个重要概念，其性质界定关系到司法审查的标准和强度，对举证责任的分担和裁判结果的作出都有影响。[①] 目前学术界关于行政不作为的性质没有达成共识，争议比较大。国内学者的主流观点认为，排除因客观条件无法履行的应该将“行政不作为”界定为违法行为。[②] 另外，还有少数学者主张不作为并不当然构成行政违法，并且认为行政不作为不等同于“不履行法定职责”。[③] 还有学者主张，“不作为”是基于公民、法人或其他组织符合条件的申请，对于行政机关依法应当主动实施某种行为而无正当理由不履行的违法行为。[④] 笔者主张，行政不作为的性质应该定性为“违法行政行为”。

（一）行政不作为是“行政行为”

根据前述，对于“行政不作为”的界定可以从行为方式和法定职责等角度进行讨论。

首先，行政不作为是一种行政行为，而且是拟制的具有法律效果的行为。关于作为与不作为的区分标准，有学者主张以“形式标准”和“实质标准”作为判断依据。“形式标准”是指从形式上判断行政主体的态度或外在表现积极与否；“实质标准”是指从实质上考量是否存在法律义务，当二者不一致时应以“实质标准”

① 黄学贤：《形式作为而实质不作为行政行为探讨——行政不作为的新视角》，载《中国法学》2009年第5期，第41~52页。

② 徐银华：《关于行政不作为几个问题的探讨》，载《法商研究》1994年第6期，第42页；熊菁华：《试论行政不作为责任》，载《行政法学研究》1999年第2期，第23~29页。

③ 章剑生：《行政诉讼履行法定职责判决论——基于〈行政诉讼法〉第54条第3项规定之展开》，载《中国法学》2011年第1期，第141页。

④ 章剑生、黄锴：《行政法判例选析（一）》，法律出版社2017年版，第111页。

为主。[①]

“行政行为”是研究我国行政行为法学理论基石范畴的核心概念。不作为诉讼中司法权界限的影响因素体现为对“行政行为”内涵的理解。“行政行为”的概念首先由大革命后的法国创造，其是指行政机关的单方处理行为，后经 19 世纪中叶德国行政法之父奥特·迈耶在《德国行政法》一书中引用，成为大陆法系行政法学的核心概念。[②]“行政行为”不仅是我国行政法学中的基础性范畴，还是受案范围的直接决定因素。[③]关于行政行为的概念，1983 年我国出版的《行政法概要》中首次采用了“行政行为”的概念，而“具体行政行为”正式进入公众视线是在 1989 年的《行政诉讼法》中，之后出台的《最高人民法院关于执行〈中华人民共和国行政诉讼法〉若干问题的解释》（以下简称《执行解释》）中使用了“行政行为”的概念。此处的“行政行为”采用了广义说和行政法通说，是指行政主体在行政管理中行使职权作出的法律行为。[④]修订后的《行政诉讼法》扩大了受案范围，将“具体行政行为”修改为“行政行为”，回应了本次修法对当事人权利的无遗漏保护和实现权利有效救济的目的，是深化司法体制改革实现国家治理体系和治理能力现代化的有力举措，有利于行政争议的实质性化解。

关于“行政行为”的规范分析，主要涉及《行政诉讼法》总则第 2 条的一般性规定与第二章受案范围之间的关系。本条总则中关于行政行为的规定对第二章受案范围带有统领性和概括性的意义。此处的行政行为概念是否应局限于学理上的解释，以及是否包

---

① 吴华：《论课予义务诉讼——对行政不作为的救济形式》，载《行政法学研究》2006 年第 1 期，第 111 页。

② 朱维究、阎尔宝：《程序行政行为初论》，载《政法论坛》1997 年第 3 期，第 6 页。

③ 李哲范：《行政诉讼司法权界限》，中国书籍出版社 2013 年版，第 83 页。

④ 罗豪才：《中国司法审查制度》，北京大学出版社 1993 年版，第 24 页；罗豪才：《行政法学》，北京大学出版社 1996 年版，第 105~106 页。

括作为与不作为、是否包括“法律行为”“事实行为”和“行政协议”等成为争议的焦点。但修订后的《行政诉讼法》以及之后出台的《最高人民法院关于适用〈中华人民共和国行政诉讼法〉若干问题的解释》（以下简称《适用解释》）并未对“行政行为”的外延作出界定。如何准确界定和适用该概念成为理论界和实务界需要共同关注的问题。

梳理域外关于行政行为的概念界定不难发现，日本、韩国和我国台湾地区都采用“行政处分”的概念，未将“行政行为”作为法律上的概念。[①]“行政处分”的概念与我国行政诉讼立法中的“行政行为”概念类似。在日本、韩国和我国台湾地区，“行政处分”概念是撤销诉讼对象确定的前提。例如，日本根据案件是否直接涉及原告利益进行诉讼类型的划分，其中有关抗告诉讼的规定中包括“不作为违法的确认诉讼”；我国台湾地区“行政诉讼法”将行政诉讼类型分为撤销诉讼、课予义务诉讼、确认诉讼及给付诉讼。上述国家和地区在立法技术方面确立了以“撤销诉讼”为核心的行政诉讼类型，而且将“行政处分”确定为撤销诉讼对象之概念。同时，为了克服行政处分概念无法涵盖其他行为的缺陷，将“相当于行使公权力的行为”也囊括于该概念中[②]，从而丰富了行政行为的外延和权益救济的范围。我们没有划分行政诉讼种类，仅在判决部分进行了类型化处理，但是“行政行为”概念也是提起行政作为和不作为诉讼之前提。

笔者主张，行政不作为应该属于“行政行为”，与作为行为相对应，是在行政行为种类划分中开始出现的。从自然存在论角度来说，行政不作为被视为行政行为是法律拟制的结果。[③] 换言之，行

① 李哲范：《统一行政行为概念的路径选择——以境外行政诉讼立法技术为借鉴》，载《当代法学》2012 年第 4 期，第 59~65 页。

② 李哲范：《统一行政行为概念的路径选择——以境外行政诉讼立法技术为借鉴》，载《当代法学》2012 年第 4 期，第 59~65 页。

③ 周佑勇：《行政不作为判解》，武汉大学出版社 2000 年版，第 54 页。

政不作为隐含的作为义务是法律期待义务。即，行政不作为的成立要以行为和行为背后存在的义务为要件，以具有义务来源为前提。“行政行为作为法律行为，其主要表征为能直接或者间接引起具有法律意义之效果。”① 根据前述，“行政不作为”作为行政行为，也会产生法律效果。也就是说，行政不作为具备行政行为的实质特征，即法律效果性。此外，行政法理论体系中，一般从行为角度研究行政不作为，并主张行政不作为是消极不履行法定职责的“消极行政行为”。② 关于“消极行政行为”的这一概念是姜明安教授在 1985 年《行政法》一书中以行政行为目的为标准对行政行为的划分，是指为维护现有法律关系，拒绝公民请求颁发某种执照或许可证的行为，如公证行为和确认行为等。③ 消极行政行为包含行政不作为，行政不作为是指具有履职权限的行政机关消极不行使行政权力的行为。《行政诉讼法》中以“不履行法定职责”形式规定了行政不作为，主要规定在受案范围和行政诉讼判决种类中，如该法第 12 条第 3、6、10、11 项。

（二）行政不作为是“违法”的行政行为

关于行政不作为的性质，有学者认为行政不作为实质上是行政机关消极不履行法定职责的一种违法行政行为。④ 笔者认可此种观点，“违法”可以说是法学领域的核心概念之一，是与“合法”相对应的对于行政行为的否定性评价，是指行政主体违反法律的禁止性命令或者法律义务作出或者不作出有悖于法律规定的行为。根据凯尔森的法律规范理论，“违法”概念更多强调的是违反具体法律

① ［德］哈特穆特·毛雷尔：《行政法学总论》，高家伟译，法律出版社 2000 年版，第 182 页；于安：《德国行政法》，清华大学出版社 1999 年版，第 100 页；［日］盐野宏：《行政法》，杨建顺译，法律出版社 1999 年版，第 80~81 页；王名扬：《法国行政法》，中国政法大学出版社 1988 年版，第 135~136 页。

② 何海波：《行政诉讼法》（第二版），法律出版社 2016 年版，第 170 页。

③ 姜明安：《行政法学》，山西人民出版社 1985 年版，第 296 页。

④ 郑海涛：《对行政不作为的行政法制控制》，载《理论学习》2006 年第 9 期，第 40 页。

规范并且行为指向的是法律效果。[①] 即，“违法性”是指行政主体违反针对特定行政相对人的义务性规范，去除“违法”概念的主观因素，是对“职务义务”这一普遍化和客观化行为标准的违反，也是对一般注意义务之客观秩序的违反。虽然行政不作为不具有通常意义上行政行为的有形特征，但其是一种法律拟制的行政行为。从法律属性上来讲，行政不作为是一种违法行政行为，具有违法性是其最根本的特征，不存在合法的行政不作为行为。在行政法治理念下，“违法”视为对法律规范的价值判断并且违背立法目的。无法律依据和授权之行为都归于违法行政行为。例如，台湾学者王和雄主张“以程序上之违法为理由而拒绝颁发证件之处分被判决撤销确定时，以处分为违法之既判力”。[②] 行政不作为是不履行作为义务的违法行政行为，该违法效果的产生更关注于行政主体是否依照法律规定作出行为以及行政主体自身是否满足了注意义务。即，强调行政不作为的适法效果而不以损害结果的发生为条件，其中合理注意义务的缺失是行政不作为违法与否的判断标准之一。行政不作为是行政主体未按照法律规定作出应负义务的行为，由于行政职权具有不可处分性，行政主体无权处分自己应当履行的作为义务，因此行政不作为就具有了违法行政行为的性质。例如，英国行政法上存在的越权行为即对应我国的行政不作为，不作为的违法可能性是原告提起诉讼的考量要素。

“违法性”是不作为行为具有的本质特征。关于行政不作为的违法性，可以从四个层面理解：第一，从法律后果来看，行政不作为是行政主体未作出依法应作为之行为，其法律效果在实体层面就表征为“违法性”的成立。因此，在某种程度上可以认为行政不作为与行政不作为违法是等同的。[③] 第二，关于行政不作为“违

① 陈景辉：《合规范性：规范基础上的合法观念——兼论违法、不法与合法的关系》，载《政法论坛》2006 年第 2 期，第 58~72 页。

② 王和雄：《论行政不作为之权利保护》，台湾三民书局 1994 年版，第 239 页。

③ 胡建淼：《行政行为基本范畴研究》，浙江大学出版社 2005 年版，第 154 页。

法”性质的认定，与我国仅有违法不作为司法救济的法律规定有关。第三，前述行政不作为属于行政行为范畴，从“行为整体性”原则、“程序与实体的不可分性”来看，行政主体在程序上之不作为必然导致内容上之不作为，因而属于违法行政行为。第四，如何判断行政不作为的性质问题，涉及司法权对行政机关裁量权的审查深度和界限，当存在法律明确规定或者法律上值得保护的“作为义务”或有违法裁量之情况抑或存在“裁量收缩”等情形，此时行政机关的不作为构成违法的行政行为。

三、“行政不作为”与“不履行法定职责”的厘清

1989年《行政诉讼法》第11条第1款第4、5、6项在受案范围部分列举了不履行法定职责的具体表现形态，如不予答复等。该法第54条第3项又将拖延履行作为不作为表现形态。修订后的《行政诉讼法》第二章第12条第1款第3、6、11项受案范围的规定及第47条、《最高人民法院关于适用〈中华人民共和国行政诉讼法〉的解释》（以下简称《行诉解释》）第66条以及《执行解释》第39条都在立法层面体现了“不履行法定职责”的表述，但是上述立法规定没有对“不履行法定职责”进行明确界定。学界对不履行法定职责与不作为之间如何界定产生了分歧。[①] 在审判实践中，为了统一裁判尺度，需要对“行政不作为”与“不履行法定职责”二者之间的关系进行厘清。

（一）“作为义务”的解读

1.“作为义务”中“义务”的内涵

“作为义务”中关于“义务”的含义，包括形式和内容的要求。[②] 对于“义务”的解读不应仅停留于义务的来源及内容，而且

① 应松年：《行政诉讼法学》，中国政法大学出版社1994年版，第271页；于安：《行政诉讼法学》，法律出版社1997年版，第238~239页。

② 林卉：《怠于履行公共职能的国家赔偿责任》，载《法学研究》2010年第2期，第165页。

要关注义务所要依存的法律关系结构。从分析法学角度来看，霍菲尔德权利理论中提出，“权利”基础上的请求权对应着“义务”。“从法理上看，按照履行义务的不同形式，可以将义务分为积极和消极义务。‘积极义务’是指义务承担者负有积极作出特定行为的义务，即作为义务；‘消极义务’，也称不作为义务，如行政主体不得干涉企业经营自主权等。”① 消极义务是法定义务，该义务的履行不产生法律上的权利义务关系，且履行该消极义务是合法行为。② 行政不作为实质是未履行作为义务，是违法行为的一种形态。行政机关对相对人的申请具有职责是行政不作为构成的必要条件。③ 此外，作为义务既包括程序性作为义务，也包括实体性作为义务。例如，在张某竹诉某市国土资源局行政不作为一案④中，法院判决认定某市国土资源局没有履行的是告知义务，实质上属于程序性义务。换言之，本案中被告之所以构成行政不作为，是因为没有履行程序法上的告知义务。此外，实体性作为义务往往与行政程序结果有关，不得阻止和剥夺行政相对人某些权益的义务。例如，王某鹏诉某市公安局某公安分局行政赔偿一案⑤，法院判决认为行政不作为所称“作为义务”是具体义务，是行政机关针对特定事由和当事人所履行的非抽象法定义务。

2. “义务”的范畴

义务是指法定义务，是权利主体对义务主体享有请求权的基础，义务存在则推导出权利和请求权的存在，并且义务主体一旦履行义务不当就会导致权利主体合法权益受损。关于“作为义务”

---

① 沈宗灵：《法理学》，北京大学出版社 2003 年版，第 76 页。

② 舒小庆、万高隆：《行政法学专题研究》，江西人民出版社 2008 年版，第 158 页。

③ 何海波：《行政诉讼法》（第二版），法律出版社 2016 年版，第 327 页。

④ 《最高人民法院 2015 年 1 月 15 日公布行政不作为十大案例》，最高人民法院网：http：//www. court. gov. cn/zixun-xiangqing-13404. html（访问时间：2018 年 7 月 26 日）。

⑤ 最高人民法院（2015）行监字第 81 号行政裁定书。

存在的方式，有学者主张可以由法律规定、行政机关的先行行为以及法院的生效判决产生。[①] 源于行政法规范的义务成为行政不作为构成要件中的核心概念，也成为原告享有行政法请求权的基础。即，存在“规范或其他来源→义务→权利→请求权→作为或不作为”的逻辑关系。在审判实践中，法定义务存在转化形式。例如，“某房地产公司诉内蒙古自治区某市人民防空办公室行政征收案”[②]，法院通过运用“目的论限缩”的文义解释方法，认定由法定义务转化而来的行政事业性收费不属于法定的免收范围，仍属于被诉行政机关必须履行的法定义务。

（二）“作为义务”与“法定职责”“法定权限”之间的关系

关于“法定职责”与“作为义务”的厘清，直接关系到我国行政不作为理论体系的完整性与一致性。目前，在审判实践中，法官对“作为义务”与“法定职责”不进行区分，但单行法律法规规定的法律义务往往是为了确保行政机关履行法定职责而设立的。由于两者之间毕竟存在区别，因此需要对履行义务的内容与法定职责之间的关系进行考察，从而明确法院在适用履行判决时就履行内容的描述应当具体到什么程度才有利于实质性解决行政争议。依据前述，行政不作为是指负有作为义务前提的行政机关没有履行应当履行的作为义务，其本质特征是对“作为义务”之违反。不仅要考虑行为外在表现形式，还要结合作为义务综合确定。即，不仅存在作为义务前提下的消极不作为，还包括积极不作为行为。

根据修订后的《行政诉讼法》第 12 条第 1 款第 6 项之规定，公民、法人或者其他组织可以针对行政机关不履行法定职责的行为向人民法院提起行政诉讼。此处，有必要厘清“行政不作为”与

---

① 在法国，假如行政机关不执行法院的判决同样也会构成过错，要对因此产生的损害承担国家（赔偿）责任。Cf. Bernard Schwartz, *French Administrative Law and the Common-Law World*, New York University Press, 1954, pp. 280-281.

② 一审：内蒙古呼和浩特市新城区人民法院（2009）新行初字第 26 号；二审：内蒙古呼和浩特市中级人民法院（2010）呼行终字第 16 号。

“不履行法定职责”的概念。笔者认为，我国行政诉讼立法采取从“实质上”或称为“实体上”来界定不作为，通过对“不履行法定职责”作扩大解释以对应实体上的“不作为”。“法定职责”是指在行政管理活动中，被诉行政主体对于行政相对人的申请或者依职权具有相应的地域、层级以及事务管辖职权，具有权力和责任的双重性。[①] 即，法律法规、规章以下行政规范性文件为行政主体设定的行政义务，授权其开展与职权范围相对应的行政管理活动并承担相应的法定责任。根据职权法定原则，行政机关依法要有履行作为义务的职责。“作为义务”的含义具体包括“法律法规规定的职责”和“法律所认可的职责”。即，不仅包括法律法规、规章以及其他行政规范性文件所赋予的职责，还包括法律认可的行政机关基于行政合同、先行行为、信赖利益等履行的职责[②]，扩展至不成文法渊源，诸如习惯、法理推导出的作为义务[③]，甚至还包括法律原理或原则和行政习惯所推导出的规则。[④] 总之，“作为义务”之外延要大于“法定职责”之外延。行政不作为的“作为义务”包括法定职责以及法定职责之外的其他义务。

哈特的法律规则理论中提出，法律是“第一性规则”和“第二性规则”的结合体，其中“第一性规则”通过禁止性规定设定义务，而“第二性规则”则是授予权力。行政不作为的构成要件是以围绕“作为义务”为核心衍生的。有学者主张行政不作为的前提包括行政主体负有的“作为”和“不作为义务”。[⑤] 但是，行

---

① 蔡小雪、甘文：《行政诉讼实务指引》，人民法院出版社 2014 年版，第 529 页。

② 蔡小雪、殷清利：《最新行政审判实务问答》，法律出版社 2017 年版，第 210 页。

③ 朱新力：《行政不作为违法之国家赔偿责任》，载《浙江大学学报》2001 年第 2 期，第 81 页。

④ 林卉：《怠于履行公共职能的国家赔偿责任》，载《法学研究》2010 年第 3 期，第 165 页。

⑤ 赵肖筠、沈国琴：《从行政不作为看政府与社会关系的新发展》，载《江苏社会科学》2001 年第 1 期，第 97~100 页。

政机关对于“不作为义务”的履行涉及的是维护禁止性法律规范，无法导致法律关系的变化。因此，判断行政机关是否构成行政不作为的核心是要看其是否具有作为的义务。法律法规通过义务或职责条款可以间接赋予行政相对人请求权。正如有学者主张，“仅当行政机关具有法定及特定的作为义务之前提，行政不作为才具有违法基础，而法院才能根据相对人的请求相应地判决行政机关履职”。[①]但是，也有部分学者并不赞同此种观点，指出行政机关的特定客观义务并不必然对应行政相对人的公法权利。[②]

职责对应的是国家，而义务对应的是私人请求权。例如，从《人民警察法》第 21 条中关于警察救助义务的界定，可以看出“法定职责” ≠ “作为义务”，二者存在区别。警察仅对一般公众负有通常意义的保障义务，不是针对每个特定人承担特殊义务，即救助义务具有特定行政法律关系基础，而不对人身权和财产权产生的所有因果关系负责。[③] 国家通过立法赋予行政相对人公法请求权，并且通过法律规范等赋予行政相对人主动的法律地位和诉诸司法救济程序，行政机关如果怠于履行相应的义务行为，则承担相应的法律责任。而行政机关履行特定作为义务或职责并不完全必然对应行政相对人的公法请求权，需要借助保护规范理论来解释能否从行政机关的义务职责条款推导出公法请求权。[④]

从行政法教义学的角度，“法定义务”主要来自宪法上的国家义务这样一个上位概念。国家义务的完成是通过秩序分配赋予不同国家机关来行使，而行政机关作为国家义务法律人格的主要承担

① 周佑勇：《行政不作为判解》，武汉大学出版社 2000 年版，第 59~71 页。

② ［德］埃贝哈德·斯密特·阿斯曼：《德国行政法读本》，于安等译，高等教育出版社 2006 年版，第 296~301 页。

③ 王贵松：《行政裁量的构造与审查》，中国人民大学出版社 2016 年版，第 200~201 页。

④ 徐以祥：《行政法学视野下的公法权利理论问题研究》，中国人民大学出版社 2014 年版，第 79 页。

者，应当负有法定义务。按照一般国家法学的基本原理，国家机构包括功能、职位、具体权能和意志等四个法律构成要件。[①]“法定职责”这一概念往往与法律规范具有关联性，通常是基于法律的明确规定，体现出行政机关公权力行使身份下的相应义务，行政机关作为国家权力的执行机关，是为了完成国家行政任务而需要作出相应的义务行为。根据行政法原理，法定职权也是依法应当履行的法定职责，但是“法定权限”更多的是关于完成职能所采取的手段范围。

（三）“行政不作为”与“不履行法定职责”关系界定

1. “行政不作为”与“不履行法定职责”的混用

无论是在审判实务界还是在学术界，都存在“行政不作为”与“不履行法定职责”混同使用的现象。例如，在“唐某诉某县人民政府、某县国土资源局不履行法定职责”案中，法院认定“原告所诉行政不作为，即不履行法定职责。由于二者都具有否定行政相对人意思表示的效果，因此通常情况将‘行政不作为’等同于‘不履行法定职责’，二者关系缺乏明晰的规定”。[②]有学者从法律概念与理论概念角度对“行政不作为”与“不履行法定职责”进行界定，主张二者属于同质性概念，只是前者是从行政行为理论角度所提炼的理论概念，而后者则是行政诉讼法中明确规定的法律概念，因而行政不作为是行政主体不履行法定职责的行为。[③]还有学者将“不履行法定职责”解释为行政不作为的违法行政行为。[④]审判实务领域，也存在对于“行政不作为”与“不履行法定职责”二者概念不加区分地混用，并认可行政不作为与不履行法定职责属

① ［德］齐佩利乌斯：《德国国家学》，赵宏译，法律出版社 2011 年版，第 131 页。

② 湖南省高级人民法院（2015）湘高法行终字第 84 号行政判决书。

③ 闫尔宝：《行政行为的性质界定与实务》，法律出版社 2010 年版，第 128 页。

④ 吴振宇：《行政诉讼履行判决研究》，载章剑生主编：《行政诉讼判决研究》，浙江大学出版社 2010 年版，第 246 页。

于同一概念。对于如何界定"行政不作为"在司法实践中也未达成共识。而我国大多数学者对于二者概念并不进行严格的区分也存在使用上的混同，甚至直接从"不履行法定职责"推导出"行政不作为"问题。[①] 可以说，二者之间关系的界定和概念的厘清是构建行政不作为理论体系和司法审查之前提。

2. "行政不作为"与"不履行法定职责"的联系与区别

行政不作为是与作为行为对应的行政行为。不作为是违法行政行为的一种样态，而关于不履行法定职责的法渊可追溯至《行政复议法》及其配套的《行政复议法实施条例》。"不履行法定职责"的称谓多存在于审判实务领域，具有否定相对人申请的意思表示且是职权审查的内容之一，导致该类型案件的审查范围要比行政不作为狭窄，仅是行政不作为的组成部分。二者关系是存在交叉但又有诸多区别的概念。如果将"行政不作为"与"不履行法定职责"等同，则会导致部分行政主体不履行法定职责外的行为得不到司法救济，如行政合同、行政承诺约定的作为义务等。通过将二者概念进行辨析，可以最大限度保护行政相对人合法权益，扩充实务中不履行法定职责案件的范围。

（1）二者概念和存在领域有区别

从两个概念的文本语义角度来看，"不履行法定职责"侧重于"职责法定"，而"职责法定"的核心要旨在于"法无授权即禁止，法无规定不可为"。如果没有法律赋予或者授权行政机关相应的职责权限，那么行政相对人无权要求其履行该职责。如前所述，"行政不作为"是指负有作为义务的行政主体程序上为而实体上不为或者实体程序上均不为的违法行政行为，即包括形式上不作为和内容上不作为。另外，行政不作为概念是与作为概念对立存在的行政

① 罗豪才：《中国司法审查制度》，北京大学出版社 1993 年版，第 168 页；石佑启、曾鹏：《论对行政不作为行政的司法审查》，载《中南民族大学学报》2004 年第 5 期，第 97 页；姜明安：《行政法与行政诉讼法》，法律出版社 2005 年版，第 125 页。

行为的外在形态，主要是行政法学上的学理概念；而“不履行法定职责”属于法律状态层面的概念，是指具有法定职责的行政主体针对行政相对人的申请在履职过程中存在不予答复、拒绝履行、拖延履行等关系到相对人实体权利义务的实体不作为行为，是以是否具有法定职责作为核心基础，主要存在于行政诉讼立法及审判实务领域的概念。

（2）划分标准不同

行政不作为是以“行政行为”作为其与行政作为的划分标准；而行政主体是否具有法定职责是不履行法定职责成立与否的标准。有学者主张“行政不作为”与“不履行法定职责”区别的主要标准是实体作为义务的履行程度。[①] 同时，通过修订后的《行政诉讼法》相关规定，我们也可以看出“行政不作为”概念的外延要区别于不履行法定职责，如《适用解释》第2条第1款第2项中关于“有具体的诉讼请求”的界定对二者概念进行了区分，是指“请求判决行政机关履行法定职责或者给付义务”。根据前述关于行政不作为的概念界定，笔者提出从形式上（或程序上）和实体上来解读行政不作为的内涵和外延，而关于不履行法定职责则侧重于从实体上来理解。由此，我们可以得出“不履行法定职责”从属于“行政不作为”，而“行政不作为”包含“不履行法定职责”的结论。

（3）义务来源不同

行政不作为的义务来源除了包括法律规范规定的义务之外，还包括约定、先行行为引起、行政机关的承诺等。“不履行法定职责”仅限于法律法规和行政规范性文件明确的书面法律文件形式。由此可见，行政不作为包含的“作为义务”之概念要大于不履行法定职责中“法定职责”的外延，行政不作为的范围要大于不履

① 马生安：《行政行为研究》，山东人民出版社2008年版，第207~208页。

行法定职责的范畴。[①] 例如，在白某诉某省国土资源厅不履行法定职责案[②]中，尽管被告依法履行了相关法定职责，但仍面临诉讼的原因在于对原告的举报查处申请未及时回复保障其知情权和履行信息公开工作。如果仅将行政不作为中的职责限定为"法定职责"，会不当限缩作为义务之来源。

（4）裁量权限不同

"不履行法定职责"概念中，我们对于"法定职责"的理解更多地会局限于"法律明文规定"，但是"不作为行为"中除了具有"法定权限"之外还涉及裁量权的判断问题。

总之，从法律义务角度，"不履行法定职责"与"行政不作为"属于同一含义，均是履行义务的状态，是行政主体对法律义务之违反。而"行政不作为"外延之界定会影响到法院对不作为行为的司法审查。"行政不作为"的外延要比"不履行法定职责"宽泛，二者是逻辑学上的属种关系。因此，本部分通过阐明行政不作为与不履行法定职责之间的界限，主张对于《行政诉讼法》中规定的"法定职责"适宜进行宽泛和扩大化理解，从而保证法院在具体个案审判实践中应该尽可能详尽地明确行政机关履行作为义务之内容，从而通过实践案例将"作为义务"取代"法定职责"，间接扩大相对人权利保护的范围和法院实质性解决行政争议的能力。

第二节　行政不作为的表现形态

不作为的表现形态是我国行政法学理论和审判实践中很值得研究的问题。尤其是，目前学界关于行政不作为的表现形态等基本理

① 陈佳佳：《明示拒绝是"为"还是"不为"》，载《理论与改革》2005年第4期，第127~129页。

② 蔡潇：《白某诉某省国土资源厅不履行法定职责案》，载《资源导刊》2018年第6期，第46页。

论问题存在争议，且审判实践中司法审查和裁判方式也未达成一致，这些都引发我们对行政不作为表现形态作进一步的思考和探讨。

一、行政不作为的基本表现形态

行政不作为的可诉范围对应着行政不作为类型。审判实践中，如何正确界定可诉行政不作为的范畴成为司法实务中亟待解决的问题。对比修订前的《行政诉讼法》第 54 条第 3 项之规定与该法修订后第 72 条针对行政不作为行为的内涵界定，其在保留“不履行”的情形下，删掉了“拖延履行”的情形，这是扩大了不履行法定职责的外延，丰富了不作为的表现形态。有学者主张，我国行政不作为诉讼又称为“义务之诉”，该种诉讼分为“拒绝性”的否定之诉和“未作出”的不作为之诉两种类型。[①] 笔者主张行政不作为的表现形态一般表现为不作为或者不正确、不充分作为，具体应该包括不予答复、拒绝履行、拖延履行、怠于履行、不完全不充分履行等多种表现形态。值得注意的是，根据现有行政诉讼立法及司法解释的相关规定，关于行政不作为的表现形态更多的是与不履行法定职责混同称谓。我国《行政诉讼法》第 72 条为便于法官在司法裁判中统一法条适用，将不履行法定职责的各种表现形态冠以“不履行”以概之，此种技术处理不利于裁判方式的选择，尤其是会造成履行判决和撤销判决的混同。对不履行作为义务的表现形态进行区分处理，有助于后文关于行政不作为诉讼裁判方式的选择。通说中关于不作为的基本表现形态，具体包括以下内容。

（一）不予答复

“不予答复”作为行政不作为的典型表现形态，在《行政诉讼法》第 12 条、第 13 条的受案范围中予以规定。“不予答复”产生

---

① 最高人民法院行政审判庭编：《最高人民法院行政诉讼法司法解释理解与适用》，人民法院出版社 2018 年版，第 337 页。

于依申请或依职权行为中，是指行政主体对相对人的履职申请不予置评，主观上没有明确的意思表示，未实施程序上和形式上的行为仅是一个事实状态，并且一般不创设新的权利义务关系。[①] 但是并非所有的不予答复都构成行政不作为，不予答复是否构成行政不作为的核心判断依据在于行政机关收到相对人申请时是否具有申请对应的“作为义务”。如果行政机关具有该项申请的作为义务，则其不予答复构成行政不作为；反之，如果行政机关不具有该项申请的作为义务，则需要区分情况对待。例如，部分不予答复中，行政机关虽然不具有相应的作为义务，但是其应当移交有该项作为义务的相应机关并说明理由。在我国台湾地区，通常会将行政机关不作任何行政行为的表现形态定性为“单纯不作为”。行政机关不予答复的表现形式包括被诉行政机关对相对人的申请在法定期限届满后仍未作出任何意思表示的完全不予答复行为，或者对部分申请内容予以答复的不完全答复行为以及不予实质性答复的推脱答复等。[②] 例如，关于不予实质性答复，在实际的审判过程中存在大量的被诉行政机关以发出《回复函》的形式告知行政相对人本机关查明事实的客观描述而不作主观评价，或者答复已将申请内容移交相关部门处理，但不明确告知处理结果，导致相对人对《回复函》无法主张权利救济，而仅能径行提起履责之诉。[③]

此外，我们还需要注意区分不予答复与拒绝履行的界限。从法

① 杨小军：《行政机关作为职责与不作为行为法律研究》，国家行政法院出版社2013年版，第168~169页。

② 郭小玲、叶洁靖、汪毅：《对行政机关不履行法定职责的情形如何进行司法审查——程荣富诉广州市国土资源和房屋管理局不履行法定职责案》，载最高人民法院中国应用法学研究所编：《人民法院案例选：行政与国家赔偿卷》（第1~8册），人民法院出版社2017年版，第1914~1919页。

③ 郭小玲、叶洁靖、汪毅：《对行政机关不履行法定职责的情形如何进行司法审查——程荣富诉广州市国土资源和房屋管理局不履行法定职责案》，载最高人民法院中国应用法学研究所编：《人民法院案例选：行政与国家赔偿卷》（第1~8册），人民法院出版社2017年版，第1914~1919页。

规范角度来界定“拒绝履行”行为，其包括“消极形式”和“积极形式”两种表现形态。前者的法律效果等同于“不予答复”，而后者是指形式为而实质不为的积极不予答复。当“拒绝履行”与“不予答复”出现在文本或者具体个案时，为防止概念混淆重叠和基于法律规范文本的体系解释逻辑，《行政诉讼法》第72条中规定的“不履行”应该结合《行政诉讼法》第12条受案范围中的相关规定，前者应该被限缩为积极拒绝履行。

在不予答复的不作为表现形式中，还涉及逾期履行，或称为履行迟延。《行诉解释》第91条中使用“逾期不予答复”来扩展行政不作为的表现形态，通过此处的“逾期不予答复”进行语义解释可以理解为逾期履行。例如，李某雄诉某省交通运输厅政府信息公开案[①]，对于网络申请除非有例外说明，否则系统确认提交成功的日期应视为行政机关收到的日期，行政机关对申请的内部处置流程不是其延期处理的正当理由，一旦逾期答复的构成不作为。

（二）拖延履行

根据拖延履行中主观和客观因素的不同认识，学者关于拖延履行的定义也有很大差别。有学者从主客观相结合的角度认为“拖延履行”在主观上表现为行政机关未对相对人的申请进行肯定或否定的意思表示，在客观表现形式上也没有直接拒绝相对人的申请，但是在法律效果上并不存在终结行政程序的实际效果反而将相对人的申请一直处于不确定状态。[②] 有学者从客观形态认为“拖延履行”表现为行政主体在一定期限内（合理期限）不履行作为义务，也不明确答复的行为。[③] 该定义中使用了“合理期限”从而赋予行政主体较大的自由裁量权，而对于法定期限内是否构成拖延履

① 最高人民法院中国应用法学研究所编：《人民法院案例选》（2016年第9辑），人民法院出版社2016年版，第16页。

② 章剑生：《行政诉讼履行法定职责判决论——基于〈行政诉讼法〉第54条第3项规定之展开》，载《中国法学》2011年第1期，第144页。

③ 罗豪才：《中国司法审查制度》，北京大学出版社1993年版，第179页。

行不置可否。还有学者从主观角度来定义拖延履行，主张拖延履行是在法律规范并不明确时行政主体故意拖延或者不及时处理的行为状态。[①] 该观点强调了“拖延履行”应具备主观故意之要件，实务中也存在该种观点的个案。例如，在“许某诉北京市丰台区物价局不履行法定职责案”中，法院经过审理认为本案中丰台区物价局不存在拖延履行的主观故意。“鉴于丰台区物价局接到原告的举报后一直与原告保持电话联系并告知案件的进展情况及针对该类收费问题进行调研请示。本案是因为当时的法律法规不明确从而导致被告在最初答复时未形成明确的结论性意见，但不能因此认定其主观上有拖延履行的故意。原告关于被告拖延履行的主张因欠缺事实依据而不能成立。”[②]

按照前述关于“程序不作为论”的观点，被诉行政主体只要未在法定或合理期限内作出具有法律意义上终止程序的行为，则即使行政机关已经启动了行政程序，仍构成行政不作为。据此，“拖延履行”应该纳入行政不作为形态。修订前的《行政诉讼法》第54条第3项中也规定了行政机关存在“拖延履行”情形的，相对人可以提起行政不作为诉讼。从“拖延履行”的本质来看，应该将其界定为消极滥用职权性质的行政不作为。另外，需要考虑到“法定期限”内行政机关享有行使职权的裁量空间，对于“法定期限”内存在“拖延履行”情形的并不构成行政不作为。但是应该采用严格主义原则，一旦超过法定期限的拖延即构成行政不作为。当然对于拖延后实施的行政行为，如果相对人接受拖延履行则丧失诉权，即使行政机关拖延履行法定职责，相对人也无法再提起诉讼。[③]

从实质性解决行政争议角度来看，关于“拖延履行”的司法

---

① 江勇：《关于浙江省审理履行法定职责行政案件基本情况的调查报告》，载《法律适用》2003年第8期，第29~31页。

② 北京市丰台区人民法院（2003）丰行初字第49号行政判决书。

③ 王春业：《新行政诉讼法修改评析》，中国法制出版社2015年版，第197页。

识别并不以存在主观故意作为判断要件，否则会加大法院司法识别的难度和增加当事人的证明难度，不利于争议的实质性解决以及相对人合法权益的保护。例如，“周某诉某公安分局拖延履行法定职责案”①，该公安局接到广场舞噪声太大的报案后虽然多次到现场劝说调低音量或更换场地，但未有明显效果，法院判定公安局对原告报警中关于广场舞是否存在违法事项和是否符合进行行政处罚等实质问题未予处理，构成拖延履行法定职责。总之，笔者主张“拖延履行”是指行政主体在法定期限内进行了依职权或依申请等程序性行为，而在超过期限后存在实体性不作为行为或者作为。另外，“拖延履行”并非行政机关的完全不作为，很多情况下被诉行政机关往往通过沟通、汇报、协调等方式对应该履行的作为义务进行处理，但是鉴于行政效率和其他原因导致后续推进工作存在障碍，从而久拖不决。

（三）怠于履行

怠于履行，是指行政主体对于自身的作为义务会有不同程度的不履行，行为懈怠或者没有尽到合理注意义务，导致法律期待的作为义务没有实现。怠于履行是主客观相结合的概念，既有客观上的不作为表现也有主观上的注意义务，既可以是完整不作为也可以是部分不作为行为，表现为不按照标准作为、敷衍了事、不尽心尽职等渎职失职行为和公务过失行为。② 在德国，一般会根据诉因的不同将课予义务诉讼区分为“拒为处分的课予义务诉讼”和“怠为处分的课予义务诉讼”。③ 后者提到的主要是针对行政机关的单纯不作为。此外，怠于履行还涉及行政机关之间相互推诿法定职责，是指数个行政主体之间对于当事人的申请或依职权就法定义务相互

① 最高人民法院中国应用法学研究所编：《人民法院案例选》（2016 年第 4 辑），人民法院出版社 2016 年版，第 82 页。

② 杨小军：《怠于履行行政义务及其赔偿责任》，载《中国法学》2003 年第 6 期，第 165 页。

③ 赵清林：《行政诉讼类型研究》，法律出版社 2008 年版，第 220 页。

推诿职责。

怠于履行强调注意义务、义务形式及内容的一致性。例如，在“锦屏县检察院诉该县环境保护局行政公益诉讼案”中，法院认定在生态资源保护领域负有监管职责的行政机关作出行政行为后怠于履行监管职责时，检察院可以提起行政公益诉讼。[①] 另外，在“张某灵等人诉某市某区人民政府行政强制及行政赔偿案”[②] 中，法院判定行政机关怠于履行附随义务应承担相应的责任，而且怠于履行附随义务或者未完全履行该义务可以构成行政赔偿的原因和前提。

二、实践中争议形态分析：明示拒绝履行

拒绝履行，又可称为“否定性行为”，是指行政主体对于行政相对人提出的履职申请，在法定期限或者合理期限届满后予以明确拒绝（书面或者口头）的意思表示行为。[③] 换言之，对于法定期限或者合理期限届满前被诉行政机关不履行法定职责的意思表示不具有最终效力，只要期限届满前行政机关通过后续作为行为推翻前述拒绝的意思表示，则不构成拒绝履行。拒绝履行包括明示和默示拒绝，实践中存有争议的主要是“明示拒绝履行”。《行政诉讼法》第 12 条第 1 款第 3、6 项将拒绝履行纳入法院受案范围，但是关于拒绝履行是否构成行政不作为仍需要厘清。

关于“明示拒绝履行”的成立问题，可以从履行期限的角度进行判断。针对具有法定履行期限的行为，当行政机关超过法定履行期限拒绝作出行政行为时，则构成拒绝履行；针对没有法定履行期限的行为，可以通过合理期限的判断来界定拒绝履行，如果行政

① 最高人民法院中国应用法学研究所编：《人民法院案例选》（2016 年第 8 辑），人民法院出版社 2016 年版，第 219 页。

② 最高人民法院中国应用法学研究所编：《人民法院案例选》（2015 年第 2 辑），人民法院出版社 2015 年版，第 355 页。

③ 宋智敏：《论行政拒绝履行行为的司法审查——以 42 份行政拒绝履行案件判决书为分析样本》，载《法学评论》2017 年第 5 期，第 172 页。

机关超过合理期限后仍拒绝履行的，则构成拒绝履行；如果没有法定期限或合理期限而需要即时履行的案件，判断拒绝履行则不受此限制。[①] 对于行政机关在法定期限或者合理期限届满前即明确表示不作为的，构成预期不履行。行政机关的前述意思表示不具有最终效力，并不构成拒绝履行的情形。

（一）“性质”之争

拒绝履行，主要是指以拒绝答复形式作出的对行政相对人权利义务不利的侵益性行政行为。从行政诉讼救济目的来看，如果将拒绝履行定性为行政不作为表现形态之一，则可以适用履行判决；如果将拒绝履行定性为违法作为行为则仅可以适用撤销判决，从而会出现二次诉讼的程序空转问题。目前学者们关于拒绝履行的性质没有达成共识，争议比较大。

基于对行政作为与不作为的划分理论，部分学者主张拒绝履行在形式上是积极的作为形式，而不考虑该行为在实体内容上是否作为，应该属于行政作为。[②] 持该种观点的学者还主张，作为与不作为的界限是行为方式的不同，应从行为的外在表现形式和存在状态进行认定，因此判断拒绝履行是行政作为的依据就是其在程序上的作为行为形态。[③] 还有学者从行政行为的“存续力理论”认为，对于纯粹的行政不作为应该适用履行判决，但是针对拒绝履行则适用撤销拒绝行为，并判决行政机关重作。[④] 另有学者主张拒绝履行在

① 江必新、梁凤云：《行政诉讼法理论与实务》（第三版），法律出版社 2016 年版，第 1657 页。

② 周佑勇：《行政不作为构成要件的展开》，载《中国法学》2001 年第 5 期，第 64~67 页；刘永廷：《论行政不作为的构成要件》，载《法学杂志》2008 年第 2 期，第 139 页。

③ 周佑勇：《行政法原论》（第二版），中国方正出版社 2005 年版，第 195 页。

④ 林莉红：《行政诉讼法学》，武汉大学出版社 2001 年版，第 204~205 页。相同或相似的观点还可以参见方世荣、石佑启：《行政法与行政诉讼法》，北京大学出版社 2005 年版，第 484 页；罗豪才：《中国司法审查制度》，北京大学出版社 1993 年版，第 179 页。

实体内容上作出结论性行为，对相对人实体权利产生影响且有明确否定性意思表示，从行为的否定式外部形态可以得出而不需要法律拟制或间接拟制。[①] 还有部分学者从实质内容上认为拒绝履行只要实质内容上存在不作为，即对法定作为义务予以拒绝，不管程序上是否已经作为都应该构成行政不作为；该学者主张拒绝履行是行政不作为的一种，行政不作为应包括内容上的不为，拒绝履行以拒绝的行为方式作出但在内容上并未履职，符合实质不作为的要件。[②] 另有学者认为《行政诉讼法》第12条第1款第3、6项是对行政不作为具体表现形态的规定。[③]

（二）“明示拒绝履行”属于行政不作为

笔者主张从实质性解决行政争议角度，应将“明示拒绝履行”定性为行政不作为。随着行政行为理论体系的日臻完善和行政不作为理论研究的深入，从形式上区分作为与不作为的观点已不再占有主流地位。目前，学界主张从实体上区分作为与不作为的观点已渐趋成熟，尤其是理论界关于“形式为而实质不为的行政行为”一直给予了持续热议。[④] 明示拒绝履行是一种明示不予履行的行政行为，是显性的不作为。判断拒绝履行是否构成“不作为”的关键是审查行政相对人的申请“是否符合法定条件”，且排除行政主体正确行使审查裁量权的行为。[⑤] 本书将“明示拒绝履行”划归为行政不作为，主要基于以下理由：

第一，基于行为效果和法律目的角度判断。从明示拒绝履行的

---

① 胡建淼：《行政行为基本范畴研究》，浙江大学出版社2005年版，第156页。

② 陈小君、方世荣：《具体行政行为几个疑难问题的识别研析》，载《中国法学》1996年第1期，第50~51页。

③ 郭福渠：《论行政不作为的法律控制》，郑州大学2006年硕士学位论文，第3页。

④ 黄学贤：《形式作为而实质不作为行政行为探讨——行政不作为的新视角》，载《中国法学》2009年第5期，第41页。

⑤ 最高人民法院中国应用法学研究所编：《人民法院案例选》（2017年第3辑），人民法院出版社2017年版，第216页。

效果层面来讲，行政行为应该是实体与程序两方面的统一。前述行政不作为属于行政行为的范畴，而明示拒绝履行的实体及程序效果符合不作为的特征。虽然明示拒绝履行存在形式上作为的表征，通过作出拒绝行为表现为行政机关履行职责的结果，但是结合实质判断其依然是对相对人的申请予以拒绝，即对作为义务的不履行。换言之，行政机关没有作出当事人期望的行为，从实际效果上判断还是不作为。从行为的法律目的角度来说，“行政法理论与行政救济理论应相互关联，在界定不作为时要考虑诉讼实践，重视诉讼救济制度之价值”。[①] 从实质性解决行政争议视角来看，明示拒绝履行虽然从程序或者形式上满足了行政行为的表面特征，但是从相对人申请行政机关履职之目的来看，其直接回避了法定作为义务也间接使相对人的期待权落空，不符合《行政诉讼法》为当事人权利提供全面完整、无遗漏救济的修法初衷。

第二，基于救济方式的考量。本书的研究视角是立足于实质性解决行政争议，而避免程序空转和循环诉讼是实质解决争议的应有之义，将明示拒绝履行归为“不作为”范畴，可以赋予法院在裁判时机成熟时直接作出履行判决。法院审理不同案件类型的职权主义程度不同，课予义务之诉比撤销之诉、确认之诉的职权主义色彩更重，有利于避免“撤销+重作”判决模式下的二次诉讼出现案结事不了的情况。另外，从救济有效性角度来定位拒绝履行的性质取向，这也符合诉讼效益原理。如果法院将明示拒绝履行视为作为行为，则会采用审查强度较低的撤销诉讼围绕拒绝履行的合法性进行审查，不仅容易形成循环诉讼的怪圈，而且不利于监督行政机关积极履职。

第三，将明示拒绝履行界定为行政不作为符合世界发展趋势。域外部分国家和地区的司法实践也倾向于将拒绝履行划归为不作为

---

① 闫尔宝：《行政不作为重述——界定与审查》，载《甘肃行政学院学报》2008年第1期，第98页。

行为。例如，英国法院对于行政机关作出的拒绝履行是通过发出禁止令来督促行政机关履行作为义务，而非视为作为行为予以撤销。[①]美国的马萨诸塞州等诉环保局案（Massachusetts v. Environmental Protection Agency）中，联邦法院将行政机关的拒绝管制行为定性为“不作为”进行司法审查。[②] 德国《行政法院法》第42条第1款中将“义务履行诉讼”分为“拒绝处分”的义务履行之讼和“不作为”的义务履行之讼，当事人有权向行政法院针对行政机关拒绝处分行为提起义务履行之诉；该法第113条第5款允许对裁量性的拒绝或不作为提起诉讼。日本以及我国台湾地区也有前述相关规定。[③]

第四，审判实践对明示拒绝履行不作为性质的肯定。根据《行政诉讼法》第12条第1款第3、6项的规定，拒绝履行属于受案范围，并且法院一般是将拒绝履行作为“行政不作为”进行审查并作出裁判的。审判实务领域存在大量明示拒绝履行的案例，如我国首例诉高校拒绝颁发学位的田某诉北京某大学案，就是典型的行政机关以否定性形式明确作出了行政行为，而划归属于行政不作为范畴。因为行政行为的实体性是通过程序性来实现的，而程序性最终要服务于实体性，实体结果的不作为将使程序性的作为黯然失色和失去价值。此种司法实践的原理在于将行政不作为界定为内容(实体）上不为。即，程序上“作为”而实质上“不作为”。“实质上不作为”是指未实施足以使行政程序终结的行为。因此，适宜将“明示拒绝履行”定性为不作为行为并进行司法审查。

第五，从行政行为理论角度，行政行为包括积极的行政行为和消极的行政行为，而这两者都可以成为行政机关不作为的诉因。所谓积极不作为是指虽然形式上作出行政决定，但实质上拒绝了当事

① 闫尔宝：《行政不作为重述——界定与审查》，载《甘肃行政学院学报》2008年第1期，第98页。

② Massachusetts v. Environmental Protection Agency，549 U.S.497（2007）.

③ 闫尔宝：《行政行为的性质界定与实务》，法律出版社2010年版，第134~135页。

人的请求。拒绝履行的特征之一是未满足行政相对人的实体请求权。因此适宜认定“明示拒绝履行”为行政不作为，实务中针对明示拒绝履行提起的诉讼类型称为“作为型履责之诉”。将“明示拒绝履行”定性为行政不作为，有利于对当事人实体权利的回应，增强判决的司法审查强度。

综上，笔者认为修订后的《行政诉讼法》第12条第1款第3项和第6项中已经将“拒绝履行”列入不作为的表现形态。由此可见，为了解决不作为诉讼过分狭窄及权利救济功能不足等问题，立法采取了从实质性解决行政争议的视角扩大行政不作为的概念范围，将“拒绝履行”纳入不作为范畴，目的在于通过履行判决的功能设计来达到监督行政机关实质履责从而实现对相对人实体权利的切实保护。笔者主张将明示拒绝履行归为不作为表现形式，并赋予当事人在撤销诉讼或履责之诉中对明示拒绝履行诉求的选择权。法院出于实质性解决行政争议的诉讼目的，应该尽量作出审查强度更高的履行判决，直接回应原告诉讼请求从而实质性化解争议。关于行政诉讼判决类型的选择应遵从当事人提起诉讼时依附于诉讼请求之下所实际要达到的诉讼目的，同时还要考虑涉案诉讼请求所涉及的本质上的法律关系。

三、实践中模糊形态分析：不完全履行

通常行政不作为都有明确的法律规定来源，但是行政执法和审判实践中大量出现的“不完全履行”却缺乏法律规则和认定标准。不完全履行属于不确定法律概念，关于不完全履行的认定标准值得关注。本节通过对实践中存在争议的“不完全履行”进行研究，从而明确不完全履行的性质和认定标准，实现行政争议的实质性化解，督促行政机关积极履职。

（一）不完全履行的定义和性质

“不完全履行”是指行政主体在形式或程序上实施了履职行为，但未达到履职目的、未依据法定形式履职或者履职不到位等，

即“未实质性作为”。外部形态表现出积极作为，但实质上不满足作为行为的构成要件。即，行政主体在程序上积极作出行政行为，在可选择作为方式的情况下，行政主体因为主观过失选择了不恰当、不合理的行政执法方式，导致实体上没有作出达到良好执法效果和符合执法目的之行政行为，甚至使相对人的权利遭受持续侵害。换言之，不完全履行体现为履职不充分、履职态度消极或履职效果未达到合理预期，强调履职的程度和效果。至于不完全履行的构成要件包括：主观因素是过失，即未尽到注意义务；在客观外化形式上表现为行政主体行使职权的方法、手段、措施不当；履职结果没有达到履行职责的程度和效果。

关于“不完全履行”的性质，有学者主张，其可以构成不作为的一种独立表现形态；有学者主张，不完全履行可以被拒绝履行吸收为非独立的不作为形式；还有学者主张，不完全履行仅是完全履行在履行程度和效果上的瑕疵表现形式，并不必然构成行政不作为。[①] 从实质性解决行政争议角度来说，笔者主张应将“不完全履行”定性为行政不作为的一种独立表现形态，且属于可诉的违法行政行为，理由主要有以下几点：

第一，不完全履行属于性质模糊的“灰色化行政不作为”的典型形式之一。这里需要区分不完全履行不是违反比例原则的违法作为，而是属于不纯粹作为形式，是作为义务没有完全履行完毕。行政主体对于法定作为义务虽然依据依法行政的要求积极履行了，但是结果和效果上并没有彻底避免对相对人合法权益的损害，也没有实质化解行政争议。正如有观点主张的“如果行政相对人申请行政机关履行法定职责，行政机关的处理决定仅满足了申请人的部分请求，而剩余请求亦属于行政机关作为义务的情况下，行政机关

① 杨甜甜、周祺：《行政机关不完全履行法定职责的认定探析》，载《法制博览》2015年第27期，第185页。

未满足的部分不应排除在行政机关的法定职责之外，亦属于不作为”。[①]

第二，“不完全履行”是对全面履行原则的违反，违背履行的整体性原则。即，违背了全面有效司法保护原则，损害了相对人法律期待利益的完整性。从法律后果来看，不完全履行的法律结果就是导致违法行政行为成立。根据前述，行政不作为的性质是行政行为，而行政行为合法性的要件包括“行政主体合法、行政权限合法、行政内容必须真实和明确、行政程序合法、行为形式合法”等。[②] 不完全履行行政行为在合法性上主要违背了行政行为第三个合法要件，即行政行为内容适当、合法、明确及真实的要求。行政行为系因监督行政的需要提出的“目的性创设”概念，基于行政行为的“目的性创设”，一切行政行为原则上都有可诉性，因为可诉性应该是行政行为的法治属性。[③] 因此，不完全履行属于违法的可诉行政行为。

第三，不完全履行符合“形式作为而实质不完全作为”的特征。行政机关虽然启动了程序但未实质履行法定义务，该行为以积极形式为表现形式却产生不完全作为的实际效果。由于不完全履行带有隐蔽性和模糊性，缺乏统一的认定规则，导致其容易被忽略，亟须司法权对行政权进行合理干预，明确司法审查标准和审查强度。

第四，关于不完全履行的违法性，可以从以下四个层面来理解：一是从法律关系的产生来看，行政法律关系为行政主体分配权利和义务，当该法律关系预设成立后，行政主体与相对人产生应然的权利义务关系。该应然层面的权利义务关系要想转变为实质性权

---

① 蔡小雪、甘文：《行政诉讼实务指引》，人民法院出版社 2014 年版，第 531 页。

② 方世荣、石佑启：《行政法与行政诉讼法》（第三版），北京大学出版社 2015 年版，第 123~124 页。

③ 茅铭晨：《行政行为可诉性研究——理论重构与制度重构的对接》，北京大学出版社 2014 年版，第 145 页。

利义务关系则需要通过行政主体积极履行法定义务，否则二者的法律关系模式仅停留于应然状态。[①] 二是从法律后果来看，不完全履行是行政主体未作出依法应作为之行为，其法律结果就是导致违法行政行为成立。[②] 三是从行为程序来看，行政法律行为要求行政主体作出行为的程序必须符合法律规定的步骤等。不完全履行在前述几个环节中都可能存在履行不完全的情形，不符合相关法律规定。四是从行为目的来看，不完全履行不符合全面性、完整性履行的要求，并且该不完全履行会对行政相对人的权利义务造成实质性影响，属于行政不作为的违法形态。

（二）“不完全履行”的表现形式及相关概念辨析

1. “不完全履行”的表现形式

（1）程序不完全履行

例如，“李某某申请某市公安局行政复议案”[③]，申请人提出查处申请，某市公安局因自身不具有管辖权，遂将该申请移送至有管辖权的某公安分局处理，但是某市公安局未将移送管辖事项告知申请人，此种程序上的不当处理，依然属于不完全履行的情形。

（2）程序与实体双重不完全履行

例如，“席某明诉 B 市人民政府、B 市某区人民政府不履行法定职责案”，原告席某明请求被告市县两级政府履行查处违法征收的法定职责。[④] 被告某区政府在答辩意见中主张收到原告的查处申请后遂将该查处申请转交某区房管局征收办，但其并未提交证据证明某区房管局征收办针对原告查处申请中反映的问题进行了相应的

① 袁曙宏、方世荣：《论行政法律关系的产生》，载《江苏社会科学》2000 年第 6 期，第 130~131 页。

② 周佑勇：《行政不作为判解》，武汉大学出版社 2000 年版，第 96 页。

③ 李灵雁：《北京市行政复议典型案例选编》，北京市人民政府法制办公室编 2016 年版，第 38 页。

④ 国家法官学院案例开发研究中心编：《中国法院 2017 年度案例——行政纠纷》，中国法制出版社 2017 年版，第 8 页。

调查程序，也无其他证据证明某区房管局征收办履行了相关法定职责。从在案证据162号信访处理意见来看，也无法证实某区房管局征收办是针对某区政府转办而给予原告作出的答复。因此，法院判定某区政府主张其已经履行了原告诉请职责的主张没有事实和法律依据。

（3）目的不完全履行

行政机关履职没有实现立法目标，主要表现为未妥善处理的形式为而实质不作为。例如，“刘某国诉C市某区公安局不履行法定职责案”①，原告因车辆受损向被告报警，被告接到报警后出警。但未对警情妥善处置，导致原告报警三次而被告出警三次，最终仅有一份被告对原告所做的询问笔录。该份笔录也无法证明被告进行了妥善处置，因此法院判定该案属于形式作为而实质不作为行为。

（4）履职不全面

仅履行部分职责，还需要继续履行。有学者主张“行政机关行使行政管理职权时存在基于同一事实和理由实施两个以上相关联行为的可能性，这些相关联的行为应该是各自分别独立的行为。此时仅实施部分行为的，应该对各个行为分别认定，对于已经实施的部分可以认定构成行政作为，而未实施的部分则构成行政不作为”。② 笔者认为此处的部分履行应该区分行为的过程性，包括内部过程性和外部过程性，同时还要兼顾行为性质。行政机关针对相对人提出的履职申请已在程序上积极作出行政行为，不存在消极不作为的情形，只是未实质履行义务，即形式“为”而实质“不作为”，其区别于拒绝履行的形式“为”而实体“不作为”。

（5）不适当履行

履行手段不当、履职不到位的“瑕疵履行”和“加害履行”，

① 重庆市第五中级人民法院（2014）渝五中法行终字第268号行政判决书，载国家法官学院案例开发研究中心编：《中国法院2016年度案例——行政纠纷》，中国法制出版社2016年版，第16页。

② 胡建淼：《行政行为基本范畴研究》，浙江大学出版社2005年版，第158页。

是指行政主体在程序上积极作出行政行为，但在行为方式的选择和实质效果上不符合法律目的，没有达到预期的执法效果和履职目的。例如，在“周某不服某市国土资源局案”[①] 中，对于非法占地建设问题，如果行政机关未能提供切实有效的证据证明其对该宗地的处罚已经执行完毕，则不能视为“已经进行过行政处罚”。对负有法定作为义务的职责即将或已出现的问题，行政机关要穷尽执法手段和相应手段及时应对，对已经履行的职责要根据情况进行跟进。例外情形是，瑕疵履行的形式但是实质性履职的效果。例如，“某市政工程有限公司诉 G 市财政局不履行法定职责案”，本案法院裁判认为虽然被告 G 市财政局以“答复函”的形式处理原告投诉存在瑕疵，但从结果来看其对投诉答复符合相关法律规定，遂判决驳回原告诉讼请求。[②] 本案中被告以“答复函”的形式作出答复来取代直接作出处理决定，而答复函中未告知当事人复议权和诉权，属于瑕疵。但是该瑕疵没有实际影响到当事人提起复议或诉讼的权利，文书形式瑕疵不影响其投诉处理的性质，属于行政机关实质性履职的情形，法院判决确认其合法性。

2. 关于“不完全履行”与“弱作为”“履行不能”“履行迟延”的概念辨析

“弱作为”，是指行政主体虽有作为之行为，但在内容和程度上作为程度不够，未足够作为且不符合职责要求和行政目的。[③] 行政作为的职责要求具有复合性和多样性，存在多个环节或者多个行为的作为要求。在多个行为中，“弱作为”是“部分作为”与“部

① 李灵雁：《北京市行政复议典型案例选编》，北京市人民政府法制办公室编 2016 年版，第 186 页。

② 国家法官学院案例开发研究中心编：《中国法院 2016 年度案例——行政纠纷》，中国法制出版社 2016 年版，第 8 页。

③ 杨小军：《行政机关作为职责与不作为行为法律研究》，国家行政学院出版社 2013 年版，第 174 页。

分不作为”的结合，其中不作为部分可归入行政不作为。[①] 在多个环节中，“弱作为”或许是某些环节的不作为，从而在整体上形成弱作为的结果。

不完全履行与履行不能、履行迟延的区别在于行政机关履行职责的内容，即义务违反的角度不同。“履行不能”是指行政机关事实上已不可能作为，其与“履行迟延”均是违反了行政主体履行作为义务的主要内容。而不完全履行存在两种可能性，其可以是违反法定职责的主要内容，也可以是违反了次要义务或者附随义务。从功能角度来看，法定职责中的附随义务，其或许是辅助功能促进法定职责主要内容的实现，使相对人权利得到最大保障。如果行政主体在履职过程中违背附随义务中的保护功能，则构成加害履行。“加害履行”是指行政主体履行义务有瑕疵，并且给相对人造成了履责以外的损害。例如，“任某沪诉某县城乡规划局不履行法定职责一案”[②]，法院判定被告受理履职申请后作出的行政行为未完全符合法律规定，致使当事人的合法权益受到损害，属于不完全履行，故判决其履行职责。

履行迟延是否属于行政作为的一种表现形态需要区分情况判断，这涉及迟延作为与行政不作为的关系。如果行政不作为与迟延作为的意思表示不具有承接性，迟延作为可以看作对先前行政不作为的撤销处分，从而成为一个新的行政行为，属于行政作为。[③] 在某些情况下，迟延作为是指行政主体超过法定期限或合理期限不作为后，就原特定事项作出一个行政行为。从外部形态来看，行政主体作出了一定行政行为且具有明确的意思表示，符合行政作为的构

① 杨小军：《行政机关作为职责与不作为行为法律研究》，国家行政学院出版社2013年版，第174页。

② 江西赣州市中级人民法院（2012）赣中行终字第52号行政判决书。参见曾照旭：《不完全履行法定职责的司法认定》，载《人民法院报》2013年6月6日第6版。

③ 蔡志方：《行政救济与行政法学》，学林文化事业有限公司1998年版，第277页。

成特征。一旦行政不作为和迟延作为的意思表示具有一致性，鉴于行政不作为的法律效果意思表示可以由法律规定或推定，已对相对人其后的权利义务产生影响，此时可将迟延作为视为行政不作为。[①]

3. 小结

通过上述对不完全履行表现形式及相关概念的区分，在判断是否构成“不完全履行”时，可从以下三个方面判断：一是行政机关选择执法方式的目的正当性；二是行政机关是否依法履行了相应的步骤和程序；三是行政机关在条件成熟时是否及时作出处理决定，是否满足执法效能的要求。[②] 换言之，判断不完全履行是否构成不作为的关键是看该行为在整个作为义务中对应的部分，是否构成对其具体作为义务的根本违反。

（三）不完全履行归属于独立的行政不作为

1. 不完全履行的判断依据

关于“不完全履行”是否构成行政不作为，可从行为过程视角的客观判断结合行为内容、结果及效果视角的主观判断。通过行为的“实体法律效果”“合目的性”及“不履行的可能性程度”来综合进行判断。

（1）行为过程

法院对不完全履行的判断是基于行政行为的过程完整性，只要缺失其中一个活动环节，即可认定为不完全履行。从行政不作为的过程性来看，不完全履行的实质是内部过程的“部分性作为”。“部分性作为”强调行政主体在处理具体行政事务时的动态过程，是指在行政相对人提出的数个申请中，行政主体实施了部分作为义务，但未履行全部作为义务。根据全面履行原则和行政行为的整体

---

① 胡建淼：《行政行为基本范畴研究》，浙江大学出版社2005年版，第159页。

② 茆荣华：《上海法院行政诉讼案例精选》，上海人民出版社2017年版，第74页。

性，行政行为的实施要考虑过程性，包括要考虑行政行为的内部过程性和外部过程性。其中，“行政行为的内部过程性”是指一个完整的行政行为，包含调查准备、作出决定和意思宣告等若干阶段性行为；“行政行为的外部过程性”是指行政主体要实现行政管理目标，则需要由具有关联性或承接性的若干行政行为组成。[①]

程序性权利义务由于缺乏实体法律效果通常不可诉，但对于行政机关已经实施的受理、调查等部分性“作为”从行政行为的内部过程性来看，通过借助法律拟制可以推定属于行政不作为，构成不完全履行。例如，在“张某诉高新分局行政处罚案”中，高新分局对被处罚人的处罚事实包括“殴打他人”和“损毁财物”两个行为，而在告知笔录中仅对“殴打他人”履行了告知处罚的事实、理由、依据及享有的权利，属于未完全履行告知义务，违反了程序性义务，因此该处罚决定应予撤销。因为“告知义务”是公安机关作出处罚决定的前置程序和必经程序，是公民知情权的重要保障。本案中，行政机关的行政行为只是部分满足了当事人的申请，对于未满足申请部分如果属于法定履职事项，则行政机关构成不完全履行。

(2) 行为内容

从行为内容上判断不完全履行要结合行为的“实体法律效果”，同时要兼顾相对人“诉的利益”，通过对“诉的利益”进行判断，法院可以排除不适于自己裁决的案件。例如，“J县某厂诉J县城乡建设委员会不履行法定职责案”，法院认为从涉案《通知》的实质内容来看，其并不具有对违法强拆行为作出处理并责令被告停止违法行为等履行相关职责的实质内容，并且该《通知》发出之后，被告也未停止其违法行为。[②] 法院经过综合判断认为，涉案

① 胡建淼：《行政行为基本范畴研究》，浙江大学出版社 2005 年版，第 157 页。

② 最高人民法院应用法学研究所编：《人民法院案例选》（2006 年第 3 辑），人民法院出版社 2007 年版，第 458 页。

《通知》不具有对违法强拆行为进行处理的实质内容。即，该《通知》并没有最终防止危害结果的发生，从行为内容的实体法律效果认定被告构成不完全履行的不作为行为。

从行为内容来看，构成不完全履行需要具备瑕疵要件。即，行政机关履行作为义务有瑕疵。行政行为的瑕疵划分标准，一般是基于瑕疵对社会关系及相关法益的破坏程度，是以结果为导向的评判标准①，表现为行为作为方式选择不合理、不适当或者构成义务违反，表现形式为瑕疵履行和加害履行。加害履行是违反了行政主体履行附随义务中的保护功能，也可称为“危险防止型”不作为。类似于德国学者主张的“在判断余地裁量时出现的判断瑕疵和计划裁量的考量瑕疵”。② 行政主体一旦作出结论性决定，不论程序还是实体的瑕疵性行政行为都属于行政不作为，因为从行为外部形态、结论性行为和明确效果意思等来看都符合行政不作为的特征。

（3）行为结果

从不完全履行的“合目的性”结合其具体表现的结果样态来综合研判分析，不完全履行的表现形式主要包括：一是履职不全面，仅履行部分职责还需要继续履行；二是履职没有实现立法目标；三是没有回应原告实质权利请求；四是履职不到位。

关于不完全履行的结果要件，表现为履职目标未达成或者造成损害事实。即，未实质性履行作为义务，实质上没有取得执法效果或者法律目的没有充分有效地实现。这是判断不完全履行的核心要件，也是不完全履行区别于作为行为的显著特征。换言之，行政机关作出的行政行为并未充分达到相对人申请其履职的权益保护效果。一方面，行政行为没有“实现法律目的”，未实际完成或者执法的最终目标未达成；另一方面，不完全履行造成相对人履行利益

---

① 张峰振：《论不当行政行为的司法救济——从我国〈行政诉讼法〉中的“明显不当行政行为”谈起》，载《政治与法律》2016 年第 1 期，第 10~17 页。

② 吴庚：《行政法之理论与实用》，中国人民大学出版社 2005 年版，第 80 页。

（固有利益）或其他利益的损害。此处要考虑不完全履行内容的瑕疵要件与结果要件之间的因果关系，行政主体不仅应该具有高于一般社会理性的公务理性，同时还要兼顾裁量性选择的正当理由。

（4）行为的法律效果

行政行为会产生法律效果，不完全履行的法律效果是借助法律拟制或推定的。不完全履行的法律效果表现为对权利及义务产生规制作用或产生、变更、消灭及确认权利义务关系。[①] 在无法律明确规定的情形下，对于依申请行政行为，一旦行政主体在相对人提出申请后仅作预备性程序行为或者没有实质性履行法定义务，则可以推定行政主体默示拒绝了相对人的请求或者构成不完全履行。

2. 不完全履行归属于独立的行政不作为之意义

笔者主张将不完全履行归属于独立的行政不作为，具有以下意义：

（1）有利于对当事人实体权利的回应

根据作为类案件的合法性司法审查标准，假如将不完全履行定性为作为行为，法院将围绕不完全履行行为的合法性进行审查，从而会依据当事人的诉讼请求作出确认不完全履行违法或者撤销不完全履行的判决。这将导致程序空转，没有切实回应当事人的实体权利。

（2）有助于判决类型化并实质性解决行政争议

将不完全履行作为独立的不作为案件处理，法院可以根据当事人的实体权利诉求作出驳回诉讼请求、撤销不完全履行并责令重作或者履行判决等判决形式，这契合《行政诉讼法》修改后增加的“解决行政争议”之立法目的。

（3）有助于增强判决形式的司法审查强度

在履行判决中，司法权对行政权的监督力度是最大的，而行政不作为案件的判决形式以履行判决为主。因此，将不完全履行定性

① 翁岳生：《行政法》，翰芦图书出版有限公司 1998 年版，第 537 页。

为行政不作为，有利于加强对行政机关的监督力度。

（4）法院审理中的职权主义程度不同

履责之诉比撤销之诉、确认之诉的职权主义色彩更浓，将不完全履行作为独立的不作为案件从而适用履责之诉，通过强化法院的职权主义模式可以最大限度地化解行政争议。

第三节 行政不作为诉讼概述

根据前述行政不作为的基本理论，我们可以得出行政不作为诉讼的完整定义。“行政不作为诉讼”是指负有某种特定作为义务的行政机关依职权或者依申请应该作出相应的行政行为，但是其在法定或者合理期限内以拒绝履行或者不予答复等积极不作为或者消极不作为形式损害相对人合法权益，相对人遂提起诉讼并请求依法审理的诉讼形式。

一、域外行政不作为诉讼类型划分

英美法系及大陆法系国家都仅在行政救济领域对行政不作为侵权进行制度设计，而未在行政行为理论中提到“行政不作为”的概念。德国行政不作为理论发端于19世纪德国刑法之不作为犯理论。[①] 德国学界对行政不作为的范畴基本达成共识，即从原告诉讼目的视角将行政不作为定义为行政机关未作出原告请求的公法行政行为。总体来看，域外关于行政不作为行为大体形成了以下诉讼类型。

（一）不作为违法确认诉讼

日本在不作为行为的诉讼类型上进行了分类处理，其中之一是确定了“不作为违法确认诉讼”。根据《行政案件诉讼法》第3条第5项的规定，行政机关本应作出某种羁束行为处分或裁决，而过

① 吕桂民：《行政不作为问题研究》，复旦大学2011年硕士学位论文，第5页。

了“相当的时间”也未实施行政行为，法院仅指出行政机关不作为违法但不判决其履行义务的具体内容。该类诉讼适用于请求“确认”行政厅不作为违法，而法院不能依据此种诉讼请求以“命令”形式判决行政厅应该作出一定的行为。此种诉讼是确认不作为状态违法，仅在于督促行政机关作出答复保证给付请求的实效性而不给予当事人实质救济，是在法律针对申请设置应答机制发挥功能的诉讼，该诉讼对国民救济权利方面很有限。①

（二）撤销诉讼

日本对于行政机关明示或默示拒绝当事人请求的情形，法院会判决撤销该行政行为且以行政行为具有“处分”性质为前提。日本将撤销诉讼进一步区分为“处分”和“裁决”之撤销诉讼，其中《行政案件诉讼法》第3条第2款规定“处分的撤销诉讼”之审查对象是“对于行政厅的处分及其他的公权力行使不服”。该法第3条第3款规定“裁决的撤销诉讼”，是指原告请求撤销行政厅对审查请求以及其他不服申诉所作出的裁决、决定及其他行为的诉讼。在日本，撤销诉讼具有恢复原状、合法性统制、早期权利保护、即成事实发生防止、纷争的一举解决和第三人救济功能。② 日本的《行政案件诉讼法》将“撤销诉讼”作为原则上的诉讼形式，在对“处分”的效力发生争议时只要处分不是无效的，必须依据撤销诉讼对处分的效力进行争讼，不允许采用其他类型的诉讼程序。即，日本的行政案件诉讼实行“撤销诉讼中心主义”，其他的抗告诉讼为补充。但是，修订后的《行政案件诉讼法》将课予义务诉讼法定化，并明文规定了以“活用”确认诉讼为目的之确认诉讼，可以看作对撤销诉讼中心主义的修正和放宽，甚至被认为是

① ［日］盐野宏：《行政法》，杨建顺译，法律出版社1999年版，第410~412页。

② ［日］市桥克哉、平田和一等：《日本现行行政法》，田林、钱蓓蓓、李龙贤译，法律出版社2016年版，第287页。

否定。[①] 法国采取越权诉讼形式来处理不作为行为，越权诉讼在性质上是侧重公共秩序维护的客观诉讼。法国行政法官仅享有确认此种行政不作为违法及撤销的权力，而不能责令行政机关作出一定的行为。[②]

（三）课予义务诉讼

“不作为违法确认诉讼”和“撤销诉讼”都属于抗告诉讼的诉讼类型，在性质上属于主观诉讼范畴。日本的行政救济承认行政不作为行为的违法性，并在《行政案件诉讼法》第3条第6款中规定了“课予义务诉讼”，其是指当行政机关拒绝履行义务时，当事人向法院主张撤销拒绝行为并要求判令行政机关实施特定处分的诉讼。该类诉讼的特征在于可以完全满足当事人的给付请求权，其构成要件包括行政机关明示或默示对申请作出拒绝处分；原告主张实体法之给付请求权；案件判决时机成熟。[③] 即，行政机关确实存在不作为且该义务的履行仍有意义，而履行判决的作出是法院以行政机关该义务的实际履行为目的。日本《行政案件诉讼法》第3条第6款第2项中规定了赋予行政机关义务诉讼（申请型义务赋课诉讼），又称为赋予行政机关作为义务诉讼，该类诉讼的判决内容是赋予行政厅作出该处分之义务。[④] 申请型义务赋课诉讼分为“处分（裁决）的不作为”和“申请拒绝或驳回（不采纳）裁决”。另外，课予义务诉讼还包括《行政案件诉讼法》第3条第6款第1项中规定的除申请以外情况所引起的诉讼，主要包括“直接型不作为”或称为“非申请型义务”赋课。[⑤]

---

① ［日］市桥克哉、平田和一等：《日本现行行政法》，田林、钱蓓蓓、李龙贤译，法律出版社2016年版，第288页。

② 王名扬：《法国行政法》，中国政法大学出版社1988年版，第669~703页。

③ ［日］原田尚彦：《诉的利益》，石龙潭译，中国政法大学出版社2014年版，第25页。

④ 吴东镐、徐炳煊：《日本行政法》，中国政法大学出版社2011年版，第223页。

⑤ ［日］藤田宙靖：《日本行政法入门》，杨桐译，中国法制出版社2012年版，第145页。

申请型不作为与直接型不作为是通过确认诉讼的诉讼对象区别开来的。根据日本《行政案件诉讼法》第 37 条第 3 款第 1 项和第 37 条第 3 款第 3 项第 2 号的规定，申请型不作为是在可以提起不作为违法确认诉讼案件中必须一并提起，即行政厅针对申请已作出拒绝处分（申请的驳回或不受理）时，原告必须针对该拒绝处分一起提起撤销诉讼或确认无效诉讼。而根据日本《行政案件诉讼法》第 37 条第 2 款第 1 项的规定，在非申请型的直接型不作为中，义务赋课诉讼具有"重大损害"和"补充性"要件，是"因考虑到不作出一定处分将会产生重大损害，为避免损害且在没有其他合适方法的情况下，可以提起的诉讼"。即，申请型的义务赋课诉讼针对两种诉讼客体：一是行政厅对申请的不作为；二是行政厅对申请的拒绝处分。申请型义务赋课诉讼不能单独提起，针对申请的不作为，需要将不作为违法确认之诉合并到义务赋课诉讼中提起；针对申请的拒绝处分，则须将撤销诉讼或者不作为违法确认诉讼等合并到课予义务诉讼中提起。在日本，为提供国民权利实效救济，课予义务诉讼法定化并作为抗告诉讼的一种诉讼形式，其是撤销诉讼、确认诉讼的补充制度。[①] 德国《行政法院法》第 42 条第 1 项、第 113 条第 5 项有课予义务诉讼相关规定。德国并未将行政不作为从行政行为制度中进行单列，而在诉讼种类上将不作为之诉，又称为停止作为之诉，归为"消极给付之诉"，是一般给付之诉之亚类的停止作为之诉属于广义的义务之诉。[②] 在德国，原告针对行政机关的拒绝决定与不予答复一样，都可以提起不作为之诉。在英国，行政机关及裁判所超出实体法之权力范围的行为构成实质越权，其中实质越权包括不作为行为。[③] 即，不作为即构成越权。法院通过执

① ［日］藤田宙靖：《日本行政法入门》，杨桐译，中国法制出版社 2012 年版，第 145 页。

② ［德］弗里德赫尔穆·胡芬：《行政诉讼法》，莫光华译，法律出版社 2003 年版，第 295、448 页。

③ 王名扬：《英国行政法比较行政法》，北京大学出版社 2016 年版，第 141 页。

行令（mandamus）和强制性禁令（mandatory injunction）对行政机关不作为给当事人提供救济。执行令与强制性禁令适用范围存在差异，前者主要针对行政机关公法上的义务；后者属于私法救济方式。美国《联邦行政程序法》第 706 节也规定了类似于英国执行令的制度。依据该法第 702 节、第 704 节、第 551 节第 13 款之规定，美国对于拒绝救济或不作为的行为都属于行政行为范畴且作为司法审查之对象。[①] 美国对不作为类案件根据个案具体分析采取实用主义的方式，而不作出抽象定义。[②]

综上，国外在行政不作为诉讼类型上大体形成了不作为违法确认诉讼、课予义务诉讼以及撤销诉讼等诉讼形式。

二、我国行政不作为诉讼的语境分析

根据前述关于行政不作为基本理论的梳理，可以得出我国一般是在违法意义上使用行政不作为的概念。我国关于行政不作为的立法演进中，长期以来没有明文采用“行政不作为”的概念。2000 年《执行解释》中明确采用了“不作为”这一概念并作为制定法的渊源，在《执行解释》第 22 条、第 27 条、第 50 条、第 56 条中都将不作为案件作为独立的诉讼类型。此外，2002 年《最高人民法院关于行政诉讼证据若干问题的规定》（以下简称《证据若干规定》）第 4 条第 2 款中也使用了“不作为”的概念。根据 2014 年修订的《行政诉讼法》第 2 条、第 12 条、第 13 条之规定，我国关于不作为诉讼提供救济的范围有明确的规定。据此，将可诉行政不作为范围限定为侵犯个人利益的行政不作为，而排除抽象行政不作为。另外，2017 年《行政诉讼法》的修正案在检察院提起的行政公益诉讼中，又将侵害公共利益的行政不作为纳入立法规定。2018 年 2 月 8 日开始施行的《行诉解释》第 91 条中重申了“不作为”

① 王名扬：《美国行政法》，北京大学出版社 2016 年版，第 447 页。
② 王名扬：《美国行政法》，北京大学出版社 2016 年版，第 448 页。

这一概念。

修订后的《行政诉讼法》在行政诉讼判决方式方面进行了调整和完善，通过修法我国仅对行政诉讼判决种类进行了进一步类型化，但在诉讼请求和行政行为方面并未过多强调类型化，实践操作中往往是从判决类型化倒推诉讼请求的类型化，这实际上是倒果为因的做法。[①] 关于行政诉讼类型化的确立是本次修法没有彻底回应的问题。而我国部分学者效仿大陆法系诉讼类型划分模式，试图将原告诉求结合受案范围的相关规定，主张我国行政诉讼应该划分为确认之诉、撤销之诉、变更之诉、赔偿之诉和履责之诉等。[②]

笔者认为，虽然目前行政诉讼立法未对不作为行为进行明确的类型规定，但是依据《行政诉讼法》第 72 条、第 74 条第 2 款、第 76 条和《行诉解释》第 91 条之规定，我国关于行政不作为的确认违法诉讼、履责之诉和撤销诉讼却是客观存在的。此外，2017 年第二次修订的《行政诉讼法》第 25 条在原告资格中增加一款以检察院为原告提起行政公益诉讼的规定，将行政不作为的判决类型扩展至公益诉讼范畴。根据前述关于“行政不作为”概念立法沿革的梳理，《执行解释》首次将学理上的“不作为”概念引入并作为正式的法律概念来界定行政机关的行政管理活动，并且在该《执行解释》第 22 条、第 27 条、第 50 条第 4 款和第 56 条都有扩充“不作为”概念的趋势。此后施行的《证据若干规定》第 4 条和《行诉解释》第 91 条中均使用并重申“不作为”这一概念，从而使得行政不作为案件具备了成为一种独立诉讼案件类型的可能性。

三、我国行政不作为诉讼的功能定位：“主观诉讼”为主，“客观诉讼”为辅

由于宪法及行政法等具有公法性质，因此不作为诉讼具有公法

① 马怀德：《行政诉讼原理》（第二版），法律出版社 2009 年版，第 106 页。

② 应松年、杨伟东：《中国行政法学 20 年研究报告》，中国政法大学出版社 2007 年版，第 645~647 页。

性质。“在过去的司法实践中，比较强调行政诉讼相对于民事诉讼的特殊性，认为民事诉讼是人民法院严格根据当事人的诉讼请求对民事权利义务和法律事实作出确认的过程，属于主观诉讼；而行政诉讼则是人民法院对于行政活动合法与否作出判断的过程，相对独立于原告的诉讼请求，属于客观诉讼，法院作出的判决在许多情况下仅涉及行政行为的合法性判断，并不直接决定相对人行政法上的权利义务，对解决当事人之间的实质争议作用不明显。”[①]

行政不作为诉讼功能定位模式往往是案件审判规则的先行，其功能定位直接决定了原告资格的范围及裁判方式的选择适用，同时也会影响行政诉讼回应原告诉求的程度以及客观公法秩序的维护。我国行政不作为诉讼的功能定位不明晰也是导致其运行效果不理想的主要原因。关于我国行政诉讼的功能定位存在主观和客观诉讼之争。例如，有观点主张根据《行政诉讼法》第 6 条的规定，行政诉讼是通过对行政行为合法性审查达到监督行政机关依法行政的客观诉讼模式。[②] 另有观点主张，我国行政诉讼是以保护公民权益为直接目的之主观诉讼模式。[③] 主观公权利模式下，保障相对人合法权益是行政诉讼的核心；而客观法秩序维护模式下，通过监督行政机关依法履职从而维护客观法秩序是行政诉讼的根本目的。[④] 法国采取典型的以客观诉讼为主的模式；德国采用的是以主观诉讼为主的模式。从上述法院在审判实践中对于诉讼构造的认定来看，我国普通原告（排除检察机关为原告）提起的行政不作为诉讼是以保

---

① 最高人民法院行政审判庭编：《最高人民法院行政诉讼法司法解释理解与适用》，人民法院出版社 2018 年版，第 559 页。

② 梁凤云：《行政诉讼法修订的若干理论前提》，载《法律适用》2006 年第 5 期，第 72 页。

③ 于安：《发展导向的行政诉讼法修订问题》，载《华东政法大学学报》2012 年第 2 期，第 96~101 页；林莉红、马立群：《作为客观诉讼的行政公益诉讼》，载《行政法学研究》2011 年第 4 期，第 3 页。

④ 方颉琳：《行政诉讼制度的解释学发展进路——以行政诉权为视角》，中国政法大学出版社 2017 年版，第 170 页。

障当事人诉权救济为主的主观诉讼模式。即，笔者主张我国不作为诉讼应该置于以“主观诉讼”为主的诉讼功能模式讨论背景之下。

第一，“诉讼目的”是判断主客观诉讼的重要指标和基础起点，从我国《行政诉讼法》第1条立法目的之规定可以看出，虽然将“保护权益”和“监督行政权”并列为行政诉讼的立法目的，但“保护当事人合法权益”是立法目的之核心。“我国行政诉讼法的宗旨定位是以救济公民权利为主，以监督和保障行政机关依法行政为辅，通过救济当事人的权利，来保障行政机关依法行政。”①行政诉讼的价值目标经历了从个体权利保护到注重利益协调关系，从维护形式法治到注重实质法治的功能变迁。通过立法目的之明晰，可以说我国行政不作为诉讼是以主观权利保护的主观诉讼为主，客观诉讼为辅的构造模式。即，有学者主张的混合诉讼功能模式。②

第二，从权利和争议本质来讲，主观诉讼以回应原告诉求作为诉讼目的。行政不作为公益诉讼也具有主观诉讼模式的特质，因为任何行政争议的产生都源于权益受损或者存在侵害的可能。因此，从原告诉讼请求来看，尽管客观上涉及公法秩序维护问题，但行政不作为诉讼的权利及争议本质都属于主观诉讼的范畴。即，行政不作为诉讼的功能定位是主观诉讼，在保护权利的过程中达到客观诉讼的目标。在主观诉讼中，公共秩序的维护在某种程度上也被视为前提性、基础性的功能而得到实质上某种程度的优先考虑，而在客观诉讼中，公共秩序维护优先于公民合法权益保护自不待言。③ 但不容置疑的是，从原告资格的逐步扩大趋势以及检察机关提起行政不作为公益诉讼来看，为了实现行政争议的有效化解和行政争议尽

---

① 江必新：《新行政诉讼法专题讲座》，中国法制出版社2015年版，第111页。

② 邓刚宏：《论我国行政诉讼功能模式及其理论价值》，载《中国法学》2009年第5期，第57~60页。

③ 高家伟：《公正高效权威视野下的行政司法制度研究》，中国人民公安大学出版社2013年版，第324页。

可能多地化解，我国行政不作为诉讼功能在呈现出逐步强化主观诉讼模式的同时也兼顾客观诉讼模式。

第三，将“诉讼标的”作为区分主客观诉讼的另一重要指标。客观诉讼的诉讼标的是行政行为，而主观诉讼强调以权利为诉讼标的且原告启动诉讼程序是为了达到权利救济。但无论是行政诉讼立法规定，还是传统审判思路都是将行政行为及其合法性作为中心来设计审理规则和诉讼规则的，因此从诉讼标的角度来讲，我国行政诉讼属于客观诉讼模式。这就导致我国诉讼构造的混乱。本书提出实质性解决行政争议视角，目的在于审视我国目前行政不作为诉讼应该从审查不作为行为的合法性向回应原告实质诉求转型，从而契合我国行政诉讼以主观诉讼为主的诉讼构造模式。不作为诉讼的起诉条件及审理规则、裁判规则都应该围绕原告权利救济的诉求展开，摒弃以行政行为合法性审查为核心的传统审判思维，进而实现实质性解决行政争议和完善权利救济整体性。

本书主要探讨的是普通原告主体提起的主观诉讼性质的行政不作为诉讼。对于检察机关提起的带有客观诉讼性质的行政不作为公益性诉讼，由于原告资格的特殊性以及存在区别于普通不作为诉讼的诸多差异，仅作例外性探讨。

第二章 行政不作为诉讼案件实证分析与存在的问题

应然层面的行政不作为诉讼制度与实然层面的实践会存在现实障碍和落差，其在审判实践中未能按照立法初衷实现所期待的行政争议实质性解决。我国传统行政诉讼制度的基本功能和制度设计是围绕对行政行为合法性审查来获得司法审查的正当性，而在实质性解决行政争议功能实现上稍显用力不足，并且在过度追求形式合法性审查判断中，行政争议一次性、彻底性和实质性解决的实现程度面临现实压力。可以说，在对行政权的合法性监督与行政争议的实质性解决之间存在内在张力和冲突。在行政不作为诉讼中，对上述基本价值间的矛盾和冲突进行调和，不仅关系到行政诉讼立法目的之实现，而且关系到行政不作为诉讼如何在权力监督和争议解决过程中最大限度地实现保护相对人合法权益的实效性及有效性。

第一节 行政不作为诉讼审判实践的实证分析①

行政不作为案件呈递增趋势，案件类型复杂多样。

一、行政不作为诉讼案件审理的基本情况

目前，随着立案登记制的推行和当事人权利意识觉醒，行政不作为案件在受理数量和占比上都呈现上升趋势，案件分布领域也具有广泛性和相对集中的特点。

① 本节实证分析数据均来自相关省份近十年来的司法统计数据。

（一）行政不作为案件数量逐年上升

近年来，行政诉讼案件呈现增长态势，其中全国各级法院受理的不作为案件数量呈现逐年上升的趋势，成为行政案件中新的增长点。根据《最高人民法院公报》《中国法律年鉴》的数据显示，全国行政不作为类案件从修法前 2014 年的 1882 件攀升至修法后 2015 年的 4556 件。截至 2016 年，不作为案件数量已升至 5477 件。

以 X 省为例，2017 年按照被诉行政行为的性质划分，该省案件数量由多到少依次为行政处罚类案件 3682 件，占 21. 15%；不履行法定职责案件，即不作为案件 1032 件，占 5. 93%；行政许可类案件 380 件，占 2. 18%；行政补偿类案件 363 件，占 2. 08%；行政强制措施案件 242 件，占 1. 39%；行政裁决类案件 168 件，占 0. 96%。

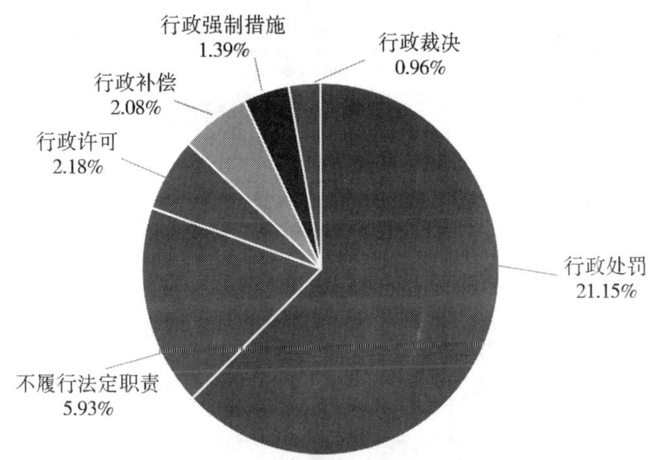

图 1　2017 年 X 省按行政行为性质划分案件数量

影响行政不作为案件数量增长的因素，除了《行政诉讼法》修订后新增立案登记制对案件“有案必立，有诉必理”之外，还包括修法后“县级以上政府”为被告的不作为案件由中级人民法院提级审理的规定。另外，在个别审判领域中，原告资格认定标准存在不统一的现象。例如，在相对人申请政府信息公开案件中，部分法院忽视“利害关系标准”的认定，从而导致某些不应受理的案件被纳入审理范围。行政不作为诉讼案件增多是推进法治政府建设的必然结果，但是防止滥诉和恶意诉讼也成为题中之义。

（二）行政不作为案件占行政案件的比例较高

在审判实践中，行政不作为案件在被诉行政案件中所占比例较高，成为与行政处罚、行政裁决并列的三大诉讼类型之一。① 行政不作为诉讼案件逐年攀升，既表明公民权利觉醒和行政诉讼诉权保护功能的发挥，同时也说明行政机关“懒政”“怠政”现象短期内没有削减，以2017年Y省、Z省一审受案情况为例。

1. Y省

表1　2017年Y省行政一审案件涉诉类型统计

<table>
<tr><th>案件类别</th><th>受案</th><th>所占比例</th></tr>
<tr><td>行政处罚</td><td>907</td><td rowspan="4">48.35%</td></tr>
<tr><td>行政登记</td><td>395</td></tr>
<tr><td>要求履行法定职责</td><td>367</td></tr>
<tr><td>行政复议</td><td>289</td></tr>
<tr><td>行政撤销</td><td>205</td><td rowspan="9">31.26%</td></tr>
<tr><td>行政许可</td><td>192</td></tr>
<tr><td>行政强制</td><td>138</td></tr>
<tr><td>行政确认</td><td>133</td></tr>
<tr><td>行政补偿</td><td>135</td></tr>
<tr><td>要求履行义务</td><td>126</td></tr>
<tr><td>行政裁决</td><td>123</td></tr>
<tr><td>行政征收</td><td>111</td></tr>
<tr><td>行政协议</td><td>103</td></tr>
<tr><td>其他</td><td>826</td><td>20.40%</td></tr>
</table>

① 何海波：《行政诉讼法》（第二版），法律出版社2016年版，第170页。

2017 年 Y 省受理的行政一审案件中，涉及被诉行政行为类型主要集中于行政处罚、行政登记、要求履行法定职责和行政复议等领域。该四类案件一审受案数占一审受案总数的 48. 35%，其中要求履行法定职责案件 367 件，增幅较大，同比上升了 49. 71%。

2. Z 省

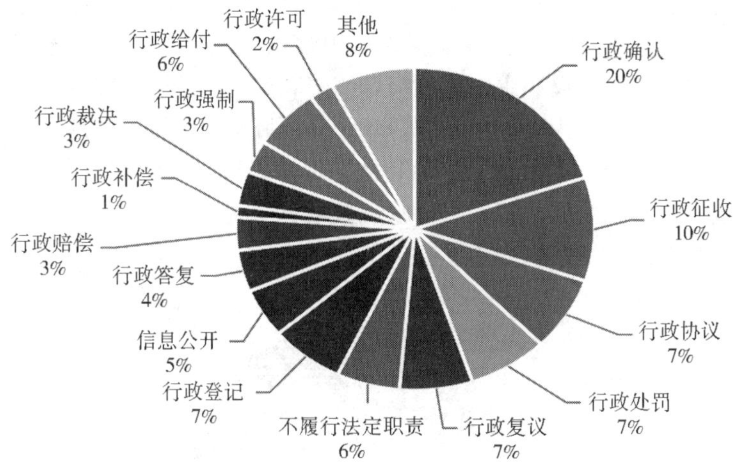

图 2 2017 年 Z 省行政一审案件比例构成

行政不作为案件的典型特征是申请人请求行政机关依据相关法律法规及行政规范性文件的规定，履行保护人身权财产权职责、内部监督查处职责、调查处理举报投诉职责等，而行政机关在法定期限或者合理期限内不予答复或者拒绝履行。① 由于行政不作为案件具有“民告官”的特殊属性，法院的审理过程往往会引起社会的广泛关注，如果处理不当不仅会使群众加深“官官相护”的印象，而且会损害司法的公信力和影响社会的稳定。

① 闵湘龙：《行政复议视角：行政机关不履行法定职责案审理探究》，网址：http：//www. 360doc. com/content/18/0129/10/15710918_ 726086520. shtml （访问时间：2019 年 2 月 23 日）。

（三）行政不作为案件集中分布于民生领域

通过图 3 实证数据可以看出，2014~2016 年全国法院行政一审判决责令行政机关履行作为义务的案件达 11915 件，主要集中分布在涉及民生的劳动和社会保障、城市规划和拆迁、土地资源类及房屋登记等领域，分别占比为 16%、39%、34%。此外，以 W 市中院为例，2015~2016 年 W 市中院共审理行政案件 1599 件，其中行政不作为案件 175 件，占 11%。从申请人要求履行职责的范围来看，要求履行复议职责、信息公开职责和治安管理职责案件占比较高；从行政不作为案件涉及的行政管理领域来看，涉及征地拆迁领域、公安行政管理领域、劳动和社会保障行政管理领域案件较多。这些领域与民生息息相关，行政机关不履职对公民权益有重大影响（详见图 4~图 5）。

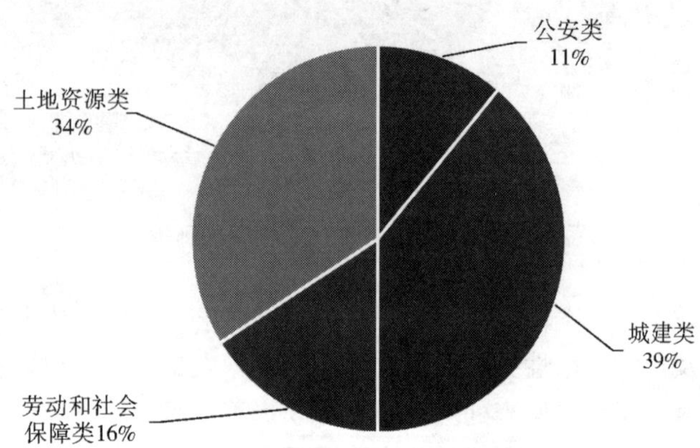

图 3　2014~2016 年全国行政一审不作为案件分布领域

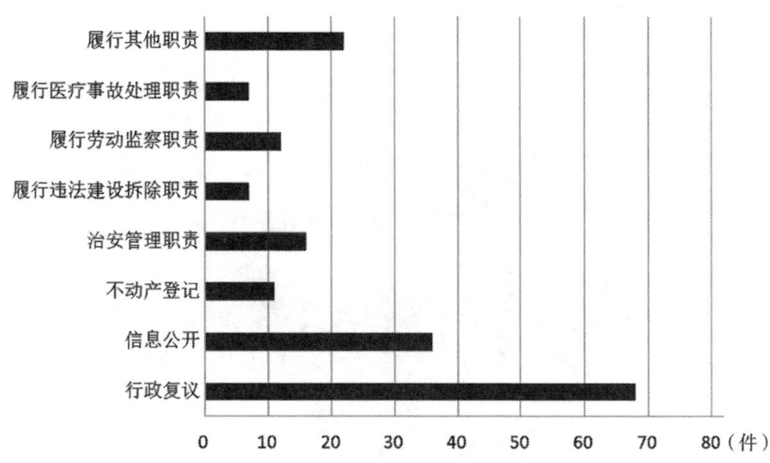

图 4　2015~2016 年 W 市中院不作为案件分布领域——申请人要求履职范围

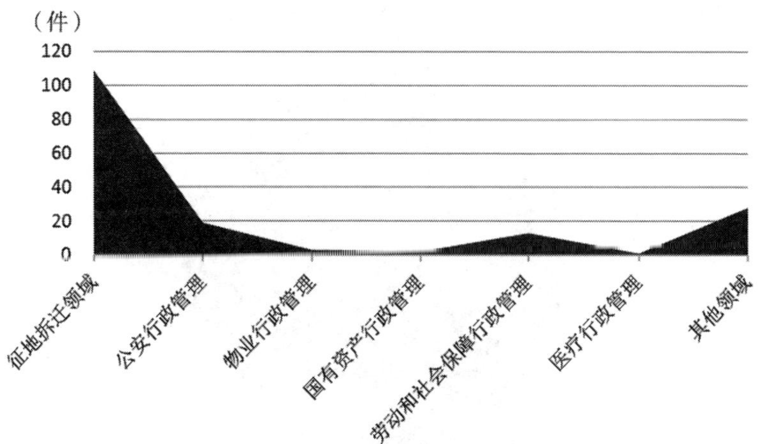

图 5　2015~2016 年 W 市中院不作为案件分布领域——行政管理领域

（四）行政不作为案件行政机关败诉率仍较低

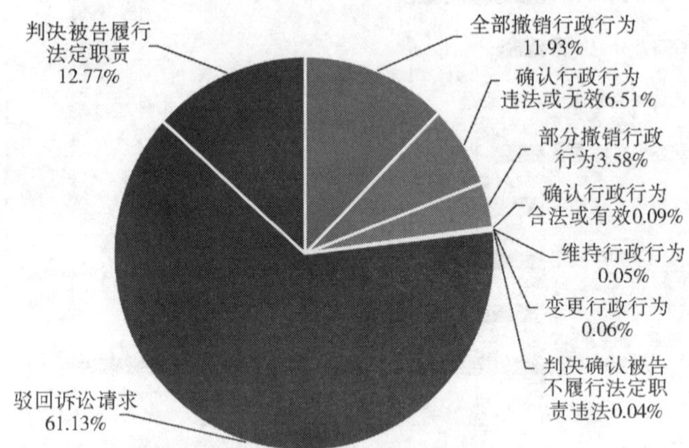

图6　2016年全国行政机关败诉情况①

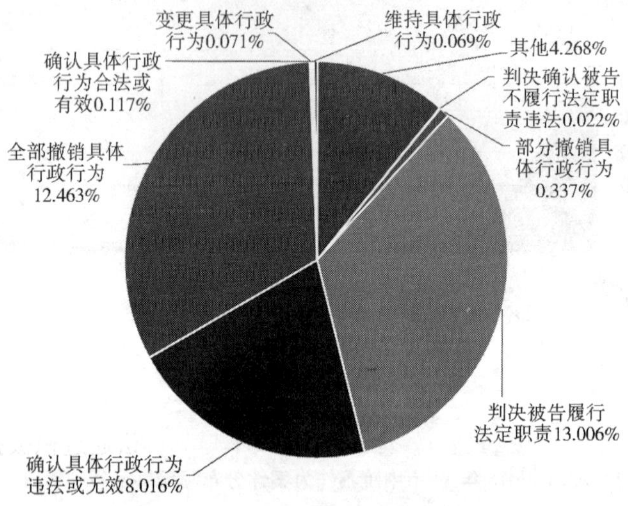

图7　2017年全国行政机关败诉情况

① 图6~图7数据来源：最高人民法院统计分析。

行政机关败诉案件数量往往与监督行政权的立法功能具有相关性。从上述全国 2016 年、2017 年行政机关败诉情况来看，不作为案件中行政机关的败诉率分别为 12.7%、13%，与履责类案件收案数相比，该类案件的行政机关败诉率较低。地方法院以 2017 年 Y 省、A 省行政一审不作为案件的败诉情况为例。2017 年 Y 省行政机关因不履行法定职责而导致败诉的案件有 160 件，占一审败诉案件总数的 22.32%。2017 年 A 省法院一审不作为案件判决行政机关败诉的案件有 965 件，占行政一审结案总数的 13.48%。从败诉案件的判决类型看，其中判决撤销并责令重新作出行政行为的案件有 142 件，占 14.72%；判决履行法定职责的案件有 117 件，占 12.12%。

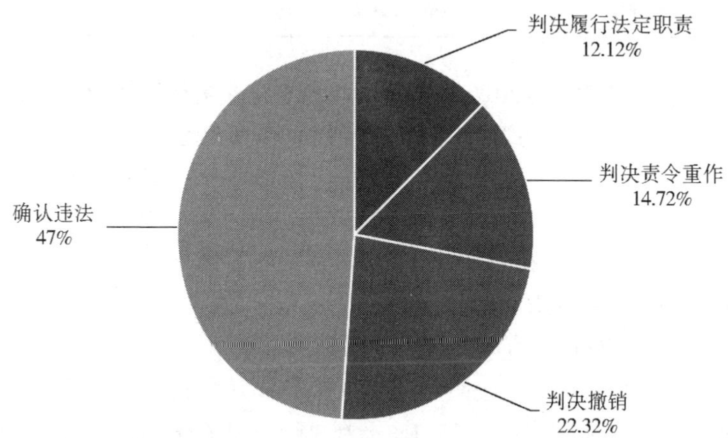

图 8　2017 年 A 省行政一审案件行政机关败诉类型

通过上述数据我们可以看出，行政不作为诉讼通过积极推进监督行政权的立法宗旨，有效维护了相对人的合法权益。但是，根据上述全国和地方法院的数据，行政不作为案件中行政机关败诉率仍然较低。

（五）行政不作为案件的裁判方式

表 2　2014～2016 年全国不履行法定职责类案件分布和实体裁判情况①

单位：件

日期 案件	2014 年	2015 年	2016 年
城建	300	764	980
资源	259	556	640
劳动和社会保障	123	224	553
公安类	84	168	245
履行法定职责数	1882	4556	5477
实体判决数	56153	85237	225020

通过表 2 2014～2016 年全国不履行法定职责类案件的实证数据可以看出，在不作为案件的实体裁判方面，全国法院行政一审判决责令行政机关履行法定职责的案件达 11915 件，占实体判决结案方式的 3.2%，且呈现逐年递增趋势。例如，地方法院的 B 市中院在 2009～2011 年审理的 75 件行政不作为二审案件中，以实体判决结案的有 50 件，占结案数的 66%，裁定结案 25 件。2017 年 Y 省法院共审结一审行政案件 4443 件，以判决方式结案 1584 件，占一审结案总数的 35.65%。按照判决结果划分，判决撤销行政行为案件 398 件，占实体判决数的 25.1%；判决行政机关履行法定职责案件 162 件，占实体判决数的 10.22%；判决确认行政行为违法或无效案件 137 件，占实体判决数的 8.6%。这说明履行判决在行政不作为诉讼实体判决种类中发挥着越来越重要的作用，同时也是实现当事人权利有效救济的重要方式。司法实践中，实体判决方式的比例较大且呈现逐年上升态势，这与最高人民法院要求充分保护当事人

① 数据来源：2014～2017 年《最高人民法院公报》。

实体权益，导致大量行政案件进入实体审理并作出判决有密切关系。但是，与此同时也应看到行政判决方式和司法职能的有限性及局限性。目前行政案件判决方式有驳回诉讼请求判决、撤销判决、确认违法判决和履行法定职责判决等，上述判决方式的有限性并不能从根本上解决行政争议，当事人一旦无法实现诉讼目的就会不断申诉上访。

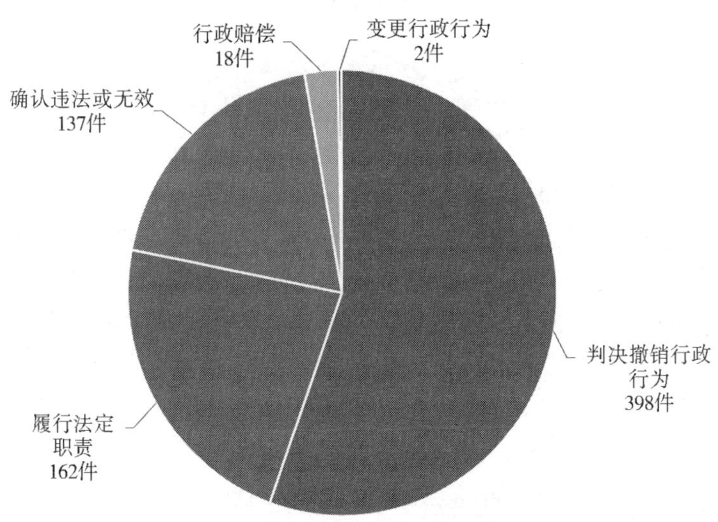

图 9　2017 年 Y 省行政一审案件判决情况

截至 2018 年 9 月，《最高人民法院公报》和《人民法院案例选》近五年共发布 181 件行政诉讼指导案例，其中涉及行政不作为案件有 51 件。在这 51 件不作为案件所采用的裁判方式中，法院作出履行判决 14 件，其中实体性判决 10 件[①]，所占比例达到 71%。其中，在“何某珍诉天津市红桥区卫生和计划生育委员会不履行法定职责案”中，法院在裁判要旨中指出，“法院在履职类案件的判决中，应以程序性判决为原则，以准实体性判决为补充，以实体性判决为例外，恰当选择裁判方式”。[②]

二、行政不作为诉讼案件的特点

（一）“诉判一致性”方面缺乏对应性

从 C 省中院 2014 年 12 月 20 日至 2018 年 6 月 1 日受理并得到实体审理的 138 件一审不作为案件情况来看，其中判决驳回原告诉讼请求 109 件，约占 78.9%；判决被告履行作为义务 25 件。在前述 25 件责令被告履职的履行判决中，原告诉请判决被告作出具有特定内容之行为而法院亦判决被告作出特定职责内容的仅有 5 件；原告诉请要求法院判决被告履行具有特定职责内容（实体性判决）而法院仅笼统判令被告履职的程序性判决有 13 件；原告诉求仅是笼统要求法院判决被告作为而法院亦仅笼统判决被告履职的有 7

① 陈某华诉南京市江宁区住房和城乡建设局不履行房屋登记法定职责案（《最高人民法院公报》2016 年第 1 辑）、张某凯诉江苏省苏州市昆山工商行政管理局要求履行行政职责案（《人民法院案例选》2016 年第 1 辑）、王某香等五人诉黔东南苗族侗族自治州社会保险事业局履行足额支付工伤保险待遇案（《人民法院案例选》2016 年第 5 辑）、彭某诉广安市公安局交通警察支队不履行办理机动车年检手续法定职责案（《人民法院案例选》2016 年第 6 辑）、萍乡市某某房地产开发有限公司诉萍乡市国土资源局行政协议案（《人民法院案例选》2016 年第 9 辑）、田某诉北京科技大学拒绝颁发毕业证及学位证案（《人民法院案例选》2016 年第 9 辑）、马某本诉黑龙江省嫩江县人民政府不履行发放安置补偿款法定职责纠纷案（《人民法院案例选》2016 年第 10 辑）、罗某国诉南京市秦淮区人民政府信息公开案（《人民法院案例选》2016 年第 10 辑）、郭某汉诉山西省翼城县人民政府行政补偿案（《人民法院案例选》2017 年第 3 辑）、四川某某汽车股份有限公司诉四川省宜宾市翠屏区人民政府未按照约定履行行政协议造成损失赔偿案（2018 年第 3 辑）。

② 最高人民法院中国应用法学研究所编：《人民法院案例选》（2017 年第 5 辑），人民法院出版社 2017 年版，第 199 页。

件。原告诉讼请求与法院裁判结果之间并不具有一一对应性。“诉判一致性”原则并未得到有效贯彻，原告真正的诉求无法得到满足，甚至存在判非所诉的问题，导致不作为诉讼并未实现围绕原告诉求进行裁判的目的，并且行政争议得不到实质性解决。

（二）涉及行政管理领域相对集中

目前行政不作为案件集中分布在土地管理、劳动和社会保障、城市规划拆迁、房屋登记等领域。随着国家及地方重点工程的推进，出现了大量政策性项目。这些领域与民生息息相关且极易引发群体性纠纷和信访风险，行政机关的不作为行为会对公民实体权益产生重大影响。例如，根据 W 市中院数据显示，2015~2016 年该市受理的不作为案件涉及征地拆迁领域的有 109 件，占全部不作为案件的 62%。征地拆迁领域不作为案件比重高，一方面是行政机关存在对其法定职责界定不清、答复程序不严谨等问题；另一方面由于征地拆迁领域利益比较集中，相对人的利益诉求强烈，向行政机关提出履职申请的数量较多。由于部分相对人对于申请方式认识不清，导致滥用申请权现象突出。另外，司法实务中该类案件的审查标准较难把握以及裁判方式自身的局限性，都无法满足实质性解决行政争议之目的。

（三）程序性裁定比例高

以 A 省为例，从 2017 年该省法院一审案件结案方式中可以看出，驳回起诉案件 1873 件，不予立案 433 件，两项合计占一审结案数的 32.21%。行政不作为案件裁定驳回起诉比例偏高，说明原告要求被诉行政机关履责的诉讼请求并未得到法院支持，滥用诉权和程序空转现象明显。一方面，说明原告存在主观判断错误，认为行政机关存在不依法履行法定职责的不作为行为；另一方面，部分当事人针对涉及土地、房屋征收行政争议频繁提起政府信息公开、行政复议等不作为诉讼，滥用诉权及程序空转现象突出，浪费了大量的审判资源，亟须进一步完善立案登记制以及加强规制滥用诉权等工作，引导当事人正确行使诉讼权利。

（四）不作为表现形式多样

笔者通过统计2014年1月至2018年9月刊登在《人民法院案例选》上的行政不作为案例发现，这五年共刊登181件行政案件，其中行政不作为案件51件。在这51件行政不作为案件的表现形式中，拒绝履行案件有20件，不予答复案件有16件，部分履行案件有3件，拖延履行案件2件，怠于履行案件5件，迟延履行案件1件。在以上不作为表现形式中，“拒绝履行”和“不予答复”案件成为主要表现形态，分别占比39.2%和31.37%。

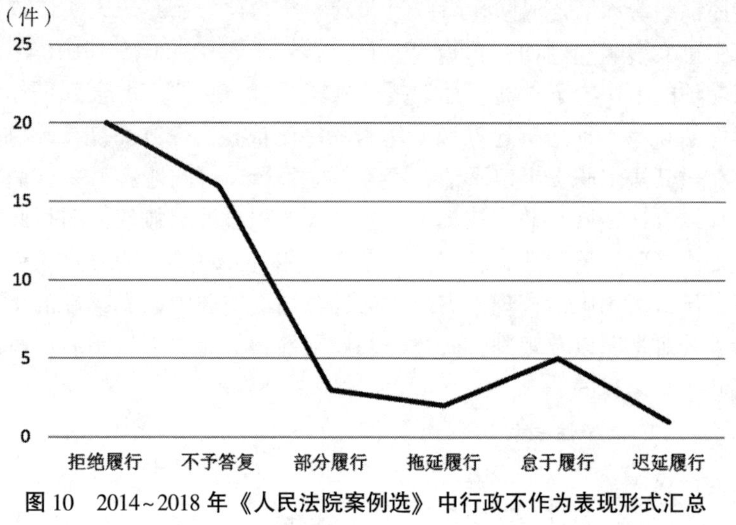

图10　2014~2018年《人民法院案例选》中行政不作为表现形式汇总

（五）行政相对人对高级别行政机关满足其利益诉求的需求强烈

从某市中院近几年受理案件的情况来看，一审要求被诉行政机关履行作为义务的比例偏高，占全部行政不作为案件的过半数。由于中院一审的行政不作为案件主要涉及县级以上政府，行政机关的行政级别相对较高，从侧面可以看出行政相对人对高级别行政机关直接回应其履职诉求的需求提高。此外，也存在部分行政机关不仅存在懒政怠政行为，而且违法明示拒绝相对人提出的履职申请。例如，“王某诉某市住房保障和房产管理局不履行房屋登记法定职责案”，被诉行政机关不仅未按照法定程序行使法律法规赋予的职责，而且在法律法规之外违法给行政相对人创设了违反相关法律及上位法的义务，以原告未提供继承权公证为由不予办理房屋产权变更登记，存在不当增设义务和减损权利的积极不作为行为，违反了《民法典》和《房屋登记办法》等相关规定。

三、实质性解决行政争议目的落空的原因分析

通过上述行政不作为诉讼案件的实证分析及梳理该类案件存在的特点，我们不难发现，行政不作为案件司法审判的实然现状与行政不作为诉讼应该具有的实质性解决行政争议的应然功能之间存在落差。主要表现为以下几点：一是当事人的实质诉求得不到实质解决。在行政不作为诉讼中，法院以大量的驳回起诉裁定和驳回诉讼请求判决方式结案。即便是作出履行判决的案件，法院也以诉判不一致的方式笼统作出程序性裁判，而非直接回应原告特定内容诉求的实体性履责判决，导致当事人的实质诉求得不到解决。这在一定程度上衍生出更多的程序空转诉讼，进而引发不作为诉讼案件的“案结事不了”和凸显的“三高”问题，即上诉率高、申诉率高、信访率高。由此可见，不作为诉讼应当具有的实质解决争议并最终实现对相对人提供权利救济的功能并未在法院处理不作为案件中得到充分兑现。二是不作为诉讼司法审查的重要性日益凸显。由于行政不作为案件具有隐蔽性、广泛性等特点，立法层面在面对强势而带有扩张性的行政权时已显得力不从心和管控乏力，这就将具有中立地位和事后审查性质的司法审判机关从幕后推向了监督行政机关的前台，并被寄予厚望。面对前述行政不作为案件中存在的诸多问题，需要从实质性解决行政争议的视角重新审视不作为诉讼各个环节中存在的特殊性和查找存在的问题，最终达到当事人权利救济的实效性及监督行政权的必要性。即，“权利”（当事人权利）与

“权力”（行政权）的平衡以及“权力”（司法权）与“权力”（行政权）的制衡。

目前我国行政不作为诉讼案件中，存在诸多未能实质性解决行政争议的情况。究其原因，主要包括以下方面：

第一，与“司法的地方化”有密切的关联性。“司法的地方化”是指在机构设置、法官选任、经费来源等方面，法院都受到地方权力机关的影响，丧失了司法机关的中立立场，无法克服行政权的制约。[①] 尤其是，目前我国法院的人财物在某种程度上依然受制于地方政府，司法的地方化态势影响了司法的独立性和权威性，导致实践中“诸侯化的地方司法”，影响不作为诉讼判决的效果。[②] 正如波斯纳主张法官与诉讼当事人往往具有不同的社会距离，而与法官距离之远近往往会决定得到同情的多寡，这与当事人的实际过错并无必然联系。[③] 当然，行政争议无法得到实质性解决的关键仍在于现行司法体制，需要继续推进司法改革。[④] 否则，“司法受制于人，必将丧失公正和制衡作用”。[⑤]

第二，与“司法的行政化”具有相关性。行政审判运行的30年中，司法的行政化“如影随形”。现行的司法体制改革虽然在“去行政化”上取得了一定成效，但是司法的行政化倾向依然不同程度地存在，既包括“司法之外部行政化”又包括“司法的内部行政化”。其中，“司法的外部行政化”表现之一，就是法院承担了大量行政性工作。法院是司法机关，大量存在的循环诉讼和程序空转浪费了本已有限的司法资源，而过于繁重的行政性工作进一步

① 李剑霞：《让“民告官”之路变得平坦些吧——〈三十二间房子的故意〉观后随感》，载《当代经理人》2006年第9期，第67页。

② 范忠信：《信法为真》，中国政法大学出版社2000年版，第102~107页。

③ ［美］理查德·A. 波斯纳：《法理学问题》，苏力译，中国政法大学出版社1994年版，第159页。

④ 马怀德：《行政诉讼原理》（第二版），法律出版社2009年版，第306页。

⑤ 蒋剑鸣：《转型社会的司法：方法、制度与技术》，中国人民公安大学出版社2008年版，第78~79页。

违背设置诉讼目的之初衷。此外，我国行政机关的权力意识强烈，其在国家权力分配中处于事实上的优势地位，司法的权威性不足。司法的行政化影响司法权对行政权的监督。正如部分学者提出，司法权和行政权作为两种不同性质的权力体系会共存于法院，并造成法官行使司法权时无所适从，也会导致法官无法提供对原告诉求彻底完整的司法救济。[①]

第三，司法机制存在不足。行政审判法官素质参差不齐，司法能力乏力与人民群众日益增长的司法需求不成正比，司法产品滞后性明显。行政诉讼判决结果未真正回应实质性解决行政争议的现实需求。法官作为司法权的行使者，一切拥有权力的人都有滥用权力的可能性，法官素质有待提高。我国法律制度中存在片面的法律实证主义观念，而在此观念主导下法官自由裁量权从显性逐渐转向隐性运行并影响司法裁判。[②] 亟须从观念和制度上正视法官的自由裁量权，使其显性化并给予适当规制干预。目前，我国司法制度缺乏授权法官行使制度功能的问题。法官缺乏在个案判决中解释和创制法律规则的权力。这涉及法官作出判断的能力及判断标准的缺乏，从而导致相关法条处于闲置状态。另外，我国行政审判队伍总体力量仍显薄弱，当前行政审判队伍人员增长的速度与行政不作为案件受案数的增长不成比例，“案多人少”矛盾越发突出。

第四，司法权与行政权存在对抗冲突。在行政诉讼结构中，司法权与行政权的关系是基础性关系。从行政诉讼的发展沿革来看，司法权与行政权存在某种冲突和对抗，且焦点在于司法权对行政行为进行审查监督的程度。[③] 行政诉讼判决制度，尤其是行政不作为

---

① 梁平、陈焘：《司法权力去行政化改革》，载《河北法学》2015 年第 10 期，第 125～139 页。

② 翁子明：《司法判决的生产方式——当代中国法官的制度激励与行为逻辑》，北京大学出版社 2009 年版，第 2 页。

③ 杨伟东：《行政行为司法审查强度研究——行政审判权纵向范围分析》，中国人民大学出版社 2003 年版，第 15 页。

判决的广狭与司法权配置具有密切关联，并且不作为诉讼判决介入行政权的深度也与司法权的功能产生直接关联。但是，处于行政诉讼结构中心的法院由于自身在国家权力结构中的地位，决定了其很难构建以保护公民权利为目的之诉讼结构。根据《宪法》第 3 条第 2 款之规定，国家权力结构是在职能分工基础上配置的，立法机关是国家最高权力机关，法院与行政机关处于平行并列地位，都由国家权力机关产生的。司法部门在权力架构中属于最弱的，正如美国汉密尔顿在《联邦党人文集》中提出，“司法部门既没有强制力量，也不能靠主观意志行事，只能根据既有法律进行判决；而且最终还要依靠行政部门的强制力量来保证其判决生效”。[①] 孟德斯鸠在《论法的精神》中提出了相似论点，“在这三种权力当中，司法权几乎没有什么权力”。[②]“由于司法机关和行政机关的权力均来源于立法机关，因此行政机关的权力行使主要受制于人大而不是司法机关。”[③] 所以，不作为诉讼的出路和选择并不是仅通过修改《行政诉讼法》或者对具体制度的更改即能实现的，而应该通过诉诸调整司法权与行政权之间的关系和国家权力结构的构造。[④] 本书提出从实质性解决行政争议视角来构建行政不作为诉讼制度，就是出于法院解决争议能力不足与不作为案件数量攀升，及审判实践对实质性化解纠纷的需要之间存在矛盾，需要强化法院的职权模式和司法能动性。

---

① ［美］亚历山大·汉密尔顿、詹姆斯·麦迪逊、约翰·杰伊：《联邦党人文集》，杨颖玥、张尧然译，中国青年出版社 2014 年版，第 415 页。

② ［法］孟德斯鸠：《论法的精神》（第 1 卷），孙立坚、孙丕强、樊瑞庆译，陕西人民出版社 2001 年版，第 186 页。

③ 杨伟东：《权力结构中的行政诉讼》，北京大学出版社 2008 年版，第 28~29 页。

④ 杨伟东：《权力结构中的行政诉讼》，北京大学出版社 2008 年版，第 30 页。

第二节 行政不作为诉讼案件审理中存在的问题

行政不作为诉讼的实证研究，是为了检验其法定目的功能的实现效果。目前，我国行政不作为诉讼审理面临的现实困境体现为，其实施效果并未很好地实现实质性解决行政争议的诉讼目的。行政诉讼立法目的在实际审判实践过程中出现偏差的原因，在于行政诉讼具体制度设置得不够合理。法律效果的产生即是法律目的之实现过程。[①] 因此，为了实现应然层面之立法目的与实然层面的法律实施效果相一致，需要选择与实质性解决行政争议之立法目的相适应的行政不作为诉讼制度。我国目前的行政诉讼立法及相关司法解释，还缺少对行政不作为诉讼审理及裁判的专门细化规定，没有在案件受理、审理、司法审查和裁判环节形成完整的不作为诉讼体系。本节通过对当前行政不作为诉讼中存在的相关问题进行梳理，以期为后续不作为诉讼制度构建提供研究基础。

一、行政不作为诉讼原告资格和起诉期限存在的问题

（一）原告资格存在的问题

1. 行政诉讼立法中缺少关于原告资格明细化的判断标准

从法律规范角度来回顾我国行政诉讼原告资格的认定标准演变不难发现，关于原告资格的认定都是以“行政相对人”“合法权益”和“利害关系”作为最主要的依据和关键词。根据我国1989年《行政诉讼法》第2条、第24条第1款、第41条之规定，原告资格的判断采用了行政相对人的“合法权益”标准。关于原告资格的构成要件包括“自益性”“启动诉权”“法律独立人格主体”。[②]《执行解释》第12条的规定，将原告资格由“法律权利”

---

① 付子堂：《法律功能论》，中国政法大学出版社1999年版，第259~260页。

② 江必新：《新行政诉讼法专题讲座》，中国法制出版社2015年版，第110页。

发展到“法律上的利害关系”和“符合法律特别规定”。同时，《执行解释》第1条中还将“实际影响”作为原告资格的判断依据。有学者主张“实际影响”标准就是“利害关系”标准的释义和解读。[①] 2014年修订后的《行政诉讼法》第25条第1款删除了《执行解释》中关于原告资格“法律上”的限定，将原告资格的判断标准由“法律上的利害关系”界定为“利害关系”标准，进一步扩大了原告资格的内涵和外延，弱化了“利害关系”概念边界的法律限制。此种立法上的变化，虽然有助于司法审查时突破僵化适用法律的局限，可以综合考虑立法目标、当事人权利的无遗漏保护和实质化解行政争议等因素，但是也给司法审判实践认定行政不作为原告资格带来了挑战。2018年《行诉解释》进一步丰富了原告类型和判断依据，原告资格呈现出逐步扩大的趋势。

目前，行政诉讼立法及司法解释关于原告资格的立法呈现模糊和混沌态势，对于如何界定“利害关系”的判断标准，我国立法中缺少相关细化规定，而《行政诉讼法》第25条关于利害关系的定义过于抽象，理论界也未达成共识。这影响到审判实务操作中关于“利害关系”的认定，进而导致原告资格的审查存在障碍。换言之，立法规定未给出以“利害关系”来直接认定原告资格的具体标准和路径。可以说无论在学术界还是在审判实践中，关于原告资格的解读都处于模糊状态。由于立法上关于利害关系界定的模糊性，导致审判实践中出现法官裁量权标准不统一，司法裁量权处于恣意状态的现象。“利害关系”的认定不仅关涉到当事人主观意志上的判断，还取决于司法审判客观上的认定。此外，关于“合法权益”的认定，有学者主张“合法权益”是公法上之利益[②]；有学

① 江必新：《新行政诉讼法专题讲座》，中国法制出版社2015年版，第111页。

② 张旭勇：《法律上利害关系新表述》，载《华东政法学院学报》2001年第6期，第41~48页。

者认为“合法权益”是指法律上的利益[①]；还有学者主张凡是法律上的权利和义务未被明确排除于司法保护之外的都属于合法权益的范围。[②] 从上述各类观点不难看出，理论界关于“合法权益”也未给出统一明晰的标准，行政诉讼立法及司法解释都是采取列举式规定受保护的权益范围，而列举式规定难免存在挂一漏万、不周延的问题。“合法权益”范围界定不清晰，导致大量行政争议无法进入诉讼程序转而流向信访渠道甚至救济无门，破坏了正常的公法秩序稳定。不仅不利于争议的实质性解决，而且“合法权益”内涵的限缩导致原告资格也不当限缩。另外，关于“实际影响”标准也存在解读上的障碍，很难判定诸如“普通债权人”等受到实际影响而不具备原告资格的情形。有学者试图用“法律上的利害关系”来弥补“实际影响”在实践运用中的自相矛盾，将上述个案归因于事实上之利害关系，导致“利害关系”概念与“实际影响”概念的循环解释。[③] 此外，“因果关系”作为判断认定“利害关系”的核心要件已成为通说。关于“因果关系”的认定涉及案件审理程序中的举证等实质审查环节，从而导致通过因果关系来判断利害关系的意义也减弱，加大了立法规定模糊性给利害关系判定带来的困惑。甚至有观点认为，“法律上之因果关系是利害关系被认定后的结果而非构成利害关系之要件”。[④] 由此导致“利害关系”判定中“因果关系”要件被“合法权益”要件吸收，从而出现限缩原告资格判定标准问题，进而导致原告资格被限定于“法定利益”关系之当事人，而与行政不作为行为具有“事实利益”关系之当

---

① 刘善春：《行政诉讼实用理论与制度建构》，中国法制出版社 2008 年版，第 388~389 页。

② 杨解君：《行政诉讼法学》，中国方正出版社 2002 年版，第 85 页。

③ 汤军：《论行政诉讼原告资格认定的“权益保护”路径》，载《政治与法律》2013 年第 9 期，第 25 页。

④ 唐晔旎：《论利益衡量方法在行政诉讼原告资格认定中的作用》，载《行政法学研究》2005 年第 2 期，第 98 页；王名扬：《美国行政法》，中国法制出版社 1995 年版，第 632~633 页。

事人并未纳入保护范围。

2. 司法实践中对于原告资格“利害关系”的审查过于严苛，不利于行政争议的实质性解决

通过在中国裁判文书网检索行政不作为案件中审查原告资格的裁判文书可以发现，法院关于原告资格的表述集中于“合法权益”“利害关系”“实际影响”等。关于前述概念表述的内涵和外延由于缺乏统一标准，导致全国各级法院对于原告资格的裁量空间不统一。另外，我国审判实务中对于原告资格的界定，有过于严苛的态势。①

本书以 2015 年 5 月 1 日《行政诉讼法》修订为时间节点，选取中国裁判文书网在 2013 年 5 月 1 日至 2018 年 5 月 1 日行政不作为案例作为研究样本，以“原告资格”作为关键词进行检索。通过实证分析的方式，梳理归纳审判实践中法院对原告资格进行解释界定所遵循的路径，以期通过审查路径的共性和差异性来规范原告资格的未来走向和裁判思路。在 2013 年 5 月 1 日至 2018 年 5 月 1 日时间区间内，本书共检索到不作为案件裁判文书 89662 份，以原告资格为关键词的不作为案件裁判文书有 262 份。其中以“合法权益”认定原告资格的 134 份，占比 51%；以“利害关系”认定原告资格的 140 份，占比 53.4%；以“实际影响”认定原告资格的有 38 份，占比 14.5%。上述数据反映出，司法实践中法院在判断行政不作为诉讼原告资格时，更倾向于当事人合法权益受到不作为行为法律上的实际影响。即，原告资格的判断存在“合法权益”和“利害关系”两大标准。从法院层级来看，各级法院对原告资格的认定标准也莫衷一是，甚至同一级别法院对原告资格的认定也存在差异。例如，最高人民法院典型案例“毕某玲诉河南省登封市人民政府教育行政管理案”中，法院将“利害关系”解读为救

① 蔡金荣、张明华：《我国当前行政诉讼原告资格之若干缺陷》，载《重庆工商大学学报》2008 年第 16 期，第 113 页。

济自己权益的“私利”；最高人民法院再审案例“郭某才诉河南省鹤壁市浚县人民政府不履行法定职责案”中，法院认定投诉举报人与行政不作为行为具有利害关系的裁判要旨为，投诉举报人提起履责之诉需要证明行政机关对申请人的拒绝侵害属于“自己的主观权利”；（2017）最高法行申4076号“赵某峰诉河南省人民政府不履行法定职责案”中，最高人民法院重申了“利害关系”即是原告的主观权利受到被诉行政不作为的侵害；而（2017）最高法行申2705号“贾某学诉国家监督管理委员会不履行法定职责案”中，最高人民法院判决认定原告资格要求投诉举报人起诉时，应证明与被诉行政不作为之间存在“法律上的利害关系”；（2018）最高法行申1491号再审裁定“武某明诉张家口市人民政府土地登记案”中，法院判定承租人与涉案行政行为不具有利害关系的标准采用的是限于“法律上之利害关系”且一般是“行政法上的利害关系”。即，行政实体法上规定行政机关作出被诉行政行为时应对个体特定权益予以考虑和必须保护时才能认定具有法律上利害关系；（2017）最高法行申4726号“尚某琴诉河南郑州市金水区人民政府行政复议案”中，最高人民法院确定了“明显缺乏权利保护需要”作为判断原告资格的标准。从上述判决中不难看出，同级法院对类似案件的原告资格也是反复游走，并作出了莫衷一是的判决处理。

从行政不作为的行为表现形态来看，法院针对不同类型的不作为行为认定原告资格的标准也呈现出不同特点。例如，在不完全履行案件中，（2016）兵10行终12号“付某诉新疆某市住房和城乡建设局不履行法定职责案”，法院从司法审慎角度将原告资格界定为“行政相对人”。值得注意的是，我国法院在行政诉权理论中对于“合法权益”的论证过程基本上是被淡化处理的，这与大陆法系主观诉讼模式国家对主观权利的论证存在很大差异，且存在过于强调“直接利害关系”的判断标准限缩了原告资格的范围。[①] 从上述数据及案例分析可以看出，由于存在关于“利害关系”认定和理解的差异，加之缺乏有关细化规定，导致法官在实务操作层面对“利害关系”的解释缺乏合理预期和安定性。此外，法官在“利害关系”的裁量维度上也缺乏统一标准，导致同案不同判和原告资格引发的滥诉问题也加剧凸显。正如有学者指出，原告资格立法规定的模糊必然导致审判实务中的不同解读，如果想扭转这种局面则需要思考设定原告资格所期望达到的目标为何。[②] 因此，对于审判实务中凸显的关于原告资格被不当限缩或过于宽泛界定问题，有必要对原告资格的众多认定标准进行明确，并提出可行性分析路径。

3. 公益诉讼中原告资格的限制性规定，不利于公民权利的无遗漏保护

根据1989年《行政诉讼法》第2条、第41条及《执行解释》第13条关于原告资格的界定不难看出，有权提起行政诉讼的只能是与该行政行为有关的相对人、相邻权人或者公平竞争权人。上述规定通过肯定概括的方式，确立了“事实直接损害”标准。同时，《行政诉讼法》第12条规定法院不受理当事人对“具有普遍约束力之决定、命令”和“行政机关内部奖惩、任免等决定”提起的诉讼，通过否定列举的方式将以上行政行为导致的公益损害排除在受案范围之外。《执行解释》第12条确立的“法律上利害关系”原告标准，进一步否定了行政公益诉讼存在的可能性。

2017年《行政诉讼法》通过修正案的方式在第25条第4款中将检察机关提起行政公益诉讼入法，不仅公共侵益性行政不作为之诉在立法中得到确认，而且原告资格范围扩大至检察机关。但是，随着行政诉讼受案范围不断扩大，值得法律上保护的利益范围也越

① 方颉琳：《行政诉讼制度的解释学发展进路——以行政诉权为视角》，中国政法大学出版社2017年版，第249页。

② P. P. Craig, *Administrative Law*, 7th ed., Sweet & Maxwell, 1999, p. 397.

来越庞杂，其中不乏公益性质的投诉举报等案件。这涉及公益性质的投诉举报人能否以享有投诉举报权或者公益受损为由提起行政不作为诉讼。有学者提出，应以投诉人是否具有法律规范依据的公益性质的投诉举报权作为其是否享有诉权的依据。[①] 这引发了我们对于目前检察机关提起行政不作为公益诉讼原告资格中是否存在相应问题的思考。公益诉讼的主要目的虽然是维护客观公共利益进而维护客观公法秩序，但是从“利益关联”角度来看，其也是为公民个人提供权利救济。因此，“相关性”要求公民个人也应具备提起行政不作为公益诉讼的原告资格。目前我国不作为诉讼的立法和实务主要赋予个人利益受到侵害的当事人具备提起行政诉讼的原告资格，这违背了解决行政争议进而维护客观公法秩序的立法初衷，也阻碍了公益诉讼原告资格的进一步扩展。在不作为案件中，关于原告资格争议最多的就是不作为公益诉讼中“利害关系”的判定。例如，公益性投诉举报类案件。关于此类案件中“利害关系”的解读，涉及公民权益受损是由行政不作为直接导致的，行政不作为导致公共利益受损的同时也对起诉人产生特定影响。因此，对于是否可以在检察机关之外探讨更多私主体的公益诉讼原告资格成为可能。

4. 滥诉问题突出，利害关系边界模糊导致相对人滥用诉权明显

在行政不作为案件中，存在大量投诉举报人提起的公益性行政不作为案件，但是也涌现出诸多与自身权益或与投诉事项无关的“职业打假人”。这些“职业打假人”不仅影响行政效率，而且浪费法院有限的司法资源，属于权利滥用的滥诉行为。另外，部分当事人通过申请政府信息公开、行政补偿等不正确行使诉权的方式，提起大量行政不作为诉讼案件，滥用诉权现象比较突出。修订后的

---

① 黄先雄、皮丹丹：《公益性投诉举报类行政案件的诉讼救济问题研究》，载《中南大学学报》2017 年第 6 期，第 35 页。

《行政诉讼法》确立了立案登记制，在相当程度上暂时缓解了“立案难”之窘境，对于保障当事人诉权具有重要价值，在某种程度上平衡了相对人与行政机关的力量对比。但是立案登记制下诉讼案件呈井喷式增长，行政不作为案件所占比例也急剧攀升，而涉及原告资格起诉的案件数量也大幅增长。由于立案登记制的实行，导致审查制改为登记制。伴随审查标准从实质审查转为形式审查，极易造成当事人的“诉讼依赖”惯性和“诉讼轻视”心理。可以说，“诉讼轻视”“诉讼依赖”严重影响司法权威和司法公信力。因此，迫切需要在原告资格认定上设定更为清晰明确的标准来均衡捉襟见肘的行政审判力量，以满足不断攀升的行政不作为案件数量。尤其是实质性解决行政争议背景下，在强调诉权保障和滥诉规制的双重语境下，缓解法院和法官所处的尴尬境地。原告资格的解读既涉及诉权保护的有效性，同时也关乎为防止滥诉设置诉讼门槛。换言之，起诉与受理条件中关于原告资格标准的确定，既属于诉权保护又属于门槛性规则，如何平衡两种价值是能否实质性解决行政争议的关键。

（二）不作为诉讼起诉期限规定模糊，同案不同判现象明显

起诉期限是指当事人提起行政诉讼的法定期限或者酌定期限。我国行政诉讼立法关于起诉期限的规定模糊，导致审判实践中关于起诉期限的确定存在难点。《行政诉讼法》修订前，关于作为类与不作为类诉讼的起诉期限并未加以区分规定，通常不作为案件起诉期限参照《执行解释》第 41 条之规定适用。之后出台的《适用解释》第 4 条规定对不作为起诉期限的界定相对明了，同时关于“履行期限”的规定也有了端倪，但是仍然缺乏如何判断“履行期限”的具体适用规则。根据 2014 年修订的《行政诉讼法》第 47 条第 1 款之规定，公民、法人或者其他组织申请被告履行作为义务，被告应在接到申请之日起 2 个月内履行，否则当事人可以提起行政诉讼；对于法律法规对履行期限另有规定的，从其规定。修法前后关于不作为起诉期限的相关规定出现的法条变化体现为：一是

“60 日”变为 2 个月；二是对履行期限另有规定的，由“法律、法规、规章和其他规范性文件”修改为“法律、法规”。但是该种立法技术上的粗糙规定，仍然无法解决不同表现形态下不作为诉讼的起诉期限问题。另外，关于“履行期限”的规定，也未充分考虑到现实生活中多样化的具体情形。前述问题的存在又会引发起诉期限难以确定的连锁反应。审判实践中由于缺乏统一裁判标准，导致司法实践中关于起诉期限的确定处于“殊途不同归”的尴尬境地。

总之，我国行政诉讼立法及相关解释中缺少关于不作为诉讼适用起诉期限的具体规则，也缺乏关于起诉期限是否适用中止、中断等情形的明确规定。此前若干行政单行法在确定起诉期限时，都参照《行政诉讼法》中 3 个月起诉期限的规定。在这些单行法未修改的情况下，起诉期限如何适用也成为审判实务界的难题。

二、行政不作为诉讼司法审查存在的问题

我国关于作为类案件的审查要件具有统一要素，但是关于不作为类案件的审查要件、审查标准及审查强度等，却并未在行政诉讼立法及相关司法解释中予以明确。

（一）审判实务中关于明示拒绝履行行为的审理思路上存在问题

虽然我国现行《行政诉讼法》将“拒绝”概念纳入了第 12 条受案范围的范畴，但是在拒绝性决定中往往存在被诉行政机关尽管作出了具有终结行政程序的行为，而原告的诉求并未得到实质性答复。审判实践中，有的法院在此情况下认为被诉行政机关作出决定即是履行了作为义务，从而作出驳回原告诉讼请求的判决；而有的法院在审理中认为，相对人提起的是撤销拒绝性决定的撤销之诉而

不应适用履责之诉。[①] 从1989年《行政诉讼法》第54条第2项以及修订后的第70条、第71条的规定可以看出，“单独的撤销判决”或者“撤销+重作判决”成为拒绝性决定的主要判决方式。而1989年《行政诉讼法》第54条第3项和修订后的第70条规定，则作为纯粹行政不作为的履行判决形式。这在客观上导致拒绝性决定与纯粹行政不作为成为两个独立的诉讼类型。但是根据大多数学者的观点，履行判决是原告针对被诉行政机关的拒绝性决定或者不予答复等不作为行为，借助法院判决促使行政主体依原告申请作出特定的行政行为。[②] 这导致无论是理论界还是实务界，都对适用何种判决方式和审查标准来处理拒绝性答复存在争议。[③] 目前，在审判实务中存在将作为型履责之诉（针对拒绝性决定）等同于撤销之诉，这种诉讼类型上的混同做法导致行政争议“案结事不了”。

（二）行政不作为构成要件的司法识别和司法判断基准认定标准混乱

无论在理论界还是实务界，我国关于行政不作为诉讼的研究都将大量笔墨集中于如何从行为类型上识别行政不作为且未达成一致标准，而缺少对“诉的适当性”的研究。《行政诉讼法》第12条中关于不作为诉讼受案范围的规定，也是从行为类型角度切入。有学者将此种研究不作为诉讼的进路界定为“行为类型模式”，并提

---

① 贺荣：《行政执法与行政审判实务——行政裁决与行政不作为》，人民法院出版社2005年版，第276~278页；吴偕林：《关于不作为行政行为与不作为行政案件范围的思考》，载《行政法学研究》1995年第1期，第51~53页；强刚华：《从李思思一案看行政诉讼》，载《人民教育》2004年第2期，第22页；关保英：《论行政不作为的诉权范畴》，载《法律适用》2010年第4期，第48页。

② 马怀德：《行政诉讼法存在的问题及修改建议》，载《法学论坛》2010年第5期，第60页。

③ 王华伟：《依职权行政不作为的合法性司法审查》，载《人民司法（应用）》2012年第1期，第10页；刘永廷：《论行政不作为的构成要件》，载《法学杂志》2008年第2期，第12页；关保英：《论行政不作为的诉权范畴》，载《法律适用》2010年第4期，第50页。

出“纯粹不作为论”“程序不作为论”和“实体不作为论”等行为类型的观点。[①]

由于行政诉讼立法及司法解释对于行政不作为的概念缺乏清晰统一的界定，导致现实审判实践中关于行政不作为的认定标准混乱。如果以“行政行为”的存在及表现形式为依据，可以将行政行为区分为行政不作为与作为行为；履行法定职责与否，则是以行政主体有无履行行政法规定的实体义务确定。[②] 我国在“行政不作为”与“不履行法定职责”用语上存在混同，法院审判实践中通常意义上用“不履行法定职责”来取代“行政不作为”。法官对“法定职责”“履职可能性”等的不同理解往往会导致行政不作为认定标准的差异。例如，在“蒋某安诉某市公安局公交分局不依法履行保护人身权法定职责案”中，法官对行政机关是否具备法定职责的司法认定方面存在认定标准的不统一。一审法院认为，无锡市公安局公交分局在蒋某安被故意伤害案依法立案履行保护人身权法定职责中，被告的行为未构成不履行法定职责。[③] 二审法院经过审查认为，公安机关具有双重国家职能，本案涉及刑事司法行为应该被排除在行政诉讼受案范围之外。故，本案涉及诉求并不构成公安机关的行政法定职责。司法实践中，行政不作为案件认定标准的缺失，还伴生了将大量不作为案件拒于法院门外。与此同时，还有部分否定性作为案件和不正确作为案件、逾期作为案件被视为不作为案件进行了审理。此外，还存在将行政不作为的前提要件限缩为“法定职责”，且对法定职责往往作限缩解释，导致不作为案件

---

① 龙非：《中德履责之诉适当性研究》，载《行政法学研究》2011 年第 3 期，第 139~141 页。

② 国家法官学院、中国人民大学法学院编：《中国审判案例要览（2014 年行政审判案例卷）》，中国人民大学出版社 2016 年版，第 237 页。

③ 最高人民法院中国应用法学研究所编：《人民法院案例选：行政与国家赔偿卷》（第 1~8 册），人民法院出版社 2017 年版，第 449~451 页。

攀升与不作为诉讼救济之间的巨大落差和权利救济的有限性。[①] 这是典型的形式法治立场，形式法治坚持法律是评价行政行为合法性的唯一依据，而对司法职能持消极态度者则认为法律没有明确要求的就是行政主体自由裁量之空间。[②]

在现行行政诉讼立法对行政不作为的审查标准及判断基准界定不明的情况下，法院在行使司法权时因“底气不足”往往避免介入行政权或者当介入无法避免时司法权也会克制介入过深，而将“司法尊重行政首次判断权”视为主流观念。

（三）司法审查强度不统一

司法审查强度是指法院针对行政行为进行审查的强弱，集中体现了行政不作为诉讼运作过程中司法权与行政权的关系。有学者主张“审查强度是司法审查的中枢神经”“司法审查强度不能通过司法机关简单替代行政机关对具体问题作出决定的权力，即司法权不能侵越行政权”。[③] 司法权与行政权的职责分工以及司法权不能简单替代行政权，这是司法审查强度产生的原因。“关于司法审查强度的理想模式，有学者提出三种理想模式：第一种是边缘性审查（marginal review），即行政机关对其行政行为负主要责任，法院仅对行政行为进行附带性审查；第二种是法院对行政行为等同于承担行政机关责任地步的严格审查；第三种是介于上述二者之间的混合

---

① 赵大光：《基层人民法院法官培训教材——实务卷行政审判篇》，人民法院出版社2005年版，第363页。典型案例如姜某庸诉衢州市文化局案，二审判决认为法定职责“必须是法律法规规定的职责”，参见江勇：《姜济庸诉衢州市文化局不履行保护文物鉴定职责行政争议案评析》，载《行政执法与行政审判》（总第10集），法律出版社2004年版，第142页。

② 何海波：《实质法治：寻求行政判决的合法性》，法律出版社2009年版，第13~15页。

③ William R. Andersen, *Judicial Review of State Administrative Action－Designing the Statutory Framework*, Administrative Law Review, Summer 1992, p. 545; Richard Clayton, *Judicial Deference and Democratic Dialogue: The Legitimacy of Judicial Intervention under the Human Right Act* 1998, Public Law, 2004, pp. 39-40.

模式。”[①] 我国行政不作为诉讼中缺少司法审查强度的标准和界限，由于我国行政诉讼立法的单一性和片面性导致司法审查强度乏力，体现出司法权对行政权的监督不力。司法审查强度更多的是交由法院进行衡量裁断，往往会由于法官对案件理解的不同和法官素质的参差不齐而出现审查差异，进而影响裁判对权利救济和权力监督的力度。从实质性解决行政争议角度来看，目前法院审查强度过于审慎，司法应该加大审查力度，将司法功能发挥到极致。另外，“我国实行的是对事实问题和法律问题进行同等强度的司法审查，弊端较多，未能充分考虑行政机关在行政程序中针对事实和法律问题的灵活性和司法审查强度的多层次性，导致从实质意义上剥夺了行政机关裁量判断余地。”[②] 司法权与行政权之间本应有明晰的界限，司法权不宜过度审查行政权领域，对属于行政机关裁量的范畴应给予尊让。“如果法律基于特定目的赋予行政机关权力和源于此权力形成的专业知识，则法院不能侵犯。”[③] 司法权只能监督而不能代替行政权，否则会破坏国家权力结构中的职能分工和国家制度设计的初衷。行政不作为诉讼没有合理划分行政权与司法权的界限，违背了现代国家制度设计的基础性要求。我国司法审查标准僵化，采用全面严格的标准审查事实和法律问题，没有根据司法审查强度来灵活确定司法审查标准，会降低行政效率也浪费司法资源。由于我国职权主义诉讼模式和过度追求客观真实诉讼理念导致的结果，混淆了司法权与行政权的界限促使法院以司法权的事实审查来取代行政机关的事实处理。[④] 这不利于法院与行政机关之间的专业分工优

---

① Frits Stroink, *Judicial Control of the Administration's Discretionary Powers*, Judicial Control Comparative Essays on Judicial Review, p. 81.

② 参见笔者发表的论文《实质解决行政争议视角下的行政履行判决适用研究》，载《行政法学研究》2019 年第 2 期，第 126~135 页。

③ TRS Allan , *Common Law Reason and the Limits of Judicial Deference* , David Dyzenhaus (ed.): *The Unity of Public Law*, Hart Publishing, 2004, p. 290.

④ 王学栋、张定安：《完善我国行政行为司法审查标准的思考》，载《中国行政管理》2003 年第 7 期，第 44 页。

势发挥，并且很难从“合法性”审查模式中推导出其所蕴含的立法精神及立法目的，导致行政争议解决的不彻底性。

(四) 单一的“合法性”司法审查标准弊端日益显现[①]

目前，我国行政诉讼坚持“合法性审查”标准或完整表述为“合法性审查为原则、合理性审查为例外”。1989 年《行政诉讼法》第 54 条通常被视为合法性审查原则的提炼，修订后的《行政诉讼法》第 6 条进一步重申了这一标准。传统行政法理论认为，“合法性审查”原则是行政诉讼区别于民事诉讼的三大原则之首。[②]但是合法性审查仅是形式审查，且实务操作层面容易出现办案人员僵化适用法条而忽视争议解决手段的多样性和灵活性，往往导致行政争议得不到实质性解决。当事人的实际诉求得不到有效满足，容易引发新的争议或者申诉信访案件的大量滋生。另外，目前合法性审查原则的适用走向形式主义、机械主义和过于原则化，缺乏诉诸法律精神、法律原则和法律目的之解释。这间接限缩了法院司法审查的权力，导致法官在实际审判过程中缺少足够明晰的审判规则，而“合理性审查”由于缺乏明确标准且适用范围狭窄，通常处于虚置状态。

我国不作为诉讼功能模式存在以主观诉讼模式的原告资格与客观诉讼模式的合法性审查诉讼规则并存的局面，导致主客观诉讼模式之间的撕裂感和“内错裂”，影响了当事人诉讼请求的有效回应和行政争议解决的实效性。当当事人的主观权利诉求与法院行政行为合法性审查的客观诉讼规则不对应时，就会导致法院无法回应除撤销之诉以外的诉求。作为客观性审查标准的“合法性审查”与我国占主导地位的主观诉讼模式不符，不仅限制了法院的司法审查

---

① 本标题的部分内容参见笔者发表的论文《实质解决行政争议视角下的行政履行判决适用研究》，载《行政法学研究》2019 年第 2 期，第 126~135 页。

② 另外两大原则还包括“被告负举证责任”“行政诉讼不适用调解原则”。参见杨临萍：《行政诉讼法修改十大焦点问题》，载《国家检察官学院学报》2013 年第 3 期，第 15 页。

范围和强度，而且不利于回应原告诉讼请求。“合法性审查”实际上将行政不作为的诉讼标的严格限定为行为层面，忽视了当事人诉讼请求的权利性质，而且“合法性审查”直接与“监督行政权”客观目的相对应。

我国行政诉讼中的“合法性审查”，不仅局限于审查不作为行为的合法性，而且包含了法院与行政机关之间的权力监督关系以及法院与原告之间的行政争议解决关系。行政诉讼制度的立法宗旨在本质上是通过对行政行为的合法性进行审查判断，最终实现对相对人合法权益的保护。“合法性审查”是形式合法性审查，仅按照法律要求进行合规则式的审理，对行政行为实质是否公正合理不予审查而是交由行政机关处理。相较于更高程度的“合理性审查”，该标准要宽松很多，是很低的司法审查标准，导致履行判决的合法性审查标准过低且单一。该司法审查标准与我国实质性解决行政争议的立法目的不符，也不利于实现对当事人权利的无遗漏保护。这也凸显出我国现行行政诉讼制度对于积极推进行政机关依法行政的功能还未充分显现，法院在审查行政相对人要求行政机关履职诉求时，往往停留在审查被诉行政机关是否具有法定职责而已。过于片面强调合法性审查方式还会导致机械司法影响司法审查强度且制约法律关系的最终确定，导致司法审查对象拘泥于行政行为而忽略原告诉求。司法审查过于强调合法性而不触及合理性，过于强调行政机关首次判断权而压缩司法审查空间，往往会导致程序空转或者产生新一轮行政争议和循环诉讼现象。①

（五）司法审查的形式化倾向明显

“我国对行政行为合法性的要求存在形式主义偏向，司法权在审查不作为行为时，也仅进行通常意义的合规则式审理，而不予理

---

① 贾亚强：《论行政诉讼实质性解决行政争议的实现——以争讼行政法律关系的确定为研究进路》，载《法律适用》2012 年第 4 期，第 68 页。

会行政机关作为或者不作为特定义务是否符合实质公正和合理性。"[①] 司法审查的形式化倾向，主要体现为程序性审查的落空与实质性审查的缺位。我国行政不作为诉讼程序性审查落空，仅局限于法定程序的审查。虽然《行政诉讼法》第 70 条将是否符合法定程序作为审查行政行为的适用标准之一，但是由于行政程序不仅包括法定程序还包括非法定程序，并且我国没有出台统一的《行政程序法》，使得行政机关作出行政行为时应遵循法定程序的规定缺乏统一裁判尺度。法院关于程序性审查的标准也过于狭窄，导致行政相对人权利司法救济受限。行政审判实践中，还存在对于不作为案件的司法审查摇摆于形式审查和实质审查的困惑。在被诉行政机关存在作为义务的前提下，一旦其针对相对人的申请作出了答复，则往往认为被告已经履行了作为义务，而至于答复是否正确合法则往往不予置评和审查。法院在作出判决时由于过于强调形式性审查，导致实体判决效果存在障碍。例如，原告起诉要求判令某市建委履行撤销房屋权属登记并注销房屋权属证书的法定职责，一审法院以"被告收到申请后作出答复已经履行了法定职责，原告要求履责于法无据"为由判决驳回原告的诉讼请求。

三、行政不作为诉讼裁判方式存在的问题

在行政不作为诉讼审判实践中，履行判决的客观效果不明显。法院作出履行判决后，行政机关仍存在履职不充分和不完全的情况。因此，关于履行期限、适用范围、履行内容等都需要进一步规范。此外，关于不作为诉讼的辅助判决形式及调解、司法建议等软法规制手段也需要完善。具体来讲，我国不作为诉讼裁判方式存在的问题，主要体现在以下几个方面。

① 杨伟东：《权力结构中的行政诉讼》，北京大学出版社 2008 年版，第 29 页。

（一）履行判决中存在的问题

1. 履行判决的适用范围不明确，裁判尺度不统一

司法公正是当事人有获得感和安全感的重要保障，而法律规定的明确性和可操作性是司法公正的前提。但是《行政诉讼法》《适用解释》及《行诉解释》中都没有明确行政机关“不履行”的具体含义。换言之，立法上关于“不履行”的范围是否排除了明示拒绝履行和不完全履行未予明确，导致行政不作为救济存在被分化的风险和限缩履行判决适用范围的可能性。

2. 履行判决内容履行程度的立法规定模糊

履行判决的内容履行程度，是指法院判决行政机关履行职责的程度，也即法院作出履行判决时应将行政机关履行法定职责的义务内容明确到何种程度。[①] 由于我国目前不作为诉讼中实行合法性审查，仅对行政主体的合法性进行单一评价，导致履行判决往往不会明确行政机关履行义务的具体内容。[②] 履行判决内容履行程度的此种判决方式，也会影响不作为判决救济功能的实现效果。另外，行政诉讼立法中关于在何种条件下可直接责令行政机关重作或履行，缺乏明确的法律规定。当行政机关存在不予答复等不作为行为时，法院会判决确认行政不作为违法或判决行政机关履行相关义务，而《行政诉讼法》第 72 条关于履行判决内容履行程度的模糊规定与该法第 1 条立法目的中“解决行政争议”存在矛盾之处。该条仅是笼统性规定，至于履行判决的内容履行应该达到何种具体程度、“不履行作为义务”的判断标准如何界定、“责令”如何理解以及法院能否作出实体性判决等问题都没有明晰。即，立法上缺乏关于履行判决如何履行的具体规定，导致该条款的实施状况不容乐观，法官并未按照《行政诉讼法》的实体要求作出裁判。在针对拒绝

---

① 冯珍珍：《浅议行政诉讼履行判决的内容履行程度》，载《法治杂谈》2011 年第 14 期，第 86 页。

② 刘宏博：《行政不作为诉讼研究》，吉林大学 2015 年博士学位论文，第 71 页。

性决定适用的撤销重作判决中，立法也未进一步明确行政主体应该重新作出何种具体内容的行政行为。鉴于法律语言表述的模糊性与不确定法律概念的局限性，立法者未能对履行判决中存在的上述概念予以明晰，制定法的不周延及滞后性使法律适用存在漏洞。法官需要发挥司法能动性来矫正形式合法性与个案公正之间的障碍。《适用解释》和《行诉解释》第 91 条对《行政诉讼法》第 72 条限期履行判决分两种情形作出了细化规定，从而保障履行判决达到实质化解行政争议的效果。[①] 但是《行诉解释》等相关解释也没有给出具体的规范指引，容易引发“案结事不了”的结果。行政诉讼立法中关于履行判决内容履行程度及具体判断标准规定的缺失，会造成法官偏离事实认定机械办案。例如，在“孔某诉某市国土资源局政府信息公开案”中，法院在审查过程中根据现有证据可以明确被告公开涉案相关信息，但法院判决撤销原答复并判决被告在 60 日内对原告的信息公开申请予以答复。[②] 这就导致案件存在循环诉讼和浪费司法资源的风险，导致实质性解决行政争议的效果大打折扣。从某种程度上来说，这加大了法官在个案处理过程中运用法律漏洞填补规则及法律条文解释规则等进行综合研判分析的难度。

3. 履行判决的实体性判决方式适用不明确，形式化明显[③]

实践中，关于履行判决内容的裁判方式通常有两种做法：第一种是笼统判决行政机关限期履行作为义务，至于行政机关如何履职不作具体规定的“程序性判决”；第二种是从实质化解行政争议的角度出发，法院在作出履行判决时尽可能明确具体，即“实体性判决”。在履行判决方式上，《行政诉讼法》及司法解释规定中更倾向于“程序性判决”。修订前的《行政诉讼法》第 54 条立法原

---

① 最高人民法院行政审判庭编：《最高人民法院行政诉讼法司法解释理解与适用》，人民法院出版社 2018 年版，第 424 页。

② 河南省洛阳市中级人民法院（2015）洛行终字第 129 号行政判决书。

③ 本标题的部分内容参见笔者发表的论文《实质解决行政争议视角下的行政履行判决适用研究》，载《行政法学研究》2019 年第 2 期，第 126~135 页。

旨更倾向于法院只能笼统作出程序性判决，而不能判令行政机关具体作出特定内容的行政行为。[①]“程序性判决”由于缺乏明确具体的立法规定，实际可操作性较差，导致程序空转现象频发，实质解决行政争议效果不明显。任何诉讼的价值取向不外乎追求司法公正和诉讼经济。在审判实务中，关于不作为案件却存在大量采用“实体性判决”的个案，而修订后的《行政诉讼法》第 72 条并没有关于“实体性判决”的立法意旨。虽然《行诉解释》第 91 条对实体性判决作出了补充性规定，但是对于履责程度、履行期限等并未进行明细化的设置。这就需要从“形式法治”理念向“实质法治”理念转变，在法律的稳定性与法律的目的性之间寻求一种平衡。即，通过进一步规范履行判决的相关适用规则，从而达到实质性解决行政争议之立法目的。如果司法审查仅仅停留于形式层面过于强调形式合法性，严格的规则之治则容易导致个案裁判的不公和造成实质合法性的流失。

4. 履行判决效果未达到实质性解决行政争议之目的[②]

法院通过对行政不作为审查来行使司法审判权，而司法权的被动性决定了司法裁判的过程与结果应围绕原告诉讼请求，仅能在原告诉求范围内进行裁判。另外，履行判决的功能是为了检验行政诉讼法定功能的实现效果。但是，在现实的司法实践过程中，由于行政诉讼坚持全面审查原则，审查对象是被诉行政行为的合法性问题，从而导致原告诉讼请求沦为诉讼程序的启动条件。从诉讼目的来讲，法院不仅要监督行政机关依法行政，更重要的是实现当事人的合法权益。行政诉讼立法目的在审判实践过程中出现偏差的原因在于行政诉讼具体制度设置得不够合理。我国履职判决关于履行期

---

① 张步洪、王万华：《行政诉讼法律解释与判例评述》，中国法制出版社 2000 年版，第 433 页；章剑生：《行政诉讼履行法定职责判决论——基于〈行政诉讼法〉第 54 条第 3 项规定之展开》，载《中国法学》2011 年第 1 期，第 7 页。

② 本标题的部分内容参见笔者发表的论文《实质解决行政争议视角下的行政履行判决适用研究》，载《行政法学研究》2019 年第 2 期，第 126~135 页。

限、适用范围、履行内容等都需要进一步规范。更为重要的是，如果不解决回应原告诉求问题，那么行政不作为的合法性问题也将无法得到实质性解决。因为修订后的《行政诉讼法》通过实质性解决行政争议的最终目的是保护当事人的合法权益。为了实现应然层面之立法目的与实然层面的履行判决功能相一致，需要选择与实质性解决行政争议立法目的相适应的履行判决制度。履职判决应立足于当事人利益诉求而不是单纯围绕合法性判断，合法性应该是基础原理而不是裁判审查的对象。为避免行政机关反复试错以期实现行政权的恰当行使而造成救济的反复性和程序空转，有必要从实质性解决行政争议视角来构建履行判决的实体性判决规则。

(二) 撤销判决为中心的不作为判决体系存在诸多弊端

我国行政诉讼司法审查以“合法性审查为主、合理性审查为例外”的审查标准，决定了行政诉讼判决是以“撤销判决”为主的基本判决架构。① 此种判决架构也延展至行政不作为诉讼。根据北京某中院相关数据显示，《行政诉讼法》修订以来的近三年北京某中院一审受理的行政案件，法院作出实体性判决的案件数量呈现出撤销判决占比 19.2%，履行判决占比 4.3%，确认违法判决占比 3.7%。撤销判决在整个行政诉讼裁判体系中仍占据较大比例。我国行政诉讼是以“主观诉讼为主，客观诉讼为辅”的构造模式。在客观诉讼模式下侧重监督行政权，如果当事人对积极不作为行为(如拒绝性决定) 不服，往往需要先提起撤销之诉，并通过重作判决实现初步诉求。一旦原告对被诉行政机关的重作行为不服，则需要重新提出申请从而进入第二轮诉讼程序。在主观诉讼模式下，法院更多着眼于当事人权利救济。例如，德国的义务之诉是法院可以直接判决被告作出特定行为内容的诉讼形式。但是，目前我国行政不作为诉讼仍然存在以“撤销判决”为中心的裁判体系。正如有

① 邝丽君：《论合法性审查标准对行政诉讼制度的影响》，湘潭大学 2016 年硕士学位论文，第 30~33 页。

学者主张，我国现行行政诉讼立法关于诉讼规则的具体安排基本都是撤销诉讼的“专利”。[①] 这不符合我国行政诉讼以主观诉讼为主的诉讼功能模式，也不利于行政争议的实质性解决。

1. 程序空转导致循环诉讼，无法实质性解决行政争议

撤销判决在不作为诉讼判决方式中处于核心地位，而撤销判决在审判实践中存在程序空转及循环诉讼等问题。《行政诉讼法》对不作为行为规定了“撤销+重作”判决形式并在该法第 71 条作出禁止性规定，禁止被告以“同一事实或理由”作出与原行政行为基本相同的行政行为。但是，实践中大量存在行政机关可能作出与原行政行为实质并无太大差别的行为。相对人针对该行为再次诉诸司法，使得当事人陷入循环诉讼的怪圈，合法权利无法得到有效及时救济。这不仅造成司法和行政资源的浪费，也不利于行政争议的实质性解决，使行政诉讼成为“锯箭疗法”。甚至在某些情况下，法院判决撤销拒绝性决定之后并未作出重作判决，导致原告提起诉讼的实质目的落空。原告对此只能再行提起履责之诉，导致程序空转徒增诉累。

此外，“合法权益”的产生往往伴生于行政权的相关联性，因为行政权对私主体的利益会产生限制性或者扩大性的影响，如前者基于征收产生的“反对性利益”和后者基于许可产生的“请求性利益”。[②] 单一的撤销判决仅能满足当事人的反对性利益而对于请求性利益却无法给予有效回应。

2. 忽视权利救济需求的多样性，无法切实回应原告诉求

我国以撤销判决为中心的裁判模式，导致法院审判过程中容易忽视权利救济需求的多样性，造成权利救济需求与判决结果存在落差的现实窘况。另外，法院作出的不作为诉讼裁判结果与原告诉求

① 章志远：《行政诉讼类型构造研究》，法律出版社 2007 年版，第 79~85 页。

② 罗智敏：《意大利行政诉讼制度的发展变化及启示》，载《行政法学研究》2018 年第 3 期，第 15 页。

之间并非一一对应关系。即，诉判不一致，甚至判非所诉。根据前述，我国撤销之诉是以围绕被诉拒绝性决定的合法性展开的，这区别于德国撤销诉讼带有主观权利救济的主观诉讼性质。德国《行政法院法》第113条第4款出于程序经济的考虑，规定原告不必在撤销判决既判力之后再行提起义务之诉，而可以直接作出被拒绝行为的课予义务判决。我国司法实践中，法院在审理行政不作为案件时更倾向于适用“撤销+重作”判决，体现出对我国撤销诉讼一体模式和干预性管理为轴心的撤销中心主义的思维定式。立法层面未能考虑到行政行为的多样性而产生以原告请求权为核心的制度转变，缺乏对行政不作为诉讼特殊性的深入认识。例如，在拒绝性决定被法院撤销后，被诉行政机关应该履行的作为义务仍然存在且未履行，此时不需要原告再行重新提出履责申请亦不需要法院必须重新判令被告重作，被诉行政机关应该重新处理并作出行政行为，否则就构成纯粹不作为。①

3. 撤销诉讼与履责诉讼存在混同，审判缺乏统一路径

撤销诉讼是为消除负担性行政行为带来的危害后果而使行政行为失去效力，是以行政行为合法性审查贯穿诉讼过程的制度设计。法院判决围绕被诉拒绝性决定的合法性问题，原告角色逐渐淡出。行政不作为诉讼中法院采取的是事前审查方式，被告是否应当履行原告诉请的相应职责是法院审查的重点。法院应围绕原告诉讼请求进行审理，区别于撤销诉讼的事后审查。可以说，撤销诉讼与履责诉讼是两种审理模式和司法审查强度完全不同的诉讼类型。司法审查强度的差异应该主要考量案件裁判的成熟性和行政裁量权限，而不在于行政机关采取明示或默示的不作为表现形态。② 我国《行政诉讼法》第70~72条针对拒绝性决定和纯粹不作为采取了不同的

① 黄薇：《浅议我国行政审判中撤销之诉与义务之诉存在混淆的原因及后果》，载《研究生法学》2017年第6期，第10页。

② 张树义：《纠纷的行政解决机制研究——以行政裁决为中心》，中国政法大学出版社2006年版，第59页。

立法规定。关于行政不作为诉讼判决方式设置的混乱，导致理论界和实务界对于应以“被诉行政行为类型”还是以“原告实质性诉求”为标准裁判存在争议，进而导致个案裁判中未以合适的裁判方式回应原告诉求，亦未实质性解决行政争议。[①] 域外国家的行政不作为诉讼判决种类，通常以撤销判决和履行判决作为诉讼救济的核心方式。鉴于撤销判决和履行判决的裁判方式不同，二者的审理对象和审理思路也存在差异，应该正视履行判决中出现撤销判决与履行判决存在重叠交叉，还原履行判决的独立地位进而避免存在撤销诉讼与履行诉讼的混同。此外，我们也要从诉讼经济的角度出发，认识到确认不作为违法诉讼存在浪费诉讼资源的弊端。根据前述行政不作为表现形态中已经阐明“明示拒绝履行”属于行政不作为行为，依据诉讼类型化的要求应该建立以履行判决为不作为诉讼主要判决种类的裁判体系。

① 章志远：《司法判决中的行政不作为》，载《法学研究》2010 年第 5 期，第 18~29 页。

第三章 行政不作为诉讼的原告资格和起诉期限

行政不作为诉讼作为解决争议的主要救济渠道，从实质性解决行政争议视角来看，司法介入争议纠纷首先需要破除的是诸如原告资格等门槛问题。因为原告是启动行政诉讼程序的唯一主体，若无原告诉请法院提起诉讼则行政争议将无法进入诉讼程序，司法审查也将失去基础。如果出于严格监督行政权的立法目的，则不宜给原告资格设定限制，司法权可以最大限度地发挥司法审查作用解决行政争议。但是考虑到如此宽泛的原告资格与我国当下的行政审判现状和案多人少的局面会形成紧张的内外张力，也会影响行政权有效控制社会秩序的能力及行政效能。根据前述第二章中阐述的不作为诉讼原告资格和起诉期限方面存在的诸多问题，亟须在诉权保护和防止滥诉双向权衡中找到实质解决行政争议的平衡点。因此本章从实质性解决行政争议视角，提出完善行政不作为诉讼原告资格和起诉期限的路径。

第一节 行政不作为诉讼的原告资格

原告资格作为与起诉期限等相互结合来构成不作为诉讼起诉条件的重要内容，关于原告资格的判断标准会极大影响纠纷的实质性解决和起诉人诉权的实现。由于目前我国原告资格的解读过于模糊，导致司法权与行政权横向的紧张关系，而通过原告资格的研究可以缓解司法权与行政权横向的紧张关系，这也是合理界定司法权纵向审查行政权的前提保障。

一、理论基础：保护规范理论

在行政不作为诉讼中，原告资格主要涉及起诉人应该具备提起行政诉讼的资格和诉讼能力条件。换言之，原告资格是对起诉人在诉讼资格和诉权方面的限制。在确定不作为诉讼原告资格的基础理论之前，需要将该讨论置于前文所述行政不作为诉讼“主观诉讼为主，客观诉讼为辅”的诉讼功能模式背景之下，这将对原告资格具有重要影响。例如，在客观诉讼与主观诉讼功能模式下原告资格会存在差异，客观诉讼模式下原告资格会较为宽松但仍应遵循“无利益无诉权”以防止滥诉。德国行政诉讼原告资格是在主观诉讼模式下确立的“权利侵害标准”，即主观公权利受到行政行为的侵害，而此处“主观公权利”的判定不仅基于各实体法所保护的权利和利益还包括判例中认定的权利。

按照凯尔森法律规范分析的观点，法律权利产生于法律规范，因此合法权益的范畴应该属于法律上权益，即行政实体法规范依据及推定的权益。德国将此种法律规定及推定的权利称为“主观公权利”。[①] 德国行政法学者在探讨原告资格时为了突破法律规定的限制，将“主观公权利”和“反射利益”的概念引入原告资格并作为判断标准的分界线。“反射利益”是指间接产生的归属不特定多数人享有的事实上之利益。在德国，只有当事人享有主观公权利才能具备成为原告资格的前提，对于针对反射利益受损提起的诉讼是不具有原告资格的。主观公权利的存在以义务为前提，且从法律规范条文中公共利益维护推定出个人保护之目的，排除公法上之反射利益，此种理论就是德国法上的“保护规范理论”。[②] 可以说，

① 李晨清：《行政诉讼原告资格的利害关系要件分析》，载《行政法学研究》2004年第1期，第104页。

② ［德］哈特穆特·毛雷尔：《行政法学总论》，高家伟译，法律出版社2000年版，第152~162页；丁雯雯：《行政诉讼中原告资格的认定——来自“保护规范理论”的启示》，载《安徽行政学院学报》2016年第3期，第91页。

“保护规范理论”是从法治理念角度来界定“合法权益”的范围。在我国台湾地区、日本也是基于“保护规范理论”来判断原告的主观公权利。

“保护规范理论”，是指判断原告是否具备利害关系的关键点在于行政机关的作为或不作为所依据的实体法律规范是否包含原告诉请保护的权利。“保护规范理论”下关于起诉人主张之利益应属于“系争行政处分所依据的行政法律规范，其作为个别利益而加以保护的利益”。[①] 根据日本《行政案件诉讼法》的规定，当日本法院审查判断涉案处分或者裁决的相对人之外的其他利害关系人是否具备“法律上之利益”时，往往并不是仅通过该处分依据的法令之文义规定作出判断，而是会综合考虑法令的目的宗旨以及作出处分时应被考虑之利益内容及性质。[②] 可以说，“公法权利理论”在新的时代背景下，要求行政不作为诉讼具有逐步扩展公法权利保护范围的实体价值，同时为公民权利救济提供完整的审查程序。我国司法实践中也存在运用“保护规范理论”的案例，如在“刘某明诉某市人民政府行政复议”一案中，法院裁定认为“公法利害关系之判断是保护规范理论将法律规范保护利益与请求权结合，以行政实体法是否要求行政机关保护原告诉请保护之利益作为标准，并结合整个实体法体系及立法宗旨、行为目的综合判断原告主张之利益是否属于法律保护的利益”。[③] 在“李某诉北京市某区发展和改革委员会及其行政行为案”[④] 中，法院裁定认为“利害关系的判断应该基于行政实体法规范上行政机关负担‘规范上义务’为核心”，由此与“保护规范理论”产生联系。

---

① 王天华：《行政诉讼的构造——日本行政诉讼法研究》，法律出版社 2010 年版，第 57 页。

② 何海波：《中外行政诉讼法汇编》，商务印书馆 2018 年版，第 746 页。

③ 参见最高人民法院（2017）最高法行申 169 号行政裁定书。

④ 北京市第一中级人民法院（2010）京 01 行终字第 659 号行政裁定书。

二、原告资格筛选机制："诉的利益"和"权利保护之必要性"

不作为诉讼具有现实可操作性的表征为诉讼启动和存在之可能性，而行政争议离开当事人的权利主张则会延迟不作为诉讼的启动，也会加大确定作为义务之难度。原告资格涉及诉的适法性，即法院受理案件的法定条件是否具备，及诉的理由具备性，而"诉的利益"是原告资格适格和筛选机制的判断标准之一。

"诉的利益"，是指原告向法院起诉请求司法予以保护之利益。如果原告认为自己应受法律保护之利益存在受侵害的危险时，可以通过提起诉讼寻求救济，而"诉的利益"是衡量起诉人的诉讼请求是否具有通过司法审查加以解决的实际价值。关于"诉的利益"的判定，美国《联邦行政程序法》第 702 条采用了"不利影响或损害"标准。英国《最高法院规则》（1977）第 53 号命令第 3 条第 5 款的规定采用了"充分的利益"标准。英国的赋予相对人权利说认为，在违背法定义务之诉讼（action for breach of statutory duty）中，行政机关要判断法条中义务的性质是针对公众利益还是特定个人，抑或是纯粹义务性质还是权利属性。[①] 一旦行政机关判断失误，法院有权介入干预。日本《行政案件诉讼法》第 9 条、第 10 条针对行政不作为案件规定的起诉资格是"法律上的利益"标准。[②] 原告所拥有的权利是主观权利，可以是基于法律规定或者从基本法中派生出来的权利。我国台湾地区"行政诉讼法"第 4 条第 1 款规定给付诉讼起诉人资格是"权利或法律上之利益"标准。

---

① 罗明通：《英国行政法上法定权限不作为之国家赔偿责任》，载《宪法体制与法治行政》（第二册），台湾三民书局 1998 年版，第 24~45 页。

② 该标准包括即使在由于处分或裁决的效果期限的经过及其他理由而消失后，仍具有由于撤销处分或裁决而应恢复的法律上的利益，且规定了撤销理由的限制，不得以无关于自己利益的违法为理由请求撤销。参见刘东亮：《行政诉讼目的研究——立法目的和诉讼制度的耦合与差异》，中国法制出版社 2011 年版，第 125 页；［日］盐野宏：《行政法》，杨建顺译，法律出版社 1999 年版，第 432 页。

德国《行政法院法》第一章第六节对义务之诉原告资格作了规定，起诉人提起义务之诉需要满足“自身权利受到损害”。德国法上运用主观公权理论对行政不作为进行认定，针对特定相对人区分法规对行政机关作为义务是“主观公权”抑或“反射利益”。对于特定个人不产生主观权力或主观公权的公共利益行为，行政机关假如不履行并不构成不作为。此时对特定当事人仅是产生法的反射效果，并不具有公法上的请求权。即，公法上的权利指依据公法之规定个人为实现私利请求国家作出特定行为的法律上之权利。在保护规范理论框架下，也认可公法上权利的存在是以法律目的所保护利益作为判断依据。可以说，无论是德国法上采用的“公法上主观权利”还是英国法上存在的“充分利益”，甚至美国采取的“受损害利益”，都可以归结于对利益保护范围的判断，即“诉的利益”。

笔者认为我国行政不作为诉讼中，法院审查原告资格时应该考虑起诉人诉请保护的权利是否具有通过诉讼程序予以保护和救济之必要性，即具有权利救济的正当性和必要性。为了防止滥诉蔓延，有必要通过设定“诉的利益”作为筛选机制来明确滥诉门槛。由于“诉的利益”属于不确定概念，同时司法自身的局限性和有限性决定了其争议解决能力的有限性。因此关于原告资格的前提应该有适度的范围，不能超过维护社会公共利益所要求的必要限度，否则会影响行政行为的效率性和社会秩序的稳定性。因此，需要辅之以“权利保护之必要性”要件进行综合判断。具体来讲，欠缺权利保护的情形主要包括以下内容：

第一，无效益的保护。通过结合立法目的、救济途径选择的可得性进行利益衡量，如果原告有更为便捷的途径实现诉求，则其起诉的权利保护之必要性被排除，属于无效率的权利保护。

第二，无意义的权利保护。关于“权利保护之必要性”，“霍菲尔德权利理论”主张诉权作为一项基本人权，是国家通过宪法确认和保障的一种程序性权利。任何当事人因为公权力行使导致其权利被侵害时都享有法律的救济渠道，即有权利必有救济。不作为诉讼案件中，权利性质或许不会影响起诉的可诉性但会影响理由具备性判断。[①] 只有当行政机关负有原告主张的“规范上义务”或者行政机关处于原告主张的权利义务主体地位时，原告才享有请求权。对于起诉不具有司法保护之现实利益的，往往也不具备诉权保护之必要性。

第三，权利滥用之禁止。对于起诉人之起诉缺乏诉的正当利益，纯粹增加自身及相关人之负担，同时又浪费司法资源和违背行政诉讼立法本意之诉讼，则构成滥诉。换言之，应该考虑救济成本以及行政效率，通过更直接有效和方便快捷的方式达到权利救济之目的。

总之，目前出于实质性解决行政争议的目标和综合考量国家司法资源有限的现实条件，为了达到保证行政争议解决的有效性、实效性和可能性，我国目前不作为诉讼的原告资格也不是没有任何限制的，应该区分主观公权利救济模式和客观公法秩序维护模式下不同的原告资格界定标准。借用“保护规范理论”，建立“诉的利益”和“权利保护之必要性”作为筛选机制来避免由于原告资格界定不清导致的滥诉问题，排除不正当、不适时的权利请求，从而保证那些最值得运用司法资源予以解决的行政争议能够及时有效得到实质性化解。

三、“合法权益”与“利害关系”标准的分析路径

目前，在检察机关提起行政公益诉讼写入《行政诉讼法》的契机下，不作为诉讼原告资格主要是通过扩展个人权益保护范围和创设公共利益保护两条路径实现的。借鉴域外原告资格的有益经验，对于前者，国外主要通过由“法定权利”向“法律上的利益”迈进，甚至美国和日本还发展出“值得保护的利益”标准及“事实损害标准”；对于后者，则通过改变行政诉讼仅定位于保护个人

① 王振宇：《行政诉讼制度研究》，中国人民大学出版社2012年版，第523页。

权益的思路而是积极拓展公益保护路径。[①] 笔者主张建立以“法律上的利益”为主观权利诉讼的原告资格标准，以“事实上的正当利益”作为客观诉讼的原告资格标准。

“原告资格”是研究行政不作为诉讼起诉条件的切入点，“合法权益”“利害关系”“实际影响”等要素的判断是原告资格具备与否的关键和案件能否进入实体审理程序的决定性因素。“原告资格”判断标准的厘清对于畅通行政不作为诉讼的救济渠道和司法审查，进而实质解决行政争议具有基础性作用。尤其是在目前行政不作为诉讼由于原告资格界定不清导致滥诉问题严重的背景下，关于不作为诉讼原告资格的研究更具有实践价值。

（一）扩充“合法权益”解读内涵

“合法权益”作为原告资格的判断要素包括受损的是“合法”权益、“合法权益”受损具有客观现实可能性、主观上认为不作为行为会导致权益受损。“合法权益”的产生往往伴生于行政权的相关联性，因为行政权对私主体的利益会产生限制性或者扩大性的制约，如前者基于征收产生的“反射性利益”和后者基于许可产生的“请求性利益”。[②] 换言之，“合法权益”作为程序意义的起诉要件，实为行政机关追求公共利益时因行政不作为或者不当作为导致私主体产生的利益。“合法权益”与“利害关系”标准作为目前我国行政不作为诉讼中最为主要的判断依据，其在原告资格认定中的关系是值得探究的问题。关于二者之间的关系是泾渭分明的认定标准还是存在谁为“先决前提”的主次关系，抑或规定在后的“利害关系”是对“合法权益”标准的修正或者替代。有学者主张“权利”作为“合法权益”的核心概念应该具有现实性、客观明确性，因此较之“利害关系”这一不确定法律概念并存在诸多解释

---

① 杨伟东：《行政诉讼法修改的基本动向及其问题》，载《国家检察官学院学报》2007年第2期，第153~160页。

② 罗智敏：《意大利行政诉讼制度的发展变化及启示》，载《行政法学研究》2018年第3期，第15页。

空间来讲，“合法权益”是否受损往往比是否具有利害关系更易观感。[①] 关于合法权益的解读，有学者从“合法权益”外延上主张将合法权益的范围囊括权利与权利之外受法律保护的利益，但排除反射利益，应解读为行政实体法上的人身权、财产权以及与之关系密切或由其派生出的排除政治权利的权益。[②] 但是修订后的《行政诉讼法》第二章关于“受案范围”的规定中，在作为兜底条款的“合法权益”之后平添了“等”字，则使二者之间的关系更加扑朔迷离。

笔者认为，“合法权益”概念是规定在《行政诉讼法》第一章总则中的内容，属于具有总纲性质相对开放的概念，具有较大的解释空间，而且“合法权益”概念在此处提出并不仅仅限定了原告资格的判断范围，而且对受案范围也有一定的限缩和提示功能。尽管我国受案范围是按照行政行为的种类进行“列举式+兜底式”的规定，但是不可否认在《行政诉讼法》第12条受案范围兜底条款中“合法权益”标准也是受案范围限定的重要依据，据此可以认为我国是采用“行为类型+合法权益”标准来界定受案范围的。正如有学者指出，“合法权益是受案范围与原告资格的连接点”。[③]“合法权益”也是受案范围的核心要素，其范畴包括法定权利及法律上保护的利益，但排除其他权益。修订后的《行政诉讼法》在行政不作为的规定中增加了“对负有法定保护人身、财产等合法权益职责的行政机关，当公民请求保护时行政机关不作为的，公民有权提起行政诉讼”。此处的“等合法权益”中的“等”字应该指等外的“等”，即不仅包括人身权、财产权，还包括法律规定的行

① 汤军：《论行政诉讼原告资格认定的“权益保护”路径》，载《政治与法律》2013年第9期，第149页。

② 李蕊：《不履行法定职责案件若干问题的思考》，载《人民司法（应用）》2009年第7期，第84页。

③ 汤军：《论行政诉讼原告资格认定的“权益保护”路径》，载《政治与法律》2013年第9期，第151页。

政机关应该保护的其他权利，但并不是公民权利体系中的所有权利都受保护。可以说，受案范围是对当事人合法权益予以认可的边界。从逻辑上讲，法院在审查行政不作为案件时首先审查涉诉案件是否属于受案范围，其次才是判断是否具备原告资格的问题。

法官在认定原告资格时也要结合受案范围综合认定个体的利益是否值得保护。即，原告资格的审查认定上，首先，需要从受案范围上明晰涉诉争议是否属于法律保护和提供救济的纠纷，简言之，"值得保护的利益"；其次，判断起诉人与被诉行政不作为之间的关联程度，此时可以通过"相关性""实质影响""利害关系"标准等综合判定。另外，需要明晰的是"合法权益"与"利害关系"两个概念不是处于同一位阶并列关系的，正确的处理思路应该是由"权利"导向资格的生成路径中滋生了"合法权益"概念。因此，"合法权益"应该作为原告资格的基础前提，而"合法权益"作为"利害关系"的核心要件，也是"利害关系"判断的起点。只有满足了具有"合法权益"这个基本前提才能谈到第二步如何去理解"利害关系"的问题。"权利"作为法律关系的核心概念，应该成为"利害关系"判断的前提。换言之，我们在判断起诉人与被诉行政不作为之间是否存在利害关系时，首先需要判断是否存在受被诉行政不作为侵害的合法权益。但是，为了避免合法权益概念的过于抽象和不甚明晰，"利害关系"的认定标准相较于"合法权益"标准增强了审查环节上的可操作性，是"合法权益"标准的补充。关于如何界定"利害关系"则需要综合运用"因果关系""相关性"来判定关联程度，运用"实际影响"来认定客观效果，从而达到启动司法审查的正当性。我们在解读行政不作为诉讼的原告资格时，应避免机械运用实定法原告资格的判断标准，而采取整体性和系统性解释的方法，综合运用多种标准进行认定。例如，在行政复议不作为案件中，可能会存在复议申请人多次举报或申请复议造成复议程序混乱的情况，此时就需要运用解释方法，可以通过判断申请人所申请被诉行政机关履行职责的原因行为中是否涉及申请人利益受损的情况来判定其是否具有原告资格。[①] 鉴于“利害关系”属于不确定法律概念，在审判实践中如果通过“合法权益”+“实际影响”即可判定原告资格时，可以略去“利害关系”这一抽象标准，以达到快速确定原告资格并解决行政争议的目的。

（二）关于“利害关系”的解读

所谓“利害关系”，是指行政行为直接相对人（“显性原告”）以外的利害关系人，与行政行为之间存在某些法律或者事实上的相关性和联系点。即，原告权益与行政不作为行为之间的关联程度，实际上涉及诉权问题。判断原告资格的核心是如何精准解读“利害关系”并在具体个案中划定“利害关系”的边界，成为目前司法实务中迫切需要解决的问题。之所以要在起诉条件中限定“利害关系”的概念，是出于诉讼成本的考量和权利救济的有效性。学界关于“利害关系”的构成要素存在“二要素说”“三要素说”“四要素说”等观点；[②] 关于“利害关系”的学说有“实际影响说”“不利影响说”“因果关系说”“法律上权利义务关系说”等。[③] 德国的梅耶提出“不确定法律概念”，后经特茨纳进一步宽

① 例如，“陈某不服某市监察局行政复议不履行法定职责案”，参见夏勇主编：《行政复议年度案例评选（2014~2015）》，中国法制出版社2015年版，第172~178页。

② “二要素说”主张利害关系包含有“受司法保护的权益”和“该利益受到行政行为效力的影响”两层要素。参见张树义主编：《寻求行政诉讼制度发展的良性循环》，中国政法大学出版社2000年版，第81~89页。“三要素说”主张利害关系包含利害关系人公法上的权利、成熟的具体行政行为和前两者之间存在因果关系等三层要素。参见张旭勇：《“法律上利害关系”新表述——利害关系人原告资格生成模式探析》，载《华东政法大学学报》2001年第6期，第42页。“四要素说”主张利害关系包含客观上的行政相对人、行政相对人的合法权益受到行政行为的不利影响、行政相对人的合法权益具有法律上的依据、行政行为与合法权益的不利影响之间具有因果关系。参见章剑生：《现代行政法总论》（第二版），法律出版社2014年版，第198页。

③ 杨海坤、黄学贤：《行政诉讼基本原理与制度完善》，中国人事出版社2005年版，第175页；江必新、梁凤云：《行政诉讼法理论与实务》，北京大学出版社2009年版，第339~340页；刘善春：《行政诉讼实用理论与制度建构》，中国法制出版社2008年版，第383页。

泛化地解读了该概念的外延。由于“利害关系”属于不确定法律概念，“对于不确定法律概念具体化的方法就是要在法律概念和法律案件间构建个体媒介概念，而在法律概念和具体个案中寻找相似性，然后将法律规定适用于具体案件”。[①] 笔者主张拓宽“利害关系”的外延，可以结合原告的起诉理由和涉案行政不作为的特点，有针对性地寻求判断利害关系的标准，不可陷入完全不受控制的超司法自由裁量的情形，应该本着法律规定与行政不作为产生的结果作为判断利害关系的相关依据。具体来讲，“利害关系”的解读应该包含以下要件。

1. “利益保护范围”要件

根据“保护规范理论”，起诉人申请救济之利益须可争辩地归于行政实体法规范保护的利益范围内或者在裁判时值得考虑的利益，即“法律保护的利益”。此处的“可争辩地”是指有可能性而不要求实际存在，包括值得法律或者司法保护之利益。简言之，只要当事人之权益在立法保护范围内即可享有法律上之利益，而不需要探求法律明确规定的权利用语。“权利”须具有法律依据或者可以得到司法保护之利益。即，首先要有权利存在，权利应该是一种受实体法律保护或者裁判值得保护之利益，而不是单纯的利益。例如，行政承诺或者先行行为、信赖利益所引起的行政机关应该作为的义务，就属于值得司法予以保护的利益或权利。其次，关于权利的性质应该具有主观权利的主观性标准。主观权利属于实体法上的概念，受到法律绝对保护无须依靠外力即可实现。部分域外国家关于主观权利与合法权益之间是存在泾渭之分的，如意大利行政法院在审查行政争议时，需要私主体明确受侵犯的是合法利益还是主观权利，此种区分成为普通法院与行政法院管辖权划分的依据。[②] 根

① 王鹏森：《行政法上不确定法律概念的具体化》，载《法制博览》2018 年第 24 期，第 207 页。

② 罗智敏：《论欧盟行政法一体化进程——以意大利对“合法权益”的损害赔偿为例》，载《华东政法大学学报》2013 年第 2 期，第 73~78 页。

据《行政诉讼法》第2条关于“合法权益”的立法规定，我国行政不作为诉讼原告资格更倾向于侧重权利救济的主观权利性质。即，可能遭受被诉行政不作为侵害的是原告的主观权利。

2. 权利侵害要件，又称为“权利侵害”标准

即，起诉人的权利具有减损之可能性。区别于美国“事实上的损害标准”，“权利侵害”标准要求权利存在受侵害或者受侵害可能性，不作为行为对利害关系人合法权益之侵害已然发生或者具有发生的预见可能性。具体来说，包含以下几层含义。

（1）起诉人所申请的事项具有请求权基础

德国对于“权利侵害”的认定有着较为严格的限制，只有受《行政法院法》《基本法》等实体法保护的直接利益才是行政诉讼中的权利，排除反射利益。我国司法实践也秉持类似理念，如（2016）最高法行申2738号“芦某诉北京某区人民政府案”中，最高人民法院通过判断起诉人是否具有申请事项的实体法上之请求权基础来判定其是否享有诉权。

（2）“值得保护”之权利

在（2017）最高法行申4361号“关某等193人诉浙江省住房和城乡建设厅、中华人民共和国住房和城乡建设部城建行政复议”一案，最高人民法院判决认为仅当起诉人诉请保护的权益属于被诉行政机关依据行政实体法律规范作出或者不作出行政行为时应当考虑的，此时起诉人才具备原告主体资格。

（3）“可预见性标准”

审判实务界有部分法官主张利害关系“必须是一种已经或者必将形成的关系”。[①] 笔者主张应该运用预见可能性标准最大限度保护当事人权益。“可能性”是指原告诉请保护的权利侵害在法律

① 江必新：《新行政诉讼法专题讲座》，中国法制出版社2015年版，第111页。

与事实上都具有可能性并且被诉行政机关对此种损害可能性应予考虑。[①]“可预见性标准”，是指行政机关是否可以预见其不作为行为将会对利害关系人权益造成受损事实。“可预见”包括主观预见必要性、客观可能性等。

3. 因果关系或相关关系要件

(1)“因果关系”标准

利害关系人权益变动是行政不作为发生作用的必然结果，二者存在权益减损的相关性和牵连性，包括不利关系和有利关系。关于因果关系的解读，有学者主张“因果关系包括直接因果关系、间接因果关系和相当因果关系等”。[②] 另有学者主张“利害关系”可以分为直接利害关系和间接利害关系，而行政诉讼原告资格应该满足直接利害关系。[③] 即，被诉行政不作为行为直接调整或者涉及利害关系人的权利义务。在最高人民法院诸多不作为类案件的判决中，关于原告资格的判断也是基于直接利害关系。[④] 受到被诉行政不作为行为损害的当事人包括直接相对人和间接相对人，而利害关系人则属于间接相对人的范畴。[⑤] 在法国的越权之诉中，如果当事人与行政行为不具有直接利害关系时，则其只能以权利受到不利影响的第三人身份参加诉讼。

---

① 陈柏霖：《论行政诉讼中之公法上权利——从德国法与欧盟法影响下观察》，台湾元照出版有限公司 2014 年版，第 43 页。

② 李晨清：《行政诉讼原告资格的利害关系要件分析》，载《行政法学研究》2004 年第 1 期，第 106 页；王利明、杨立新：《侵权行为法》，法律出版社 1996 年版，第 59~68 页。

③ 马怀德：《行政诉讼原理》（第二版），法律出版社 2009 年版，第 190~204 页。

④ （2017）最高法行申 5239 号“张某、张某平、张某恒诉湖南省湘潭市人民政府行政审批行为及不履行行政监督职责”一案中，最高人民法院判定所谓“利害关系”应当是指被诉行政行为对起诉人的合法权益可能造成现实的、特别的、直接损害或者不利影响。（2017）最高法行申 2818 号“贺某岐诉海南省住房和城乡建设厅、海南省人民政府不履行法定职责”一案中，最高人民法院认定原告资格的判断标准为“是否具有直接利害关系”“权利义务不产生实际影响”“不具有权利保护的必要性和实效性”。

⑤ 江必新：《新行政诉讼法专题讲座》，中国法制出版社 2015 年版，第 110 页。

关于因果关系应该达到何种程度才可以认定为符合“利害关系”要件，笔者主张应该采用“相当因果关系”说，并结合行政不作为之目的。即，不管因果关系产生的基础是法律上还是事实上的因果关系，抑或直接还是间接的因果关系。通过“关联程度”进行判断，只要被诉行政不作为行为对其合法权益具有“实际影响”，即满足利害关系标准。“实际影响”是指被诉行政不作为实际上处分了当事人的权利义务，包括直接处分和间接处分。[①] “实质影响标准”，是以行政不作为行为对利害关系人合法权益是否产生实质影响作为评判是否满足利害关系的标准，不考虑该实质影响产生作用的过程是直接还是间接。具体来说，存在当事人权益减损或者义务增加的情形，抑或被诉行政不作为（如，拒绝性决定）会对其他行为的作出具有前置法律意义，甚至会对当事人申请其他行为设置障碍将当事人置于不利地位。鉴于我国《行政诉讼法》第2条和第25条第1款中关于“利害关系”的规定并未明晰判断标准，因此“利害关系”属于不确定法律概念。借鉴德日的解释论路径，从实质性解决行政争议的视角来看，“与行政行为具有利害关系”应该进行扩大解释，即不仅包括直接利害关系还包括间接利害关系，不仅包括主观公权利诉讼模式下的“法律上之利害关系”还包括客观诉讼模式下的“事实上之利害关系”。

（2）关联程度之“相关性”标准

其指被诉行政不作为行为对起诉人权益影响是否充分，是否具有足够的利害关系和值得法律保护的程度。在普通的行政不作为案件中，利益的“相关性”特点往往导致“诉的利益”的排他性，即原告申请被诉行政机关履责的“诉的利益”通常都属于自身权益而非为他人申请履责。从“相关性”的目的论解释来看，在公益性行政不作为案件中，虽然被诉行政不作为行为具有公共利益的

---

① 江必新：《新行政诉讼法专题讲座》，中国法制出版社2015年版，第111~112页。

侵益性，但是仍然具有对个人利益的“相关性”。笔者主张可以用“弱化”标准来判断“相关性”，即对利害关系人权利义务产生相关性并不仅仅指向权益减损或者义务增加，还包括对当事人现有权益的削弱或者法律地位的不利影响。例如，在“某财产保险股份有限公司吉林中心支公司诉吉林市公安局交通管理支队颁发驾驶证”[①] 案中，由于被告在颁发驾驶证时审查不严导致原告理赔对象属于冒用他人姓名获取驾驶证，但是基于保险理赔约定原则，法院认定原告在行政诉讼中作为起诉人不是行政行为的相对人或者利害关系人，其主张的诉讼权利与被诉行政行为不具有因果关系，不具备原告主体资格。

4. 个别保护要件

“个别保护”要件，即行政法律规范是否对该利益施以个别性保护，排除反射利益。起诉人具有法律保护的个别权益是原告资格判断的重要标准，这与现行行政不作为公益诉讼实践并不矛盾。因为在主观公权利救济模式下的自益性原告资格与客观秩序诉讼模式下的公益性原告存在区别。目前我国行政不作为诉讼总体是坚持“主观诉讼为主，客观诉讼为辅”来确定原告资格的，核心目的在于权利救济。因此，应该将原告资格限定为主张个人主观公权利而非反射性利益的起诉人。但是，在消费者权益保护等领域存在诸多即使是主观诉讼下的自益性原告也带有主观为自己，客观上带有公益性质的情况。即，自益形式公益目的之起诉人。日本学者盐野宏在关涉其他利害关系人权益行政许可领域提出了复效性（又称为二重效果）行政行为的概念，即行政机关在作出行政许可时应顾及其他利害关系人值得保护的利益，否则其他利害关系人可以提起行政诉讼。[②] 例如，参与政府采购的竞标人可依据《政府采购法》

① 一审：吉林省吉林市昌邑区人民法院（2010）昌行初字第 23 号行政裁定书；二审：吉林省吉林市中级人民法院（2010）吉中行终字第 35 号行政裁定书。

② ［日］盐野宏：《行政法》，杨建顺译，法律出版社 1999 年版，第 333~347 页。

第58条的规定，对于政府采购监管部门的投诉处理决定不服或者逾期未处理的，有权提起诉讼。[①] 我国存在诸多类似案例，如“梁某诉某省人力资源和社会保障厅、某省人民政府行政复议决定案”，最高人民法院判定投诉举报请求权值得法律保护的前提是相关法律、法规或规章等规定了投诉举报请求权，并且法律设定该请求权的目的在于保护投诉举报人自身合法权益。[②] 在最高人民法院判例“郭某诉浚县人民政府不作为案”中，法院依据同样的原理判定，投诉举报人不必然具有对行政不作为案件提起行政诉讼的原告资格，仅当被诉主体对于投诉举报事项拒绝回复的行为侵害到投诉举报人自身的主观权利时，投诉举报人才与被诉行政不作为行为具有利害关系和具备原告资格。而在（2017）最高法行申2705号“贾某诉国家监督管理委员会不履行法定职责案”中，最高人民法院判定对于投诉举报事项，即本案的被诉行政机关监管职责，不一定属于可诉的行政不作为行为，有时仅是获取一般线索再行裁量和处置权。判断该监管职责是否属于可诉的行政不作为，需要满足“投诉人的投诉举报事项涉及自身合法权益”“法律法规规章等规定被诉行政机关具有限期答复和作出处理程序的义务”“行政机关以不予答复、拖延履行等方式不履行该法定义务”。而在“王某等诉海南省海口市某区卫生局卫生行政许可案”[③] 中，法院认为确定投诉举报案件原告主体资格的前提为“实际损害”，即投诉举报人的合法权益需要存在被诉投诉举报行为导致其受到实际权益减损。综上，对于上述自益形式公益目的之起诉人，应该坚持个别权益保护要件，即受行政实体法保护的“自身权益”。

---

① 《中华人民共和国政府采购法》第58条规定，“投诉人对政府采购监督管理部门的投诉处理决定不服或者政府采购监督管理部门逾期未作处理的，可以依法申请行政复议或者向人民法院提起行政诉讼”。

② 参见最高人民法院（2017）最高法行申281号行政裁定书。

③ 海南省海口市中级人民法院（2014）海中法行终字第115号行政判决书。

(三) 小结

原告资格问题实质上也是诉权问题，即诉讼权利能力。构成行政不作为诉讼原告资格的前提基础是起诉人具备诉讼权利能力。例如，在传统诉讼理念中，某些行政行为会导致部分诉讼主体失去诉权，能否将其纳入原告资格是一个值得探讨的问题。有观点主张应将此类当事人纳入原告资格范围，但这种拟制是有条件的，只有当该当事人提起诉讼的内容是针对其导致失去权利能力的行政不作为时，才可以作为原告起诉。① 换言之，按照凯尔森“资格理论”的观点，“资格”即是法律能力，起诉人提起诉讼而成为原告的法律上之能力。② 行政不作为诉讼不仅强调客观合法性审查，且更侧重权利救济的主观诉讼性质。如果行政相对人所主张的权益不属于行政实体法所保护的合法权益，或者行政机关的法定职责与相对人主张的权益没有关联性或者不作为行为并未实际造成对行政相对人合法权益的侵犯，那么行政机关的不作为不属于侵犯相对人合法权益。

在“利害关系”判断上，要遵循以下逻辑：“利益保护范围”要件划定涉案诉求归属的行政实体法律规范→“个别保护要件”判定前述法律规范的目的是否涉及特定范围或个人权益→“因果关系或相关关系要件”判定原告利益是否与法律所保护之利益有关联→“权利侵害要件”着眼于“受害程度”是否可将原告划定保护范围，当事人权益受到侵害是法院介入审查的前提。

四、原告资格的司法审查路径

司法能动主义归结为技术和实体层面，而技术层面关系到司法

① 刘德生：《对行政诉讼中原告资格的判断》，中国法院网：https://www.chinacourt.org/article/detail/2007/09/id/267838.shtml（访问时间：2019 年 2 月 3 日）。

② ［奥］凯尔森：《法与国家的一般理论》，沈宗灵译，中国大百科全书出版社 1996 年版，第 102 页。

机关在多大程度上可以放宽原告诉讼资格或可诉性的要求。[①] 纯粹从立法论出发通过修订法律和司法解释并不是原告主体资格审查标准最终的解决路径，应该通过类型化的司法实践反馈立法论的缺陷，从而对法律中蕴含的判断标准抽离出具体化、明确化和精准化的裁判适用标准。[②] 针对不同行政不作为表现形态，要保证类似案件同样处理，则需要通过设置原告资格类型化的审理标准，从而给予法官指导办案的统一裁量尺度。

（一）原告资格的形式和实体审查标准

行政不作为诉讼的功能价值和立法目的会影响原告资格的范围、审查思路以及其所辐射的具体制度构建。不作为诉讼价值的实现，则有赖于当事人启动整个程序，否则诉讼制度设计的运作价值将毫无意义。即，诉讼目的会决定原告资格的外延进而影响整个诉讼程序的启动。为了达到实质性解决行政争议之目的，关于不作为诉讼原告资格的司法审查应该以“滥诉防止”与“诉权保护”均衡的理念进行标准设置。

1. 立案受理阶段的形式审查：“可能性理论”+“排除不正当的权利保护”

《行政诉讼法》第 51 条规定了行政诉讼立案登记及立案过程中不当行为的救济途径及责任承担，改变了传统的立案审查制为立案登记制。为进一步落实立案登记制，最高人民法院出台了《关于人民法院登记立案若干问题的规定》，有效保障了当事人的诉权。笔者认为，我国行政诉讼立案登记制的性质是形式审查，即对当事人提交的诉状根据《行政诉讼法》第 49 条规定的起诉条件进行初步形式审查。所谓“形式审查”，就是在无法确定是否应该立案的情况下，“推定”案件应该受理从而针对起诉条件进行审查，

---

① B. C. Canon, *Defining the Dimensions of Judicial Activism*, Judicature, Vol. 66 (1983), p. 236.

② ［德］卡尔·拉伦茨：《德国民法通论》，王晓晔、邵建东等译，法律出版社 2003 年版，第 14 页。

这契合《行政诉讼法》修法的宗旨。具体来说，形式审查应该坚持以下标准。

(1) “可能性理论”

根据《行政诉讼法》第49条的规定，原告资格是满足起诉条件及法院审查的一项内容。保护行政相对人合法权益是行政诉讼法的立法目的之一，立案登记制的推开最大限度地将行政争议纳入法治化渠道，并实现了行政诉讼保护公民权利的立法目的。但是，法院不仅要高度重视诉权保护，更要坚决防止在立案环节设立限制当事人起诉的条件，防止在立案环节实行过度审查。在保护规范的判断上和诉讼合法性形式审查阶段（即，立案登记审查阶段）应采取形式审查的“可能性理论”，即“有限度的初步审查”。只有当行政行为法和行政组织法的相关规范“明显”不具有规范保护特征时，换言之，在立案登记阶段的合法性程序审查阶段，只要原告主张的权利存在受侵害的可能性就可以作为原告资格的初步审查判断依据。如果原告所主张的权利受侵害不具有法律及事实上的可能性，即只有当起诉人无法通过权利推定或者法律解释的方式具备可能被法律保护的利益时，法院方可以原告不适格不予立案登记或作出不予立案的裁定。此种判断标准既可以避免对原告资格设定不必要限制，也符合世界范围内逐渐认同的以程序价值为追求目标的行政诉讼体系。[①] 即，在此阶段原告资格的判断遵循程序上当事人地位，起诉人只需主观认为其权益存在受侵害的可能性即可起诉，而不要求侵害和损害事实的真正发生。[②] 通过上述方式可以最大限度保护原告诉权。同时，根据《行政诉讼法》第2条之规定，合法权益的原告主观上只要“认为”存在权益受侵害或者侵害之可能

① C Harlow, *Global Administrative Law: the Quest for Principles and Values*, European Journal of International Law, 2006, p. 187.

② 刘苏：《行政诉讼原告资格认定的“法律上的利害关系”标准——以张锋诉南京市房产管理局违法颁发房屋所有权证案为例》，载《法制与社会》2011年第7期，第144~145页。

性就满足了主观要件。除非存在“明显排除”的情形，对于原告资格判断存疑时应该给予起诉人进入实质审查程序阶段的权利。

（2）“排除不正当的权利保护”，达到滥诉规制与扩充原告诉权保护资格之间的平衡

任何人都不应从非法行为中获利，在行政不作为诉讼中法院对于行政争议的解决应该注重原告资格与行政过程的动态调整。如果在行政执法和行政立法过程的前端，公众参与等民主价值得到贯彻且行政行为得到及时履行，此时对原告资格应该进行限缩性解释和避免原告资格输出过于宽泛，这种限制性是具有防止滥诉、恶意之诉以及节约司法成本、提高行政效能等诸多优势的。但是目前面临公权力有效规制不足的态势和行政执法的整体性原则减损导致行政争议复制性叠加，行政诉讼在解决行政不作为争议中的诉讼功能也未得到实质性奏效。此时应该适当扩大行政不作为之诉的原告资格，发挥行政诉讼争议解决功能的后端优势。通过对行政权的全面有效监督，不仅将现有争议予以解决而且可以防止潜在争议的发生，从而实现实质性解决行政争议的目的。与此同时，在行政不作为诉讼中值得关注的是滥诉的规制问题。对于起诉人对涉诉案件毫无任何利益关联或者并无正当诉讼之目的，而仅在于对被诉行政机关造成损益干扰或者徒增行政司法的相关成本，此时则构成权利滥用。[①] 滥诉问题不仅浪费司法资源和耗费行政效率影响公民权利的正当行使，而且会有损司法权威及公信力并加剧“案多人少”的矛盾。

我国现行法律制度对于滥诉规制法律供给不足。这需要法官在实际的办案过程中发挥司法能动性，从实质性解决行政争议的视角通过判例来填补现有成文法律规定的漏洞和不足，从而保障有限的司法资源为公民合法行使诉权提供充分的司法救济。诉求内容决定了诉权是否值得保护以及诉求是否得到法院审理裁判的必要性，对

① 陈清秀：《行政诉讼法》，台湾元照出版有限公司 2012 年版，第 269 页。

于权利存在明显滥用的则不受法律保护，法院应严格依据《行政诉讼法》第六章中规定的起诉和受理条件，从整体上全面把握立案条件。根据当事人提起诉讼的数量、周期以及诉讼目的综合考量，对于存在恶意诉讼、滥用诉权主观故意的当事人，法院应加强释法说理，可以在充分释明的情况下，针对长期反复提起诉讼扰乱诉讼秩序的行为不予立案；对于滥诉造成相对方损失的，法院可以支持无过错方合理赔偿的正当要求。例如，在“陆某霞诉某市发展和改革委员会政府信息公开案”[①] 中，法院从立法目的、诉的利益以及权利行使之必要性和正当性角度认定当事人的行为属于滥诉。另外，可以通过探索建立规制滥诉的司法与行政联动机制来遏制部分案件当事人滥用诉权。总之，要在保障诉权与规制滥诉之间进行平衡，避免由于原告资格的过度扩张或者解读导致滥诉的发生和蔓延。

2. 案件审理阶段的实质审查：“权利实际侵害标准”抑或“事实上正当利益标准”

案件进入审理的实质审查阶段，法院需要对原告资格的实质内涵“利害关系”“合法权益”等进行审查，在原告资格的判断上需要综合考虑法律和事实问题，实质审查被诉行政不作为是否对原告所主张权益造成了“事实上”“实际上”和“现实性”的侵害或者不利影响。即，此阶段原告资格是法院需要运用“权利实际侵害”标准来裁决的法律利益，此时还涉及通过诉讼中举证等环节来查明“因果关系”。审判实践中，最高人民法院也存在运用“权利实际侵害”标准对原告资格作出判断的案例，从而明确了原告资格这一程序性权利的易得性。例如，（2017）最高法行申 5239 号“张某、张某平、张某恒诉湖南省某市人民政府行政审批行为及不履行行政监督职责案”中，最高人民法院判定所谓“利害关系”应当

① 最高人民法院中国应用法学研究所编：《人民法院案例选》（2016 年第 9 辑），人民法院出版社 2016 年版，第 25 页。

是指被诉行政行为对起诉人的合法权益可能造成现实的、特别的、直接损害或者不利影响。（2017）最高法行申 2818 号“贺某岐诉某省住房和城乡建设厅、某省人民政府不履行法定职责案”中，最高人民法院判定原告资格的判断标准为是否具有“直接利害关系”“权利义务不产生实际影响”“不具有权利保护的必要性和实效性”等。

关于原告资格的判断时机，在案件实质审查阶段，原告资格是与行政行为的合法性审查相契合的。因此，当事人诉请保护的权益也应该是行政行为作出时已经存在或需要考虑的利益，而不是事后形成或已然消失之利益，当然受到持续性行政行为影响之权益则不在此限。

（二）主客观诉讼模式下的原告资格判断标准

根据德国《行政法院法》第 42 条第 2 款的规定，对于撤销之诉和义务之诉的原告资格采取“权利侵害”标准，即原告提起诉讼的前提是认为自身权利受到拒绝行为或者不作为的侵害。而在确认之诉中，德国《行政法院法》第 43 条第 1 款规定，原告提起确认之诉应当对要求确认的行政行为具有合法权益关联。笔者主张，我国可以借鉴德国原告资格类型化的经验，根据不同的诉讼功能性质设置不同的原告资格标准。

1. 主观诉讼模式下的“权利实际侵害”标准

随着社会转型期的深入推进，可以说我国利益多元化趋势越发显现，而前述行政诉讼立法目的也存在多元化价值取向，构建与诉讼功能性质相匹配的原告资格判断标准成为应然之举和有效解决行政争议的必然举措。笔者主张在主观诉讼模式下基于“保护规范理论”，在原告资格的判断时机上可以借鉴德国法上的“可能性理论”和“权利实际侵害”标准。实际上，在我国目前的审判实践中也存在“可能性理论”和“权利实际侵害”标准综合运用的范式。例如，（2017）最高法行再 94 号“吉某锐等人诉某省人民政府行政复议”一案的再审裁定中，法院认定“利害关系”标准时运用了合法权益“可能”受到被诉行政行为的侵害，关于“是否受到侵害”则是在审查阶段需要解决的问题。换言之，只需能初步证明行政行为有可能对其合法权益产生影响即可，因为“赋予诉权”不等于“胜诉权”。关于“权利实际侵害”的解读，法院认为应该结合行为内容和行为效果综合分析研判来确定权益减损的后果。至于“权益减损”是综合考量的指标，既包括权益的直接减少也包括实际权益之相对减少。

2. 客观诉讼模式下的“事实上正当利益”标准

“实质性解决行政争议”的第二层含义是指能够将更多争议纳入行政诉讼范围，强调通过诉讼渠道解决争议的功能。在实质性解决行政争议诉讼目的下，行政不作为诉讼不仅体现为当事人主观权利的保护，还包括应通过法律实施促进客观法律秩序的维护。此种理念之下，客观诉讼的核心在于不作为行为的合法性，并非仅局限于当事人权益是否受到不利侵害以及当事人的诉求是否得到充分回应。鉴于行政不作为公益诉讼的客观公法秩序维护之客观诉讼模式特征，对于原告资格的限定应该突破主观权利受到不作为行为的侵害，以及与不作为之间具有直接利害关系的局限。法院对原告资格的判断标准可以区别于主观诉讼模式下的标准，而采取“事实上正当利益”标准。为了避免全民诉讼，“事实上正当利益”标准应限定为对当事人权益产生“足够特殊且确定影响”的不作为行为。通过将原告资格标准中的“法定权利”向“事实上正当利益”延伸，可以进一步扩大公民权利救济的有效性和实现无遗漏的权利保护目的。同时，辅之以“行政行为违法标准”，原告只需主张被诉行政不作为存在客观违法性而不需要另行主张权益受侵害以及何种权利遭受侵害即可，法院通过对实体法规范进行解释从而推导出比公权观念更为广泛的原告资格保护范围。有学者将此种利益称为“法所保护的利益”，而该种理论观点称为“主张理论”，在该种理论下需要重点审查行为规范是否满足“法律的强制效力性规定而不是管理性规定”“私益保护性”“利益实现的私人意思力”。[①]

客观诉讼模式下的行政不作为公益诉讼领域，尤其是公益性投诉举报领域，涉案行政不作为行为侵犯了国家或公共利益，起诉人很有可能不是与行政不作为直接具有利害关系和相关性的案外人。由于公益性的不作为行为虽然直接作用的客体为公共利益，但是“公共利益”是一个发散性的概念，具有外延和内涵的扩张性，因此公益性不作为案件影响的普遍性和辐射程度导致公民个人的正当利益很有可能处于权利真空状态，而这些事实上的正当利益具有法律上值得保护的权利属性。英国法院 1950 年对“布莱克本和麦克沃特提诉判决”一案中，初创了针对公共利益受损害的行政不作为司法审查标准，规定了执行令对公共利益享有者穷尽权利救济手段后通过诉讼渠道解决行政不作为。美国在公益诉讼中创设的“私人检察总长”制度也将司法审查范围不断延伸至行政不作为领域。《行诉解释》第 2 条第 5 项中规定了投诉举报人的原告主体资格，投诉举报是公民主张公共利益或者自身合法权益的重要渠道之一，而且审判实践中投诉举报行政不作为案件数量激增。此类案件的特殊性在于部分投诉举报人体现了行政诉讼的公益性和国家性，甚至充当了检察官的角色，发挥纠正行政不作为违法行为的功能。[②] 即，只要特定当事人因公共利益而事实上所享受的利益受到行政行为的侵害即属于利害关系人，这是现代公权理论发展的必然趋势。[③] 尽管修订后的《行政诉讼法》将原告资格条件中的“法律上”之规定删除，但有学者认为这并不意味着不需要具有法律上合法权益的存在，实际上无论是“合法权益”还是“实际影响”等均强调法律因素，而单纯的利益和一般性影响并不具有法律层面

① ［日］原田尚彦：《诉的利益》，石龙潭译，中国政法大学出版社 2014 年版，第 292~293 页。

② 王名扬：《美国行政法》，中国法制出版社 1995 年版，第 612 页。

③ 王和雄：《论行政不作为之权利保护》，台湾三民书局 1994 年版，第 51 页。

的意义。[①]“利害关系”概念从产生之初就承载着围绕如何解读“法律上利害关系”展开，而“事实上利害关系”对应于事实上的权益。利害关系人的权益只要在事实上被侵害而无须此种权益具有实体法依据，此时符合利害关系中的权益前提。

3. 小结

从实质性解决行政争议和监督行政机关角度来讲，客观诉讼模式下界定行政不作为诉讼原告资格时，应该考虑现代行政权对社会生活的高度渗透性而且利益相关主体遭受不作为行为不利影响的范围也在逐步扩大，因此应该逐步扩大“合法权益”之范围。在“利害关系”标准解读中也应该将事实上之利害关系纳入考量范围。例如，美国大部分州法院运用损害的现实性、特定性和因果关系来作为认定原告资格的充要要件。日本行政法上将“裁判值得保护的利益”作为诉的利益之实质性判断依据，值得我国吸收借鉴。但是，任何制度的固守或者改变都要考虑本国的法律传统和法律特点。鉴于我国沿袭大陆法系传统由来已久，加之形式法治理念也不会一蹴而就予以更张，笔者认为仍应将“法律上之利害关系”和“法律权益”作为界定“利害关系”和“合法权益”的基础前提。考虑到“法律上的利害关系或权益”面对公民权利不断扩大的趋势无法有效作出回应，忽视法律法规目的性要件的狭窄解释也不利于实现立法目的，笔者赞同部分学者的观点“合法权益的解读应该从法定权利逐步向法律保护之利益或者法律上值得保护之利益演进”。[②]同时，通过法律目的解释路径和权利推定方式吸纳事实权益充实原告资格的范畴。

---

① 最高人民法院行政审判庭编：《中华人民共和国行政诉讼法及司法解释条文理解与适用》，人民法院出版社 2015 年版，第 154 页。

② 宋雅芳：《行政诉讼原告资格的生成模式剖析》，载《贵州社会科学》2007 年第 10 期，第 145 页。

五、客观诉讼模式下原告资格未来的发展方向

（一）公益诉讼原告资格的特殊性

通过控制“原告资格”来调整起诉门槛可以说是世界通行做法和有力手段。但是从实质性解决行政争议视角来看，不断扩大原告资格的范围是行政相对人及利害关系人合法权益得到保障的核心内容和未来发展方向。尤其是在客观诉讼模式下，原告资格的范围比主观诉讼模式下更为宽松，但是为了避免滥诉或司法审查的超负荷，有必要对行政不作为公益诉讼的原告资格进行限定。“原告资格是认识行政诉讼公益性特征的典型切入点，在行政程序运行过程中，任何一个行政相对人都可以说是某种公共利益的隐秘代理人，在其法律主张之中往往蕴含着某种普遍的法律利益诉求，公民参与对公共利益的意义正在于此。与此同理，任何原告都在一定程度上扮演着公共利益维护者的角色。”[①] 而公共利益在利益衡量方面具有假设的优先性，并且个案中合法权益得到有效保护和救济就是基于其背后蕴含的公共利益价值预设。“公民个人权益与公共利益的价值权衡，归根结底都是公共利益与公共利益之间的权衡，虽然表面上看是公民个人权益得到了优先考虑，实际上还是公共利益得到了优先考虑。”[②] 即，行政不作为公益诉讼通常以“自益”形式达到“公益”目的。在公法秩序维护的客观诉讼模式下，行政诉讼关注的不再是已然发生的行政争议，而是带有前瞻性的展望未来的争议。此时原告自身利益的相关度不再是关注原告资格的核心因素，进而转为关注行政争议的内容及是否对社会公共秩序和公共利益产生重大影响。基于行政诉讼本质属性的公益性特征，应该适度扩大行政不作为公益诉讼原告资格并赋予其维护公益之权利。借鉴

① ［美］O. C. 麦克斯怀特：《公共行政的合法性——一种话语分析》，吴琼译，中国人民大学出版社 2002 年版，第 124~131 页。

② 高家伟：《公正高效权威视野下的行政司法制度研究》，中国人民公安大学出版社 2013 年版，第 324 页。

法国越权之诉和日本民众之诉等域外公益诉讼的实践，提起行政不作为公益诉讼的原告除了检察机关之外，还可以包括以下主体：一是普通公民；二是公益性社会性组织或团体[①]，而诉讼请求的范围可以要求对社会公益的弥补和保护。

（二）检察机关的原告资格

检察机关成为行政不作为公益诉讼适格主体的前提及其法律地位源于《宪法》第129条的规定，检察机关作为国家专门的法律监督机关，其提起行政不作为公益诉讼并且承载权利义务的制度起点。作为司法权的组成部分，行政诉讼制度设计是围绕法院行使司法审查权来审理和裁判被诉行政行为合法性问题，因此检察机关的法律监督范畴也辐射至行政诉讼活动中。这不仅关系到行政诉讼保障司法权正确行使、保护行政相对人合法权益和监督行政机关依法行政立法目的之实现，而且对于实质性解决行政争议具有非常重要的作用。检察机关提起的行政不作为公益诉讼是指在涉及国家和社会公共利益的行政案件中，检察机关以国家名义对不作为的行政机关向法院提起行政公益诉讼的一种法律监督活动[②]，将受损的公共利益得到修复和停止继续受侵害是该类不作为诉讼的启动目的。关于检察机关的原告资格问题，我国已有明晰的法律条款确定其可以针对损害环境公共利益的行为提出行政诉讼，从宏观和现实层面看此举可以弥合当事人地位的落差和取证困难，对于促进公益诉讼的开展意义重大。但是仅赋予检察机关作为行政不作为公益诉讼原告资格过于局限。根据最高人民检察院数据显示，自检察院提起公益诉讼试点至2016年11月底检察机关共提起公益诉讼130件，至2016年12月各试点地区检察机关提起公益诉讼案件365件，仅12

① J. R. Macey, *Packaged Preferences and the Institutional Transformation of Interests*, (1994) 61 U Chi LR 1443.

② 章剑生：《现代行政法基本理论》（第二版），法律出版社2014年版，第971页。

月一个月提起的公益诉讼案件数就是17个月总数的3倍。[①] 诉讼案件量的井喷式增长，凸显出检察机关作为行政不作为公益诉讼案件的唯一原告已经处于捉襟见肘的地步。

（三）公益性社会组织或团体的原告资格

从行政组织法角度来看，公益性社会组织和团体由于是具有高度组织性及专业性的独立法人，具备“法律上独立人格”。从公益诉讼的客观诉讼性质出发，应该以客观性认定标准来界定该类主体的原告资格。因此，其不应该受直接利害关系要件的束缚，只要具备主体资格条件即可作为行政不作为公益诉讼原告，可以直接提起侵犯公益的行政不作为诉讼。

（四）普通公民的原告资格：公益性投诉举报人

在客观诉讼模式下，不作为公益诉讼的启动不以原告主观权利受到侵害为前提，通过赋予公民个人启动诉讼程序的原告地位，目的是借助其启动诉讼程序来实现客观公法秩序之维护。[②] 但是为了防止滥诉以及节约司法成本，从诉讼效率以及诉讼秩序能够促进实质性解决行政争议角度来讲，我国可以借鉴美国的“私人检察总长”制度的有益经验。对于公民个人应该赋予其申请检察机关提起公益诉讼的权利，如果检察机关在一定期限内不予处理，此时公民个人可以直接以自己名义向法院提起行政不作为公益诉讼。此种原告资格的设置对于防止滥诉和实质性解决行政争议意义重大，实质性解决行政争议不仅要求尽可能多地解决争议力求权利无遗漏保护，而且要将进入诉讼程序的实质性行政争议解决到位，真正实现案结事了，既要兼顾保护当事人实体权利，又要考虑到司法能力和权限。

值得关注的是，《行诉解释》出于遏制职业打假人滥诉的考

① 卞建林：《2016年中国诉讼法治发展报告》，中国政法大学出版社2017年版，第109页。

② 邓刚宏：《行政诉讼中重作判决的理论基础与完善》，载《华东理工大学学报》2014年第4期，第80~88页。

虑，该解释第12条中对投诉举报人的原告资格作出了界定，只有与“自身权益”相关的投诉才具有诉权。这对于解决困扰司法实践中不断滋生的投诉举报类案件和与案件毫无关联的投诉专业户等都有限制作用。在2016年最高人民法院下发的指导案例“罗某诉某市物价局行政处理一案”中，法院也有类似“自身权益”的限制性判定。即，举报人对举报答复具有原告资格的前提基础是其与举报事项具有利害关系，且是“法律上之利害关系”。[①]“自益性投诉举报人”与“公益性投诉举报人”的区分是以诉求保护的利益范围及性质作为标准。“公益性投诉举报”是指投诉举报人基于公益受损为由向相关行政机关投诉要求查处处理的行为。例如，投诉人向相关环保部门举报企业排放污水损害公共环境等。《行诉解释》出于有效保障相对人诉权和平衡有限司法资源效益的“帕累托最优”理念，根据“与行政行为有利害关系”标准在原告资格中增设了“投诉举报人”的原告资格，但是将原告资格限定为基于自身合法权益（自益性）投诉并将范围扩展至“未作出处理”的行政不作为领域。鉴于利益内容的“法定权益性”和“反射利益性”，我国《行诉解释》中规定的“自益性投诉举报人”范围被限定在法定权益类投诉举报人。由于反射利益是出于增进公益之目的赋予不确定受益人相应利益而进行的法律规制，对于自益性关涉反射利益的案件通常因为被投诉举报人处理结果与投诉举报人权利义务无直接实际影响，而被排除于诉权范围之外。

关于公益性投诉人的原告资格，投诉人具有以自益形式达到公益目的之主观诉讼形式，虽然诉讼目的中含有公共利益因素的客观诉讼模式烙印，但是立法中仍然是以主观诉讼模式下的“自身合法权益”形式来界定其原告资格。而“在行政审判中不存在只涉及个人权益的私益诉讼，所有的行政诉讼无论其类型、大小、复杂

① 黄锴：《行政诉讼中举报人原告资格的审查路径——基于指导案例77号的分析》，载《政治与法律》2017年第10期，第138~149页。

程度如何，都是或多或少地涉及公共利益的‘公益诉讼’。即使在一个最小、最简单的行政案件中，也会蕴含着国家、部门、地方、群体和个人之间利益的冲突与平衡，蕴含着自由、平等、民主、秩序、效率等法律诸价值的冲突与权衡，蕴含着客观法律秩序的因素，因此实质上都是公益诉讼”。[①] 无论如何界定投诉人提起行政不作为诉讼追求的个人权益保障的具体内容，投诉人的原告资格都在投诉被诉行政机关不作为诉讼中在某种程度上扮演了私人检察官的角色，彰显投诉人代表特定群体的利益、纠正行政违法行为的公益作用。[②] 因此，有必要放宽原告资格，在立法中将举报人以及间接受到被诉行政不作为行为损害的投诉人都纳入原告资格范围，而不应该纠缠于起诉人需要与所举报行为之间必须具有实际权益减损作为前提。即，从规范保护目的角度来看，通过解释路径只要隐含个人主观权益保护因素即可，并且起诉人不需要证明个人具有特别之利害关系，仅需能够证明所诉请保护的公共利益即可。[③] 在认定举报人原告资格的利害关系要件时，“不仅要考虑个人的权益因素，还要考虑起诉人在被诉行政行为所涉及的国家、部门、地方、群体或者个人利益方面是否具有代表性。在对后一方面形成了比较明确认识的情况下，即使个人权益方面的利害关系显得间接，也应当肯定原告的起诉资格”。[④]《行政诉讼法》第 2 条第 1 款体现了我国行政诉讼制度侧重权利救济的主观诉讼性质，基于“有权利必有救济”原理，行政诉讼制度的发端和最终目的是给每个自身权利受到侵害的个人提供法律救济，通过前述司法实践来达到我国行

---

① 高家伟：《公正高效权威视野下的行政司法制度研究》，中国人民公安大学出版社 2013 年版，第 325 页。

② 王名扬：《美国行政法》，中国法制出版社 1995 年版，第 622~623、627~628 页。

③ 高家伟：《公正高效权威视野下的行政司法制度研究》，中国人民公安大学出版社 2013 年版，第 107~108 页。

④ 高家伟：《公正高效权威视野下的行政司法制度研究》，中国人民公安大学出版社 2013 年版，第 325 页。

政不作为诉讼保障诉权的构建基础。

对于具有法律规范投诉举报权依据且投诉事项属于被诉行政主体法定义务的公益性投诉举报人，由于其具有投诉举报的法定权利而应赋予其相应的原告主体资格。对于不予答复等行政不作为提起诉讼，需要以法律明确赋予投诉举报人投诉举报权等程序性权利为限。换言之，投诉举报人具有行政实体法上明确规定的投诉举报权利，是判断其是否享有行政诉讼原告资格的基础。对于行政主体答复内容不服而起诉的，这涉及实体权利范畴，则不再考虑当事人是否具备法定的投诉举报权，除非是基于行政机关的承诺或者先行行为具备诸如法定奖励权等才与行政答复处理结果产生利害关系而具备诉权。[①] 此时根据行政法原理中"增设权利或者减损义务需要有上位法或者法律依据"的规定，投诉举报人的该项诉求能否得到支持取决于相关法律是否为第三人增加负担作出了明确法律规定。审判实践中，法律仅是规定了投诉举报权利依据往往并不必然囊括投诉请求权中的为第三人增设义务，即原告对该项诉求并不具有主观权利。例如，《劳动保障监察条例》第 9 条第 1 款、第 2 款以及第 10 条第 3 项的规定。此外，（2017）最高法行申 281 号"梁某诉某省人力资源和社会保障厅、某省人民政府行政复议决定案"也运用了前述结论，法院在裁判中认为行政机关将调查处理结果告知投诉人即已完成了作为义务，至于投诉人对调查结论不服应依赖于行政实体法是否规定了第三人施加负担之请求权。总之，在公益性投诉举报人原告资格判断上，如果法律明确规定在实现公共利益的同时也具有达成特定当事人利益时，则该当事人具有公法之原告权利；如果法律仅在于公共利益实现，当事人仅是获得事实上或者反射利益，则不具备原告请求权。

① 黄先雄、皮丹丹：《公益性投诉举报类行政案件的诉讼救济问题研究》，载《中南大学学报》2017 年第 6 期，第 37 页。

第二节　滥诉规制与“成熟原则”

随着行政诉讼制度的发展完善，公民权利保护的范围日益广泛，行政不作为案件类型也渐趋多样化。前述第二章中指出，不作为诉讼案件的滥诉问题比较严重，主要体现为审判实践中存在大量的举报投诉人滥用投诉举报权从而引起的不作为案件。这除了与原告资格界定不清有关外，还涉及投诉答复等程序性行为的可诉性问题，如 2016 年最高人民法院发布的 77 号指导案例“罗某诉某市物价局行政处理”一案。为进一步厘清这类程序性行政不作为案件的可诉性，本节通过一系列指导案例来归纳这类程序性权利的可诉性判断标准——“成熟”原则，并将原告资格通过成熟原则的绑定，进一步起到规制滥诉和保障争议启动的有效性作用，也有利于确定司法审查时机的适时性。

一、成熟原则：司法权介入行政权的范围和边界

“司法最终主义”强调行政审判程序和司法裁判效力的最终性。行政诉讼作为实质性解决行政争议司法制度之基石，需要进一步明确行政争议案件的成熟性标准。即，为了实现有限司法资源的合理启动，只有值得司法最终裁判方式予以审理的行政争议才能进入司法程序，因此行政争议要具备成熟性。换言之，为了防止当事人滥用诉权造成司法资源的浪费，行政争议应该具备法律上的可争执性，属于法律争议问题。所谓案件成熟性还有一层含义，是指行政争议发展到通过司法裁判方式予以最后裁决的时机。如果行政争议自身的外部界限范围模糊或者利益诉求不明确，则案件法律关系及性质都难以确定。此时就不具备司法最终裁决的成熟性且实质性解决争议的目标也无法触及。由于行政诉讼本身就有复审性质，作为一种事后回应型的司法审查方式，对于案件成熟性的关照显得更为必要。

"成熟原则"一般是指在具备诉讼资格的前提下，行政行为的形态只有达到适宜法院介入审查的程度时，即行政行为达到成熟的程度，才具有可诉性。[①] 不成熟的行政行为往往包括预备性、中间性、过程性等行为。成熟原则源于美国判例法。美国联邦法院认为一项争议具有可裁判性应符合下列条件："争议"属于美国宪法第3条规定的"案件"；原告拥有诉讼资格；案件达到成熟性；案件具有现实意义且不构成政治问题，其中案件达到成熟性标准是成熟原则的核心要素。[②] 美国学者提出司法权行使边界包括两个方面，其中之一就是"可用于司法裁判的案件具有可裁判性"。至于具有可裁判性的案件一般满足以下四要件：一是争议或案件明确具体且达到适合法院进行裁判，而不是抽象和学术的；二是当事人具备"诉讼资格"；三是案件达到成熟性；四是排除纯粹的政治问题。[③] 在以上特征中，第三个特征就涉及"案件成熟性"的问题。1967年艾博特制药厂诉加德纳一案（Abbott Laboratories v. Gardner），美国确立了司法审查程序的"成熟原则"。[④] 具体而言，成熟性标准的判断依据为所争议的问题属于法律问题，并满足"最后决定"的形式标准适宜由司法裁判而推迟法院审查会对当事人造成困难。[⑤] 法院对于这一原则的审查标准是出于动态演进过程的。美国法院1967年之前认为成熟原则中的"成熟性"是指涉案行为对当事人的法律地位产生了影响；在之后的裁判中，又将"成熟"程度放宽为以不利影响作为判断标准，将是否对当事人造成困难作为衡量相关决定已经成熟到可以作出司法裁决的程度。1967年（Ab-

---

① 王名扬：《美国行政法》，中国法制出版社1995年版，第642页。

② 李哲范：《行政诉讼司法权界限》，中国书籍出版社2013年版，第82页。

③ 宋冰：《程序、正义与现代化——外国法学家在华演讲录》，中国政法大学出版社1998年版，第195页。

④ 徐朝建：《我国行政诉讼中适用成熟原则探究》，载《辽宁行政学院学报》2014年第2期，第57页。

⑤ ［美］伯纳德·施瓦茨：《行政法》，群众出版社1986年版，第478页。

bott Laboratories v. Gardner）所确立的成熟原则之后被1977年联邦最高法院（Califano v. Sanders，U. S. Ind）所废除，成熟原则的判断标准又被放宽，将行政机关尚未实施的没有对当事人实际权益造成影响的仅具有政策性导向的法规也纳入司法审查范围。美国关于行政行为的司法审查权限确立了“可审查假定原则”。从行政行为概念的广义理解，对行政机关作出的行为无论是否产生实际影响，在形式上都主张属于行使职权的行为。但在司法实践中，即便某项行政行为应该接受司法审查，但在该争议成熟前仍应限制审查。即，司法审查模式下将对当事人权利义务不产生实际影响的行为直接通过成熟原则予以排除。世界上许多国家把“成熟原则”作为行政行为可诉性标准和司法审查的前提，其法理主要体现为：一是避免司法权过早介入和不适时裁判；二是基于尊重行政机关的专业性，保护行政机关在作出最后决定前不受法院干涉。①

我国行政诉讼中没有明确将成熟原则作为行政行为可诉性的法定标准，主要通过确定受案范围的界限和行政行为的形态，以法律条款形式排除对当事人权利不产生实际影响的行为。但在审判实践中，法院以个案判例的形式推进了“成熟性标准”的演进，这也为行政行为可诉性提供了内在参考。鉴于我国目前尚未制定《行政程序法》，当案件适宜进入法院实体处理和司法审查的范围才是成熟的。修订后的《行政诉讼法》更多强调对当事人权利的无遗漏保护，对行政不作为成熟标准解读时应该避免因目的限缩而创设或加重相对人的负担。司法审判实践中，“成熟标准”也随着行政诉讼目的变迁不断演进，关于如何判断案件成熟性，笔者进行了如下分析。

① 王名扬：《美国行政法》，中国法制出版社1995年版，第643页。

二、"成熟标准"演进一：权利义务实际影响和程序履行之完整性

2000年《最高人民法院公报》刊登的"赖某不服某市人民政府不予复议案"是我国最早对程序性不作为行为成熟性标准进行司法审查的案例，并在判决书中将"实际影响"作为可诉性的判断标准。

本案基本案情：原告赖某因调整薪酬问题与其供职单位发生人事纠纷，后原告不服其单位关于其薪酬和职称问题的处理而进行申诉。某市教委针对其反映的情况撰写了《情况报告》并抄送了原告。原告不服该《情况报告》提起行政复议。某市政府收到其复议申请后，作出不予受理的复议决定，理由为申请人提起复议申请的事项属于教育系统内部处理决定，不符合复议范围受理条件。原告不服该不予受理复议决定，遂提起行政诉讼。二审认为，某市教委作出的《情况报告》虽然具有内部行为的表现形式，但通过抄送的形式将内部行为外部化，具有了可诉行政行为的特征。但是，鉴于涉案《情况报告》具有审批环节，在上级机关审批前其对原告权益不具有实际影响，属于尚未成熟的行为。

根据该案判决结论可以看出，最高人民法院对"成熟标准"的判断依据是行政行为的内容是否完全确定及对当事人权益产生实际影响的程度，进而确定行为的成熟性与可诉性。即，最高人民法院通过赖某案确立了行政行为成熟性标准的以下裁判思路：一是从实际审查效果看（实质标准），行政行为是否对相对人产生了实质损害后果，即当事人的法律地位是否因行政行为而可能受到不利影响；二是从行政行为的形态看（形式标准），该行政行为是否已经完成了正常行政程序的最后阶段。"实际影响"是行政行为具有可诉性的重要依据，这需要结合立法目的、行为内容和案件范围进行综合判断。"实际影响"包括"对当事人权利义务产生利害关系的行为或者因事实上的牵连而存在影响的行为"，其中行政行为具有

法律效力的表征是其对当事人权利义务产生实际影响。[①] 值得注意的是，关于“正常行政程序的最后阶段”，即程序履行之完整性，司法审查的介入是否会中断和干扰正常的行政决定程序。通过对成熟原则设定实质和形式双重标准，这既符合司法权与行政权分工制衡原则，又体现出司法权对行政权的谦抑与尊重，并有助于确定原被告争议的焦点内容。可以说，法院在赖某案中通过行为内容的稳定性程度以及履行程序之完整性和不可逆转性，确立了案件成熟性的又一个判断依据。

三、“成熟标准”演进二：法律效果标准

在“张某等人诉辽宁省国土资源厅不履行信息公开职责案”[②]中，本案申请人以行政机关作出补充告知函“要求申请人提供批准文号，以便查档”作为其推诿履行职责的理由。一审法院审查后认为，该告知函系阶段性行为，对原告权利义务未产生实际影响，不能据此认定被告拒绝履行信息公开职责。原告主张被告要求其提供涉案信息公开的具体文号是增加原告义务推诿职责的行政不作为理由不能成立。本案中的告知行为是阶段性行为，并不具有最终处理决定的特征，也未产生设立或改变当事人实体性权利义务的法律效果，不具有成熟性。如果行政机关的该告知行为影响当事人法律地位或者减损了当事人的权益，则属于给申请人增加义务。即，不履行职责的不作为成立，应判决答复或判决公开。通过本案可以明确，“法律效果标准”是指以法律效果作为行政行为成熟标准的判断依据。其具体含义有以下两点：一方面是否影响当事人的法律地位。即，通过是否增损当事人权益来判断行为是否进入最后阶段。另一方面司法审查的必要与否，法院不介入审查是否会给当

① 杨小君：《行政诉讼原告资格：影响与利害关系》，载《法治论丛》2006 年第 4 期，第 107~109 页。

② 最高人民法院行政审判庭编：《中国行政审判案例》（第 3 卷），中国法制出版社 2013 年版，第 19~22 页。

事人权利救济设置障碍。

在“北京市某野生动物公司诉北京市城管执法局通告案”中，法院通过裁判确立了“不成熟的行政行为不具有可诉性”。本案基本内容：2005年北京市某局公布《关于治理户外广告的通告》，通报集中治理工作的清理范围、告知陈述申辩权及违规设置广告的处理。原告不服该通告诉至法院请求予以撤销，主张本案涉案标的不属于清理范围。因此不适用《北京市市容环境卫生条例》，且被告行政程序送达方式不当构成违法。即，该通告将其设置的户外广告列入清理范围属于不合法的行为。法院审理认为，本案应审查对当事人权益具有实际影响的成熟性行为。本案中的涉案通告仅具有预备性、阶段性和过程性行为的特征，如果法院介入审查会给行政机关正常履职造成障碍，因此不存在司法审查的必要性。据此，法院将成熟与否作为法院审查行政行为的标准，以不属于受案范围为由裁定驳回起诉。关于成熟性判断依据的“法律效果标准”，《执行解释》第1条第2款第6项规定中对该标准有所涉及。《最高人民法院关于审理政府信息公开行政案件若干问题的规定》（以下简称《信息公开若干规定》）第2条第1项的规定，重申了成熟性标准中对于当事人权利产生实际影响的法律效果。

在“张某等人诉辽宁省国土厅不履行信息公开职责案”中，法院判决指出关于如何判断对申请人权利义务产生实际法律效果的两个原则：一是申请人的申请明确具体指向特定的政府信息，具有特定性的要求。即，申请具体化原则。二是行政机关要求申请人作出更改、补充的告知行为是否具有正当性、合理性、必要性而不是充分性，否则应认定为增加申请人的义务，影响其权利实现。① 同时，《行政诉讼法》规定的原告资格实体要件中对该标准也有所体现。该法第25条规定，与行政行为有利害关系的当事人对该行为

① 最高人民法院行政审判庭编：《中国行政审判案例》（第3卷），中国法制出版社2013年版，第21页。

不服的，有权提起行政诉讼。这涉及利益衡量，即是否有诉的利益或者利益是否值得法律保护。“北京市某野生动物公司诉北京市城管执法局通告案”中，涉诉行政行为系被告在整顿本市行政区域户外广告过程中的阶段性行为，至于通告中载明的内容“逾期则视为放弃陈述申辩等程序性权利，非法的户外广告将予以清理”是否对当事人权利具有最终处分效力是本案的关键。笔者认为，该项通告内容对当事人权利带有处分性质，但该处分对当事人的实体权利不具有终局意义，当事人可以通过针对其他行政行为提起诉讼寻求救济。即，推迟对该项通告的审查不会给当事人造成即时性困难和救济障碍。与此相似的案例还有“王某祥诉山东省青州市人民政府规划不予行政许可案”，最高人民法院裁判认为本案涉诉对象“建筑规划方案”尚未达到对当事人合法权利义务产生实际影响的程度（即，成熟性），故其不具有可诉性。

四、“成熟标准”演进三：实质利益影响标准

最高人民法院公布的69号指导案例“王某德诉某市人社局不予工伤认定”一案中，原告的儿子于交通事故中意外去世。鉴于事故原因无法查证，交警大队出具《道路交通事故证明》。原告儿子所在的工作单位向本案被告提出工伤认定申请。但被告认为本案不存在具有终局效力的事故认定书，遂于当日作出《中止通知书》，并送达各方当事人。原告遂提起本案诉讼请求撤销该《中止通知书》。法院生效裁判认为，“当事人认为行政机关作出的程序性行政行为侵犯其合法权益，且无法通过针对相关实体性行为提起诉讼而获得救济，法院对该程序性行政行为的起诉应当依法受理”。①

① 最高人民法院审判委员会讨论通过，2016年9月19日发布的第69号指导案例，最高人民法院网：http：//www. court. gov. cn/shenpan-xiangqing-27851. html（访问时间：2019年2月1日）。

传统行政法关注具有结果终局意义的行政行为，认为此类行为才会对当事人权益具有实际影响，而将过程中的程序性行为排除在受案范围之外。[①] 本案的裁判路径是通过扩大行政行为的外延，将《行政诉讼法》第2条中"行政行为"的概念泛化，同时引入程序性行政行为的终局性标准，从而完善了可诉行政行为的"成熟标准"。这首先涉及程序性职责或义务，程序性义务是与实体性义务相对应的概念。从选择视角来看，"程序"就是为了法律性决定的选择而预备的相互行为系统。例如，《行政处罚法》关于告知义务的规定，就属于行政机关程序性法定职责的内容。有学者将告知程序细化为不予告知、未予有效告知、未予送达和未告知教示权利等。[②] 行政程序的进行过程中，关于程序的"内在价值"会产生一种利益，可以称为"程序利益"（process benefits，PB）。[③] 例如，"马某玉诉某市房产管理局不履行法定职责案"[④] 中，被告某市房产管理局无法举证证明已作出补充材料的通知，此时法院推定认为被告没有履行程序性义务，构成"行政不作为"。该案表明法院案件审理的程序审查理念，即行政行为的程序如果不符合法律规定，则要承受法院否定性评价的不利后果。行政机关要履行行政程序所规定的程序义务，否则应承担必要的法律责任。[⑤] 再如，"夏某官等4人诉江苏省某市环境保护局案"[⑥]，法院通过夏某官等人与涉

---

① 于立深、刘东霞：《行政诉讼受案范围的权利义务实际影响条款研究》，载《当代法学》2013年第6期，第54页。

② 于立深：《违反行政程序司法审查中的争点问题》，载《中国法学》2010年第5期，第88~112页。

③ M. D. Balyes, *Procedural Justice: Allocating to Individuals*, Kluwer Academic Publichers, 1990, pp. 127-129.

④ 一审：江苏省某市钟楼区人民法院（2007）钟行初字第93号；二审：江苏省常州市中级人民法院（2008）常行终字第20号。

⑤ 章剑生：《行政程序法学》，中国政法大学出版社2004年版，第3页。

⑥ 2014年12月19日公布《最高人民法院公布环境保护行政案件十大案例》，中国法院网：https://www.chinacourt.org/article/detail/2014/12/id/1519866.shtml（访问时间：2019年1月1日）。

案审批项目“直接相邻”，认定涉案项目的实施“不排除”对原告的生活造成“重大影响的可能”。据此，法院判定夏某官等人与被诉行政行为具有“重大利益关系”而享有一系列程序性法定权利，认为被诉行政机关未按照《行政许可法》规定的审批程序履行程序性法定职责也构成行政不作为。与涉案标的有利害关系的当事人享有一系列程序性权利，诸如享有陈述、申辩和听证的权利等。行政机关没有履行前述程序性作为义务，构成程序不作为的消极行为。

本案法官得出裁判结论涉及“成熟标准”的考量因素包括实质利益影响标准、行政行为的泛化解释、穷尽救济、实质化解行政争议等。关于前述考量因素，笔者进行以下具体分析：第一，权利影响程度的实质方面，即“实质利益影响标准”。以行政行为是否对相对人产生实际不利影响作为判断依据。第二，突破关于成熟原则正常行政程序最后阶段的界定，通过扩大行政行为的外延，将特定条件下的程序性行政行为纳入司法审查范围。第三，采用穷尽救济标准，或称“已到裁决程度或裁判时机成熟标准”。本案裁判认为，“原告无法通过提起相关实体性行政行为的诉讼获得救济”，进而间接认可了本案程序性行政行为的终局性。例如，“郭某欣诉某县人民政府、某市人民政府房屋征收补偿决定及复议决定”一案中，最高人民法院裁判认为，“在义务之诉中也并非所有的案件都能直接宣布行政机关的义务，只有满足原告具有请求权、裁判时机成熟、事实和法律上的前提皆已具备时，才可作出具体到位的判决”①。此外，该标准也可从域外德国寻到踪迹，德国法院并未将穷尽救济作为案件受理的标准，但是受理案件后会将是否穷尽行政救济作为考量实体判决的因素。② 与此不同，美国《联邦行政程序

---

① 周作彩：《房屋征收补偿案中判决类型的适用——郭传欣诉巨野县人民政府、菏泽市人民政府房屋征收行政补偿案评析》，载《交大法学》2018 年第 4 期，第 161 页。

② 黄先雄：《论德国行政诉讼中司法权的边界》，载《行政与法》2013 年第 1 期，第 79 页。

法》将“穷尽行政救济”和“行政行为成熟”并列为受案标准。《最高人民法院关于审理行政许可案件若干问题的规定》（以下简称《行政许可若干规定》）第3条规定，对于行政许可过程中的告知补正等程序性行为，原则上不具有可诉性，但是上述程序导致许可程序事实上终止的除外。这是最高人民法院对于程序性行政行为是否可诉的第一次法律回应。“但书部分”中规定，“但导致许可程序对上述主体事实上终止的除外”，体现了我国关于程序性行政行为的态度是以行政行为的成熟终局性为原则，以事实上导致程序终止为例外。即，通常情况下当事人仅能针对实体性行为提起诉讼，但是如果程序性行为阻断了当事人通过提起实体性行为寻求救济的渠道，此时程序性行为可视为成熟终局的行为且具有可诉性。

五、小结

成熟原则作为法院对行政不作为行为进行司法审查的标准，无疑要兼顾司法与行政关系的协调和有效实现当事人权利救济，即权力和权利关系。成熟原则不仅划定了行政权与司法权的边界，制约着司法权介入行政权的范围，同时也在原告资格与行政行为可诉性二者之间达到了平衡。如果起诉的行政行为已经成熟到由法院审查的程度，则法院可予受理审查，实现对相对人权利的救济和对行政权的制约。如果行政行为尚未成熟且未达到法院审查的程度，那么司法机关应保持克制，从而达到公法秩序的维护和个人权益保护之间的平衡。此外，为了达到规制滥诉的目的，法院在坚持成熟原则的同时还要兼顾“既往性原则”。美国在1974年的“德富尼斯诉奥德高案”[①]中裁定，如果进入司法程序的争议已经解决或不再存在，换言之，争议事实成为“既往案件”，此时司法判决已失去救济效力而无须受理或审理该案。

总之，原告资格的界定是一个动态调整的过程，其合理解读对

① DeFunis v. Odegard, U. S. 312（1974）.

于法院后续审理规则和裁判规则都具有直接的影响作用，对于规制滥诉也具有关键性意义。换言之，起诉条件设置的初衷在于规范诉权行使，通过原告资格的界定和成熟原则的加持从而达到滥诉规制以及有限司法资源的合理配置。“从法经济学出发，‘司法资源的投入’和‘争议解决的效益’之间的二元变量与‘裁判公正’最高目标之间，需要互动平衡。为了达到诉权司法保障的平衡，既要发挥法律对原告资格的限制，又要避免起诉条件过低引起的诉讼泛滥。”①

第三节 行政不作为诉讼的起诉期限

前述探讨的行政不作为诉讼原告资格并不是起诉条件的唯一要件，却是重要的起点问题。当然原告资格还要与其他起诉条件诸如起诉期限等相互配合才能完成起诉阶段的要件审查。除对于原告资格审查之外，更具争议性的是不作为诉讼起诉期限问题。行政诉讼立法确立不作为案件起诉期限时，一方面是督促当事人积极行使诉权，另一方面通过限定当事人行使权利的期限，使处于争议中的公法秩序尽快安定进而保证社会秩序的稳定性。

一、“履行期限”届满的判断

行政不作为是否成立的关键之一在于判断被诉行政机关是否履行作为义务。关于作为义务履行与否的时间节点在于判断“履行期限”是否届满。即，行政机关是否在作为义务范围内的法定或者合理期限内依法及时地履行了作为义务。履行期限的确定“既要考虑原告权利救济迫切性兼顾公共利益，也要关照行政机关的效

① 张坤世：《行政诉讼机理探究与制度建构》，中国政法大学出版社 2012 年版，第 95 页。

率水准和履行能力”。[①]

（一）“履行期限”的解读

“履行期限”，是指履行作为义务的时限。根据行政机关履行义务的期限是否到期，可将不作为行为分为预期和实际不作为两种形式。其中，“预期不作为”是指行政机关在履行期限届满前就明示拒绝履行，相对人可以直接针对该拒绝性决定提起诉讼而不受履行期限的限制。“实际不作为”可以分为履行不能、履行迟延、不完全履行和完全不履行。

1. 法定期限

根据《执行解释》第 60 条第 2 款的规定，法院在判决行政机关履行作为义务的案件中，以指定履行期限为原则，以不限定履行期限为例外。[②] 这是出于对相对人权利提供有效救济和增强履行判决的可执行力，同时也是启动强制程序的执行依据。对于法律规定了明确履行期限的不履职行为，法院可以根据法律规定的履行期限来确定履职期限。《行政诉讼法》第 47 条第 1 款规定了提起不作为诉讼的“适当期间”，是指给予行政机关进行行政处理的法定期间而不是通常意义的起诉期限。在此期间之前的行政机关不作为行为仅是时机未成熟的行为。该条款规定的行政机关履行法定职责的 2 个月期限届满之日，可以视为被诉行政机关不作为的起始点。此外，《适用解释》第 4 条、《行诉解释》第 66 条都规定了不作为诉讼的起诉期限，当事人对于行政机关不作为行使诉权的期限应在履行期限届满之日起 6 个月内。这是对当事人诉权的积极限制和行政行为效力的维护，避免社会秩序处于长期不稳定状态。例如，“沈某、蔡某诉某市公安局开发区分局行政不作为”一案中，法院认

① 最高人民法院行政审判庭编：《〈关于执行《中华人民共和国行政诉讼法》若干问题的解释〉释义》，中国城市出版社 2000 年版，第 126~127 页。

② 《最高人民法院关于执行〈中华人民共和国行政诉讼法〉若干问题的解释》第 60 条第 2 款规定，“人民法院判决被告履行法定职责，应当指定履行的期限，因情况特殊难于确定期限的除外”。

为"判断被告是否在法定期限内履行了作为义务，一方面应当从法律、法规规定的期限起算节点进行审查；另一方面审查是否存在不计入办案期限的正当理由"。[①]

法院对于行政机关依法或有正当事由延期或扣除相关期限的，应当予以支持。这对于行政机关在能力范围内查明相关事实，从而保证行政程序的合法性和行政争议的实质性解决具有重要作用，避免不成熟的行政行为进入诉讼程序增加诉累。例如，根据《治安管理处罚法》第 99 条第 1 款的规定，如果公安机关在最长 60 日的法定期限内不作出处理决定，则构成行政不作为。在法定期限届满前，行政主体是否作出结论性行为处于不确定状态，此期间内的不履职不构成行政不作为。如果规章或者规章以下行政规范性文件规定了履行期限的，按照行政诉讼立法及相关司法解释将履行期限的例外规定赋予了法律法规权限范围，相应删除了《执行解释》中规章及规章以下行政规范性文件的例外履行期限的规定权限。因此仍然适用 2 个月的期限，这是出于对相对人权利救济的及时性考虑而在立法上所作的权宜之计。

2. 合理期限

判断是否构成"履行期限"届满的关键，是对"合理期限"的理解和适用。学界对法定期限或缺乏法定期限情况下的合理期限，形成了"参照说""推定说""约定说"或"紧急说"等观点。[②]

笔者主张确定不作为诉讼的履行期限要以必要、适度和及时为原则，综合考虑案件的复杂程度、行政机关的履职能力、履职限度、权利救济的有效性和必要性等因素，以及行政机关的效率水平。关于"合理期限"的解读应该界定为在没有相关法定期限予

---

① 《最高人民法院 2015 年 1 月 15 日公布行政不作为十大案例》，最高人民法院网：http：//www. court. gov. cn/zixun-xiangqing-13404. html（访问时间：2018 年 9 月 27 日）。

② 姜明安：《行政诉讼与行政执法的法律适用》，人民法院出版社 1995 年版，第 461~462 页。

以界定时，通过个案裁判可以确定的“合理时间”。“必要”是指为保障当事人权利救济的有效实现而在行政机关履行能力限度内设定的最短时限，此为合理期限的下限。“适度”是指平衡行政机关的行政效率和当事人权利救济的紧迫性，权衡确定合理期限的上限。综合考虑国家利益、公共利益和相对人要求的迫切性，法院在此合理区间内可以确定一个作为行政机关履职的期限。例如，在“彭某诉深圳市某区规划土地监察大队行政不作为案”中，法院判定虽然法律法规并未明确规定有权机关须在何种期限内作出强制执行决定，但是其应于合理期限内作出行政行为。[①] 法律没有规定明确的期限时，司法的裁量权就需要发挥作用。本案中法院认为超过了一年就是超出了合理期限。另外，在确定履行期限有困难且有可能妨碍行政实体法目标实现时，法院在判决时可对履行期限不作要求。[②] 但是超过合理期限作出的行政行为因“明显不当”构成没有合法或合理地履行作为义务时，法院则可以判决确认违法。例如，“某村民小组诉某县政府不履行土地确权案”[③]，法院裁判认为，被告于 2015 年 4 月 18 日作出答复明显超出合理作出处理的期间，属于程序明显不当。考虑到被告已针对原告的申请作出相关处理，故法院判决确认被告未在合理期限内对原告的申请作出处理的行为违法。简言之，合理期限的确定一方面要审查负有作为义务的行政主体是否尽到了全面审查义务，及时发现涉案违法行为；另一方面负有作为义务的行政主体针对违法行为是否及时采取了相关措施及采取的措施是否合法且适当。

---

① 《最高人民法院 2015 年 1 月 15 日公布行政不作为十大案例》，最高人民法院网：http：//www. court. gov. cn/zixun-xiangqing-13404. html（访问时间：2018 年 9 月 27 日）。

② 毛建军：《行政诉讼履行判决研究——从行政不作为角度分析》，载《上海政法学院学报（法治论丛）》2013 年第 6 期，第 76 页。

③ 江苏省扬州市中级人民法院（2015）扬行初字第 3 号行政判决书，载国家法官学院案例开发研究中心编：《中国法院 2017 年度案例——行政纠纷》，中国法制出版社 2017 年版，第 33 页。

2004年国务院出台的《全面推进依法行政实施纲要》中强调行政机关履行职务应讲求行政效率，遵循高效便民原则。履行期限的确定要体现"及时原则"，不可超过必要的合理期限，切实体现依法行政的高效便民原则。"及时履责"是保障行政效率和行政效能的重要保障，同时也是及时解决行政争议的需要。"及时原则"又称效率原则，是指行政机关履行作为义务时，应在法律规定的期限内作出相应行为。行政机关是否在合理期限及时履行作为义务是判断行为是否符合适当性的标准之一。如果没有履行期限或者设定的履行期限过长，必然会影响争议的及时处理，不利于实质性解决争议也不利于信赖利益的保护。

3. 参照行政惯例

在确定"履行期限"是否届满时，如果不存在法定期限标准，则可参照行政机关作出行政行为时的惯例做法或者类似行政行为的期限标准，包括经常性产生公示力的惯用履职时限或者特殊情形下以履职时限为参照。例如，"上海新世界紫澜门大酒店有限公司、上海紫澜门实业发展有限公司诉上海市黄浦区规划和土地管理局不履行查处违法建筑职责案"①，法院裁判认为按照行政机关的工作惯例，作出正式行政处理决定要以事实调查清楚为基础来完成调查取证工作。本案上海测绘院浦东分院出具的测绘报告从立案时起超过了2个月的期限，表明其调查取证工作尚未完成，并且《行政诉讼法》第47条中"2个月"的规定属于提起不作为诉讼的一般性期限规定，被上诉人未在上述期限内作出正式的行政处理决定，并不构成行政不作为。

4. 约定或承诺时限

由于行政协议类案件参照《合同法》的相关规则，按照合同意思自治原理，双方应按照约定期限履行。该类期限主要涉及行政

① 国家法官学院案例开发研究中心编：《中国法院2017年度案例——行政纠纷》，中国法制出版社2017年版，第1~4页。

主体与相对人在行政协议类案件中约定作为义务的期限。例如，行政给付合同中行政机关没有在约定期限内履行给付义务则会构成行政不作为。在奖励性行政不作为案件中，也存在承诺期限的适用，此时关于承诺等约定期限的适用要考虑到行政优益权与信赖保护原则的利益平衡规则。

5．紧急期限

根据《行政诉讼法》第 47 条和《公安机关办理行政复议案件程序规定》第 23 条第 2 款的规定，紧急情况下行政机关履行保护当事人合法权益的作为义务，不受履行期限是否届满的限制。该款充分考虑了对行政相对人权利救济的必要性和有效性，将行政机关的履行期限作了突破性规定。在紧急情况下，即当事人合法权益正面临或即将受侵犯的危险情形下，行政机关履行职责的期限应该具有及时性，否则会有不可逆转的后果或造成不可弥补的损失。

总之，在确定履行期限时，要基于当事人权益受损的事实进行合理限制。一是涉及公民生命权、财产权亟待公权力履职时，行政机关要即时履职。二是作出行政行为缺乏明确履职期限规定时，可以参照《行政诉讼法》第 47 条第 1 款的规定以 2 个月为合理期限。三是如果法律规定了行政机关履职的一般期限，但延长期限未予明确，则延长期限不宜超过同款规定的一般期限。例如，《工商行政管理机关行政处罚程序规定》第 57 条规定的延期情形，不宜超过其第一种情况下的 90 日。四是在时间节点上，可以秉持司法严格审查与司法谦抑的结合，如果法律、法规和规章规定了履行期限，行政机关逾期不予履行义务且无正当理由，可认定为不作为。

(二)“履行期限”确定要考虑的因素

1．履行期限的确定要区分作为义务的启动方式

履行作为义务分为“依申请”和“依职权”两种方式。根据《行政诉讼法》第 47 条第 1 款的规定，依申请作出行政行为的应按照 2 个月期限履行，同时该款还规定“法律、法规对行政机关履行职责的期限另有规定的，从其规定”。即，依申请履职的期限原则

上是2个月的履行期限，但是法律法规另有规定的按照其规定执行。关于依职权履职的期限问题，现行法律则没有履行期限的具体要求。通常做法是，只要行政机关依职权履行相应的法定职责仍有意义且具有合法性，则该作为义务不因怠于行使而消失，也不因行政相对人提出申请而转变为依申请履职的情形。①

2. 履行期限的确定要区别对待不同性质内容的作为义务

履行期限可以分为一般期限与特殊期限。其中，特殊期限通常包括：一是其他法律对行政机关履职期限作了规定；二是其他法律对行政机关履职期限作了与《行政诉讼法》不一样的规定；三是其他法律系行政法律规范。该特殊期限之所以这样规定，一方面是为其他法律规定履职期限提供法律依据，以保护特殊案件中行政相对人的诉权。另一方面有助于保证行政机关履职的稳定性和统一性。例如，给付义务的履行期限区别于行政协议的履行期限。根据《行政诉讼法》第47条的规定，如果排除法律法规作出明确规定和履职的紧急情况，履行给付义务的期限可以依据该条规定确定。考虑到行政协议的协商性和具有合同的某些特性，行政协议的履行期限如果不违背法律法规的强制性规定，则可由协议各方当事人协商确定。也有学者主张行政协议的履行期限应不长于《行政诉讼法》第47条规定的期限。②

3. 履行期限的确定要考虑不作为的持续状态

例如，日本针对行政厅不作为规定的“不作为违法确认判决”中有关于时限要件的规定，是“相当的时间”（作出处分需要的必要时间），并且通过《行政程序法》第6条设定了“标准处理期间”（“相当时间”经过的判断时点）。但是即便过了该期间，裁判所也仅是将其作为判断的要素之一而不认为立即构成违法。换言

① 最高人民法院（2016）最高法行申4305号行政裁定书。

② 彭波：《论行政诉讼履行判决的内容》，载《河北北方学院学报》2011年第1期，第47页。

之，只要不作为行为处于持续状态，该类诉讼便不受起诉期间的严格限制。

(三) “履行期限”的时间节点

审判实践中，关于行政机关作为义务的时间节点有争议，存在是以被告收到原告申请之时还是在法定履行期限届满之时等疑问。笔者认为，应该以“行政机关收到相对人履责申请之时”来判断被诉行政机关是否具备作为义务的时间节点。在“任某成等人诉某派出所不履行设置道路标牌法定职责”案中，法院认定在依申请不作为案件中，判断行政机关是否负有相对人申请履行的作为义务，应以其收到相对人的申请作为时间节点，其后如果行政机关发生了职责变更也不能成为其不作为的正当豁免理由。[①] 因为原告对被告履行作为义务存在合理期待。不管发生何种阻却被告履行作为义务的正当理由，被告均应给予答复并说明理由。否则，被告就构成以消极方式设定原告权利义务的违法行为。根据《行政诉讼法》第 47 条的规定，除法律法规另有规定外，行政机关接到相对人申请之日起的“2 个月”既是原告提起行政诉讼的“最早合法时点”，也是被告履行作为义务的“最后合法期限”。

(四) 起诉时机成熟

在行政不作为诉讼中，为避免过于提前或过于迟延地寻求法律救济进而破坏社会秩序的稳定性和法的安定性，这就涉及起诉期限问题。法律不保护权利上的睡眠者。但是如果被告的履行期限尚未届满，原告就以被告不作为之由提起履责之诉的，则属于起诉时机不成熟。此时，法院应以缺乏被告不作为的基本事实为由不予立案或者裁定驳回起诉，从而节约有限的司法资源。例如，如果行政机关以申请材料不全或不明确为由要求申请人补正，而申请人认为无须补正进而在履行期限届满前提起诉讼请求行政机关履行作为义务

---

① 最高人民法院行政审判庭编：《中国行政审判案例》（第 4 卷），中国法制出版社 2012 年版，第 151 页。

的，则属于起诉时机不成熟。因为行政机关尚不存在不作为的情形或者原告诉请行政机关不履职缺乏事实依据。但是申请人提起履责之诉的例外情形是，一旦被诉行政机关的补正告知行为对申请人权益产生实际影响，且被诉行政机关针对申请人的补正告知异议不予答复或作出拒绝性答复，此时则可以起诉。

二、起诉期限的相关规则

（一）法院审查事项

起诉期限既是起诉条件之一，也是法院受理案件后审理的对象。从诉的适法性来讲，相对人提起不作为诉讼应该在法律法规规定的起诉期限内提出。如果相对人无正当理由超过起诉期限提起诉讼，则视为诉的适法性不满足，相对人因而会丧失诉权。根据德国《行政法院法》第 74 条、日本《行政案件诉讼法》第 14 条、我国台湾地区“行政诉讼法”第 106 条等相关规定，在特定诉讼类型中起诉期限是作为诉的适法性要件进行规定的。如果相对人超过起诉期限提起诉讼，则会由于不满足诉的适法性而被直接予以驳回，不会进入实体审理。据此，法院在起诉期限方面的审查事项主要包括以下内容：第一，根据不作为案件的表现形式，将案件区分为消极不作为和积极不作为诉讼，即纯粹不作为诉讼和明示拒绝履行诉讼。第二，审查法律、法规对行政机关“履行期限”是否有特殊规定。第三，审查案件是否属于依职权或者属于在紧急情况下请求履职的情形。

（二）起诉期限的具体适用规则

1. 纯粹不作为的起诉期限

根据《行政诉讼法》第 47 条第 1 款、《适用解释》第 4 条及《行诉解释》第 66 条中关于不作为诉讼起诉期限的规定，相对人提出履职申请时如果行政机关收到申请之日起 2 个月内不予答复的，起诉期限自 2 个月届满后起算，期限为 6 个月。此处“2 个月”是被诉行政机关接到申请之日提起诉讼的起算点，而不是不作为案件的起诉期限为 2 个月。法律法规对履行期限另有规定的，起诉期限自法律法规规定的行政机关履职期限届满后起算。

2. 积极不作为（明示拒绝履行）的起诉期限

如果行政机关对相对人的履职申请作出拒绝性决定，则属于积极不作为。相对人对此不服提起诉讼的，应当按照撤销诉讼计算起诉期限，即按照《行政诉讼法》第 46 条第 1 款的规定，从“知道或应当知道”该答复内容之日起计算，期限为 6 个月。根据《行诉解释》第 64 条的规定，如果未告知起诉期限和行政行为内容的则适用 1 年。由于“知道或应当知道”属于主观性判断与客观性判断并存的范畴，需要法官综合各种因素结合经验法则进行整体判断。另外，在行政复议积极不作为案件中存在特殊起诉期限。例如，在原告起诉不予受理行政复议申请的案件中，存在行政不作为诉讼起诉期限的特殊适用。如果行政复议机关存在驳回复议申请的情况，则属于实体处理决定，此时相当于复议维持原行政行为的效果，应该作为共同被告起诉，此时不存在起诉期限的特殊之处。在不予受理行政复议申请案件中，属于复议申请的程序性处理，不属于复议维持或者改变的情形。当事人可以直接起诉原行政行为或者起诉复议机关不作为，而根据“一事不再理”和“司法最终”原则，这两种救济手段不是并列关系而是二者只能择其一，此时就存在起诉期限的特殊适用问题。根据《行政诉讼法》第 45 条之规定，考虑到行政复议不作为属于行政行为，但由于行政复议相关立法已经对此类案件的起诉期限作出规定，按照特别法优于普通法之法律适用规则，应该优先适用 15 日起诉期限的规定。

3. 紧急情况下不作为诉讼的起诉期限

考虑到涉及相对人合法权益影响程度及作为行为的紧迫程度，行政机关履行作为义务的时间也存在差异。在紧急状态下请求行政机关履职而行政机关不履行的，原告提起诉讼不受履行期限的限制。在紧急情况下，考虑到相对人人身权、财产权等重大法益都面临受侵害的可能性，此时需要行政机关即时采取措施。原告不受被诉行政机关履行期限届满的限制，可以即时提起诉讼。关于“紧急情况”的判断依据，可以参考2018年修订的《公安机关办理行政案件程序规定》第62条[①]之规定。

4. 依职权不作为诉讼的起诉期限

有观点认为在依职权不作为诉讼中，应当以当事人知道或应当知道行政机关不履行作为义务侵害其合法权益之日起算起诉期限，应该适用6个月。笔者主张，在依职权类不作为诉讼中，相对人提起诉讼应该不受起诉期限的限制。换言之，在该类诉讼中应当不设定起诉期限的起算点和最终节点。由于行政管理的最终目的是保护相对人的合法权益，当行政机关怠于行使依职权主动作出的行政行为时，此时不作为行为的违法时点难以确定。因为其并不以相对人提出申请作为起算点，而且依职权类行政不作为属于违法状态一直处于持续状态的行为，所以该类诉讼不受起诉期限的限制。

5. “行政作为”转为“行政不作为”的起诉期限

在实践中，行政相对人通过向行政主体提出申请的方式将行政主体的行政作为转化为行政不作为，要求行政主体履行纠正或改变行政行为的法定职责，对此应该适用《行政诉讼法》第47条规定的起诉期限。因为行政相对人提出申请后产生新的法律关系，“行政作为”转化为“行政不作为”行为。但是，也要甄别存在已经超过起诉期限的作为行为会通过行政不作为的方式规避起诉期限而间接得到救济。

三、起诉期限的中止与中断

关于起诉期限的中止、中断问题，有学者主张《执行解释》第43条可视为起诉期限中止的规定。笔者认为，行政诉讼起诉期

① 《公安机关办理行政案件程序规定》第62条规定的“紧急情况”包括：（一）违法嫌疑人正在实施危害行为的；（二）正在实施违法行为或者违法后即时被发现的现行犯被扭送至公安机关的；（三）在逃的违法嫌疑人已被抓获或者被发现的；（四）有人员伤亡，需要立即采取救治措施的；（五）其他应当采取紧急措施的情形。

限的规定虽然是参照民法上的诉讼时效制度进行改造的，但是关于行政诉讼起诉期限的中止与中断问题应该视为除斥期间，其在性质上应属于程序法的法定期间。在特殊情况下可以申请延长起诉期限，或者通过法定及酌定扣除期限制度来排除被耽误的时间，但不能适用类似于民法上诉讼时效中止或中断的规定。从法的安定性来讲，起诉期限设置的功能目的在于督促相对人积极行使诉权，从而使行政法律关系以及行政行为的效力尽快得以安定，法律不保护权利行使的怠惰者。

考虑到行政行为涉及社会稳定等因素以及行政行为的效力性特征，行政行为一经作出即具有公定力和信赖基础。从利益衡量角度来讲，起诉人如果怠于行使诉权不仅会影响社会稳定，而且不利于实质性解决行政争议。因此，关于起诉期限的中止及中断问题应该采取审慎态度。例如，韩国《行政诉讼法》第 20 条规定，“撤销诉讼应当从知道处分之日起 90 日内提起，且前款规定的期间为不变期间”。

第四章　行政不作为诉讼的司法审查判断基准

行政不作为案件的司法审查判断基准涉及审查不作为的构成要件。“构成要件”理论以实证法为依据，是价值哲学与实证法学的结合，即“从所有违法、有责行为范围内，立法者进行评价活动时归纳出一些行为方式，每个典型行为都有与其相适应的基本特征，又都排列成确定的‘价值标准’”。[①] 构成要件具有对行政不作为行为内在和外在方面进行整体性指导的双重功能。由于成文法的局限性，在考虑行政不作为构成要件时，要注意每个构成要件的意义，既考虑到法律的明确规定又要兼顾法律的隐含。目前关于行政不作为的构成要件，存在“三要件说”“四要件说”等。[②] 笔者主张，在行政不作为案件的审判实践中，从实质性解决行政争议视角可以采用实质主义司法理念确立判断基准，以“作为义务”为核心解构行政不作为的构成要件，可以分为前提要件、客体要件、主观要件、客观要件等。关于行政不作为案件的司法判断基准，通常体现为“被告是否具有原告申请的相应作为义务”“被告在履责期限内是否存在不作为表现形态”“被告不作为是否具有正当理由”“判令被告继续作出行政行为是否具有现实可能性及实际意义”等方面。

---

① ［德］恩施特·贝林：《构成要件理论》，王安异译，中国人民公安大学出版社2006年版，第11页。

② “四要件说”主张行政不作为应当具备以下四要件：行政机关具有法定职责；当事人具有请求权；当事人提出请求；行政机关不履行作为义务（包括拒绝履行、拖延履行和没有答复）等。参见何海波：《行政诉讼法》（第二版），法律出版社2016年版，第172~174页。

第一节　前提要件的判断基准：行政主体具有“作为义务”

一、是否存在作为义务

判断构成行政不作为的前提要件为“是否存在作为义务”。区别于行政职权，“作为义务”强调行政职责的义务性而行政职权侧重于职权的权力性。“作为义务”在本质上属于义务范畴，其在属性上是行政主体之义务，并且行政主体只能做法律规定应当做的事情，具有不可处分性。

法院不会对拒绝性行为已经过去的时点作出判断，而是立足于授益现在最后一次言词审理时是否应为原告所有。① 行政不作为实质上是履行作为义务，是违法行为的一种形态。“作为义务”的来源包括法律的直接或间接规定、行政法规及规章以下行政规范性文件设定的作为义务，以及先行行为或合同行为引起的作为义务等。在“陆某章、吴某晋等人诉厦门市建设局不履行答复义务案”② 中，法院经审理认为原告诉请被告答复《关于龙山山庄物业管理区域划分的函》的文件效力属于咨询性质的行为，并非被告在行使行政职权过程中的行政管理活动，也非所应履行的法定职责。由于缺乏行政行为的职权要素，被告以信访形式进行答复并无不妥。在“何某珍诉天津市红桥区卫生和计划生育委员会不履行法定职责案”中，关于卫生行政部门是否负有直接判定医疗事故的职责，法院审查后依据《卫生部关于卫生行政部门是否有权直接判定医疗事故的批复》（卫政法发〔2007〕135 号）认定，一般情况下卫

---

① ［德］平特纳：《德国普通行政法》，朱林译，中国政法大学出版社 1999 年版，第 402 页。

② 最高人民法院中国应用法学研究所编：《人民法院案例选》（2017 年第 8 辑），人民法院出版社 2017 年版，第 181 页。

生行政部门不具有直接判定医疗事故的职责，但是在医疗机构不如实提供相关材料导致医疗事故技术鉴定不能进行的特定情况下，卫生行政部门则具有医疗事故争议调查和直接判定的职责。① 此外，对于负有转送义务的行政机关，如果其未履行转送义务也构成不作为。对于行政相对人的申请事项不具有初始管辖权，且已将申请事项转交有权处理机关的，对申请人权利义务未产生实际影响，并不构成不作为。②

二、作为义务的依据："法"的范围

行政诉讼立法有必要对"不履行法定作为义务"作进一步规定，准确解读此处"法"的内涵及外延。在传统行政法视角中，作为义务往往局限于法律的明文规定，如王和雄主张，"遵守'依法行政'原理，一切公权力的行使都应有法律依据，除依具体之实定法上之权限规定而令公务员负有公法上作为义务之外，对于行政主体之不作为，并非当然得请求其作为，国民尤不能仅因为道义上之要求而使国家之行政责任转化为法律责任"。③ 行政不作为诉讼裁判过程的完整流程即"查明案件事实—寻找可适用的裁判依据—根据案件事实确定裁判依据（包含法律解释）—将裁判依据适用于案件事实—得出裁判结论"。作为义务依据的"法"的范围，在整个案件认定中成为需要考虑的重要环节。对于行政不作为案件中作为义务之依据"法"的内涵及外延的理解程度，会直接影响到行政不作为认定的范围和裁判作出的结果。从广义法源角度来看，对于"法"的解读不应仅仅停留于明文的法律规定，而应囊括没有实质意义的不成文法源，从而应对日趋复杂的行政不作为

① 最高人民法院中国应用法学研究所编：《人民法院案例选》（2017 年第 5 辑），人民法院出版社 2017 年版，第 199 页。

② 陈依卓宁、王震：《履责之诉中的审查思路探析》，载《法律适用（司法案例）》2018 年第 4 期，第 71 页。

③ 王和雄：《论行政不作为之权利保护》，台湾三民书局 1994 年版，第 224 页。

情形。关于“法”的解读，笔者作如下具体分析。

（一）“法律、法规、规章”等具体规定

根据行政法原理，职权法定是行政法的基础。基于《行政诉讼法》第2条第2款的规定，通常意义上作为义务中“法”的范围和职权法定中“法”的范畴主要是指法律、法规、规章等。法律规范按照其性质可分为“义务性规范”“禁止性规范”（与“义务性规范”同为羁束性规范）和“授权性规范”，其中作为义务的直接来源主要来自义务性规范。[①] 正如有学者主张，“只有规定职责条款的带有命令性的法律规范才是作为义务直接的来源，正面体现作为义务”。[②] 从规定形式来看，法律法规可以直接明文规定行政机关的职责权限。此外，职权法定原则要求权力行使有依据，这是行政权公正运行的前提。“法无授权不可为”，行政权力的创设、存在依据和行使范围都源于法律规定。根据行政法治原则和权利义务对等原理，既然职权法定那么行政主体的义务也伴随职权产生，因此作为义务的来源也包括“授权性规范”。审判实践中要区分履责事项与信访事项，行政相对人的履职申请与信访事项存在差异，应当优先适用行政管理相关法律法规对投诉事项进行处理，不可将申请人应当通过诉讼渠道解决的问题归类为信访事项不予受理。例如，“郭某申请北京市通州区民政局行政复议案”[③]，北京市通州区民政局收到申请人提出的《履行法定职责申请书》后，尽管进行了相关事项的调查并作出了处理决定，但是其依据《信访条例》将申请人的申请视为信访事项进行处理，违背了《养老机构管理办法》第3条、第31条规定赋予区民政局对举报投诉事项进行核实处理的法定职责，将申请人请求区民政局依据《养老机构管理

① 曹慧丽、揭萍、姚平：《论行政不作为行为的界定》，载《江西公安专科学校学报》2004年第4期，第53~55页。

② 周佑勇：《行政不作为判解》，武汉大学出版社2000年版，第74页。

③ 李灵雁：《北京市行政复议典型案例选编》，北京市人民政府法制办公室编2016年版，第16页。

办法》履行的监管职责与信访事项中针对职务行为的建议投诉相混淆。

法治社会中，司法活动要依据法律规范进行，制度形态的法律和法律规范的具体运用都是司法过程的必要内容。根据《法理学》教材中对于“法”的定义，“法”是指由国家制定或认可，并由国家强制力保障实施并以权利义务为形式表达其要求的规范或规范体系。[①] 在行政不作为类案件中，根据法律及相关规定，行政机关应该采取完整的履职方式，单纯采取阶段性或者部分处理手段并不是履行作为义务的正确方式，仍可构成行政不作为。例如，“沈某诉北京市朝阳区小红门乡政府行政复议案”[②]，本案中北京市朝阳区小红门乡政府并没有正确履行《村民委员会组织法》第 31 条规定的法定职责内容，也没有以适当方式将申请办理结果告知当事人，而行为方式是行政程序中的关键要素，行政机关未按照法律规定的内容和以适当方式履职也构成不作为。“适当”方式可以是书面形式，也可以是其他能够通过固化证据来证明已履职的方式。

（二）规章以下行政规范性文件

作为义务中“法”的依据也可能来自行政规范性文件。随着给付行政行为理论的发展，行政主体的法定义务来源不仅包含法律法规和规章，而且规章以下行政规范性文件在现实实践中对公民权利的影响日趋重要，有必要将规章以下行政规范性文件作为不作为义务的法源。[③] 法院审理行政案件可依据法律法规并参照规章，对于行政规范性文件的适用与否则没有相关明确规定。行政规范性文件以及行政机关的内部规则是否应该纳入“法”的范围值得探讨。出于行政管理实践的需要和行政机关自我约束的实际情况，从严格法治立场来看各级国家行政机关无权在法律之外自我授权，但是可

① 刘作翔：《法理学》，社会科学文献出版社 2005 年版，第 1 页。

② 李灵雁：《北京市行政复议典型案例选编》，北京市人民政府法制办公室编 2016 年版，第 43 页。

③ 杜仪方：《行政不作为的国家赔偿》，中国法制出版社 2017 年版，第 59 页。

以通过发布行政规范性文件的形式自我设定作为义务，尤其是授益性（给相对人赋予权利但不损害他人利益）的内容可以成为作为义务的依据，只要该行政规范性文件不违反上位法的规定且相对人对此形成信赖利益的保护。① 即，法定作为义务中“法”的范畴包括法律、法规、规章及行政规范性文件所规定的义务。“规范性文件对于行为程序的规定，同样是行政主体应遵守的法定程序，行政机关如果违背这些规定同样是违反法定程序，应被法院撤销。”② 即，应该肯定行政规范性文件在作为义务中“法”的来源依据。

（三）是否可通过组织法确定作为义务

行政组织法是关于组织结构、行政权范围以及行政机关权限等规范行政机关的法律规范总称，包括对行政权的规范和对承担行政权的行政组织规范，保障相对人权益的实现。③ 由于行政组织法不仅涉及行政机关的内部管理，还会直接与外部管理和相对人有关，会涉及行政机关职责权限等内容。其中，行政机关的设置及权限是行政组织法的核心。“作为义务”一般是指行为法上的具体作为义务，当行为法上没有规定时，如果仅有组织法上关于该类职责的概括性描述并不构成法定作为义务的实体法职责依据，但不排除行政机关对申请作出答复的程序性法定职责。④ 例如，“三定方案”，其是界定主要工作职责、机构设置、人员编制等的行政规范性文件，可以通过将其细化来厘清政府部门的权责，是职能部门履行职责的重要依据。该类文件有部分是党委文件，但其中部分内容会涉及政府的职责内容和内设机构的情况。审判实践中，通过司法判例确立

① 胡建淼：《行政违法问题探究》，法律出版社 2000 年版，第 246 页。

② 应松年、杨小君：《法定行政程序实证研究——从司法审查角度的分析》，国家行政学院出版社 2005 年版，第 47 页。

③ 薛刚凌：《行政法与行政诉讼法》，中国人民大学出版社 2007 年版，第 42～43 页。

④ 王万华：《行政不作为案件总体情况分析报告》，载李灵雁主编：《北京市行政复议典型案例选编》，北京市人民政府法制办公室编 2016 年版，第 110 页。

了“三定方案”不是行政机关履职过程中制作的文件，不属于政府信息。[①]

再如，“管辖”属于行政程序法的重要制度，我国管辖制度散见于单行法中是关于机关间管理职权的划分。对于被诉行政机关不具有事务管辖权或者对于原告申请事项不具有层级管辖权的，通常认为其不具有原告申请的作为义务，法院通常以原告诉求缺乏被告履职的事实依据为由驳回原告的起诉。对于被诉行政机关既具有事务管辖权又具有层级管辖权但缺乏原告申请的特定内容之作为义务的，法院通常也会以缺乏事实依据为由裁定驳回起诉。但是行政主体对于不属于自己管辖的事项基于行政整体性原则应当及时移送有管辖权的机关，并且移送管辖后应当告知履职申请人。例如，“钟某诉北京市工商行政管理局通州分局行政不作为案”[②]中，法院认定尽管行政机关对当事人的申请事项没有实体查处职责，但是其不履行程序上的移送职责依然可以认定为不履行法定职责。本案中职责管辖是依据组织法和部门管理立法规定的行政机关之间的职责来划分的。[③]域外有关于移送管辖的制度规定，如我国台湾地区“行政程序法”第17条以及瑞士《行政程序法》第8条。

（四）“法定职责”（即法律规定的职责）中关于“规定”的解读

关于“规定”的解读，不仅包括法律的直接字面规定而且包括法律的间接字面规定，甚至还包括法律的精神和原则。例如，在“陈某诉辽宁省庄河市公安局不予行政赔偿案”中，法院判决认为，对裁量行为适当性审查不仅仅局限于合法性审查，而且要运用

① 江苏省无锡市中级人民法院（2017）苏02行终125号行政判决书。

② 李灵雁：《北京市行政复议典型案例选编》，北京市人民政府法制办公室编2016年版，第3页。

③ 李灵雁：《北京市行政复议典型案例选编》，北京市人民政府法制办公室编2016年版，第5页。

比例原则进行审查和综合研判。[①] 在 18 号指导性案例“王某萍诉河南省中牟县交通局行政赔偿案”中，法院在判决中也运用了比例原则，通过衡量目的与手段的最小损害原则来判断行政机关执法措施的必要限度和执法效果。[②]

总体来讲，首先，要考虑法律规定作为义务的目的，回归立法规定本身并通过立法目的和规定的意义来确定享有的职权以及负有何种性质的作为义务。行为目的要正当，考虑相关因素，符合公平公正，符合公共利益、公序良俗和比例原则。其次，要考虑法律适用的次序和顺位。最后，对“规定”解读的边界。例如，对于损益性的行政不作为可以适用“法无授权即禁止”，但该标准却不能一概运用于授益性行政不作为。“法律必须稳定以保证社会秩序的安定，但又不能静止不变，需要法律根据其他社会利益的压力和新形势不断作出新的调整。所有法律思想都力图使有关对稳定性需要和对变化的需要方面的冲突协调起来。因此，法律秩序既有稳定性又要保持灵活。”[③] 法律的滞后性、抽象性与社会现实具有变动性之间存在脱节，导致法律规范不能涵盖调整社会生活的所有场域，这决定了法律适用的可选择性。如何处理法律规范没有覆盖的行政争议，是衡量法治成熟的重要表现。“‘禁止拒绝裁判’是大陆法系的传统原则，其含义是指对于缺乏明确法律规定之争议，法院有义务按照其管辖范围进行裁决。”[④] 换言之，法官不能以法无明文规定而拒绝裁判，即“禁止法官拒绝裁判”。依据该原则的要求，即使行政争议没有法律的明文规定，法官依然应该借助法律解释、

① 最高人民法院行政审判庭编：《中国行政审判指导案例》（第 1 卷），中国法制出版社 2010 年版，第 94 页。

② 最高人民法院行政审判庭编：《中国行政审判指导案例》（第 1 卷），中国法制出版社 2010 年版，第 89 页。

③ ［美］罗斯科·庞德：《法律史解释》，曹玉堂等译，华夏出版社 1989 年版，第 1 页。

④ ［德］伯恩·魏德士：《法理学》，丁小春、吴越译，法律出版社 2003 年版，第 358 页。

漏洞填补或者按照非正式法律渊源（如习惯、法律原理）裁判案件，存在可诉性假设即有纠纷就有裁判。[①] 但该原则适用存在限制性条件，要受到起诉条件的限制。即，法院裁判案件必须符合法定起诉条件和司法政策。

在强调当事人诉权保护和行政争议实质性化解的前提下，法院裁判不应囿于制定法等基本法源。在制定法缺失的情况下，可以援引习惯和法理作为补充法源，发挥司法的能动性。在判断构成行政不作为要件的“法定职责”（作为义务）时，法官不应局限于法律规范自身的价值，还要依照司法自身价值判断，即法律的外在价值。

（五）习惯法或行政执法惯例

从软法规则来讲，习惯和惯例作为人类历史早期社会唯一的社会规则形态，在当时的时代背景下具有其合理性及合法性。随着习惯及惯例逐渐让位于法律，承载于习惯及惯例的做法也转化为法律的强制性义务。法律实证主义观点承认习惯法为法律的组成部分，它通过法院的司法活动认可并且确立为法律规则，并且法律实证主义者认为司法自由裁量权更多的是指法官在现行法律没有规定而现实案件需要规则的情形下，通过对社会习惯的认可而创造新的规则。[②] 即，行政惯例是在法律法规没有明确依据的前提下，行政主体在处理行政管理事务过程中长期形成的可以反复适用的带有普遍性和共性特质的习惯性做法。这一方面是因为立法者认识的局限性导致法律的不确定性和留有漏洞；另一方面是因为法律与社会现实之间存在冲突。根据《民法典》第 10 条之规定，“习惯”作为处理案件的依据其前提条件是不违背公序良俗且存在法律规定的空白，这体现了习惯在实在法上的有效根据。习惯法能否成为特定法

① 孔祥俊：《司法理念与裁判方法》，法律出版社 2005 年版，第 4 页。

② 翁子明：《司法判决的生产方式——当代中国法官的制度激励与行为逻辑》，北京大学出版社 2009 年版，第 114~119 页。

律依据取决于它是否可以说明“法律的全部性质”，是否是独立的法律类型。笔者主张，行政主体的习惯性执法惯例可以构成不作为的依据，其会造成相对人对行政机关习惯性做法的合理信赖，从而使行政机关具有了履行职责的义务基础。

司法实践中，法院对待行政惯例要与行政规范性文件一样作为履职合法性的审查依据，通过对行政主体在行政管理过程中存在的行政惯例进行合法性审查，进而确定其是否违反法律的强制性规定或者公共利益。例如，第135号指导案例“吴某琴等诉山西省吕梁市工伤保险管理服务中心履行法定职责案”，法院裁判要旨中提到，“在特定管理事项中，如果存在行政机关长期使用且不违反法律强制性规定的习惯性做法，或称为行政惯例，当事人基于行政惯例所产生的合理信赖利益，应予保护”。① 二审法院认定不定期缴费方式在工伤保险管理实际工作中已是一种习惯性做法，被上诉人以上诉人所在单位的工伤保险缴费方式不符合条例规定而不予核定的行为违法。

（六）小结

关于作为义务依据之“法”的解读和作为义务来源都涉及司法裁量权的问题，即司法权与立法权之间的关系。这关乎法的安定性和社会管理秩序的稳定性。“司法自由裁量权”，是指法官审理案件时在裁判幅度的范围和程度方面享有的一定权力。从范围来讲，包括事实裁量和法律裁量。法理学上一般从法官适用法律或创造法律意义上讨论自由裁量权。司法裁量权在程度上由弱到强，包括四种形式：一是从现存法律规范到案件认定的演绎推理，此阶段的自由裁量权极弱，仅是法律规范的适用过程；二是对法律规范的解释；三是法律漏洞的填补；四是对现行法律规范的重新解读。②

---

① 最高人民法院行政审判庭编：《中国行政审判案例》（第4卷），中国法制出版社2012年版，第77页。

② 翁子明：《司法判决的生产方式——当代中国法官的制度激励与行为逻辑》，北京大学出版社2009年版，第119页。

其中，第二个和第三个阶段属于法官审理案件时补充规则的自由裁量权，即解释和补充规范。

韦伯在社会法学中提到关于社会规范的论述，他主张社会规范作为行为的外在约束，应该包括习俗、惯例以及法律等。而前述社会规则的分类在实际生活运作中存在交叉，并且习俗、惯例及法律之间作为连续体，当行政主体在遵守公序良俗、习俗、执法惯例时，即可认为其在按照法律的旨意作出行政行为。另外，行政法渊源包括习惯法、成文法、法律原则与法律解释等，有学者更进一步提出法律渊源应定义为有说服力的法律论据，其中不成文法渊源包括行政法的一般原则、民间习惯、行政惯例、司法先例、法律学说、行政政策等。[①] 英国、美国、法国、德国和日本等国家基本都承认行政法的不成文法渊源，虽然我国立法中未明确规定上述不成文法渊源作为行政法的补充渊源，但在司法实践中上述元素都起着指导作用。因此，不成文法规范也可以成为作为义务的来源依据。

三、作为义务的来源

我国澳门特别行政区《行政诉讼法典》第 132 条第 1 项中规定，“如行政机关、私人或被特许人违反行政法之规定或违反因行政行为或行政合同而生之义务，或行政机关及被特许人之活动侵犯一项基本权利，又或有理由恐防出现上述违反情况或侵犯权利之情况，则检察院或利益因受上述行为侵害而应受司法保护之任何人，得请求法院勒令有关行政机关、私人或被特许人作出或不作出特定行为，以确保遵守上述规定或义务，或不妨碍有关权利之行使”。[②] 由此可见，对“作为义务”的来源进行扩大解释有参照可以借鉴，并且从实质解决行政争议力求公民权利的无遗漏保护原理来看，扩大作为义务的来源也是应有之义。此外，我国行政诉讼立法仅规定

① 应松年：《当代中国行政法》，中国方正出版社 2005 年版，第 58 页。
② 何海波：《中外行政诉讼法汇编》，商务印书馆 2018 年版，第 116 页。

不予答复或拒绝行为等违法，并未将“法定职责”的概念限定于“法律规范”明确规定的职责，也未将“履行”限定为程序上的履行。据此，司法应该有一定的灵活解释空间。《执行解释》和《行诉解释》直接使用了“行政不作为”这一具有弹性解释空间的概念，起到了进一步为司法运行松绑的作用。作为义务的来源正由“单一”走向“多元”，笔者主张关于“作为义务”的来源和依据，主要包括以下内容。

（一）法定义务

法定义务即法律、法规、规章及行政规范性文件规定的义务。在行政法律规范保护的范围内明文规定或间接体现的作为义务，或者法律规范规定的被上诉人负有考量和保护的具有法律拘束力的作为义务。这是作为义务的主要来源，也是对相对人合法权益造成侵害可能性的主要义务来源。从保护规范理论来看，此种义务来源又可称为“负担行政法上的义务”。具体来讲，第一类是法律法规等明确具体地规定了作为义务的来源。例如，2003 年《最高人民法院公报》刊登的“彭某诉某市工商局不履行法定职责案”。各级国家行政机关出于行政管理的需要，通过发布行政规范性文件设定自己的职责和调整公民的权利义务。第二类是法律、法规及规章的转换适用。例如，“钟某诉北京市工商行政管理局通州分局行政不作为案”①中，法院裁判要旨中提出“对不属于行政机关自己职责范围的事项，如果部门立法中有明确的移送管辖规定，则行政机关应当履行移送的法定职责，不能仅答复投诉举报人不属于自己的职责，而是移送至有管辖权的行政机关并告知投诉举报人”。尽管我国没有制定统一的《行政程序法》来规范移送管辖制度，如果部门立法中有明确规定的，行政机关则具有移送的作为义务，根据《工商行政管理机关行政处罚程序规定》第 15 条之规定，“工商行

① 《最高人民法院 2015 年 1 月 15 日公布行政不作为十大案例》，最高人民法院网：http：//www. court. gov. cn/zixun-xiangqing-13404. html（访问时间：2018 年 7 月 26 日）。

政管理机关发现所查处的案件属于其他行政机关管辖的，应依法移送其他有关机关”。本案结合部门立法的相关法律规定，法院认定被告具有移送管辖的作为义务。同时，依据《中央编办关于工商总局主要职责内设机构和人员编制调整的通知》和《北京市人民政府办公厅关于印发北京市食品药品监督管理局主要职责内设机构和人员编制规定的通知》，原告钟某举报事项在 2013 年 7 月前属于工商行政管理机关的职责，之后该职责划归为食品药品监督管理局，此处即是通过行政规范性文件的形式为食品药品监督管理局设定作为义务的情形。第三类是法律的概括式规定。例如，法律规定投诉举报人的投诉举报权只要基于被诉行政机关的行政管理事项进行举报，行政机关即具备查处职责。[①] “在栾某平诉白城市东风乡政府不作为案”中，法院认定法律规定的“监督职责”同样构成不作为的法定职责。[②]

行政法规及规章以外的行政规范性文件也可以是作为义务的来源，包括各级行政机关对不特定相对人发布的非立法性行政规范、行政机关针对其自身或下级为规制机关内部秩序而制定的非立法性规范两类情形。[③] 第一类情形，简言之，行政机关的作为义务依据来自行政规范性文件。例如，《最高人民法院公告》刊登的典型案例“中国光大银行诉武汉市人民政府不履行法定职责案”，原告依据国发〔2000〕15 号《通知》对被告提起不作为诉讼，最高人民法院的判决确认了被告对原告主张事项具有法定职责。针对后一类情形，例如，行政机关协助下级机关和内部工作人员统一解释法律而制定的解释性规定，及裁量基准中确立的作为义务就是行政主体

① 梁凤云：《新行政诉讼法讲义》，人民法院出版社 2015 年版，第 429 页。

② 最高人民法院行政审判庭编：《中国行政审判指导案例》（第 1 卷），中国法制出版社 2010 年版，第 121~124 页。

③ 朱新力：《行政不作为违法之国家赔偿责任》，载《浙江大学学报（人文社会科学版）》2001 年第 2 期，第 76~83 页。

的一种法律义务。[①] 另外，作为义务的来源也可以为笼统、默示的规定。例如，“曾某玉诉教育部不履行法定职责案”。值得注意的是，行政规范性文件为被诉行政机关设定的作为义务不能违反法律、法规的强制性规定，否则不能作为行政机关履职的依据。

（二）行政行为设定的义务

行政行为是指行政主体行使行政职权产生法律效果的行为，包括制定行政规范性文件的抽象行政行为，也包括作出行政处理决定的行政行为。[②] 例如，“张某琪诉某市人社局、某市社保管理中心案”[③]，该市社保局依据《社会保险费征缴暂行条例》具有负责全市社会保险费征缴管理和监督检查工作的职能，该市社保局通过下发《通知》的形式给该市社保管理中心设定了对未按时足额缴纳社会保险费的用人单位进行行政处罚的义务。本案中作为义务的产生依据并非基于法律规范，而是根据行政行为的设定。此外其他行为也可以产生作为义务，如发生法律效力的裁判。[④]

（三）约定的作为义务

此类作为义务主要涉及行政协议中，行政主体与行政相对人双方合意的约定，行政机关既享有行政优益权也负有履行协议的作为义务。行政协议作为行政管理方式是基于行政管理职责签订的。行政主体如果未按照行政协议的约定履行相应的作为义务，则构成行政不作为。其中协议约定的义务、合同法以及行政法原则性规定都是作为义务的来源。例如，“李某仁诉淮南市潘集区城乡建设委员会不履行房屋征收补偿协议案”[⑤]，本案涉及房屋征收补偿协议与

---

① 朱新力：《司法审查的基准——探索行政诉讼的裁判艺术》，法律出版社 2005 年版，第 367 页。

② 周佑勇：《行政不作为判解》，武汉大学出版社 2000 年版，第 87 页。

③ 《最高人民法院 2015 年 1 月 15 日公布行政不作为十大案例》，最高人民法院网：http：//www. court. gov. cn/zixun-xiangqing-13404. html（访问时间：2018 年 7 月 26 日）。

④ 周佑勇：《行政不作为判解》，武汉大学出版社 2000 年版，第 90 页。

⑤ 安徽省淮南市中级人民法院（2016）皖 04 行终字第 4 号行政判决书。

行政规范性文件、征收补偿方案不一致的效力认定。法院判定，房屋征收部门与被征收人达成的《房屋征收补偿协议》与行政规范性文件及《征收补偿方案》不一致的，不影响房屋征收补偿协议的效力，各方均应按约定履行，违反协议约定的应当承担违约责任。《房屋征收补偿协议》是李某仁与被告潘集区城乡建设委员会公平协商达成的合意，而不是被告依据市政府文件以及《征收补偿方案》作出的征收补偿决定，双方基于公平协商可以超出《征收补偿方案》规定的补偿标准。《房屋征收补偿协议》是落实房屋征收决定具有公定力的协议，基于信赖保护原则应当维护行政相对人的利益。值得注意的是，行政协议为行政主体设定的作为义务不得违反法律法规的强制性规定。例如，“四川申蓉汽车股份有限公司诉四川省宜宾市翠屏区政府未按照约定履行行政协议造成损失赔偿案”①，法院经审理认定该案中地方政府不具有国有土地使用权审批权限，其与企业签订的行政协议违反《土地管理法》第 53 条及《四川省〈土地管理法〉实施办法》第 4 条第 1 款、第 36 条等法律法规的强制性规定。根据《合同法》第 58 条的规定，该行政协议应认定为无效合同，并且双方要对协议履行不能所造成的损失按照各自过错大小承担相应责任。

（四）先行行为引起的义务

“先行行为”是指源于行政主体先前实施的行政行为引起后续应负的作为义务。行政主体实施的先行行为只要足以使相对人和利害关系人的合法权益面临危险状态，就构成不作为的义务来源，行政机关负有采取措施防止危害结果发生的作为义务。先行行为既包括合法行为和违法行为，也包括事实行为和行政行为。行政机关先行实施的行为因为违法或者虽然合法但会侵害相对人合法权益或使相对人合法权益处于危险状态，行政机关因此具有排除损害发生的

① 最高人民法院中国应用法学研究所编：《人民法院案例选》（2018 年第 3 辑），人民法院出版社 2018 年版，第 155 页。

作为义务。例如，“罗某华诉息县人民政府、息县住房和城乡建设局、息县房地产管理所不履行法定职责案”①，本案涉及行政机关职责与第三人信赖利益保护之衡量。法院判决认为，原告罗某华通过签订《商品房买卖合同》，购买了第三人杨某个人投资注册公司预售的商品房。被告息县人民政府、息县住房和城乡建设局、息县房地产管理所认为该楼盘房屋所有权和土地使用权权利主体不一致违反了《房屋登记办法》第 8 条的规定，拒绝了原告的办证申请。经查被告在该楼盘土地使用权与相关开发建设手续主体不一致的情况下，依然为第三人注册的房地产开发公司颁发了商品房预售许可证和竣工验收合格证明等后续开发建设手续，使其开发的房地产得以销售。原告作为善意购房人基于信赖保护原则，其已实际取得的合法权益应受法律保护。由于行政机关的原因导致相对人无法办理产权证的，该不利后果不应由相对人承担。关于办理房产登记相关手续权利主体不一致的问题，应由被告息县人民政府会同相关部门及第三人在不侵害公共利益和他人合法权益的前提下，完善相关手续予以解决。本案中被告的先行行为使原告产生信赖利益，被告有采取措施防止原告合法权益受损的作为义务，应会同有关部门完善相关手续予以解决。

（五）行政机关作出的承诺

行政承诺是指行政主体对相关行政行为或事实行为承诺作出一定行为的单方意思表示行为，行政相对人可依此承诺请求行政机关履行承诺内容。这是合法预期保护原则和诚信原则赋予行政相对人具有请求行政机关履行单方承诺的权利。行政主体为了管理行政事务，在其法定职权范围内不与上位法抵触的情况下，通过行政规范性文件的形式针对特定事项可以作出承诺，包括口头承诺和书面承诺形式，承诺可以表现为附期限或者附条件的法律行为。承诺本身

① 国家法官学院案例开发研究中心编：《中国法院 2017 年度案例——行政纠纷》，中国法制出版社 2017 年版，第 28~30 页。

并不构成义务，只有当行政主体作出承诺后与特定行政相对人的意思达成一致，基于行政行为的公定力和信赖保护原则，行政承诺才转化为行政义务。对于行政承诺是否是行政主体应当履行的义务，需要判断行政承诺是否合法有效，违法的行政承诺以及无效的行政承诺都不能成为作为义务的依据。尽管关于行政承诺的行政行为存在争议，诸如德国毛雷尔认为“在德国行政承诺存在是否包含行政处理和设定义务为特性从而判定是否属于行政行为”的两种不同观点。笔者主张行政承诺是行政主体作出的授益性行政行为。例如，“张某脉等人诉绍兴市人民政府不履行招商引资奖励行政职责案”[①]，《中国行政审判案例》将其列为指导性案例并归纳裁判要旨“行政机关的奖励承诺是构成行政机关作为义务的依据，承诺的内容构成合法性审查的规范依据”。再如，“谷西村委会诉洛阳市人民政府土地行政许可”[②] 案，法院认定政府承诺的有限受让权应当优先予以保护。行政承诺类似于民法要约，特定行政相对人针对该要约作出承诺并基于信赖保护原则完成相应行为，此时行政主体的承诺转为针对特定人之义务，并成为行政主体作为义务的来源。行政承诺属于行政义务的范畴。所谓行政义务是指行政主体承担的公法义务，包括法定职责、公法合同等将法定职责扩大至行政义务是国际司法实践的成果。[③] 如果行政主体未按照承诺内容履行义务或者履行内容与承诺不一致，则相对人可提起行政诉讼。换言之，不履行或不正确履行承诺可以成为法院司法审查的对象。例如，“廖某华诉龙南县政府土地征收补偿安置案”，法院经审理认为原告的诉求实质上是要求被告履行《土地安置问题的书面意见》。该意见

① 最高人民法院行政审判庭编：《中国行政审判案例》（第 2 卷），中国法制出版社 2011 年版，第 97 页。

② 最高人民法院行政审判庭编：《中国行政审判案例》（第 4 卷），中国法制出版社 2012 年版，第 114 页。

③ 梁凤云：《关于行政诉讼判决的几个问题》，载最高人民法院行政审判庭编：《行政执法与行政审判》（总第 11 集），法律出版社 2004 年版，第 41 页。

属于行政机关为履行行政管理职责而向行政相对人作出的行政承诺，行政承诺往往属于行政机关为自己设定义务的行为，行政机关在履行方式上享有裁量权限，但行政机关的裁量权限应控制在一定适度权限边界且应符合全面适当的要求，法院遂判决责令被告重新为原告提供安置。

(六) 紧急救助义务

当国家、社会或者他人的重大法益遭受他人行为引起的危险或损害时，行政主体有救助的必要和现实可能性。上述行政主体的作为义务均是特定且具体的义务，而紧急救助义务则是抽象意义且是法律规范层面的作为义务。例如，“张某华等人诉某市公安局行政不作为案”[①] 中，依照《人民警察法》第 21 条第 1 款之规定，如遇公民人身财产安全遭受侵犯或其他不利情形时，警察应当立即救助。法院据此判决认为，在特定情况下行政机关具有主动履行职责的义务而不需要当事人提出申请，只要存在该法规定的危难情形和发生特定法定事实，行政主体就应将抽象作为义务转化为特定、具体、现实性与自身职权相关的义务。再如，“李某腾诉东明县公安局不履行治安管理法定职责案”[②]，该案确定的裁判要旨为“公安机关不得以引发治安案件的原因行为（如宅基地纠纷等其他民事纠纷）不属于其主管范围为由而拒绝履行法定职责”。虽然本案涉案的起因“宅基地使用权争议或宅基地侵权纠纷”不属于公安机关主管职责的范围，本应通过政府或者民事诉讼等方式予以解决，但因宅基地纠纷引发的治安行政案件仍属被告主管范围。被告东明县公安局应该针对此纠纷是否构成治安行政案件进行充分调查和确认，并将审查结果书面告知纠纷双方当事人。其在未履行上述程序的前提下就认为不属于其职责主管范围缺乏事实和法律依据，构成

---

① 《最高人民法院 2015 年 1 月 15 日公布行政不作为十大案例》，最高人民法院网：http：//www. court. gov. cn/zixun-xiangqing-13404. html（访问时间：2018 年 7 月 26 日）。

② 国家法官学院、中国人民大学法学院编：《中国审判案例要览（2014 年行政审判案例卷）》，中国人民大学出版社 2016 年版，第 209 页。

行政不作为。

（七）源于维护社会公益产生的义务

检察机关提起行政不作为公益诉讼类案件中，需要行政机关积极履行作为义务，否则公共利益会因行政机关的不作为而面临巨大损失。因此，社会公共利益的维护是作为义务的来源之一。

总之，作为义务的依据具有广泛性，但是对于行政机关具有较大裁量余地或具有较多政策性考量的处理行为，由于缺乏直接适用或者可以参照的标准往往给司法审查增加了难度。例如，“黄某花诉河南省辉县市人民政府不履行给付义务案”，法院认为基于司法权和行政权之间的界限划分，在行政机关自由裁量的政策性标准幅度范围内，法院不宜以裁判方式确定行政机关明确具体的给付义务。

四、作为义务的判断节点

作为义务的判断节点要结合行政权运行的自身规律进行整体性审查。尤其是当涉及连续性、多阶段和多义务环节的行为时，由于各阶段行为之间相互独立，而当事人诉求的实现有赖于行政机关多阶段多环节义务的总和。判断是否构成行政不作为的关键是确定以哪个义务作为判断节点。笔者主张应该以“整体性”和“实质性”权利义务作为审查判断是否构成不作为的节点。例如，在相对人诉请行政机关履行查处职责的案件中，判断行政不作为是否成立不再局限于阶段性的限期改正通知和行政处罚决定，而应放宽至违法建筑的认定处理和强制措施等整体性判断。

关于“不作为的持续状态”，又可称为“持续状态的行政违法行为”，是指依据法律规范行政机关应作为而不作为的行为持续较长时间，其法律后果以持续状态的方式对相对人的合法权益造成实质影响。虽然行政机关主观上认为其履行了作为义务，但在客观上却放任相对人的合法权益处于受侵害状态，违法事实具有持续性并未实质性终止。不完全履行的一个重要特征就是被告作出的行政行为在效果上无法满足相对人要求其履行作为义务保护合法权益之目的。此时需要法官发挥司法能动性，从实质性解决行政争议的视角通过作为义务的实质性标准来确定作为义务的节点，以督促行政机关切实充分履职保障民生。例如，“王某清诉北京市丰台区环境保护局不履行法定职责案”[①]，原告举报丰台区王佐镇西王佐浴池排放污水，丰台环保局调查发现该浴池至举报时已经处于停业状态不满 3 个月，并将调查结果答复原告。本案争议焦点为，被告是否履行了原告举报事项的法定职责且履职程度是否合法恰当。根据旧《行政处罚法》第 29 条及《环境行政处罚办法》第 22 条第 4 项之规定，对违法行为查处的时效为“违法行为发生之日起到被发现之日止未超过 2 年，法律另有规定的除外。违法行为处于连续或继续状态的，从行为终了之日起计算”。王某清举报时浴池停业尚不足 3 个月，被告仍应在其职责范围内对该浴池之前是否存在违法行为和是否具有连续状态进行调查并作出相应处理。被告仅以浴池已停业答复原告不存在违法行为不当。被告应就原告举报事项开展调查并依据调查情况决定是否进行行政处罚。[②]

第二节　主观要件的判断基准：行政主体履行作为义务具有现实可能性

行政不作为的司法审查判断基准除了需要行政主体具有作为义务的前提条件之外，还需要作为义务已经满足现实、特定的义务条件，且该作为义务不存在客观阻却事由。换言之，法院需要通过司法审查确定行政主体履行作为义务是否具备条件，而“作为条件”通常分为程序性条件和实体性条件，前者是指启动作为义务的条

① 北京市第二中级人民法院（2015）二中行终字第 400 号行政判决书。

② 国家法官学院案例开发研究中心编：《中国法院 2017 年度案例——行政纠纷》，中国法制出版社 2017 年版，第 27 页。

件，后者是指行政主体履行义务的条件是否适当以及是否成就实质履职的条件。

一、程序性条件

根据行政不作为的启动方式，程序性作为条件主要包括依申请和依职权履职两种方式。审判实践中，不作为行为产生争议主要是基于原告申请，因而原告是否提出申请就成为法院审查的重点。

（一）作为义务的产生方式

“不履行”的概念可限缩解释为仅是针对合法申请人的申请，从而排除不合法申请人提出的申请。不履行作为义务的产生可以由相对人依申请产生，也可以因行政主体依职权主动产生。根据行政程序启动方式不同，可分为依职权履行职责和依申请履行职责，即行政职权的启动可以分为行政相对人及利害关系人具有请求权并且提出请求的依申请履行职责，或者行政机关主动启动的依职权履行职责。区别于司法权的不告不理原则，依职权启动是行政程序启动的主要方式，而依申请启动是例外方式。在依职权履职中，负有作为义务的行政机关不需要当事人提出申请就应积极作为，如果其没有积极主动履行作为义务，则构成不作为。例如，“艾某某诉沈阳市卫生和计划生育委员会行政不作为案”，该案确定“投诉举报仅是行政机关发现违法线索的途径，不是执法的必要条件，只要发现被举报人存在违法情况，即使不属于举报事项，行政机关也应当积极履职，不需要申请人再次申请”。[①] 被告作为医疗机构的监管机关，负有管理医疗机构依法规范行医的职责和义务，一旦发现医疗机构存在违法情形就应该依职权积极主动启动调查程序，而不需要原告提出申请。

在依申请履职案件中，产生不作为争议是因原告提出申请引起

① 李灵雁：《北京市行政复议典型案例选编》，北京市人民政府法制办公室编2016年版，第26页。

的，因此需要满足相对人提出申请的要件，并且行政机关知悉自己履行义务的基础在于相对人提出申请。换言之，在依申请履职中，判断是否构成行政不作为是以行政相对人是否提出申请即行政主体是否知情，作为法定构成要件之一。

（二）存在“原告申请的事实”

法院通过审查行政不作为行为来行使司法审判权，司法权所具有的被动性特性要求法院自启动司法权的整个裁判过程，都要围绕当事人申请的行为和内容进行审查，而避免法院主动启动司法权和擅自变更当事人的诉求。[①] 即，原告诉求制约着审判权行使范围，法院应重点审查原告申请的事实在法律和事实上是否成就了相关必要条件。

1.“提出申请”要件

“提出申请”要件关涉到行政不作为的成立，根据依申请不作为中行政机关启动行政程序的过程，可以将行政不作为的成立归纳为以下阶段：

（1）当行政相对人向行政机关提出履职申请时，如果行政机关在第二个程序阶段不予受理该申请，则属于拒绝启动行政程序，此时行政程序停留在①。

（2）在第二个阶段，行政机关保留是否启动行政程序的权力，同时行政相对人对是否终结行政程序也不会获取行政机关的意思表示，此时构成行政不作为。

（3）在第三个阶段，行政机关已经启动行政程序，假如此时行政机关不作出任何行为，则行政程序仍然停留于②与④，此时构成行政不作为。

（4）行政程序终结，行政程序停留在④。

---

① 苏力：《关于能动司法》，载《法律适用》2010年第2期，第5~10页。

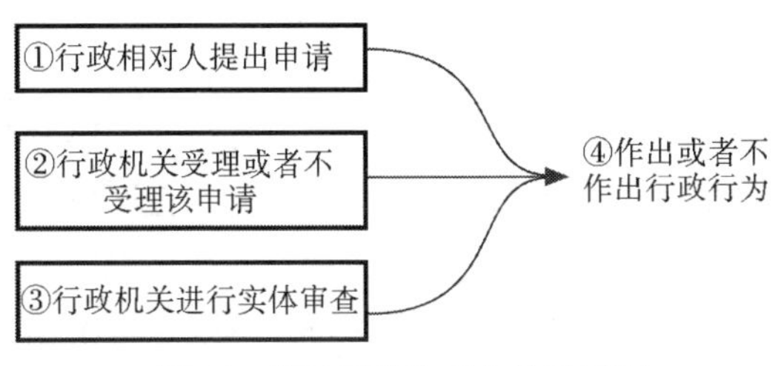

图 11　行政不作为成立的示意图

行政相对人提出申请属于单方行为，是依申请履职行为启动的必要条件和行政不作为成立的前置性条件，并且其所提出的申请要明确具体，这也是将行政主体抽象意义上的作为义务转换成必须履行的具体义务之条件。同时，还要满足所申请事项有法定的权利依据，且可能侵害原告自己的主观权利。如果没有明显的事实依据，则不构成行政不作为。对于依申请类不作为，设置“提出申请”要件既可以尊重行政机关的判断权，又可以对原告权利提供有效救济。但是日本的课予义务之诉、德国的义务履行诉讼以及法国的越权诉讼都不区分是否以申请为前提，也不要求“申请权”作为拒绝处分的要件。[①] 值得注意的是，日本虽然不要求申请处分的要件，但设置有不明确的限制条件，如“只限于有可能因没有为一定的处分而发生重大损失，且没有其他恰当方法避免该损失的情形”。换言之，无论当事人是否具有实体法上的请求权，只要其拥有某种作为接受行政机关判断权的程序申请权，就达到足够充分的条件。

2. “申请”与“请求”的区别

关于“申请”与“请求”的区别，“申请权”侧重保护行政相对人的程序性权利；“请求权”更关注对行政相对人实体权利的保

① 李源：《韩国的行政复议和行政诉讼》，中国政法大学出版社 2015 年版，第 158 页。

护。"请求权"概念在权利体系中处于枢纽地区，不仅涉及实体法诉讼的核心对象，还涉及从诉讼秩序到权利秩序的演进以及从救济性手段到功能模式的建构。在行政机关对程序活动享有裁量权的情况下，当事人依据程序理性原则获得了相应的程序权利。行政机关滥用程序裁量权的行为可以构成滥用权力，如拒绝给予当事人表达意见的机会，程序上无理由的差别对待，以及考虑不相关因素或者不考虑相关因素等。[①] 当事人有权否定侵犯其程序权利的程序活动，以及由此产生的结果合法性。

3. 提出申请的形式

原告向行政机关提出申请的形式可以是口头或者书面形式，采用书面形式提出申请是基本表现形式。至于是否向行政主体提出申请应由行政相对人举证，法院认定原告提出申请的事实一般是通过挂号收据和邮寄查询单。另外，以口头形式向行政机关提出申请是书面申请的补充形式，采用口头形式提出申请时行政机关一般会制作口头申请笔录或进行情况登记。例如，《行政复议法实施条例》第 19 条有口头申请的相关规定。对于口头申请，如果行政机关的后续行为能够间接证明原告提出申请，即便原告没有证据证明其向行政机关提出申请，法院也可以综合行政机关的行为作出认定。例如，"许某荣诉江苏省无锡市烟草专卖局不履行烟草专卖行政许可法定职责案"[②]，本案中原告虽未能向被告提交申请材料，被告亦未向原告出具书面的受理通知书，但被告对原告申请办证的四宝百货商店进行了实地勘察。被告在处理原告的办证申请中存在程序倒置行为，即在未正式受理前直接进行了审查阶段的工作而越过了受理程序。结合被告行政服务中心窗口出具的办证登记回执以及对四宝百货商店进行实地勘察等情形，可以认为被告以其实际行为表明

---

① 王锡锌：《行政程序法理念与制度研究》，中国民主法制出版社 2007 年版，第 126 页。

② 江苏省无锡市南长区人民法院（2015）南行初字第 3 号行政判决书。

已经受理了原告的办证申请。行政相对人因行政机关程序倒置行为而产生的合理信赖利益应受法律保护。被告以原告未提供申请材料为由，对原告的申请予以消极对待，已构成行政不作为。

4. 提出申请的例外情形

原告提出申请的例外情形包括被告依职权主动履职，或者原告有正当理由不能提供的除外。在行政不作为案件中，起诉人起诉时应提交证明被诉行政行为存在的初步证据，当原告初步举证义务已证明向被告提出申请后，举证义务发生转移。根据《行政诉讼法》第 34 条之规定，如果行政机关主张其并没有不履行作为义务，而是因为没有收到当事人提出的履职申请，此时涉及举证责任问题。行政机关应当对未收到行政相对人履职申请向法院举证。如果行政主体不能证明自己没有收到原告的申请，则要承担不作为的法律后果。例如，安徽省高级人民法院发布的典型案例“刘某某诉马鞍山市交通运输局不履行政府信息公开法定职责案”，本案法院裁判突破了传统行政模式下通过相对人邮寄单等材料证明相对人提出申请的事实，而是结合网络媒介的特殊性进行审查判断。由于本案被告管控着网络平台，原告对于该平台的运行程序及反馈情况等无法掌握，被告对此负有举证责任却未能举证证明，应视为其收到了原告的申请。再如，“张某某诉北京市人民政府不作为案”[①]，原告不服北京市住房和城乡建设委员会的《答复意见书》，遂向被告北京市人民政府提出复议申请，被告法制机构负有受理原告复议申请的法定职责。原告通过提供邮寄查询单已举证证明向被告提出复议申请的事实。被告未能在《行政复议法》规定的法定处理期限内作出复议决定，也未提供证据证明自己没有收到原告的复议申请，因此应承担败诉的不利后果。

此外，还存在“原告申请事实”的持续效力来替代“提出申

① 李灵雁：《北京市行政复议典型案例选编》，北京市人民政府法制办公室编 2016 年版，第 54 页。

请”。例如，“陕西省宝鸡市渭滨区益门堡基督教堂诉宝鸡市人民政府不履行土地行政确权法定职责案”①，本案行政机关先前的依申请履职行为因司法审查介入一审被撤销，行政机关没有重新进行履职，原告提起上诉要求被告重新履行作为义务。二审法院为防止程序空转和节约诉讼成本，从实质性解决行政争议的角度判定具有作为义务的行政机关在依申请作为类案件中，当其履职行为被依法撤销后因争议仍未解决，行政机关不以相对人是否再次提起申请为继续履行作为义务的启动条件，“原告申请的事实”应视为存在持续效力，责令被告在法定期限内对争议事实继续履行作为义务。

二、能力条件：权责一致

构成不作为需要行政机关具备作为的条件而没有作为，此处“具备作为的条件”是指行政机关具有权责一致的能力条件。根据“权责一致”原理，行政主体在行使行政职权时，要具备与职权相一致的履责能力。如果行政主体以自己不具备履行作为义务的能力条件作为不履职的理由，是不能成立的。例如，“康某华诉厦门市国土资源与房产管理局集美分局不履行政府信息公开案”②，原告向被告及其上级机关（二者系不同的政府信息公开义务主体）同时提出相同的政府信息公开申请。虽然其上级机关作出答复，但并不免除被告进行政府信息公开答复的义务。本案不适用《行政诉讼法》第 74 条第 2 款第 3 项“被告不履行或者拖延履行法定职责，判决履行没有意义”的情形。

“能力条件”是职权与职责相统一的体现，而划定职责权限范围则是确定能力条件的前提。关于“职责权限范围”的确定，可以政府信息公开义务机关的职责权限范围为例。

---

① 最高人民法院中国应用法学研究所编：《人民法院案例选》（2017 年第 10 辑），人民法院出版社 2017 年版，第 218 页。

② 国家法官学院案例开发研究中心编：《中国法院 2017 年度案例——行政纠纷》，中国法制出版社 2017 年版，第 17~18 页。

(一)“法律规范”的判断依据

政府信息公开遵循“谁制作谁公开，谁保存谁公开”的原则，鉴于政府信息公开申请是事实行为，因此应以现行法律规范和政府信息的现有状态来判断行政机关政府信息公开的权限范围，或者以原告提出申请时有效的法律规范为依据来判断政府公开权限。因此，对于政府信息形成时与相对人申请公开信息时制作或保存信息的行政机关信息职责出现法律规范不一致的情形，应以现行法律规范为依据作为判断该信息是否属于公开范围。如果进行机构改革的，则由承受其职责的机关负责原行政机关的信息公开工作，这符合法律一般原理中的权利义务承继理论。

另外，在合署办公的情况下，如何认定政府信息的公开权限则涉及多部门信息的处理。笔者认为当涉及多部门信息处理时，可以通过运用征询制度在决定公开前征询其他行政机关的意见，从而维护公共利益和个人隐私之间的平衡。根据《政府信息公开条例》第 23 条之规定，征询意见的范围应限定为申请公开的信息内容涉及个人隐私和商业秘密的情形，但是没有规定涉及其他行政机关制作政府信息内容的情形。由于涉及多部门时，无法代替其他行政机关判断所涉内容是否含有国家秘密以及公开是否会存在危及“三安全一稳定”的情形，通过询问其他行政机关是否公开的意见，法院来决定是否公开。

(二)“不属于本行政机关公开”的权限范围认定

即，政府信息公开职责权限的例外情况。其中，例外规定的设定依据只能是法律、法规。例外情形可以分为以下三种情形：其一，对于关乎国计民生和影响重大的政府信息，在规定权限上只能由特定机关予以公布。例如，《农产品质量安全法》第 7 条的规定。其二，依据《政府信息公开条例》第 7 条之规定，对于需要批准发布而未经批准的情形。例如，《全国经济普查条例》第 30 条的规定。其三，对于不属于定密限制但法律法规有特殊限制的，也不得公开。

三、履行作为义务的现实可能性

有学者主张不应将行政主体履行作为义务具有现实可能性作为行政不作为的一个构成要件，否则将导致法理学与行政法学对不作为界定标准的不一致，因为所谓“行政主体具有作为的可能性”本身就是一个模糊的标准。[①] 但是，学界通说认为履行义务的现实可能性是判断不作为构成要件的主观基础。所谓“履行义务的现实可能性”，是指行政机关具备作为义务的能力和条件。一旦行政机关具备履职能力及条件而不履行作为义务时将承担相应的责任，但是排除行政机关基于客观原因或客观条件不具备而不作为之情形。关于行政机关履行作为义务具有现实可能性，主要是指其具有履职的主观意志力、能力条件和客观条件，包括行政主体主观意志力与作为义务形式及内容的一致性。

（一）行政主体的主观意志能力：存在故意或者过失

法律行为的产生一般都是在主体主观意志导向下，因此“行政不作为必须在行政主体的主观意志能力范围内”。[②] 只有在其主观意志能力范围内才有评判的意义，这就排除了因意外事件、不可抗力等具有违法性阻却事由的存在而要承担行政责任的可能性。换言之，行政主体构成行政不作为需要在主观层面明知其负有法定作为义务，并且具备作为之可能性，但是在实践中要排除个案履行不能的情况。作为义务是一种现实的义务，即履行作为义务的具体条件已经具备，行政机关必须立即作出行政行为。从行为法学视角来看，行为的意志因素是法律确认的重要因素。[③] 行政不作为主体的主观意志能力不太容易认定，需要主观意志的外化才能具备法律评判的基础。“无意志无意识的行为，即纯粹的无意行为，不能成为

---

① 马生安：《行政行为研究》，山东人民出版社 2008 年版，第 214 页。

② 周佑勇：《行政不作为构成要件的展开》，载《中国法学》2001 年第 5 期，第 68 页。

③ 谢邦宁：《行为法学》，法律出版社 1993 年版，第 111 页。

法律行为。”①

行政不作为构成要件的主观方面要求行政主体及其行使公权的公务人员，应该在主观心理上存在故意或者过失。即，构成行政不作为需要行政主体主观上具有故意或者重大过失等消极态度，且该种态度受自己意志支配且明知。如果因为不可抗力、意外事件或其他非由行政机关控制的客观原因导致其不履行作为义务的，则不构成不作为。

笔者主张，如果行政主体履行作为义务的条件因客观原因或客观条件不具备，则存在正当的违法性阻却事由，阻断被诉行政机关不作为之违法性判断，构成行政不能行为。根据本书前述，行政不作为是违法行政行为，而构成违法行为的要件之一是行政主体存在主观过错，即消极不履行应当履行的作为义务。此外，行政不作为的特征之一，就是以不予答复等消极方式或明示拒绝履行等积极方式不履行作为义务。例如，《行政复议法》第 34 条规定中包含的“不予受理”“不按规定转送”“在法定期限内不作出行政复议决定”等形式。不作为行为是主客观相统一的行政行为，有无归责事由之主观过错应该是认定不作为是否成立的标准。

关于构成行政不作为的主观过错，应该基于行政机关对自身违法性的充分认知，一般应区别于民法以及刑法上的过错构成理论。“主观过失”主要分为“有认识的过失”和“无认识的过失”。其中“有认识的过失”是指行为人意识到实施该行为后果可能性发生的机会但缺乏相应的谨慎，而“无认识的过失”是指因缺乏认识而承担未注意的责任。另外，过失的根源可能是源于法律的认识错误或者是行为事实的认识错误。此外，还有较高程度的过失，称为“加重的过失”。“主观过失”具体包括两个层面的内容：第一层面是实体程序的不作为是故意还是过失导致的；第二层面是作为方式选择上是否存在故意或过失，是否运用了不合理、不恰当的行

① 张文显：《法学基本范畴研究》，中国政法大学出版社 1993 年版，第 134 页。

为方式。其中，“不完全履行”主观构成要件的研究重点在于行政主体在行为过程中的主观过失。[①] 构成过失的消极前提是行为人不存在故意的错误，但是对其行为的违法性或者是否属于法定构成要件规定的行为尚存疑虑，错误地容认了本已属于违法的行为。“过失”仅是针对意志形成过程出现的责任，而不考虑意志内容的责任。主观过失应区分判断基础、判断方法等，综合判断行为人是否具备预见结果发生的条件。关于“过于自信的过失”的理解，“过于自信的过失”=“已经预见可能发生的结果”+“轻信能够避免”。此处隐含三种假设：一是过于高估自己的能力；二是不当评估现实客观条件对避免危害结果的作用；三是存在误判，错误预估结果发生的可能性，误以为损害结果很小可以避免。[②] 过失的判断标准，即“是否有过错应考虑行为人是否已经达到了法律、行政法规、规章等要求以及一个有理性人在当时当地条件下所作出的合理反应，只是适当考量行为人自身的情况”。[③]

以上内容的判断可以通过“可预见性标准”进行判定。“可预见性”是英美法上重要的理论，可预见性与近因性都是注意义务的组成部分。过失行为的背后都存在一个义务，“由于法律上的因果关系具有相对性，从行政主体对特定行政相对人承担的法定作为义务出发，而损害后果和预见可能性则成为责任判断的标准”。[④] 可预见性标准起码要满足一般的谨慎，不需要适用严格规范要求行政主体做到特别的预知损害程度，而仅是预见损害发生。从“预期”角度出发，一个理性人对后果是否可以推测和预知，以及如何采取措施避免行政不作为造成相对人的损害。关于主观过失抑或客观事实的判断还要结合常识理性。例如，“合理的注意义务”需

① 李卫华：《不完全作为行政行为研究》，载《山西警察学院学报》2017 年第 2 期，第 62 页。

② 张明楷：《刑法学》，法律出版社 2011 年版，第 267 页。

③ 张新宝：《侵权责任法》（第二版），中国人民大学出版社 2010 年版，第 40 页。

④ 陈皓：《卡多佐：司法传统的革新》，黑龙江大学出版社 2010 年版，第 74 页。

要满足“可预见性”“近因性”且符合“合理原则”。美国大法官卡多佐认为，合理的行为观是指“两个挨着站的人彼此间的责任”，不洁之手不能获得法律救济。通过合理推断来判断行政主体的主观状态，而行为主体的主观状态成为判断其责任的重要因素。不单纯停留在行政不作为是否是相对人损害的法律原因，也即作为义务而非因果关系是行政不作为判断的重点。从行为的性质和目的来讲，空间因素对于确定责任是重要因素，行为的风险责任具有相对性，而相对性应当从它存在的范围中去理解。①

总之，行政主体的主观意志能力在主观上或者出于故意或者疏忽甚至是误解等，具体包括非法定动机的故意不作为、考虑不该考虑的因素而造成不作为、没有考虑应该考虑的因素而不作为、结果上因拖延构成显示公正等。②

（二）现实可能性

“现实可能性”是指行政机关对于作为义务的内容具有预见可能性，同时具有相应的能力条件和可行性从而实现履职的法律目的，不因不可抗力等客观条件导致履行不能。“可能性”也可以界定为具有履行作为义务的主观意志能力。关于“可能性”要件的判断需要满足行政主体已不具有裁量权空间，且完全履行作为义务的条件已经成就，履职目标的达成具有现实可能性。即，归于主观原因导致实体或实质上未完全履行，且不完全履行没有正当理由。如果行政主体主观上具有积极作为义务的意志，但由于客观要件的缺失或行政机关不作为的行为超出其主观意志范围从而未作出实质性结论的行为，则并不构成不作为。

在判断行政机关不作为行为是否具备“现实可能性”时，域外和我国目前学界主要采用裁量收缩的“危险防止型行政不作为”

① 陈皓：《卡多佐：司法传统的革新》，黑龙江大学出版社 2010 年版，第 74 页。

② 朱新力：《司法审查的基准——探索行政诉讼的裁判艺术》，法律出版社 2005 年版，第 372 页。

进行判定。在德国，关于行政机关是否履行作为义务，不仅要考虑主观公权，而且要结合“裁量收缩”原理判断。如果对于重大法益存在危险的现实紧迫性，并且行政机关对此种危险结果的发生在主观上已经存在预见可能性或者明知，在客观上也存在可以防止损害结果发生的条件和手段措施，则行政机关具备了发动规制权限的期待可能性且其裁量权限被压缩为零，不存在行政机关的裁量或者判断余地。即，如何判断履行职责有无现实可能性需要以对裁量权的容忍和限缩以重大法益保障为底线临界点。在依职权履职类案件中，行政主体依据法律授权应该基于主观判断和自由裁量权主动作为。传统行政法学理论中，通常并不强调行政不作为构成需要行政主体具备履行的现实可能性，但是随着风险社会背景的提出以及借鉴日本法上危险防止型不作为构成要件等因素，在依职权“危险防止型行政不作为”中则需要“行政主体具有履职的现实可能性”这一有责性要件。而危险防止型行政不作为构成违法不作为要满足四要素：一是损害结果发生的预见可能性；二是行政主体公权行使阻却损害的现实可能性；三是损害避免的期待可能性；四是损害法益的重要性。[①]

另外，例如，在政府信息公开案件中关于“政府信息不存在”的认定，也涉及现实可能性的问题。根据《政府信息公开条例》第 2 条之规定，信息公开遵循“谁制作，谁公开；谁保存，谁公开”。政府信息公开义务主体是否公开申请人要求获取的内容取决于该信息是否是行使行政管理职责过程中产生的，行政机关以民事主体身份参与招投标则不具有政府信息公开的义务。“政府信息不存在”，是指政府信息在时间上、空间上都不曾产生过，且受理申请的行政机关有具体相应职权具备制作或获取该信息的可能性。对于不具有制作该信息的其他机关在处理涉及该信息公开的申请时，

① 李梦琳：《行政不作为与不履行法定职责的关系界定》，载《黑龙江省政法管理干部学院学报》2018 年第 4 期，第 29 页。

不应该告知申请人该信息不存在，否则构成瑕疵行为。在涉及行政许可类案件中，下级机关经过初审报上级机关复审批准的情形下，下级机关不能以政府信息不存在为由答复相对人。因为相对人所申请信息的最终获取机关是上级机关，应答复申请人向所申请信息的上级有权机关查询。

（三）例外：行政不能

“行政不能”在主观方面不存在过错，是因行政主体主观意志以外的客观环境阻却行政行为的完成，行政主体存在“想为却无力为”的状态。换言之，“行政不能”是因为受制于客观因素的缺失从而无法作出实质性结论的行为。即，存在阻却作为义务完成的客观因素。

行政不作为主体履行义务的能力要区别于“行政不能”，一旦行政相对人提出的申请超出其能力范围，则不构成不作为。在审判实践中，虽然有的法院将行政不能行为归为行政不作为，但是“行政不能”属于作为行为、不作为行为同一层次的行为，这是行政机关的免责事由。例如，在“何某江诉成都市公安局成华分局行政不作为案”中，法院判决认为，如果受害人遭受的损害属于无法预见、不可避免且不能克服等客观情况所致，则公安机关虽然具有保护公民人身财产权等法定职责，但其因无法预见的突发治安事件造成履职不能时不可认定为行政不作为。[①] 关于阻却作为义务完成的客观因素，主要表现为以下几个情形。

1. 因不可抗力导致行政不能

“行政不能”是基于履行作为义务的现实可能性而排除阻却作为义务完成的客观因素，比如自然灾害等人力无法控制的客观原因，此时构成行政不能。行政不能包括部分与全部行政不能、暂时性与永久性行政不能、终止性与中止性行政不能等。行政不能行为

---

① 最高人民法院中国应用法学研究所编：《人民法院案例选》（2007 年第 3 辑），人民法院出版社 2007 年版，第 45 页。

往往是由于不可抗力等客观原因导致的非以行政主体主观意志为转移而出现行政主体丧失履行义务的可能性。关于“不可抗力”，可理解为当行政主体已经尽到合理注意义务后，仍然存在无法克服且无法避免的客观因素，导致行政不作为主体失去作为的可能性和事实不能。例如，工商登记一般仅对当事人提交的申请材料进行形式审查，只要材料的表面形式符合登记要求即可给予登记。对于提交材料的真实性不进行实质性审查。如果当事人要求行政机关对材料的真伪负责，则属于超出其能力条件的无法履行的行为。

2. 当事人的阻却使得行政机关不能作为

如果由于行政相对人的原因导致行政机关缺乏履职的现实可能性，且该不履职不可归于行政机关的原因，此时不构成行政不作为。例如，“何某康诉江油市林业局不履行林权保护法定职责案”，该案判定“因当事人阻却致使行政机关客观上不能依法履行法定职责时，并不构成不履行法定职责的行政行为”。[①] 在“江苏某公司诉某市工商局不履行法定职责案”中，因第三人调查对象失联导致被告调查行为处于持续状态，第三人导致被告不具有履职的现实可能性，因此也不构成行政不作为。[②] 在“某出租公司诉上海市某安监局行政处罚纠纷案”中，法院判定由于该出租公司怠于履行安全生产义务导致发生安全事故，其应当对此承担相应的责任。[③]

第三节 客观要件的判断基准：行政主体不履行作为义务且无正当理由

行政不作为的客观要件（又称为形式要件），表现为行政主体

---

① 四川省绵阳市中级人民法院（2016）川07行终字第60号行政判决书。

② 白城市中级人民法院（2015）白行终字第22号行政判决书。

③ 陈立斌：《2016年上海市第一中级人民法院案例精选》，人民法院出版社2017年版，第546页。

不履行作为义务，这是构成不作为的核心要件。即本书第一章中已阐明的观点，行政不作为在客观外化形式上表现为在程序上不作出行政行为或者“形式为”而“实质不为”，并且该不为已经达到履行期限的上限。如果对于行政机关作为内容及方式有明确法律规定的，行政机关应按照法律规定履职，假如法律未具体规定作为内容及方式的，行政机关应该尽到合理注意义务。简言之，以是否存在非主观意志因素的阻却为判断不作为客观要件的标准之一。[①]

一、作为义务实质要件的判断：是否实质作为

“不作为”包括积极不作为与消极不作为两种类型，又可称为程序上不为与实体上不为。根据第一章中不履行作为义务的表现形态之分析，本节研究的重点是如何判断行政机关没有履行其应当履行的作为义务。实践中存在的主要问题是行政机关实施了一定的行为，是否仍然构成不作为。即，履职需要到何种程度才算免除不作为义务。这就涉及构成不作为的“实质或效果要件”的判断。关于行政不作为实质要件的判断，主要是指履行作为义务是否在实体效果上完结，是否达到实质作为的效果。对于仅仅启动程序而在结果上未作出实质性行政行为或者履职不完全、不充分等情形，都属于在履职效果要件上不符合作为义务的要件，构成行政不作为。如何解读“是否实质履行作为义务”，需要从主观过失、作为方式选择、执法目的等角度综合考量。

（一）“实质性”时点

在判断行政主体是否实质作为时，需要有一个评判事实和法律状况的“实质性时点”，可以说该时点也涉及作为与不作为的界定和判断依据。如果实体法中本身包含有关于实质性时点的规定，那么裁判就应以此实体法规定为标准，假如实体法中缺少对实质性时

① 周佑勇：《行政不作为构成要件的展开》，载《中国法学》2001 年第 5 期，第 69 页。

点的规定，则只能通过没有实施“最终”防止危险发生的行为效果判断。换言之，通过体现于诉讼结果中的“简便规则”进行评判。例如，“北京市平谷区人民检察院诉北京市平谷区园林绿化局不履行法定职责案”① 中，法院认定“代为补种”属于代履行行为，系行政强制执行方式，如果违法行为人未在法定期限内履行义务，则行政机关应当履行催告、送达等法定程序进行强制执行。否则，构成怠于履行法定职责的行政不作为。本案中“代为补种”的代履行行为虽然受季节限制，但是催告等代履行程序并不受此限制。所以，行政机关履行作为义务不仅要把握履职的实体内容，而且要把握履行作为义务的法定程序。此外，“王某孝诉连云港市规划局不履行规划管理职责案”中，法院对如何判断实质履职也进行了界定。

（二）“实质”作为的判断

关于“是否实质作为”的司法审查基准在于法院审查被告履职的方式与履职目的之间的关系，可以从以下几个方面对是否“实质性”作为进行判断：一是行政机关选择执法方式的目的正当性。二是行政机关是否履行了法律法规规定的相应履职步骤和程序。行政机关在条件成熟时是否及时作出处理决定，是否满足执法效能的要求。② 三是履职效果的评估，是否有利于实质性解决行政争议的实质履责，即实现履职的目的。四是行政机关不完全履行作为义务是否有正当理由。例如，“上海新世界紫澜门大酒店有限公司等诉上海市黄浦区规划和土地管理局履行法定职责案”中，法院关于是否构成“拖延履行”的判断就是基于以上要素。③

---

① 最高人民法院中国应用法学研究所编：《人民法院案例选》（2018 年第 6 辑），人民法院出版社 2018 年版，第 205 页。

② 茆荣华：《上海法院行政诉讼案例精选》，上海人民出版社 2017 年版，第 74 页。

③ 冯庆俊：《如何认定行政机关不履行法定职责》，载《检察日报》2017 年 3 月 27 日第 3 版。

二、法院对“实质作为”的判定标准

（一）系统综合性判定标准

判断被诉行政机关是否实质作为的关键是结合行政行为的合法性与合理性。即，履行作为义务的方式、手段、履职能力与目的之间的关系，法院从履职有无现实可能性、实际履职程度，通过有针对性的、完整性的审查进行综合分析。具体来说，法院判定构成不履行作为义务的情形是否包括被告故意不创设条件实现行政管理目的，或者负有作为义务的行政主体在法定期限内启动了作为程序但所采用的手段明显不具备达到履职目的之可能性。① 此外，还存在由于行政机关工作人员履职能力差异导致的未完全达到履职目的之情形。在“林某武诉三亚市吉阳区城市管理局不履行法定职责案”② 中，被告对涉案原告投诉的违建项目已作出《责令停止违法行为通知书》，已然履行了作为义务。但是原告认为投诉后被告未进一步采取查处措施也未限期拆除，属于未依法履行职责。法院经审查后依据《城乡规划法》第64条的规定，认定涉案违建项目已于《责令停止违法行为通知书》下发后采取改正措施补办规划报建手续等，可以不予拆除。法院不予支持原告以此为由提起的行政不作为诉讼。2015年最高人民法院公布的十大不作为案例“彭某诉深圳市南山区规划土地监察大队行政不作为案”中，法院认定被诉行政机关对违法建筑的查处，不能仅止于作出处罚决定，而应依据《行政强制法》的规定采取有效措施确保处罚决定的执行，才是完全履行作为义务。③ 全国十大不作为案例“王某升诉寿光市人民政府行政不作为

---

① 姜鹏：《不履行法定职责行政案件司法审查强度之检讨》，载《华东政法大学学报》2017年第4期，第183页。

② 最高人民法院中国应用法学研究所编：《人民法院案例选》（2017年第7辑），人民法院出版社2017年版，第157页。

③ 参见笔者发表的论文《实质解决行政争议视角下的行政履行判决适用研究》，载《行政法学研究》2019年第2期，第126~135页。

案”中，法院经审理认为被告在履行责令职责时，不仅限于作出并送达责令通知，还应限定公开的合理期限并应跟进监督村委会对责令通知执行，以实现原告要求公开的结果。同时，行政机关履职的方式要符合法律规定。例如，“汤某诉当涂县劳动局不履行法定职责案”中，该案负有作为义务的当涂县劳动局未进行调查处理，而是将自己职权范围内的事项交由其他机关处理，构成不适当履职的行政不作为。

综上，审判实践中，判断行政机关是否实质作为，不仅审查形式方面还要审查履行作为义务的效果，从而监督行政主体积极履行作为义务。

（二）释明充分性及适当性标准

从实质性解决行政争议视角来看，实质性作为义务的条件已经成就而不履职的构成不作为。在判断标准上还要满足释明的充分性及适当性标准。

1. 释明义务的充分性

法院在司法审查过程中往往依据法律规范等严格文本解释来判断被诉行政机关是否履行作为义务，而缺乏对释明义务等内容的实质审查。笔者认为，行政机关是否已尽充分的释明和告知义务是法院对“是否实质作为”的判断标准之一。现实生活中，存在行政机关由于内部职权划分等界限不清导致互相推诿的情形，此时法院需要审查被诉行政机关是否履行了充分的释明和告知义务。例如，最高人民法院发布的典型案例“齐某发诉山东省交通运输厅道路运输局不履行法定职责案”，与此类似的案例还有“黄某敬诉北京市东城区政府不履行法定职责案”①，由于被告未从合理行政的角度尽到对原告的提示义务，导致被法院以不当为由确认未履行作为义务违法。

① 最高人民法院中国应用法学研究所编：《人民法院案例选》（2018 年第 5 辑），人民法院出版社 2018 年版，第 188 页。

2. 履职的“适当性”

“适当性”也是法院判断是否实质作为的审查重点。行政机关履职的方式要符合法律规定，如果法律没有规定则以适当方式履行。审判实践中，法院往往通过考量行政机关履职的现实可能和实际程度来判断行政机关履职的程度，即是否“实质”履行作为义务。一旦行政机关已经履职，可以拒绝当事人提出的重复履职请求。假如行政机关负有相关职责而没有自行处理却转交其他行政机关，则属于不适当履行。此外，负有义务的行政机关不能以其他行政机关的处理行为作为免除其履职的正当理由。

关于“适当性”的判断标准可以参考以下三要素：其一，及时履职。为了保障效益性和执法效能，行政机关是否在合理时间及时开展调查活动是判断行为是否符合适当性的标准之一。其二，全面履责。基于整体性、全面性原则，行政机关应该全面履职，并且基于个案案情不同，行政机关是否充分调查取证是判断履职程度适当性的重要参照。其三，实质履责。从结果论角度来看，行政机关履行作为义务的目的是实质性解决争议，实现履职并保证履职取得实质效果。因此“适当性”的重要评判标准之一就是履职效果的实效性。

三、不完全履行作为义务的认定标准

关于作为义务实质性的判断主要体现于不完全履行，需要明晰行政机关作出的行政行为在何种程度上才是完全履行了职责。

（一）“全面履行”标准和“义务违反”标准

关于不完全履行的认定标准，依据判断重点不同可以分为带有主观性质的“全面履行”标准和“义务违反”标准。“全面履行”标准是以履行利益的整体性为参照，鉴于行政机关履行方式、目标手段等的不适当或存在瑕疵，从而导致对行政整体性原则的破坏，由此以“不完全”履行来界定“不完全履行”，并强调行政机关基于公务理性而高于普通人的一般理性和注意义务。“义务违反”标准则侧重于强调不完全履行对法定作为义务要件的违反，并需要行政相对人负初步举证行政主体违反法定义务的证明责任。“义务违反”标准主要包括履行作为义务有瑕疵和保护义务的违反。在认定不完全履行时，需要在行政行为的实效性和法的安定性及保护相对人利益之间进行衡量，综合考虑行为利益及法令宗旨目的，以利益权衡作为重要的认定依据。[①] 当运用此标准来认定不完全履行时，应该结合行政不作为构成要件。假如行政机关履职没有达到不作为构成要件的程度，则该不完全履行的违法性就解除了。即，视为行政机关已经全面履行了作为义务。

（二）“权限程序的正当标准”

该标准又可以称为前述履职的“适当性”标准，是指法院围绕行政不作为是否符合“权限正当”“程序性程序正当”“实体性程序正当”要件，以及行为是否满足合法性标准进行审查。[②] 该标准要求被审查的不作为行为达到“正当、正确、充分”的程度，即以适当的履行方式全面完成作为义务，适当履行拒绝任何对广义作为义务的违反。“程序公正的判断标准是指诉讼程序能否准确、及时和恰当地实现实体权利，彻底解决冲突”[③]，要保证程序的科学性和合理性。在判断是否构成不完全履行时，要考量行政机关的裁量性行为是否符合法律授权目的、考虑应考虑之因素等。例如，“马某玲诉北京市公安局丰台分局不履行法定职责案”，本案涉及公安机关处理治安处罚类案件有关调查取证阶段履行行为的司法审

---

① ［韩］金东熙：《行政法》，赵峰译，中国人民大学出版社 2008 年版，第 243 页。

② 王名扬：《美国行政法》，中国法制出版社 1995 年版，第 383 页。参见 Jerry Mashiaw，Richard A. Merrill & Peter M. Shane，*Administrative Law，The American Public Law System，Case and Materials*，Third edition，West Publishing Co.，ST. Paul，Minn.，1992，p. 275. Tushnet，The Newer Property，*Suggestion for the Revival of Substantive Due Process*，Sup. Ct. Review，1975，p. 261。

③ 马维秋：《论我国医事诉讼程序的构建》，海南大学 2010 年硕士学位论文，第 18 页。

查认定。《治安管理处罚法》和《公安机关办理行政案件程序规定》都规定了公安机关办理治安处罚类案件的具体职责。本案中，公安机关主张其依据法律规定履行了受案、调查等作为义务，而最终未作出调查结论是由于调查结果和无法查找到致害人等客观正当理由导致的。有观点认为，对于治安处罚类案件引发的行政不作为诉讼，法院审查的重点是公安机关的立案、受理、处理期限和处理结果，而对于本案中的调查行为仅作形式审查即可。持此观点的学者认为，调查取证阶段涉及专业判断和行政裁量，法院要保持对行政机关首次判断权的尊重以及秉持司法谦抑性，只要公安机关在调查取证阶段的行为不超越法律法规的基本标准，法院可不介入审查。笔者认为，根据“权限、程序正当”标准，法院对公安机关是否履行作为义务的审查应具体全面，因此调查取证行为也应成为实质性审查的对象。

（三）“相当因果关系”标准

“相当因果关系”的判断公式为：“无此行为，虽不必生此损害，有此行为，通常足以生此损害者，是为有因果关系；无此行为，虽不必生此损害，有此行为，通常亦不生此损害者，即无因果关系。”[①] 简言之，按照德国学者克里斯的观点，“条件 A 是导致损害 B 发生的必要条件，且条件 A 显著提高了损害 B 发生的可能性，从而条件 A 与损害 B 之间具有相当因果关系”，“注意义务”要求行政主体完整谨慎履职以保护相对人权益，防止危险责任。[②] 关于“注意义务”，德国公法最初区分为“职务义务”与“法义务”，前者是指公务人员对国家负有的义务；后者是指国家对人民负有的义务。后来德国为消除法冲突，将“职务义务”区分为“内部职务义务”和“外部职务义务”（此义务概念与法义务趋同）；日本的

① 王泽鉴：《侵权行为法》，中国政法大学出版社 2001 年版，第 191 页。

② 林卉：《怠于履行公共职能的国家赔偿责任》，载《法学研究》2010 年第 2 期，第 165 页。

“公法义务”与德国的“法义务”相同。[①] 可以将“未尽注意义务”理解为“善良管理人对社会生活的注意义务”作为“主观过失”的判断依据。[②] 从“相当因果关系”角度来看，行政机关的不完全履行行为提高了相对人相应损害结果发生之客观可能性，行为方式与结果发生具有相当之因果关系。

四、关于“无正当理由”的理解

构成行政不作为的要件之一，是行政机关不履行作为义务且无正当理由。即，行政不作为是行政主体主观原因及能力范围内引发的不作为。依据《适用解释》第 22 条之规定，构成行政不作为需要行政主体存在违法拒绝履行或无正当理由逾期不予答复。即，“不作为”是因行政机关的主观原因导致，且不作为没有“正当理由”作为免责事由。

（一）“正当理由”的语义分析及存在的情形

“正当理由”又可称为“可以排除行为之违法性的事由”，即“不法的排除事由”。日本在撤销诉讼中提出，是否构成“正当理由”除了需要结合个别判断的前提外，错误教示及不教示都被认为构成正当理由。[③] 在判断行为的违法性时，法律规定了特别的行为事实，在行为事实中该行为被合法化。其中“正当理由”可以理解为客观理由，诸如意外事件、不可抗力等客观条件的限制。“对于不可抗力等非主观意志因素而导致行为能力可能性丧失，则并不构成不作为。”[④]“正当理由”有以下三种情形：

---

① 林明昕：《“不法侵害人民自由或权利”作为“国家赔偿责任”之构成要件要素》，载胡建森主编：《国家赔偿的理论与实务》，浙江大学出版社 2008 年版，第 73 页以下。

② 吴庚：《行政法上之理论与实用》，中国人民大学出版社 2005 年版，第 454～469 页。

③ ［日］市桥克哉、平田和一等：《日本现行行政法》，田林、钱蓓蓓、李龙贤译，法律出版社 2016 年版，第 292 页。

④ 周佑勇：《行政不作为判解》，武汉大学出版社 2000 年版，第 91 页。

第一种，在某些情形下，该理由的存在导致某些行为被合法化并成为法律辩护的正当性事由。

第二种，在部分情况下存在不法的排除事由，即合法化的不合理。[①] 行政机关在作出裁量性行政行为时，要在选择手段与实现目标之间进行裁量，需要此裁量性选择具有正当理由。同时，行政机关往往对法律规范有全面认知且具有高于一般理性的公务理性，应该对可能结果的发生、行为正当性与损害间的关联性具有更强的认知能力。

第三种，如果行政相对人存在过错，则可成为行政机关不作为的正当理由。例如，“李某珂诉成都市城乡房产管理局房屋行政登记案”，根据《房屋登记办法》第 23 条之规定，涉案被告具有将申请登记的抵押权记载于房屋登记簿的法定职责，但本案原告怠于履行缴费义务的过错，导致抵押权登记一直处于审核阶段，从而影响被告无法将原告申请办理的房屋抵押权登记记载于房屋登记簿，之后原告的抵押权登记未完成但涉案房屋被法院依法查封，原告遂要求被告在其完善申请行为后给予申请登记，此时房屋登记机构不予登记是由于原告过错导致的，不构成不作为。[②]

（二）“正当理由”之例外

值得注意的是，司法实践中还存在“正当理由”之例外情形，主要存在以下两种情形。

第一种，如果行政相对人向行政主体提出履职申请符合法定条件的，行政主体不得随意附加条件作为拒不履行作为义务的理由，行政主体应当依法履职。例如，“彭某诉广安市公安局交通警察支

---

① ［德］恩施特·贝林：《构成要件理论》，王安异译，中国人民公安大学出版社 2006 年版，第 13 页。

② 最高人民法院中国应用法学研究所编：《人民法院案例选》（2016 年第 3 辑），人民法院出版社 2016 年版，第 232 页。

队不履行办理机动车年检手续法定职责案”[①]，本案中出现公安局《机动车登记规定》第49条第2款与《道路交通安全法》第13条第1款的法律适用冲突。根据《立法法》上位法优于下位法的规定，在原告申请复核条件的情况下，行政机关不能将道路交通违法行为与车辆年审进行捆绑处理，也不能以与法律规定相抵触的规章作为不履行作为义务之理由。

第二种，对于行政机关以客观情况为由未依法履行作为义务的，则构成行政不作为。例如，“王某某诉北京市国土资源局变更集体土地建设用地使用证答复案”[②]，北京市国土资源局作出《答复意见》，主张北京市尚未出台关于宅基地使用权登记发证的具体规定，无法进行宅基地使用权登记发证的相关工作，即不具备发放的条件。但北京市国土资源局“收到王某某的宅基地发证登记申请后，并未作出受理与否的决定，也未在法定期限内办理登记审查手续，亦未书面告知不予登记”，属于未按照法定程序处理申请人的土地登记申请，未依照法定权限和程序履行职责，仍构成行政不作为。换言之，行政不作为的内容包括行政主体具备作为之可能性而在能力范围内“不为”，或者行政主体的不作为是由于不可抗力等客观因素导致的。

（三）“正当理由”之下不作为的效力

行政不作为的成立，要求行政主体同时具备不履行义务的主观和客观要件。当出现不能履行的客观情况时，行政机关不作出行政行为是合法的，并不构成行政不作为。例如，“莫某兰诉湘潭市国土资源局信息公开案”[③]，本案争议焦点为莫某兰要求湘潭市国土资源局公开涉及第三人的房屋拆迁补偿金额信息是否涉及个人隐私

① 最高人民法院中国应用法学研究所编：《人民法院案例选》（2016年第6辑），人民法院出版社2016年版，第265页。

② 李灵雁：《北京市行政复议典型案例选编》，北京市人民政府法制办公室编2016年版，第218页。

③ 湖南省湘潭市中级人民法院（2014）潭中行终字第62号行政判决书。

和不予公开范围。法院判决认为，房屋征收补偿款涉及公民财产收入情况，可以认定为涉及个人隐私的信息。根据《政府信息公开条例》第 23 条及《信息公开若干规定》第 8 条之规定，未经权利人同意且不公开不会对公共利益造成重大影响的政府信息可以不予公开。本案中第三人明确表示不同意公开，且房屋征收补偿款信息不会影响公共利益。据此，法院判决湘潭市国土资源局不予公开有正当理由，属于合法行为并不构成行政不作为。

第四节　裁量要件的判断基准：行政机关有无裁量权及判断余地

对于裁量性行政不作为，法院需要审查行政机关有无裁量权及判断余地，据此判断认定是否存在“尚需被告调查或裁量”之情形。这涉及被诉行政机关是否存在裁量余地或者裁量收缩的情况。

一、“判断余地”的审查

“判断余地”理论，又可称为“接受可能性理论”，是与不确定法律概念相关联的。不确定法律概念是指内容空泛和意义不确定的法律概念。行政机关通过适用不确定法律概念从而获得了判断余地，也即法律上的“评价特权”，允许行政机关在法律幅度范围内作出各种不同判断。例如，“马某玲诉北京市公安局某分局不履行法定职责案”[①]，本案涉及公安机关处理治安处罚类案件有关调查取证阶段履行作为义务的司法审查认定。法院的审查核心在于两个方面：一方面审查行政机关有无裁量权及判断余地，另一方面审查行政机关在调查取证的程序阶段“履行职责的程度标准”。

具体到本案，由于治安管理处罚类案件个案案情不同，公安机

① 国家法官学院、中国人民大学法学院编：《中国审判案例要览（2014 年行政审判案例卷）》，中国人民大学出版社 2016 年版，第 189～193 页。

关不具备调查活动的完整标准，从而使公安机关获得了行政裁量权，其可以在履职具有现实可能性的条件下且在自身范围内充分运用调查取证权查明事实。但公安机关在调查取证阶段不享有判断余地，因为不存在不确定法律概念，且从行政不作为诉讼实质性解决行政争议的角度来看，公安机关仅享有根据不同案情确定具体调查方向并采取灵活措施的自由选择权。对裁量权限范围内行政机关所作的不具有合理性或者不合目的之行为，法院有权将其作为审查对象判断其是否属于滥用裁量权。自由裁量并不表示要对内容作完全选择，仅限于对法律容许的目的和幅度，被称为“自由裁量之限制”。如果法律设定应作出行为的内容，一旦出现前提，行政机关受制于最大限度之羁束，但对于行为时间的选择仍留给行政机关决定并要有履行时间的最低限度。[①] 如果单纯以行政的专门技术性作为拒绝法院司法审查的充要条件，会间接影响当事人权利救济甚至司法的权利救济功能也会无限限缩，此时有欠妥当。[②] 对于所争议的行政行为是否属于行政主体的裁量事项，最终作出判断的是法院。根据我国法律规定，限制人身自由处罚的设定属于法律保留范畴，法律没有授权行政机关判断余地和裁量余地。调查取证的调查内容是法律规定的案件专门工作或强制措施，具有法定内容和调查方式。《公安机关办理行政案件程序规定》等相关规定对调查内容作了明确界定，因此法院有权对本案公安机关的调查取证行为涉及的法律问题和事实问题进行全面审查。具体到“马某玲诉北京市公安局某分局不履行法定职责案”中，公安机关在案件发生当月即完成了初步询问和伤情鉴定，但从案发到本案提起诉讼跨度 2 年的时间里，在有相关线索的情况下都未完成违法事实认定和致害人身份查明且无正当理由。另外，公安机关也没有向报案人说明进展和期限情况。从行政惯例角度来看，这不符合行政机关的公务理

---

① ［葡］苏乐治：《行政法》，冯文庄译，法律出版社 2014 年版，第 201 页。

② 杨建顺：《行政规制与权利保障》，中国人民大学出版社 2007 年版，第 677 页。

性，也不存在裁量性选择的正当性，难以认定为完全履行了作为义务。

二、是否存在“裁量权滥用”

“作为义务”可以分为无裁量余地之羁束性义务和具有裁量余地的作为义务。行政主体遵守裁量界限的裁量权包含两个层面：对于是否作出某种作为义务的“决定裁量”，以及作出何种作为义务的“选择裁量”。

比例适当标准一般仅适用于行政裁量行为，但是在授予行政裁量权时也会赋予行政机关决定或选择是否使法律效果发生的权利。当然此种裁量余地范围内的事项也不适用比例原则。法院对行政裁量行为一般的裁判结论是驳回诉讼请求或者撤销裁量行为，而不直接变更行政行为的实质内容，“排除法院对行政裁量变更的可能”。①

法官在实际办案过程中，应该从实质性解决行政争议视角根据个案的特殊性依据法律效果进行裁判。例如，在“黄某坤诉某县公安局不履行户口更正登记法定职责案”中，法院判决认为被告确实存在登记错误的情形，但是直接判决被告更正登记取得的法律效果并不理想，因为户口登记的特殊性会导致一系列后续问题的连锁反应。对于户口迁入的相应情形及涉及的婚姻登记问题都需要被告后续进行调查裁量。据此，法院采取了实体判决例外的程序性裁判，判决被告对原告之申请重新进行处理。

三、已经不存在“不为”的裁量空间

作为义务具有现实可能性，要求行政机关已经不存在“不为”的裁量空间。假如行政机关作出行政行为明显违反比例原则，其权

① ［德］平特纳：《德国普通行政法》，朱林译，中国政法大学出版社 1999 年版，第 60 页。

力行使明显超过必要和适度的限度且行政机关不存在裁量空间时，就需要借助源于德国的比例原则进行手段与目的的权衡。一旦行政机关履行该义务会导致社会成本明显超过其社会收益时，行政机关可以选择不作为。如果在行政不作为过程中，行政主体存在行政裁量的不当收缩则构成行政不作为违法。例如，“厦门市某业主委员会诉该市某区城管行政执法局不作为案”①，法院认定本案原告存在未取得规划部门许可擅自改变建筑设计使用功能违法建设的事实，被告在相关部门对涉案楼层功能认定用途明确的情况下，仍以规划部门和房管部门对楼层功能认定不一为由不予立案调查缺乏依据。法院认为被告所主张的可能涉及案外人权益情形，可以通过赋予其陈述申辩权来救济。

① 国家法官学院、中国人民大学法学院编：《中国审判案例要览（2014 年行政审判案例卷）》，中国人民大学出版社 2016 年版，第 231 页。

第五章　行政不作为诉讼的司法审查标准和审查强度

由于我国社会处于转型期，各种利益纠纷呈增长态势。多元化的社会现实不断给不作为诉讼司法审查标准和审查强度提出更高要求。这就将确保司法审查到位和行政争议实质性解决的重任交由法官。伴随法律规定缺位无法全面满足社会现实需要的窘境，法官在处理不作为案件时面临没有具体可操作的审查标准及审查强度的尴尬局面。为了实现司法权对行政权的制约，更大程度地发挥司法的内在功能，需要考虑我国行政不作为诉讼制度本身的特殊性。笔者主张在不作为诉讼审查标准上引入“实质性审查”的司法理念，确立实质合法性审查标准，增强司法权介入行政权的广度和深度。针对裁量性不作为设置分层级的审查强度，而羁束性不作为审查强度上要明确“合目的性审查”“区分事实问题和法律问题”等。

第一节　行政不作为诉讼审查标准及审查强度的影响因素和理论基础

一、司法权与行政权的关系：司法最终原则与司法有限性的博弈

“行政不作为诉讼的特殊之处在于诉讼程序和诉讼过程无不涉及司法权与行政权的关系，如何协调处理二者的关系是各国行政诉

讼共同面临的问题。"[①] 可以说，不作为诉讼涉及的最大理论问题是司法权与行政权的关系，如何厘清二者的界限是权力分配格局及司法审查的难点。研究不作为诉讼司法审查标准和审查强度需要考虑司法权与行政权分工的大背景，深层发掘司法权与行政权的关系涉及司法的功能定位和自我限制。即，涉及司法权与行政权之间的界限，界定法院对行政机关不作为行为的制约权力。[②] 换言之，司法审查与监督行政权的力度，以及在何种程度上实质性解决行政争议。正如哈耶克所言，司法权具有维护社会秩序的功能，但并不创设秩序而仅是恢复秩序。行政权具有积极性和主动性的特点，从而导致行政不作为行为会对公民权利造成侵害。为解决此种权利侵害的现实性和可能性，不仅需要行政机关内部的自我约束机制，还需要司法权的外部监督和干预机制。

关于司法权与行政权的关系，我国学界的主流观点主张"司法审查有限原则"，即司法权以行政行为的合法性作为审查的核心，一般不能代替行政权作出决定，并且司法审查作为事后救济不能在行政行为作出前或过程中介入。[③] 这是由司法权的本质决定的，司法权的本质属性是处理纠纷的判断权，仅行使消极的对行政行为合法与否的否决权。同时，对行政不作为救济持消极态度者认为，法律的实施属于行政职权范围，司法不应侵越行政权。正如，美国新自然法学派代表人物富勒在《裁判的形式及其局限性》一文中提出，应该区分适合行政机关与法院分别处理事务的界限。[④] 虽然司法审查的法律基础是分权理论，但是根据"司法审查必要

---

① 杨伟东：《行政行为司法审查强度研究——行政审判权纵向范围分析》，中国人民大学出版社 2003 年版，第 5 页。

② Michael Asimov, *The Scope of Judicial Review of Decisions of California Administrative Agencies*, 42, UCLA Law Review, 1995, p. 1159.

③ 章剑生：《现代行政法基本原理》，法律出版社 2008 年版，第 513 页；罗豪才：《行政法学》，北京大学出版社 1996 年版，第 401 页。

④ Lon L. Fuller, *The Forms and Limits of Adjudication*, Harvard Law Review, Vol. 92, 1978, p. 354.

原则”，为了达到行政权符合法授权目的行使，司法权往往以事后介入的方式进行控权。[1]“司法有限原则”要求法院恪守司法权边界，在行使司法权时应该对司法审查的深度和广度进行限缩，案件审理要受到我国司法系统和法官整体素质的限制，同时在案件审理的技术问题上保持谨慎，避免造成司法权对行政权的替代进而影响行政效率。司法审查有限原则在不作为诉讼中体现为解决争议的不彻底性，如不作为诉讼裁判方式中的“撤销+重作判决”就是司法功能有限的表现之一。司法审查最本质的功能和最基本的效果是要彻底解决行政争议，这是立法目的之应有之义和其存在的基本价值。司法审查标准和审查强度对于特定类型行政争议的适合性是“司法最终性”的必要保障。

“司法有限性”与“司法最终性”之间的转变是成文法局限性的克服，体现了立法者从严格规则主义向裁量主义的过渡，这也是法律规范的模糊性及滞后性的必然选择，避免权力行使者为厘清法律模糊性而偏离立法目的。国家权力结构中将司法权予以分立的目的在于保持司法自主性和法官个案裁判的理性，以分权为基础实现权力制约权力。假如法院在行政不作为诉讼过程中超过理性限度对行政权表现出克制，反而会损害司法自主性。[2]司法权属于终局性权力，是对行政争议进行判断处理的最具权威性的司法救济渠道。司法最终原则衍生于权利保障原则，是指由法院对争议通过司法程序作出最终裁判。“司法最终解决”有两层含义：一是法院对任何案件及争议拥有最终解决的权力，除非有特别例外之规定，否则当事人对于行政决定有权提起诉讼，而行政机关则无权具有最终决定权；二是法院终审判决是具有法律效力的最终判决形式，除非法律有规定或者当事人依照法律程序提起再审程序，否则任何机关和个

① 章剑生：《现代行政法基本理论》（第二版），法律出版社 2014 年版，第 107 页。

② TRS Allan, *Common Law Reason and the Limits of Judicial Deference*; David Dyzenhaus (ed.), *The Unity of Public Law*, Hart Publishing, 2004, pp. 305–306.

人均无权变更或者废除法院的判决。[①] 在司法最终理念下，任何行政争议均可受法院司法审查。正如美国汉密尔顿在《联邦党人文集》中提出“国家与其公民间产生的纠纷只能诉诸国家法庭。其他任何方案既不合理，违反惯例，而且也不得体”。[②] 审判实践中，法官补充法律漏洞的方式除了司法解释还可以通过司法能动等法律原则从而间接借助裁判表现出来。司法能动应该在司法有限原则基础上运行，从而避免司法能动的幅度超出自身能力范围，造成对司法权威的破坏。

“现代法治国原理强调用司法权制约行政权表明，当两者发生冲突时应倾向于司法优位，司法最终原则正体现了法院是处理社会争议最主要最权威的解决者。”[③] 由于行政行为并不全是行政机关终局裁决的行为且其并不必然具备法律层面上的自足性，为避免行政权行使的恣意和专横，司法具有对行政行为终局判断的权力。“在某种意义上来说，司法是有效政府与个人利益间平衡的最终裁判者。”[④] 通过司法最终原则的确立，可以在司法权与行政权之间寻求平衡支点，体现出公平与效率的博弈。然而，司法最终原则并不依赖于僵化的立法规范，而是通过法官在司法实践中根据个案情况运用裁量权来确定两种权力行使维度。正如美国霍姆斯在《法律的道路》中主张，司法是法律实施的重要途径而法律则是对法官裁判的预测。从司法权与行政权区别的角度来看，司法权的本质是具有专属性的判断权，具有中立性和被动性等本质特征；而行政权具有主动性与扩张性，需要司法权对行政权进行监督与控制。

---

① 杨伟东：《行政诉讼法修改的基本动向及其问题》，载《国家检察官学院学报》2007 年第 2 期，第 153~160 页。

② ［美］亚历山大·汉密尔顿、詹姆斯·麦迪逊、约翰·杰伊：《联邦党人文集》，程逢如等译，商务印书馆 1980 年版，第 400 页。

③ 马怀德：《行政诉讼原理》，法律出版社 2003 年版，第 325 页。

④ R. Brazier, *Constitutional and Administrative Law*, Penguin, 7th ed., 1994, p. 580, from Brigid Hadfield (ed.): *Judicial Review: A Thematic Approach*, Gill & Macmillan Ltd., 1995, p. 188.

二、合法性审查与实质性解决行政争议的权衡：从合法性审查到法律关系审查

我国沿袭了大陆法系国家“有限”司法的传统，不作为诉讼确立司法审查标准和审查强度时需要正视司法权审查行政权的局限性，以及法院解决行政争议能力的有限性。行政不作为诉讼中坚持以“行政行为合法性”为中心的司法审查模式，导致司法审查和裁判的有限性，同时受案范围的有限性更加剧了刚性司法裁判解决行政争议的效果乏力。

关于“合法性审查”与“实质性解决行政争议”的平衡，这涉及司法权的有限性与原告深层次诉求之间的关系。换言之，是规则之治与争议解决的平衡。在“监督行政权”目的之下，合法性审查是诉讼程序的理论基础。通过调和解决行政争议与监督行政权二者之间的紧张关系，反思行政不作为诉讼实现实质性解决行政争议功能的界限，达到保护相对人合法权益的实效性。“权力（权利）制约”原理是以国家权力分工为基础遵循国家权力和公民权利之间的对立统一，以权力对抗权力、以权利制约权力，从而确保法治秩序和防止权力（权利）的滥用。如果没有司法审查，行政法治以及个人的自由权限就无从保障。

从审判权与诉权关系角度来看，行政不作为诉讼是作为国家权力重要组成部分的行政审判权与诉权之间相互作用的产物，二者相互依存和制约。一方面，诉权制约着审判权，如果没有当事人通过行使诉权启动诉讼程序，则司法的被动性导致行政审判权处于搁置状态。另一方面，审判权制约诉权，法院通过行使司法审查来判断当事人起诉的适法性进而判断争议实体处理之可能性。行政不作为诉讼的实质体现为法院通过法律规则的适用来解决当事人之间产生的行政争议进而实现社会秩序稳定，即定分止争。由于“控权论”“救济论”等行政法基础理论将行政审判定位于试图通过对行政行为合法性审查达到控制权力和保障权利的目的且过于强调此二元化

目的，而忽视了行政审判作为争议解决机制司法程序自身应有的“解决行政争议”的直接目的，这就出现了解决行政争议目的之遗漏及相关制度的缺失，审判实践中也涌现出大量争议得不到实质性解决，即案结事不了。

行政诉讼制度的发展经历了从客观监督功能到通过解决行政争议来发挥救济功能。传统行政诉讼侧重对行政行为的合法性进行司法审查，这种审查模式导致行政争议得到彻底解决的程度有限，而且过于追求客观真实的司法审查也未给诉讼运行效率及审查结果的实效性预留空间。可以说，司法权对行政权的合法性监督与行政争议的解决之间有着内在冲突，如何调和“权力监督”与“解决争议”的关系将决定实现权利救济的有效性以及划定司法审查的正当基础和合法边界。

从判断权分配视角来看，行政机关的首次判断权与法院的二次判断权之间存在审查界限，即使是能动的合法性审查方式也只能游走于两个判断权之间的灰色地带，而不能有所逾越。① 在行政不作为诉讼中，原告的诉讼请求以及被诉行政不作为行为的合法性问题都在当事人争议的过程中和法院司法审查的动态中存在崭新因素，因此需要能动、积极地去挖掘未知的结论。“随着传统秩序行政向现代福利行政转型，行政争议也由消极的侵权维护型向积极的利益索取型转变。”② 在不作为诉讼司法审查中，为了实现诉讼目的，法院不应将合法性审查作为唯一手段，而应关照实质性解决争议的基本使命，使解决行政争议目的从合法性审查的掩埋下萌芽破土，并为其设置相应的司法审查标准和强度。不作为诉讼不应局限于形式上的合法性审查，更应从根本上关注个案的实质诉求，修复紧张的对立情绪。实质性解决行政争议以法律追求的价值目的为基础，

① 高家伟：《公正高效权威视野下的行政司法制度研究》，中国人民公安大学出版社 2013 年版，第 324 页。

② 陈骏业：《纠纷解决与合法审查之间——行政诉讼基本制度研究》，浙江大学出版社 2014 年版，第 16 页。

同时运用司法能动性来实现司法权对行政权的制衡，从而实现法律的终极目的。行政诉讼制度的初衷是通过法院行使司法权居中裁判来抗衡强大的行政权，以权力制约权力。此种视角下，司法审查并不拘泥于形式合理性和对既得利益及秩序的维护。[①] 当事人提起行政不作为诉讼的主要目的在于解决争议，如果不能从实质上化解行政争议，就无法实现维护当事人合法权益的目的，也无法达到行政裁判的可接受度。“解决行政争议”列入《行政诉讼法》是力求在行政行为合法性审查的基础上，达到平衡“监督行政权”与“解决实质诉求”之间的关系。为了给回归当事人诉求本身和关照解决实体争议提供立法依据及制度构建基础，应从“合法性”审查转向“法律关系”审查。

司法审查与诉讼目的功能存在千丝万缕的关系，司法审查权的行使只有在诉讼程序中获得合法性和正当性基础，才能获得社会认同。随着法律沿革的推进，我国法院的司法功能也在变革中逐渐凸显其能动性。司法权的能动性不是随心所欲和恣意行使，而是不能偏离原告诉求，并且诉讼结果要充分和最大限度地顾及原告诉求。[②] 在实质性解决行政争议目标下，司法应恪守能动司法型的行政不作为诉讼制度，不僵硬教条地适用法律条文而应兼顾原告实质性诉求及被告权力处分的裁量幅度。此时，需要强调考量法律与政策的结合，法官自我约束的前提不仅来自法律的硬性规定还有对政策的灵活运用。在实质性解决行政争议目的下，不仅强调争议解决类型的多元化和多样化，还要强调法官在司法审查中的问题意识，即通过审查原告诉求来发现行政争议产生的实际本源，从而避免司法技术处理的形式性而应侧重强调争议的实质性化解和法律目的之实际实现。同时，能动的司法审查对于行政管理有效性和高效性也

① ［日］棚濑孝雄：《纠纷的解决与审判制度》，王亚新译，中国政法大学出版社2004年版，第252~253页。

② 章剑生：《现代行政法基本理论》（第二版），法律出版社2014年版，第904页。

有着重要作用。[①] 从某种程度上来讲法官并不是“法律的自动售货机”，其不仅是法律的忠实适用者而且更多体现为公平正义理念的坚定维护者。[②]

三、权力监督与权利救济的平衡：促进行政机关积极履职

综观世界各国的发展沿革，西方国家的行政诉讼制度肇始于三权分立的理论基础，权力的分立与制衡是产生行政诉讼制度的前提。分权制衡学说源于古希腊罗马时期的混合政体理论。[③] 洛克的分权理论强调了立法权与行政权的分立，但未明确提出司法权可能成为裁决立法行为是否违反自然法的最终裁决者。[④] 孟德斯鸠在洛克权力分立理论基础上明确提出了立法权、行政权与司法权三权分立与制衡理论。[⑤] 这为建立以司法审查为核心的行政诉讼制度提供了依据，也为司法机关对行政不作为行使审查权提供了可能。权力分立的实质是对公民权利的保护，而权力之间的关系是制约关系而不是隶属关系。司法权与行政权关系的表现形式包括单一限制型和积极规制型，在“单一限制型”模式下司法权享有对行政权撤销和变更的权力；在“积极规制型”模式下司法权可以要求甚至代替行政权作出一定内容的权力。[⑥] 在积极规制型模式下，法院享有实质性和彻底性解决行政争议的权力。在西方国家权力分立制约理念下，司法权监督行政权是司法权存在的主要目的，且在该种理念

---

① De Smith, Woolf & Jowell, *Judicial Review of Administrative Action*, London, Sweet&Maxwell, 1995, p. 22.

② ［美］德沃金：《法律帝国》，李常青译，中国大百科全书出版社 1996 年版，第 364 页。

③ ［古希腊］柏拉图：《法律篇》，张智仁、何勤华译，上海人民出版社 2001 年版，第 93~100 页。

④ ［美］E. 博登海默：《法理学：法律哲学与法律方法》，邓正来译，中国政法大学出版社 2004 年版，第 52 页。

⑤ ［法］孟德斯鸠：《论法的精神》，许明龙译，商务印书馆 2012 年版，第 37 页。

⑥ 梁凤云：《行政诉讼判决之选择适用》，人民法院出版社 2007 年版，第 66 页。

之下司法审查模式表现出强烈的对抗色彩，即对抗式的司法审查模式。我国不同于西方的三权分立而是通过权力分工来设置国家权力格局。在我国的国家权力结构中，全国人大是最高国家立法机关和权力机关，根据《宪法》第3条第3款的规定司法权与行政权相分离，法院和行政机关作为平行地位的权力机构都由人民代表大会产生并向本级人大报告工作和对它负责。但是我国《宪法》条款缺少关于司法机关与行政机关二者之间关系的规定，而《行政诉讼法》在立法目的中明确了行政诉讼具有监督行政机关依法履职的制度功能，这就在二者权力分工基础上建立了司法权监督行政权的具体制度。但是“一元化的权力运行模式决定了司法权与行政权之间不应是分立及制约的关系，而是最大程度维护公益及社会秩序和谐共生良性互动之关系”。[①] 在此理念下，我国行政不作为诉讼制度的对抗式司法审查模式应有所淡化，司法权与行政权之间的平衡与制约关系应有所体现。由于行政权的行使会影响到公民私权利的实现，在宪政背景的权力结构中，如何实现“权力监督权力”或“权利制约权力”的平衡，成为当下需要解决的重要课题。

行政不作为诉讼的终极目的是通过行政争议的实质性解决实现当事人权利救济，而其直接手段是督促行政机关依法履职。目前我国推崇的以“依法全面履职”为核心的政府职能转变中，行政不作为诉讼的目标之一就是法院通过对行政不作为行使肯定性或否定性的司法审查，从而对行政机关的权力行使进行导向作用，并使其由他律转变为自律，由他限转变为自限，从而积极推动行政机关依法履职和提高依法行政水平。“在行政法之视域下，我国目前强调的全面依法治国的关键就在于治理公权力，促进行政执法活动更加规范。”[②] 依法行政是行政法治的核心和基本理念，司法机关则是

① 李桂红：《中国语境下行政审判制度的改革与完善》，西南政法大学2012年硕士学位论文，第12页。

② 贺江华：《行政法视域下形式法治和实质法治模式的比较与抉择》，载《学理论》2018年第6期，第110页。

行政决定的最终裁决者，正如英美法系国家的政治问题近乎转变为司法问题交由法庭处理，而德国《行政法院法》也有关于公法争议都应向法院诉讼的规定。[①] 由法院对行政不作为行为的合法性以及原告诉求进行司法审查来确定被审查对象的合法性，在司法权具有公正假设的前提下可以提升相对人接受行政不作为产生不利影响的程度，并且司法诉讼程序本身就是当事人情绪释放的过程，对于保持公法秩序稳定具有重要意义。因此，对行政权的限制除了立法限制和行政机关的自我控制之外，还要加大司法机关对行政机关的控制，因而行政不作为诉讼司法审查就成为抑制不作为行为的必然手段。

审判实践中，行政不作为司法审查既要充分尊重行政机关首次判断权，又要兼顾当事人权利的无遗漏保护。这也涉及司法权对公民权利的救济，以及公民对司法权的服从，从权利有效保障理念和权利救济的实效性出发，不能过于严格控制司法权审查之界限。“避免权利救济的真空地带是行政诉讼的主要任务之一。”[②] 无论是英美法系的“行政法治司法国家”样态，还是德法国家“实质法治国”，都体现出现代行政诉讼要求司法审查宪法人权保障的功能和司法是人权最终救济手段。[③] 这在客观上要求司法审查需要改变权利与救济分离的态势[④]，应该从行政行为的合法性审查向侧重权利救济转变。司法需要在公正有效的行政权与保护公民免受行政权

---

① [法] 托克维尔:《论美国的民主》(上卷)，董良果译，商务印书馆 1997 年版，第 310 页；[美] 亚历山大·汉密尔顿、詹姆斯·麦迪逊、约翰·杰伊:《联邦党人文集》，程逢如等译，商务印书馆 1980 年版，第 400 页。

② 马怀德:《法治难题与行政法的任务》，载《求是学刊》2002 年第 5 期，第 27 页。

③ 韩春晖:《从“行政国家”到“法治政府”？——我国行政法治中的国家形象研究》，载《中国法学》2010 年第 6 期，第 66~70 页；莫纪宏:《论人权的司法最终救济性》，载《法学家》2001 年第 3 期，第 15 页。

④ 江必新:《行政法治理念的反思与重构——以“支撑性概念”为分析基础》，载《法学》2009 年第 12 期，第 39 页。

专断可能性之间进行平衡。①

第二节　域外行政不作为司法审查的比较法考察

一、域外行政不作为的司法审查标准和审查强度

（一）英美法系国家

美国《联邦行政程序法》第706条第1款是对不作为行为实施司法审查的依据，即“非法拒绝履行或者不当延误之行政行为”属于司法审查的范围，主要包括审查其“是否符合联邦行政程序法”“是否直接影响当事人法律地位”以及“是否已经产生损害”，有学者归纳为满足违法性、适格性、终局性及成熟性。② 司法审查要保持对行政机构较高程度之尊重，美国不作为案件的司法审查经历了从司法谦抑到司法能动的转变。

英国通过颁布执行令（Mandamus）来禁止行政机关的越权行为，执行令适用范围主要针对行政不作为案件，要求行政机关履行法定义务之特权令仅限公法上之义务，“公法之义务”不仅限于法律明确规定还包括由法律解释推导出的，甚至包括不行使或不正当行使自由裁量权的行为；执行令范围逐步扩大，由传统的补充性质的救济手段发展为“强迫被诉机关履行公法义务之通常手段”。③ 执行令可以由公民或行政机关向法院提出申请。法院拥有是否适用执行令的自由决定权，仅在运用执行令比其他手段更适当时才可发

① ［英］威廉·韦德：《行政法》，徐炳等译，中国大百科全书出版社1997年版，第26页。

② 姜鹏：《不履行法定职责行政案件司法审查强度之检讨》，载《华东政法大学学报》2017年第4期，第185页；王名扬：《美国行政法》，北京大学出版社2016年版，第448页。

③ 王名扬：《英国行政法比较行政法》，北京大学出版社2016年版，第155~157页。

出执行令；公民需要区别义务性质是否有比一般公众更大的利益而并非在任何情况下都可以向法院提出审查的请求，司法审查中排除对“一般公众”义务的审查。[①] 法院仅对“特定义务”的违反引起特定损害之义务发出“执行令”。对于行政机关已经作出的决定则只能通过提审令（Certiorari）来审查效力并撤销。法院发布执行令通常在申诉人请求履行被拒绝，当被诉行政机关存在迟延答复且存在引起申诉人重大损失时，法院可以在被诉行政机关拒绝前发出该执行令。[②] 法院通常根据具体情况来判断被诉行政机关不明显的拒绝行为，拒绝的表现形式可以是不合理的迟延或者附加相对人无法接受的履行条件等。英国执行令的适用经历了传统意义上的谦抑到现代法院权力扩张之转变。

（二）大陆法系国家

德国针对义务诉讼的审查重点在于被告适格、拒绝或不作为系违法、造成权利损害、裁判时机成熟。在德国，行政机关不履行作为义务的判断标准要结合主观公权和“裁量收缩”，也称“裁量削减”理论，如果以人权保障为底线，行政不作为使行政裁量收缩为零则其不行使就构成裁量权的滥用。[③] 德国行政复议的审查标准为合法性及合目的性，不仅审查裁量决定的瑕疵还要从合目的性、经济性、方案选择的合理性等方面审查，而行政诉讼坚持“理由具备性”审查标准，其中“合目的性审查”是对裁量的全面审查还要受制于“权衡决定”和判断余地。[④] 对于行政主体尚有评判余地或裁量范围内还有选择空间时，法院作出答复判决责令行政主体

---

① 王名扬：《英国行政法比较行政法》，北京大学出版社 2016 年版，第 145、158 页。

② 王名扬：《英国行政法比较行政法》，北京大学出版社 2016 年版，第 157 页。

③ 余凌云：《行政法讲义》，清华大学出版社 2010 年版，第 182 页；罗明通：《英国行政法上法定权限不作为之国家赔偿责任》，台湾三民书局 1998 年版，第 433 ~ 434 页。

④ ［德］弗里德赫尔穆·胡芬：《行政诉讼法》，莫光华译，法律出版社 2003 年版，第 93、95 ~ 96 页。

实施行政活动时注意法院之法律观。[①]

法国针对行政不作为行为的越权之诉是客观诉讼，其目的不仅限于保障相对人的主观权利而且在于维持公共秩序。越权诉讼是合法性原则的必然结果，并且“法的一般原则”通过法观念的扩展被引入合法性原则。司法审查的合法性内容包括行政行为的内部合法性和外部合法性。根据行政权的性质功能差异，内部合法性的审查可分为有限审查强度、普通审查强度和最大审查强度。[②] 法官需要恪守司法权与行政权的界限，通常司法仅享有撤销权而没有命令权，但法院享有取代行政机关自由裁量权来作出自己的判断的权力。越权诉讼的理由分为“无管辖权”“形式瑕疵”“违反法律”及“滥用权力”[③]，对于不作为行为都可以基于这四类理由进行司法审查。法官对受理的案件进行实质审理并核实被诉行政行为的合法性，其中以一种不可能完成的形式行使权力或延迟相关期限等都属于“形式瑕疵”的不作为。[④] 违背法规制定者追求目的和法律目标则构成滥用权力的实质不作为，也可接受司法监督。法国在合法性审查时坚持“事实评价中的明显错误原则”，尽管法院确信行政机关在事实阐明中没有犯任何错误，却触及事实评价中的明显错

---

① ［德］弗里德赫尔穆·胡芬：《行政诉讼法》，莫光华译，法律出版社 2003 年版，第 463~464 页。

② “有限审查强度”，包含两个层次：一是法官对被诉行为的事实认定、法律适用及是否滥用职权三方面审查，其余内容交由行政机关自由决定；二是法官可以审查行政机关的行政裁量行为（主要集中于专业技术领域）是否存在明显错误。“普通审查强度”除了包含“有限审查强度”的内容之外，还包括对事实法律质量的审查，可以审查行政行为认定事实是否能充分满足构成该事实所要求的各项法律条件。“最大审查强度”主要适用于涉及公共自由或基本人权的警察行为中，该审查强度允许法官审查被诉行政行为是否十分准确地适用于其所认定的事实，一旦行政机关没有根据作出行政行为时的情形合理地适用法律，则面临行政行为被撤销的风险。

③ ［法］古斯塔夫·佩泽尔：《法国行政法》，廖申明、周洁译，国家行政学院出版社 2002 年版，第 299 页。

④ ［法］让·里韦罗、让·瓦利纳：《法国行政法》，鲁仁译，商务印书馆 2008 年版，第 788~814 页。

误，据此法院可撤销该行为从而减少无救济地带。① 例如，在典型的卢日蒙案（Rougemont）② 中，法院通过“明显错误”判决撤销了拒绝决定。传统上，法国行政当局对适用其认为适当的任何惩罚都有完全裁量权，法院仅审查被控事实的正确性和处罚种类，此时也涉及“明显错误”与“比例原则”的交织。③ 法院审查行政行为时还会兼顾不合理的或不正当考虑等因素，并且通过扩大“法的一般原则”将审查标准从“最低限度的有限审查”向“全面审查”拓展。④ 法国还将行政案件分为行政机关无裁量权、绝对裁量权、有限裁量权等三种情况。在行政机关无裁量权时，法院仅审查行政机关是否具有正当主体资格；其中维护内部行政秩序的措施通常被认为是行政机关享有绝对裁量权或称完全裁量权；在行政机关行使有限裁量权时，不仅要与法的一般原则相一致还要符合成文法的规定，行政决定要有正当理由。⑤ 越权之诉的司法审查内容包含对形式、程序和违背法律的审查。如果被诉行为在形式上没有说明理由或说明理由时没有对相对人观点进行详细论述，抑或在程序上没有遵循法律规定的对事实认定有实质性影响的程序规范，则法院可以行使撤销权。行政法院通过对提起越权之诉的理由不断进行扩展，从而最终使行政行为的形式和实体都符合被审查的对象，越权之诉

① ［英］约翰·S. 贝尔、L. 赖维乐·布朗：《法国行政法》（第五版），高秦伟、王楷译，中国人民大学出版社 2006 年版，第 250 页。

② （CE1967 年 7 月 7 日）一个地方的医生委员会决定拒绝将一位技术高超的著名外科医生列入可以收取更高费用的名单中，法院将这一决定列入一个明显错误的种类，并因此撤销了该决定。

③ ［英］约翰·S. 贝尔、L. 赖维乐·布朗：《法国行政法》（第五版），高秦伟、王楷译，中国人民大学出版社 2006 年版，第 251 页。

④ ［英］约翰·S. 贝尔、L. 赖维乐·布朗：《法国行政法》（第五版），高秦伟、王楷译，中国人民大学出版社 2006 年版，第 254~255 页。

⑤ ［英］约翰·S. 贝尔、L. 赖维乐·布朗：《法国行政法》（第五版），高秦伟、王楷译，中国人民大学出版社 2006 年版，第 242~250 页。

中对于滥用职权的审查主要是审查行政行为的目的是否适当。[①]越权之诉中，法律审查的范围包括直接法律条文、法律适用等，“法律条文”不限于行政管理方面的法律，还包括法律、法规和国际公约及宪法序言等内容以及从行政法院判例中抽象得出的原则。越权之诉的司法审查强度要恪守司法权与行政权的分工，通常仅享有撤销权而没有命令权。但法院在一定条件下也享有命令权，当执行法院撤销判决本身已明显代表一项新的行政行为或者原行政行为被撤销后鉴于当事人的申请仍然存在时，行政机关需要针对当事人的申请进行新一轮行政程序审查并作出新的行政行为。

二、域外行政不作为裁量的司法审查

针对不作为裁量行为，依据美国《联邦行政程序法》第 706 节第 2 款之规定，美国采用“专横、恣意和滥用裁量”的司法审查标准，是指行政机关不合理运用裁量权作出行政决定，而此种不合理已经严重到相当程度以至于任何有理性判断之人如果被置于与被诉行政机关同等境地都不会做出同样裁决。该标准主要在行政机关依据非正式程序之裁决方面适用，如行使裁量权时考虑了不相关因素或者有明显判断不当等情形。“专横、恣意和滥用裁量”主要表现为目的不正当、不遵守先例、未考虑相关因素和显失公平等。此外，美国对于法律及事实问题的审查适用不同标准，其全部司法审查的内容都统一在了“合理性”标准中。[②]

大陆法系的德国有关于“行政裁量”和“不确定法律概念”的表述，并对行政法院的司法审查界限进行了界定。在判断是否构成行政不作为时，需要考虑行政机关的裁量余地。德国学者基于对行政过程阶段性的划分以及各阶段对应的权力作用客体的不同，将

---

① 刘峰：《行政诉讼裁判过程研究》，知识产权出版社 2013 年版，第 194 页；胡建淼：《世界行政法院制度研究》，武汉大学出版社 2007 年版，第 542~545 页。

② 王名扬：《美国行政法》，中国法制出版社 1995 年版，第 771 页。

"行政裁量""不确定法律概念"和"判断余地"进行了区分。[①]德国行政法学界主张的行政裁量，仅指行政机关对行政行为"法律效果"的裁量。[②]德国《联邦行政程序法》第40条还规定了行政裁量的法律界限，即裁量要符合裁量目的和裁量范围；该法第114条规定了行政裁量的司法审查标准，即审查裁量目的、超越法定权限等。从制度经济学角度来看，"所有降低不确定性或对不确定性的重新分布方法都会带来成本"，行政机关裁量权的行使也存在这个规律。[③]行政法院通常仅审查行政行为合法性问题，而行政机关通常是借用"裁量授权"拓宽活动场域而通过不确定法律概念来获取"判断余地"，如果行政机关在享有裁量授权与判断余地的场域，司法权就让位于行政权，此时行政机关享有最后决定权限。[④]"比例原则"是德国行政裁量的司法审查标准，修改前的德国《行政程序法》第40条和现行《联邦行政程序法》第114条都有相关表述。我国台湾地区"行政诉讼法"第201条中也规定了关于行政机关不作为逾越权限或者滥用裁量权限时，法院可以撤销。域外行政不作为诉讼关于裁量权合理性的司法审查，体现出法院不仅要审查行政不作为的形式合法性，还要审查其是否符合立法目的和正当动机等因素。

第三节　行政不作为诉讼的司法审查标准

在行政不作为诉讼中，法院对不作为行为进行合法性审查是该

---

① ［德］哈特穆特·毛雷尔：《行政法学总论》，高家伟译，法律出版社2000年版，第123、132~133页。

② ［德］平特纳：《德国普通行政法》，朱林译，中国政法大学出版社1999年版，第57页。

③ ［美］弗兰克·奈特：《风险、不确定性与利润》，郭武军、刘亮译，华夏出版社2013年版，第264页。

④ ［德］哈特穆特·毛雷尔：《行政法学总论》，高家伟译，法律出版社2000年版，第124页。

类诉讼的重要内容。《行政诉讼法》第 12 条第 3、6、10、11 项的规定是对不作为行为进行合法性审查的依据。虽然作为行为与不作为行为同属于行政行为属性，但是不作为诉讼在司法审查标准方面具有特殊性。例如，美国联邦法院在赫克勒诉查内案（Heckler v. Chaney）[①] 中，通过判例确认了作为与不作为行为应该适用不同的司法审查标准。司法审查范围决定司法审查深度，不作为诉讼司法审查包含法院的审理对象及实质性审查问题，涉及司法权与行政权的关系。有学者主张，行政不作为诉讼司法审查的标准和强度要受制于多种因素的影响，诸如所涉及的权利性质、行政权力界限、专业性问题等。[②] 笔者主张，我国行政不作为诉讼司法审查标准应该秉持“实质性审查”的司法理念。

一、“实质性审查”的司法理念

（一）“实质性审查”司法理念的引入

前述行政不作为的审判现状与相对人对权利救济的期待相去甚远，为了达到实质性解决行政争议之目的，需要借助法院行使司法审查加以弥合。考虑到当前行政不作为司法审查存在形式化弊端，法院应该摒弃一味的司法谦抑而选择适度的司法能动，基于“实质性审查”司法理念来设计不作为诉讼的司法审查标准。笔者主张，我国行政诉讼经过几十年的发展沿革已进入转型期，在行政案件日益增长的同时审判质效也亟待提高。这要求法官应积极回应解决行政争议和力求案结事了的目标，能动地拓宽有限的司法空间从而克服法律规范滞后性带来的负面影响。[③] 强调从实质性解决行政争议视角来完善行政不作为诉讼司法审查，是为了避免僵化适用法

---

① Heckler v. Chaney，470 U. S. 821（1985）.

② 杨伟东：《权力结构中的行政诉讼》，北京大学出版社 2008 年版，第 191 ~ 192 页。

③ 章志远：《司法判决中的行政不作为》，载《法学研究》2010 年第 5 期，第 32 页。

律条文导致在司法供给与社会需求之间产生冲突。通过有效发挥司法能动性从而督促行政机关充分、完整、适当地履行作为义务，保障相对人实体权利的实现，力求争议的实质性化解，推进实现“实质法治主义”。“实质法治主义”追求过程和结果的正义，不仅要求形式合法且要符合社会对公平正义的认识和社会公认的核心价值。[①] 从“形式法治”向“实质法治”理念转变，在法律的稳定性与目的性之间寻求一种平衡。

（二）“实质性审查”的基本含义

所谓“实质性审查”，相对于形式审查而言，是指从行为的实体效果上来讲具有实质排除效果的司法审查理念，是司法审查标准和强度较高的一种审查方式。“实质性审查”的基本含义包括以下三种：

1. 在不作为案件审查的技术层面

法院不能仅遵循单纯的形式审查标准，而应该在对案件进行实质性审查时兼顾公平与秩序的平衡，根据个案实际情况进行整体性、系统性的审查。

2. 在司法审查理念层面

行政不作为司法审查要追求实质法治层面而不是纯粹的形式法治，司法在符合司法政策背景下要保持适度的能动主义。例如，在政府信息公开不作为类案件中，法院对信息公开的答复内容一般都是进行实质性审查，而不是仅从行政机关在形式上作出书面答复就认定其履行了作为义务。另外，在不作为认定标准上，关于法定职责中“法”的来源不仅局限于形式意义上的立法，还包括行政惯例等实质意义法源设定的作为义务。

3. 在司法审查范畴方面

鉴于行政不作为行为分为羁束性与裁量性不作为，实质性审查

① 江必新：《论行政争议的实质性解决》，载《人民司法（应用）》2012 年第 19 期，第 13 页。

的过程应该不仅审查被诉行政机关是否满足羁束性作为义务，还要审查行政主体是否具有裁量余地以及裁量行为的合法性与合理性，同时还要兼顾裁量收缩的例外情形。该种实质性审查的司法理念通过强化对行政权的监督和公民权利救济的保障，对于行政争议的实质性化解具有重要实践价值。

总之，不作为诉讼司法审查引入“实质性审查”司法理念，会对行政不作为的司法识别、审查标准、审查强度以及裁判方式都产生深远影响。

二、实质合法性审查标准[①]

司法的权力来源涉及法院的合法性权威。“在法律场域中，司法的独立裁决权力来源于制度的授予及社会的共识，这构成了司法权合法化的权力模式来源。”[②]“实质合法性审查”是指对不作为行为的审查，不仅达到形式实在法的要求，还要符合法律基本原则及精神。即，强调正当性问题，力求通过司法能动实现权利有效保障理念。随着我国职权主义和当事人主义诉讼模式的交叉，在实质性解决行政争议语境下，司法审查标准应对此作出回应。司法审查标准是司法权与行政权关系的“调节器”，要在严格标准和适度标准之间进行灵活性妥协。我国目前正处于转型期，需要重塑某些重要社会制度或确立某种新的社会理念，当下的社会需求倒逼司法能动地发挥其在社会制度构建中的关键作用，这决定了司法不能过度采取消极理念，而应采取司法能动理念。[③]

根据《行政诉讼法》第 6 条之规定，法院行政诉讼司法审查

---

① 参见笔者发表的论文《实质解决行政争议视角下的行政诉讼履行判决适用研究》，载《行政法学研究》2019 年第 2 期，第 126~135 页。

② 邓玮：《法律场域的行动逻辑——一项关于行政诉讼的社会学研究》，上海大学出版社 2010 年版，第 195 页。

③ 徐以祥：《行政法学视野下的公法权利理论问题研究》，中国人民大学出版社 2014 年版，第 93 页。

的标的是被诉行政行为的合法性，这确立了司法权审查行政权的基本界限。但合法性审查包括形式合法性与实质合法性审查，“在现代实质法治主义的审判模式下，形式合法性审查只是初级的预备工作，而实质合法性审查才是真正需要努力进取的工作内容”。[①] 美国学者昂格尔在《现代社会中的法律》中提出了实质正义（substantive justice）的概念，以司法的实际效果是否达到公认的价值标准来衡量司法审判的公正性，通常是根据工具合理性判断来选择最有利于实现实质正义的司法审查。从“单纯合法性审查”向“合法与合理性审查”兼顾的转变是合法性原则由形式合法性迈向实质合法性的体现。[②] 换言之，实质合法性要兼顾形式合法性与合理性，要实现法律效果与社会效果的统一。这既是法治发展的需要，同时还可以摒弃隐匿式合理性审查的弊端。例如，意大利行政法院规定了“实质性管辖权”，是指法官在审理案件时不仅要审查行政行为的合法性还要审查其适当性。审判实践中，我国各级法院也不断强化实质合法性审查标准，不断加大对行政权的司法监督力度。例如，2015 年全国法院行政一审案件中以判决方式结案的行政机关败诉率高达 33.45%，比 2014 年的判决败诉率（28.79%）高出近 5 个百分点。[③]

法律秩序不是法律规则的简单机械总和，而是由很多规整内容构成的特定法律体系。[④] 作为以解决争议为目标的司法审查制度，其在实际运行过程中既要保持稳定性又要能动发挥作用；其既有规则约束性，但在特殊情况下裁判本身又可以形成新规则。“法官不

---

① 高家伟：《公正高效权威视野下的行政司法制度研究》，中国人民公安大学出版社 2013 年版，第 324 页。

② 谭炜杰：《行政诉讼法重大争议问题研究——司法权与行政权关系之维度》，方志出版社 2016 年版，第 138 页。

③ 《最高法受理行诉案今年将超三千件》，载《法制日报》2016 年 10 月 17 日第 6 版。

④ ［德］卡尔·拉伦茨：《法学方法论》，陈爱娥译，商务印书馆 2003 年版，第 144 页。

是自动售货机，虽然通常情况下，司法判决貌似都是法条主义驱动的，但是法官不是仅纯粹适用已有规则或者固有法律推理模式的法条主义者。法官的个性特点及生平阅历和职业经验等都会塑造其司法偏见（preconception），从而直接塑造法官对案件的回应。”① 法官在不作为案件的审理中会受到事实和法律等因素的影响，这就要求法官不仅要增强当事人的处分权，还要强化司法的能动性进行实质合法性审查。

“实质法治观”要求依法行政不仅满足于符合法律规范，还要恪守动态的法律理念和法治精神。虽然博登海默曾言，正义的实现就像善变的普罗透斯之脸具有不确定性，但是司法权威和行政诉讼立法目的是通过司法审查来确保法律实施的可接受性及社会效果。形式合法性下行政诉讼审查对象只是羁束性行政行为，裁判过程过于机械运用法律条文，使裁判结果表现出对形式真实的追求，存在与案件真相背离的可能性。② 例如，“徐某诉北京市规划和国土资源管理委员会行政登记案”③，法院从登记的公信力、登记效率和登记错误的责任后果等角度突破了房屋登记机关形式审查的审慎审查义务，主张登记机关应以形式审查为主和实质审查为辅。本案中，一方面坚持形式审查确保登记机关公权力行使不可过分触及物权变动的基础法律关系，另一方面从司法权与行政权关系以及行政效率原则来看，过分强调行政机关的实质性审查义务有僭越司法权行使的嫌疑。但是为了避免登记错误和交易安全，应辅之以实质审查标准从而保证登记内容的真实性。比如，登记机关审查权利客体时，在实质审查的情况下登记机关要查验不动产的现实状态，通过实质审查排除不动产存在查封、异议登记等限制登记的情形。正如

① ［美］理查德·A. 波斯纳：《法官如何思考》，苏力译，北京大学出版社 2009 年版，代译序第 Ⅳ 页。

② 孔繁华：《行政诉讼性质研究》，人民出版社 2011 年版，第 235 页。

③ 最高人民法院中国应用法学研究所编：《人民法院案例选》（2018 年第 4 辑），人民法院出版社 2018 年版，第 190 页。

有学者主张，在坚持形式合法审查的前提下强调对行政争议的解决必然会淡化传统审查模式的内在逻辑结构。[①] 在实质性解决行政争议的目标下，法官裁判案件会更多考虑争议解决的效率，可能会减弱对行政相对人程序权利提供保障的程度，也存在影响“监督行政权”目的实现的可能性。同时，法官在裁判过程中也会适当扩张有限的司法裁量权，体现出适用法律的灵活性，通过法律解释方法将案件处理结果契合法律体系的逻辑完整性。在我国社会发展的利益分化格局中，实质法治有助于建立社会自我纠偏机制和实现实质正义。例如，在“贾某席诉某市国土资源局信息公开答复案”中，法院通过对答复内容的实质性审查来判定被诉行政机关对相对人信息公开申请不予公开的理由成立与否，而非单纯从形式上以行政机关作出不予公开的书面答复即视为履行了作为义务。

三、合理性审查标准

在英美法系国家，合理性原则独立于合法性审查标准，不合理的行政行为将被法院认定为不合法。通过增加法律原则性和目的性要求来修正不作为诉讼审查标准，成为我国司法审查改变单纯固守合法性审查的要旨。诸多学者提出应该将行政不作为诉讼由“合法性审查标准”逐步拓展为“合法性与合理性标准”并存。[②] 即，司法审查的重心从合法性审查向合理性审查倾斜。例如，“‘北燕云依’诉某派出所拒绝办理户口登记案”[③] 中，法院依据“公序良俗”法律原则判定派出所拒绝为原告办理以“北燕云依”为姓名的户口登记并无不当，判决驳回原告的诉讼请求。该案判决解决行

---

① 钱弘道、吴亮：《纠纷解决与权力监督的平衡——解读行政诉讼法上的纠纷解决目的》，载《现代法学》2008年第5期，第6页。

② 陈少琼：《我国行政诉讼应确立合理性审查原则》，载《行政法学研究》2004年第4期，第72页。

③ 最高人民法院中国应用法学研究所编：《人民法院案例选》（2016年第4辑），人民法院出版社2016年版，第80页。

政争议的实际效用并不在于采取各种诉讼上的强制手段，而是突出判决在解决争议和规范法律关系中的实际效果。

笔者主张，“合理性审查标准”应归属于实质性审查的范畴，是界定司法权审查不作为行为合理性的限度。正如英国行政法学者韦德所言，“合理原则是当今时代赋予行政法生命力最积极和最著名的理论之一……它在实体方面的贡献不亚于自然公正原则在程序方面的贡献”。[①] 借鉴德国的比例原则、美国的实质性证据标准等合理性审查标准，法院在不作为案件中应在司法能动基础上坚持适当的合理性审查标准，将实质性解决行政争议作为启动诉讼程序的目标价值，将确立目的不当、考虑不相关因素和未考虑相关因素等作为合理性审查的具体标准，增强不作为案件裁判结果的合理性和可接受性。这也符合域外司法审查标准的共同趋势，呈现出现代行政法治由形式法治向实质法治过渡的时代需要。根据法律实证主义的观点，法律规则及判例都存在空缺结构和不确定性，所以存在法官适用时的自由裁量权，包括法官在适用法律时的评价性裁量和在缺乏法律规则时的建构性裁量。[②] 当法院的司法裁判不能“完全”满足相对人的需求时，其转向其他公权力救济成为常态，从而导致程序空转和弱化司法的争议解决功能。因此，法官在处理不作为案件时，应该坚持司法能动与权利有效保障理念。换言之，我国司法的社会需求和实质解决争议的诉讼日的倒逼法院在处理不作为案件时要坚持司法能动，不能单纯囿于合法性审查标准和过分顾及行政裁量权，应通过行使司法判断权和适度的合理性审查径行作出判决从而回应实践需求避免程序空转。例如，“湖南名富置业发展有限

① ［英］威廉·韦德：《行政法》，徐炳等译，中国大百科全书出版社 1997 年版，第 67 页。

② ［英］哈特：《法律的概念》，张文显等译，中国大百科全书出版社 1996 年版，第 127 页。

公司诉长沙市住房和城乡建设委员会不履行法定职责案"①，法院出于实质解决争议的目的直接撤销房屋网签登记，有效避免了程序空转也回避了不作为案件中一般只是判决行政机关作出相应行政行为。本案法官通过发挥司法能动性，将实质正义与形式正义相统一，实现案结事了。因此，法官个案裁判适用法律的过程中应避免机械适用法律条文。涉及拒绝性决定与履职请求之间的关系时，虽然原告的诉求中没有关于撤销拒绝性决定的要求，但是法院通过司法审查认为该项内容隐含于诉讼请求中，可以依职权进行审查并针对拒绝性决定作出"撤销+履行"裁判，且不构成超越原告的诉求。例如，"北京市海淀区西山美庐小区业主委员会诉北京市海淀区住房和城乡建设委员会不履行法定职责案"。② 由于撤销判决在很多情况下仅是保护了当事人的程序性权利和客观上监督行政权，但忽视了当事人提起诉求的根本目的是追求实体权益，从而导致原告处于虽胜犹败的实体权利无救济状态。因此，通过对行政不作为的合理性审查，一旦撤销拒绝性决定对当事人权利救济不利时，法院可以从实质性解决行政争议的角度直接作出履行判决。审判实践中，有的法院会回避当事人提出的撤销拒绝性决定诉求而直接作出履行判决。例如，"萍乡市某房产公司诉某市国土资源局不履行行政协议案"③，法院判决被告直接履行合同义务，使该局作出的补交土地出让金的单方决定失去效力，直接回应了原告的实质性诉求并妥善解决了争议。

综上，在行政不作为诉讼中，法院运用合理性标准审查行政机

---

① 最高人民法院中国应用法学研究所编：《人民法院案例选》（2017 年第 3 辑），人民法院出版社 2017 年版，第 210~217 页。

② 北京市第一中级人民法院（2014）一中行终字第 10867 号行政判决书，载国家法官学院案例开发研究中心编：《中国法院 2016 年度案例——行政纠纷》，中国法制出版社 2016 年版，第 25 页。

③ 最高人民法院中国应用法学研究所编：《人民法院案例选》（2016 年第 9 辑），人民法院出版社 2016 年版，第 47 页。

关是否履行作为义务时，不能仅通过被诉行政机关的表现形式是否作出答复来判断，而应综合考虑行政机关履行义务的现实可能性及“实质履行”的程度。对于行政裁量范围内的判断余地予以尊重，仅当达到裁量滥用之程度时司法审查方可介入。

四、正当程序审查标准

“纠纷裁判者只有依循正当的诉讼程序才能向公众昭示其行为不是恣意的产物，其裁判活动才具有合法性、正当性和权威性。”①从实质性解决行政争议视角来看，正当程序标准的确立具有重要的示范效应，可以通过值得信任的程序设置使裁判结果产生公定力和可接受性。

我国行政不作为诉讼应该借鉴法国行政行为程序的“防御权原则”②，将正当程序标准引入法院的司法审查标准。一方面，从实质法治立场出发，仅当程序本身具备正当性要求，它才可“正当化”依该程序所作之决定③，可以将正当程序标准写入《行政诉讼法》确立其司法审查标准地位，弥补法定程序的立法不足。例如，美国在马修斯案中确立了利益衡量标准的“成本—利益分析”(cost-benefit analysis) 方法，法院在行政程序审查时需要通过权衡私人利益、行政成本及错误发生率来寻找平衡策略，从而促进争议的实质性解决。另一方面，从标准和类型方面实行程序类型化明确程序设置的目的，通过规章、政策、单行法、判例和行政机关内部规则整体推进行政程序立法。例如，在“张某诉上海理工大学开

---

① [英] 戈尔丁：《法律哲学》，齐海滨译，生活·读书·新知三联书店 1987 年版，第 240 页。

② 法国在宪法并未有正当程序条款的情况下，由法院逐渐发展出类似美国正当程序原则的“防御权”原则。

③ 曾娜：《行政程序的正当性判断标准研究》，知识产权出版社 2014 年版，第 6 页。

除学籍处分决定案"[1]中，法院经审理认定高校可以基于法律、法规和规章授权制定校纪校规，同时高校可以基于"行政自我规制理论"和"正当法律程序"原则设定较上位法更严格的内部处分程序规定。该案中被告在内部程序规则中规定了较上位法更为严格的听证程序，而其违反该内部程序规则未举行听证程序即开除原告的学籍，构成重大行政程序违法。类似个案还有2014年最高人民法院发布的第38号指导案例"田某诉北京科技大学拒绝颁发毕业证及学位证案"，该案确立了高校行政管理行为应遵守的"听证权""申辩权"和"知情权"等正当程序原则，并通过判决理由说理的方式，将正当程序的要求融入司法审查过程。关于行政机关拒绝申请人的行政决定是否满足形式和程序要件，应贯彻正当程序原则采取较强的审查标准。

此外，还可以通过构建"最低限度程序适当标准"作为程序正当审查的依据，可以通过个案体现的技术标准、程序安定性和基本伦理规则等增强程序价值的指引作用，强化司法判断的可操作性。程序正当性标准得到强化的最终路径是加快行政程序立法。目前，世界其他国家的行政程序立法正在经历一个从工业时代向信息时代行政程序法过渡的过程。信息时代的行政程序法需要关注两个方面的内容：一是和信息活动有关的行政行为，包括事实行为和法律行为；二是强调参与原则的重要性。随着大数据时代的到来，行政程序法制定的趋势更加重视对行政规则制定程序规定。我国之所以强调行政程序立法，从逆向思维角度考量，是因为我国行政程序中存在需要立法规范的问题，针对问题立法，通过立法解决我国现实问题。既要坚持立法的合理性又要符合法治发展客观规律，完善行政诉讼法律体系，要兼顾外部行政程序与内部行政程序，注重对中间过程性程序行政行为的关照。通过加快推进行政程序立法进

---

① 最高人民法院中国应用法学研究所编：《人民法院案例选》（2018年第2辑），人民法院出版社2018年版，第196页。

程，建立统一的、满足公民知情权、具有广泛民主参与性的行政程序标准，将行政不作为行为与不断涌现的新型行为（如行政协议）并列，使之成为同位概念，从而实现对公民权利的无遗漏保护和对行政行为的无漏洞审查。

五、裁量权的目的性审查标准

关于社会行为的理想类型，韦伯提到了“目的合理性”和“价值合理性”行为，在行政不作为诉讼中需要通过法院的司法审查倒逼行政机关为实现某种目的或价值而作出行政行为。日本学者棚濑孝雄主张，“如果行政决定的内容过于局限于法规范的限制就会压缩裁量余地，进而降低争议解决的灵活性和可能性。由此这种类型的纠纷解决会引起根植于人们朴素的正义感中的不满乃至对正当性的否定”。[①] 通过梳理域外法律文本的规定，我国台湾地区“行政诉讼法”第 201 条规定，“行政机关依裁量权所为之行政处分，以其作为或不作为逾越权限或滥用权力者为限，行政法院得予撤销”；德国《行政法院法》第 114 条关于裁量决定的审查中规定，“在行政机关经授权依裁量作出行为的范围内，行政法院同样应审查行政机关是否因逾越了裁量的法定边界或行使裁量权的方式不符合法定授权目的，而致使具体行政行为以及对具体行政行为的拒绝作为或不作为违法。在行政法院程序进展的过程中，行政机关仍然可以对其在该具体行政行为中作出的裁量考虑予以补充”。[②] 任何法律规定都有立法者特定的立法目的渗入其中，都包含法律对行政权约束和保护基本权利的价值衡量。因此，裁量判断需要符合法律授权规定之目的，如果行政裁量超越裁量界限或者在裁量范围内实质上追求不正当目的，则需要突破“裁量不审理原则”，通过

① ［日］棚濑孝雄：《纠纷的解决与审判制度》，王亚新译，中国政法大学出版社 2004 年版，第 17～18 页。

② 何海波：《中外行政诉讼法汇编》，商务印书馆 2018 年版，第 193、710 页。

司法审查判断行政机关裁量过程是否违反目的、精神或者法律原则。即，法院通过司法审查发现法律的规范目的，并在司法实践中进一步印证对规范目的之最终话语权。正如英国威廉·韦德在其著作《行政法》中主张，公法中没有不受法律审查的裁量。具体来讲，法院需要审查裁量行为是否符合法律目的、是否具有正当动机以及行政裁量对法律的解释是否突破了法律本意或者对立法本旨作出不恰当的扩大或缩小，同时还要审查裁量行为是否符合法律原则，诸如公平原则、比例原则和遵循先例等。

德国的"判断余地"理论和美国的"司法谦抑"原则等所呈现的司法尊重行政机关判断权都是建立在各国行政程序立法相对完备基础之上的。即，司法尊重行政机关对裁量余地的判断，还要依赖于完备的行政程序，否则司法审查将缺乏信赖基础。审判实践中，对于避免循环诉讼、程序空转最为有效的手段仍然是寻找到其相应的"立法授权"，只有通过论证或者合乎逻辑推导出立法条款的授权含义时，行政裁量相应的具体外化作为或者不作为才具有不容置喙的"判断余地"，也才能期待法院的判决与其要取代的行政裁量决定具有"同质性"。由于我国目前缺乏独立的《行政程序法》，导致法院在审查行政裁量行为时，不仅要考虑行政不作为表现形态的不同类型，而且要重视行政裁量行为的过程审查。换言之，我国目前行政裁量缺乏规范统一的立法授权，裁量行为过程的正当程序、裁量行为的合目的性都是法院享有完全审查权的场域。如果行政裁量的判断程序在过程行为中存在严重瑕疵，则会导致"判断余地不受司法审查原则"而失灵。"目的正当性"不仅为司法审查提供了更为严格的程序性审查标准，还为我国加快《行政程序法》实体立法进程提出了要求。另外，在目前我国缺少《行政程序法》的前提下，法院在行政裁量审查中应将关注点从裁量结论的正确性转移至裁量结论得出过程的合法性上，从以"结果替代式审查模式"为中心的司法审查转变为以"行政法律关系"为中心的过程性审查。行政法律关系是在诉讼过程中相关主体之间产生的权利义务关系，这涉及权力与权力、权力与权利之间的相互关系。由于法律是解决社会关系的工具，司法权威实质上也涉及“关系与关系”处理中所要实现的功能价值。即，从裁量余地专业领域判断转而审查该专业判断形成过程的合法性，进而从判断余地的“裁量不审理原则”转移至法官擅长的程序性法律问题上。法院通过对行政裁量的程序审查与其认定的规范目的进行比较分析，从而肯定或者否定行政裁量的合法性。另外，从程序价值出发，在程序审查方面可以有限度地认可行政程序的“瑕疵治愈”制度，从而提升行政争议解决的实效性。

第四节 行政不作为诉讼的司法审查强度

根据《行诉解释》第 92 条之规定，关于行政不作为的审查应从被诉行政机关有无“作为义务”以及“有无裁量余地”切入。不作为诉讼司法审查的实质是如何处理司法权与行政权之间的关系，审查程度主要涉及法院如何审查法律问题、事实问题和行政裁量行为，要针对不同类型的不作为行为区别确定法院介入审查的程度。

一、合目的性审查[①]

行政不作为诉讼是具有司法程序性质的制度，法院审查不作为行为是司法权监督行政权的重要体现。目前在行政不作为诉讼中，我国实行“秩序性审查”与“合目的性审查”并存的司法审查强度。[②]“秩序性审查”是指法官在审查不作为案件时，注重从形式上严格遵守明文的法律规范内容进行司法审查。“合目的性审查”

① 参见笔者发表的论文《实质解决行政争议视角下的行政诉讼履行判决适用研究》，载《行政法学研究》2019 年第 2 期，第 126~135 页。

② 姜鹏：《不履行法定职责行政案件司法审查强度之检讨》，载《华东政法大学学报》2017 年第 4 期，第 182 页。

是从规定作为义务的法律立法目的出发，审查行政不作为的内容与结果是否与立法精神违背。目前学界有学者主张，行政诉讼应该建立合法性、合理性和合目的性审查的综合性全方位司法审查体系。[①]“合目的性审查”，是指实质性回应或没有重大偏离立法目的之审查，换言之，其没有造成相对人权利减损也没有减少行政机关的义务。行政诉讼裁判结果作为诉讼审查的关键和最终表现形式，在整个法律构架中具有非常重要的地位。司法审查的终极目的就是增强裁判结果的合理可接受性，达到实质性解决行政争议的诉讼目的。

随着我国依法行政的不断推进，法院应该从仅局限于通过法律的直接规定来判断行政行为之合法性，逐步过渡为审查其是否合乎法律内在目的和内在法治精神要求。[②] 德国义务之诉实行合目的性审查，不仅要审查确认裁量决定的瑕疵，还要从合目的性、方案手段选择之合理性等方面来审查。[③] 通过借鉴德国经验，“合目的性”审查所追求的是与立法目的精神相一致，而不拘泥于具体法律条文的审查模式，注重对行政不作为之内容、结果及二者之间的关系进行司法审查。[④] 例如，“钟某诉北京市工商行政管理局通州分局行政不作为案”[⑤] 中，如果行政规范性文件对行政机关的权限有明确规定的，即使不属于本机关有权办理的事项也应积极移送有权机关办理，因为积极移送也是一种作为义务。另外，“李某某申请北京

① 解志勇：《论行政诉讼中的合目的性审查》，载《中国法学》2004 年第 3 期，第 57 页。

② 杨伟东：《行政诉讼法修改的基本动向及其问题》，载《国家检察官学院学报》2007 年第 2 期，第 153~160 页。

③ ［德］弗里德赫尔穆·胡芬：《行政诉讼法》，莫光华译，法律出版社 2003 年版，第 92~93 页。

④ 冯慧：《美国行政不作为司法审查的现状与未来》，载《南京大学法律评论》2005 年秋季号。

⑤ 《最高人民法院 2015 年 1 月 15 日公布行政不作为十大案例》，最高人民法院网：http：//www.court.gov.cn/zixun-xiangqing-13404.html（访问时间：2018 年 8 月 26 日）。

市公安局行政复议案"[①] 中，申请人提出查处申请，北京市公安局因自身没有管辖权遂将申请移送有管辖权的通州公安分局处理，但是北京市公安局未将移送管辖事项告知申请人，此种程序上的不当处理构成不作为。正如埃塞尔主张，在个案适法的解决方法中法官应先以其他方式发现解答，而法律文字只是该解答的适当论据而已，所谓"其他方法"则可求之于未实证化的法律原则以及法律外的评价标准。[②] 拉伦茨认为，补充法律漏洞的方法包括目的论扩张，这属于"法律内的法之续造"。从功能主义出发，为回应行政诉讼目的和当事人权利有效救济，当司法审查程度过低而不能涵盖现实权利保护事实时，就需要法官在实际审判过程中超越法律条文的文义范围以扩展其适用，这符合目的论扩张的要求和避免"机械法学"的重演。"在现实司法实务中，单纯运用法律本身的逻辑不能处理可能遇到的所有疑难问题，必须借助法律背后的价值要素加以处理。"[③] 例如，"山东金宇建筑集团诉山东省东营市劳动和社会保障局工伤行政确认案"[④]，本案运用了目的论扩张的法律推理方法，法院认为依据《工伤保险条例》的相关规定，在医疗机构确定病人没有继续存活可能性的基础上，经家属放弃治疗病人死亡的，不影响认定为工伤的结论。从保护公民合法权益的诉讼目的出发，克里勒认为案件裁判在法律上应正当化，正当与否的判断标准在于是否优先保护"明显比较重要的利益"。[⑤] 法国学者惹尼曾指出，法官可以创造法律，但应根据立法意图及社会需要来解释法

---

① 李灵雁：《北京市行政复议典型案例选编》，北京市人民政府法制办公室编 2016 年版，第 38 页。

② ［德］卡尔·拉伦茨：《法学方法论》，陈爱娥译，商务印书馆 2003 年版，第 4 页。

③ 赵星：《逻辑司法推理的有限性》，载《求索》2007 年第 9 期，第 95~97 页。

④ 最高人民法院行政审判庭编：《中国行政审判案例》（第 2 卷），中国法制出版社 2011 年版，第 132 页。

⑤ ［德］卡尔·拉伦茨：《法学方法论》，陈爱娥译，商务印书馆 2003 年版，第 10 页。

律，法官的自由裁量权必须以客观原则为依据。[①]

二、区分事实问题和法律问题

所谓“实质性审查”表现为在处理不作为案件时，法院采取二元审查强度通过区分法律和事实问题来适用不同的审查强度。但是随着行政机关借用不确定法律概念取得判断余地后，法院将行政机关拥有判断余地的最后决定权交由行政机关。英美法系国家的司法审查通常都区分法律和事实问题，其基础理论源于法院和行政机关职权分工各自发挥专门职能。例如，美国关于不作为案件的司法审查经历了从消极到积极的转变，司法审查保持对行政机构较高程度之尊重。[②] WTO 多个协定中也提出了区分事实问题和法律问题，如 TRIPS 第 41 条第 4 款、《反倾销协定》第 17 条第 6 款第 1 项。从逻辑三段论来看，任何行政机关作出的行政行为都有事实认定和法律适用基础，并基于此作出决定。法院需要对行政行为作出的事实和法律问题（包括法律解释和法律适用）进行审查。法院在不作为案件中审查的目标是当事人履职申请中所反映的行政争议。从保障司法审查的有效性和正确性考虑，在司法审查程序中法院应该区分事实问题和法律问题，实行不同的审查标准。[③]

（一）事实问题遵循“审查保留”标准

区别于部分学者主张的接近“重新审查”（de novo review）的司法审查标准[④]，笔者主张法院在不作为案件事实问题的审查方面应坚持“审查保留”标准，这是一种有限性审查。由于我国缺乏

---

① 徐国栋：《民法基本原则解释》，中国政法大学出版社 1992 年版，第 279 页。

② 冯慧：《美国行政不作为司法审查的现状与未来》，载《南京大学法律评论》2005 年秋季号，第 255~256 页。

③ 参见笔者发表的论文《实质解决行政争议视角下的行政履行判决适用研究》，载《行政法学研究》2019 年第 2 期，第 126~135 页。

④ 刘东亮：《行政诉讼目的研究——立法目的和诉讼制度的耦合与差异》，中国法制出版社 2011 年版，第 172 页。

独立的《行政程序法》，所以对于事实问题采取比较宽泛的审查强度。根据《行政诉讼法》第5条、第6条、第40条的规定，关于事实问题的审查，法院只对其进行合法性审查且有权调取证据。但是涉及高度专业性及技术性问题时，法院通常只有否决权而不能代替行政机关作决定。“行政自身具有优势和专长，行政自主性是行政法律从属性的扩张，可以保持法律的必要活力。但是行政自主性并不意味着存在绝对和固定的行政自主空间，而是依据领域和程度的不同视具体情况来承认行政自主性。行政自主性的存在，意味着司法不能对行政自主事项进行完全审查，而是有限性的司法审查。”[①] 鉴于行政不作为行为的事实认定问题需要行政机关的专门知识和经验，因此法院应将专业知识以及对事实的认定交由行政机关判断决定。具体到不作为诉讼，行政机关应该提供实质性证据来支持对事实的认定，法院对事实问题的审查采用较低的审查标准，只要行政机关的结论有证据支持，法院对于行政机关的事实认定就会予以认可。对于明显错误的事实认定可以直接予以否定。即，法院拥有否决的权力而没有决定的权力，仅审查行政机关的事实判断是否合理，而不能用法院的认定取代其判断，并且根据事实问题不同的性质特点设定细致的审查标准，仅对行政机关所认定的事实中是否存在合理证据进行审查。即，以合理性原则为基础，根据判决方式、争议焦点和行政程序等辅之以必要的法院调查取证权。域外很多国家，诸如英国、美国、法国等都以合理性作为事实审查的标准。换言之，当有理性的人依据行政机关提交的证据进行合理推论，能够在不违反经验主义的情形下达到行政机关进行的事实认定程度，此时即便法院和行政机关的判断存在偏差也应该尊重行政机关的判断。值得注意的是，基于“案卷排他性原则”，法院对行政机关专业性事实认定的审查通常是适用实质性证据标准，只要被诉行

① 杨伟东：《行政行为司法审查强度研究——行政审判权纵向范围分析》，中国人民大学出版社2003年版，第19~20页。

政机关的判断存在合理性，法院就应尊重其专业判断并仅就该专业认定涉及的法律问题进行判断。此外，还存在“案卷排他性原则”之例外的“官方认知原则”[①]（office notice），基于西方诉讼程序中古老格言“众所周知之事实不用证明”，对于此种“案卷之外的事实”（extra record fact）无须设置审查标准，法院仅进行形式审查。

从诉讼认识论上来讲，法院在事实问题认定方面坚持法律真实。由于行政争议的产生大部分是源于基础事实问题而非单纯的法律适用问题，法院如果仅是固守于审查法律问题，则会导致行政争议得不到实质性解决，因此法院在事实问题保留审查方面也存在例外。有一个例外的审查标准，即当行政机关的行政不作为严重影响公民基本权利造成“实质权利影响”且没有事实根据，以至于需要由法院重新审查事实时，法院可以针对事实问题采用重新审查标准，法院通过发挥司法能动性来实质性解决争议。[②] 换言之，由于事实认定涉及较强的技术性和政策性问题，法官一般会给予行政机关事实判断更多的尊让。另外，司法权具有判断权属性，其仅以法律解释为准则进行判断，如果超越法律范畴司法权则有侵越行政权的可能性。基于司法救济手段的有限性，法院一般不能代替行政机关作决定。但是，法院拥有对行政机关事实认定程序的司法审查权限，可以审查事实认定程序是否违反法定程序和正当程序等基本要求，是否符合《证据若干规定》中关于事实认定审查依据的“证据是否客观存在”“证据是否充分”以及逻辑推理分析是否合理，从而作出司法裁判。例如，法院一般对于纯专业技术性的事实问题

① “案卷排他性原则”是指根据“先取证后裁决”之规定，全部取证记录及文件系统构成行政卷宗的组成部分，行政机关仅能据此作出处理决定，不能在案卷之外以当事人不知悉及未经论证的事实作为根据。“官方认知原则”作为“案卷排他性原则”之例外，是指行政机关根据此原则可以在案卷记录之外，在当事人提供的证据之外，认定案件中的事实，并以此作为裁决依据。此种事实即为官方认知，一般不能构成法院撤销行政行为之理由。

② 参见笔者发表的论文《实质解决行政争议视角下的行政履行判决适用研究》，载《行政法学研究》2019 年第 2 期，第 126~135 页。

保留审查，但是对于行政机关采纳该专业技术性证据是否符合法定表现形式及是否遵守了法定程序等问题，法院有权进行全面审查。

（二）法律问题坚持“完全审查”标准

在法律问题的审查方面，由于法院是法律方面的专家和法律适用的最终判断者，正如《联邦党人文集》中的论述“解释法律是法院正当而特殊的领域，告诉人们法律是什么完全是司法部门的义务”[①]，因此法官在不作为案件法律解释方面优于行政机关，更具有权威性，应坚持“完全审查”标准[②]，又称为“重新审查”或“代为判断”标准。法院对行政不作为行为的法律问题具有完全决定权和最后决定性的解释权力，根据行政不作为行为法律解释的合法与否、合理与否或者可允许范围（即“合理尊重”）来决定是否需要用法官自己的结论代替行政机关的法律结论，这是充分和全面的审查。对行政不作为行为涉及的法律问题进行完全审查符合国际惯例和审判实践。例如，美国《联邦行政程序法》中规定，“审查法院应就相关的所有法律问题作出决断，并解释法律条文”。虽然随着行政国家的兴起，法院开始摇摆于行政主体可以在国会授权的专业领域对相关管制法律作出解释，但此后的“斯基德莫尊重”(Skid more Deference）和“谢福林案”中，法院并未无条件地尊重行政主体的法律解释，而是审查其所作解释是否建立在对制定法合理和可容许的解释基础上。[③] 换言之，虽然法院对行政机关的法律解释进行了考量，但最终还是由法院独立判断相关法律解释。例如，“张某凯诉江苏省苏州市昆山工商行政管理局要求履行行政职

① ［美］亚历山大·汉密尔顿、詹姆斯·麦迪逊、约翰·杰伊：《联邦党人文集》，程逢如等译，商务印书馆 1980 年版，第 395 页。

② 马怀德：《司法改革与行政诉讼制度的完善》，中国政法大学出版社 2004 年版，第 336 页。

③ 祖燕：《行政解释论》，中国政法大学 2009 年博士学位论文，第 97 页。

责案”[①]，法院在审查《工商行政管理机关行政处罚程序规定》第57条时，对于“案情特别复杂，经集体讨论的方式，最终决定是否要继续延期”中“继续延期”有无合理期限以及合理期限的标准进行了完全审查，并参照公民权益受损程度，据此认为行政机关的延期超过合理期限则构成拖延履行的行政不作为。在法律问题审查方面，司法权只需要秉持司法权与行政权均衡配置产生的对行政权“适当尊重”而不允许其有超越争议法律适用上的任何优待。关于“自行选择行为的方式”包含了对事实的认定以及对法律条文的解释。[②] 但是，对于涉及形成性和前瞻性的法律问题，通常应该由行政机关予以先行考虑，这是由行政机关首次判断权和司法审查的回溯性、复审性决定的。

借鉴美国对行政不作为案件法律问题的司法审查越来越侧重于超越成文法的界限。在特定情况下制定法会运用概况式语言来模糊法律适用的界限，给予司法审查“法定自由裁量”，通过相关案例的解读来完善司法审查要素。我国对于实质性解决行政争议的侧重实质上也在明示或默许法官在处理具体个案过程中应该有权进行法律漏洞的填补，但是也要遵循法官进行法续造的界限，强化法院在行政争议解决上的权限从而达到司法审查实质上的平衡功能。换言之，通过对实质性解决行政争议功能的侧重来区分事实问题与法律问题的审查，从而满足当事人的诉讼请求和实现行政不作为合法性的审查目的。德国耶林的目的法学和美国现实主义法学都坚持认为制定法的漏洞具有不可克服性，法官不能僵硬地运用逻辑推理死板地适用法律，而要在立法目的指引下进行符合立法原意的解释，要体现法律的价值预设，司法往往折射出个案的创新功能和行为导向。在德国保护规范理论基础上进行修正解释理论的学者主张，解

---

① 最高人民法院中国应用法学研究所编：《人民法院案例选》（2016年第1辑），人民法院出版社2016年版，第207页。

② 余凌云：《行政法讲义》，清华大学出版社2010年版，第155页。

释公法权利时不仅应采用主观目的论解释还要采用功能解释方法，将目的性解释和法律效果解释相结合。[①] 普通法上的法官对已经发生的争议进行技术突破发挥引导规则的职能，即所谓的“法官造法”或“法律漏洞填补”。由于立法者立法理性的有限性在无形中强化了司法机构的作用，法院不可避免地充当着高度创造性的角色。[②] 因此，需要法官在法律适用过程中进行充分的论证和说理。不作为行为的解决路径是通过适用法律得出个案，通过解释的方法更多地分析具体案件的事实特征和法律适用规则。大陆法系不存在“法官造法”而是“法官释法”，更多体现为法官基于法律文本寻找契合案件事实的具体法律条文，通过领悟立法原意并结合演绎论证与归纳论证的方法得出裁判结论。从这个意义上来讲，法官是以消极的方法能动地改变社会。事实上，每个法官的权力都受到整个法律体系的制约。尤其是世袭于传统观念，诸如立法最高性的过分依赖等，都危及法官适用法律的能动性和论证过程的缺失。

从实质性解决行政争议的功能实现角度来讲，我国法官在处理不作为案件时应借鉴普通法系法官解释法律的做法，通过文义解释和体系解释去挖掘立法本意和价值，运用法益和目的解释去印证法律是一项社会工程。“法官解释法律”和“司法在某种意义上具有能动地发展法律的功能”逐渐在大陆法系国家深入人心。[③] 追求实质正义的当事人与恪守法条主义的法官之间很难建立共同的话语体系。甚至可以说，我国制定法的滞后性和不周延性是客观存在的，而法官在具体案件司法审查中填补法律漏洞的步子却异常缓慢。因此，在事实认定上倘若法律存有漏洞，法官应该秉持在发现真相可

---

① 赖恒盈：《行政法律关系论之研究——行政法学方法论评析》，台湾元照出版有限公司 2003 年版，第 111~112 页。

② ［意］莫诺·卡佩莱蒂：《比较法视野中的司法程序》，徐昕、王弈译，清华大学出版社 2005 年版，第 20~28 页。

③ 吴英姿：《司法的限度：在司法能动与司法克制之间》，载《法学研究》2009 年第 5 期，第 111~130 页。

能的范围内进行漏洞填补。即，法官创制法律是在“空隙中”进行的，且只能在判决特定案件中填补这个漏洞，所以应该保留法律适用中的有限能动意识，弱化法律的工具主义特征，但同时也要防止造成法律的不确定性。另外，“从法安定性角度考量，法官在法律解释方法的选择适用上，应该依照裁量性从小渐大的顺序进行。首先从法律概念进行字义的文义解释，包括扩张、限缩和类推解释方法等；然后推及法条上下文和借助经验进行法律要件解释；最后回归立法意图和法律目的进行法意解释和目的解释，同时要兼顾社会效果将法律与民众实践相结合”。[①] 司法机关对某项法律规范所作的解释，只要它能给今后的审判实践指明方向并起到示范作用，那么这种解释本身就是一种“对法律的发展”。因为法官进行法律适用的核心要旨是妥善处理行政争议，并且从相关经验中尽量发掘出处理类似或者同类行政争议的一般适用规则。这一解释过程与对准则内容进行具体化的过程并无二致。[②] 换言之，法律真正发挥实效的场域并不完全取决于立法机关，而是司法机关适用法律过程中总结的实践经验，其可以作为立法机关检验法律实施效果最便捷和最有效的方式。为了体现司法权对行政权的尊让和防止司法权僭越立法权，法官对法的续造要满足最低限度的正义要求，对法律适用作出令人信服的论证。从过多强调法律的技术理性与价值理性转向法律技术的扩展和研究方法的范式转化，注重行政争议的实质性化解。此外，对于事实问题与法律问题存在交叉的领域，法官可以通过司法能动解释将涉及专业性及公益性的问题归于事实问题进行审查，其他可以作为法律问题处理。

① 王振宇：《行政审判中解释法律的五种基本方法》，载《人民司法（应用）》2011 年第 3 期，第 56~61 页。

② ［德］卡尔·拉伦茨：《德国民法通论》，王晓晔等译，法律出版社 2003 年版，第 107 页。

第六章　行政不作为诉讼的裁判方式

行政不作为诉讼的裁判方式是不作为诉讼程序终结的表现形式，也是不作为诉讼司法审查强度的最终体现。“实质性解决行政争议”是贯穿《行政诉讼法》始终的一条主线。修订后的《行政诉讼法》及相关司法解释在行政不作为诉讼判决方式上进行细化和丰富，就是为了实现实质性解决行政争议的立法目的。法官需要能动地运用司法权平衡制度与现实的冲突，将法律中的抽象正义具体化为当事人权益的分配，增强裁判的可接受性和法律的实效性。从实质性解决行政争议视角来看，关于行政不作为诉讼的裁判方式应该构建以履行判决为中心的裁判体系，而且在行政机关已经没有裁量余地的情况下，为了实现行政争议的实质性化解应该尽可能作出履行内容具体的实体性履行判决。

第一节　行政不作为诉讼裁判方式的基本原理

一、行政不作为诉讼裁判方式与诉讼目标模式的关系

诉讼目标是指立法机关希冀行政诉讼活动应该实现的终极目标，诉讼目标模式是按照一定标准对不同国家确定的诉讼目标所作的类型划分。行政诉讼目标模式对判决方式具有重要的引领作用，甚至可以说诉讼目标模式的确立对于判决方式具有直接的决定作用，而行政诉讼判决是诉讼目标模式的直观呈现，目标模式需要在行政诉讼过程中实现。行政诉讼判决与行政诉讼目标模式能否直接对应，或者具有正相关关系的影响因素之一就是司法权与行政权的

相互关系。行政不作为诉讼的裁判方式不仅影响着原告诉求的救济程度，而且会影响司法权介入行政权的程度。行政不作为诉讼判决方式问题的求解方向存在于司法权与行政权具体化的协调定位中，这是由不同情境中行政权专业化门槛、司法权代替行政权的必要性及由此带来的风险决定的，法院“可以”作出何种类型的判决取决于司法权介入行政权的风险，而法院“应当”作出何种判决取决于相对人主观权利保护的迫切性。[①] 传统行政诉讼法出于社会效益的考量，侧重于对行政机关行使公权力行为进行合法性审查并体现出行政诉讼监督行政权的职能。随着行政诉讼政策以及不断增长的行政不作为案件数量，解决行政争议作为司法的一个重要职能逐步成为行政诉讼的立法目的之一，其重要性也不断得到凸显。之所以要将实质性解决行政争议作为重构行政不作为诉讼裁判方式的切入点，源于裁判方式所取得的社会效果是司法审判的最终载体和价值维度。司法裁判作为整个诉讼过程的最终落脚点，对相对人权益的保护是实现行政诉讼立法目的最直接的体现。因此，关于不作为诉讼裁判方式的研究，应服务于行政诉讼的立法目的。同时，行政不作为诉讼裁判制度的完善，体现并制约着行政诉讼实质性解决行政争议目的之实现。

本章从实质性解决行政争议视角切入，在不作为诉讼以主观诉讼性质为主的诉讼模式前提下，本着回应原告诉讼请求的原则，查明原告诉讼请求是否符合法定条件以及行政机关是否满足相对人诉求，从而科学设置不作为诉讼的裁判方式。笔者认为，针对行政不作为的不同表现形态和避免程序空转，应该将履行判决作为行政不作为诉讼的主要判决方式。因为履行判决具有主观权利保护之目的，契合实质性解决行政争议的诉讼目的。撤销判决、确认违法判决和重作判决由于具有程序的反复性及浪费诉讼资源之嫌，且过于强调监督行政机关依法行政之目的会导致上述判决方式脱离社会现

① 张旭勇：《行政判决的分析与重构》，北京大学出版社 2006 年版，第 5 页。

实需要，应该作为处理行政不作为诉讼案件的辅助判决形式。即，诉讼成本偏高成为掣肘司法运行的障碍，尤其是重作判决对诉讼效益的减损，导致履行判决的可采用性程度提高。“法律效果与社会效果相统一”作为司法裁判的基本理念，在不抵触现行有效制度规则的情况下进行法律选择和裁判方式结果之间权衡，可以增强行政审判的可接受性，而判决的可接受性与自洽性则是实现法律秩序社会整合功能的集中体现。正如苏力教授所主张，“法官司法审判是以结果为导向的，所关注的是解决具体问题、结果的正当性及形式的合法性，具有很强的实用理性倾向”。[①] 即，强调通过判决结果达到当事人利益最大化和实现司法的社会目的。如果法官过于僵化地适用法律，往往会造成判决结果仅使纠纷在形式上得到解决，而没有从实质上解决争议和矛盾。从司法追求的基本目标来看，行政审判最基本的目标就是通过依法行使审判权来保证司法的有效性。

二、司法权与行政首次判断权的关系

行政不作为诉讼的司法审查及裁判方式，都涉及司法权监督行政权的广度及深度问题。司法权与行政权之间的关系，是国家权力结构关系在行政诉讼领域的具体呈现。从国家权力结构来看，行政不作为诉讼作为调整司法权、行政权和相对人权利二者关系的制度，是宪法法律关系在行政诉讼领域的体现，而行政不作为诉讼裁判方式则是此种关系最为直观的载体。完善行政诉讼判决制度除了强化司法权对行政权合法性监督外，还要加强司法机关在解决行政争议方面的权限。[②] 行政不作为诉讼不仅要通过判决方式来实现司法权对行政权的监督，而且应当兼顾原告权利救济的司法需要。司法权与行政首次判断权的关系，实质上涉及不作为裁判方式中司法

① 苏力：《中国基层司法制度研究》，中国政法大学出版社 2002 年版，第 186 页。

② 梁凤云：《行政诉讼判决之选择适用》，人民法院出版社 2007 年版，第 21 页。

权与行政权之关系，即司法权干涉行政权的“度”，行政权应有不受立法和司法干涉的自我负责的领域。例如，为了平衡二者的关系，日本课予义务诉讼中设置了“重大损失”可能性、“损失的不可避免性”以及“诉的利益”来界定课予义务判决的适用。德国义务之诉规定了判决时机的“裁判时机成熟”理论。我国台湾地区的“已到裁决程度”也体现了二者平衡的理念。

“行政首次判断权”原则，即在行政机关职权范围内其未予判断处理的事项应交由行政机关先行处理，法院待行政机关判断处理结束后再对其是否合法进行审查，从而避免司法机关过早介入而有干预行政权的嫌疑。① 该原则界定了司法权的界限，涉及司法能动与司法审查权有限的问题。司法权需要尊重行政权的效率和专业性，同时要考虑司法权自身的能力。日本的田中二郎认为，抗告诉讼应以行政机关首次判断权为前提来排除由此造成的违法状态。② 为了达到实质性化解争议和权利有效救济之目的，日本于 2004 年修改《行政案件诉讼法》时增设了课予义务诉讼和预防性不作为诉讼，当法院就行政机关作出或者不作出某种行政行为要件明确时，可以突破行政首次判断权之限制。③

“履行判决是我国法院审理行政不作为案件适用的主要判决形式，2014 年修订后的《行政诉讼法》坚持了原法所秉持的严格的司法尊重行政首次判断权的原则，法院只能判决确认行政机关的不作为行为违法，并且责令行政机关履行其应当履行的作为义务。原告诉求通常并未因履行判决的作出得到满足还需要依赖行政机关的重新处理，或者原告不满行政机关重作的行政行为进而引发新一轮

---

① 参见笔者发表的论文《实质解决行政争议视角下的行政履行判决适用研究》，载《行政法学研究》2019 年第 2 期，第 126~135 页。

② ［日］原田尚彦：《诉的利益》，石龙潭译，中国政法大学出版社 2014 年版，第 72 页。

③ 黄先雄：《行政首次判断权理论及其适用》，载《行政法学研究》2017 年第 5 期，第 113~123 页。

行政复议与行政诉讼造成程序空转，既浪费司法资源也难以为公民提供有效司法救济，甚至最终酿成信访事件。”[①] 此外，根据《行诉解释》第91条的规定，对于行政机关存在裁量余地的案件，如果尚需裁量或者调查的，法院要尊重行政机关的首次判断权，要求行政机关先行履行对原告申请事项的重新处理并不直接判令被诉行政机关限期履行。当涉及对行政裁量的审查程度时，法院可以发挥司法能动性对行政裁量的合法及合理性问题予以裁判，但大多数情况下不宜直接代替行政机关进行裁量或作出决定，应尊重行政首次判断权。例如，在政府信息公开不作为案件中，对于行政机关以“三安全一稳定”为由不公开相关政府信息的情况，鉴于“三安全一稳定”属于不确定概念且存在裁量性因素，具有较大的裁量空间。法院在判断处理上述问题时的司法审查程度是最弱的，通常不宜通过自身的判断来取代行政机关的判断，此时只能评判其判断是否存在明显不合理。此外，关于拖延履行不作为行为，通常同时具备违反实体作为义务和程序作为义务，由于涉及司法权与行政权的权力划分，基于行政机关首次判断权和司法审查限度，法院通常仅能责令行政机关即时作出程序结果，但不宜指令行政机关如何履行具体义务。[②] 换言之，法院的审查权限应限于审查被诉行政机关在一定期限内未针对原告申请事项进行回应是否合法，对于答复的实体内容则属于行政机关的审查权限，司法不能代替其进行审查进而作出判断。

---

① 参见笔者发表的论文《实质解决行政争议视角下的行政履行判决适用研究》，载《行政法学研究》2019年第2期，第126~135页。

② 周佑勇：《行政不作为判解》，武汉大学出版社2000年版，第39、134页。

三、"诉判关系"原理

(一) 判决类型与权利类型

当事人权利类型 → 行政机关作为义务类型
↓ ↓
诉讼请求 → 判决类型

图 12 权利类型、诉求、义务类型及判决类型的关系

通常行政机关与相对人权利义务是呈现"点对点"的对应形式。不同的行政不作为判决方式与不同类型的行政争议也具有对应性，针对特定的行政争议应该具有特定类型的裁判方式。行政不作为诉讼所要解决的行政争议类型决定了该种诉讼判决方式的全貌。行政不作为诉讼判决作为回应原告诉讼权利和提供权利救济的载体，是当事人各方相互关系的写照。行政主体不履行作为义务，则对应着行政相对人权利的无法实现。分析行政不作为判决类型之前，有必要分析一下判决类型对应的权利类型。权利类型、诉讼请求与行政判决的关系体现为通过相对人的权利内容、行政机关的义务内容、诉讼请求的内容和行政诉讼判决种类之间的承接关系，得出相对人权利类型、诉讼请求和行政判决间的对应关系。即，不作为诉讼判决类型，应以权利义务关系作为判决对象。判决的有限性使判决的僵化性得到彰显，在回应诉求的判决中"权利"是作为程序参与者进行谈判的讨价还价筹码①，而"权力"对应着审判对象与判决对象。判决对象的确定不仅决定判决类型而且涉及各类判决具体适用条件及适用范围。判决对象具有复合性，不仅以行政行为作为判决对象进行撤销或否定评价，还需要延伸至原始行政争议中来确定相对人行政法上的权利义务内容。

① ［美］米尔伊安·R. 达玛什卡：《司法和国家权力的多种面孔——比较视野中的法律程序》，郑戈译，中国政法大学出版社 2004 年版，第 147 页。

判决类型与权利类型间存在特定的对应关系，判决种类划分的逻辑起点是权利类型。从权利的纵向分析来看，权利分为原权利与救济权。[①] 原权利是权利的始端，救济权是权利的末端。原权利决定救济权，救济权具备对原权利恢复的功能。其中，救济权决定诉讼请求，诉讼请求决定判决种类。根据霍贝尔的观点，权利包括积极和消极的权利关系，并对应接受权和行为权关系。其中，权利具有对抗性的属性，与行为权对应的是行政主体的不作为义务。根据米尔恩的观点，每个人均负有不得对要求或接受其有权得到之物的任何人进行伤害的义务，即接受权对应着积极提供待遇的义务和消极的不干扰接受者接受的义务。[②] 从权利类型关系和行政判决体系的对应关系来看，原权利、救济权和诉讼请求权之间应保持一致性和关联性。

（二）权力与权利的平衡："权利有效保障"与"权力的义务本质"

司法权具有权利救济和对国家机关权力调整控制的功能。美国社会学家丹尼斯·H. 朗教授主张，"关于权力性质在政治学、法学和社会学领域都有论述。权力的性质和定义往往无法统一"。[③] 关于权力的概念，包括"能力说""影响力说""关系说""综合说"等。"权力"从本质上来讲是限定在特定社会关系中的公权力，其享有和行使具有相对性，权力行使的目的在于维护公共利益。而"权利"则是一种法定性的私权利，既是个人的利益与资格也是权利主体能够自己决定是否作出行为的意思自治。私法性质的权利对应相对人的义务履行，权利的种类不同对应的利益和主体责任义务

① 徐以祥：《行政法学视野下的公法权利理论问题研究》，中国人民大学出版社2014年版，第65~67页。

② ［英］A. J. M. 米尔恩：《人的权利与人的多样性——人权哲学》，夏勇等译，中国大百科全书出版社1995年版，第113页。

③ ［美］丹尼斯·H. 朗：《权力论》，陆震纶、郑明哲译，中国社会科学出版社2001年版，第2页。

则会存在不同。关于权利本质的学说，包括格劳秀斯和米尔恩的资格说、霍布斯和斯宾诺莎的自由说、康德和黑格尔的意志说、边沁和耶林的利益说、哈特的选择说等。[①] 从根本上来讲，权利产生和运作的模式是社会主体对自身利益所进行的最优配置和理性交换的过程。权力主体行使权力以公共利益为出发点，而权利主体的行使则是以单独个体利益为出发点。

英国的霍布豪斯曾言“权利包含着对别人的要求，或是要求积极服务，或是要求消极克制”。[②] 作为行政相对人权益救济手段的行政不作为判决，是以相对人权利内容为基础并围绕行政机关的义务内容，根据原告诉讼请求的内容来适用具体的不作为判决种类。行政不作为诉讼裁判方式涉及权利与权力的关系，不仅包括当事人权利与行政权的关系，还包括当事人权利与司法权之间的关系。行政相对人权利对抗行政权乃是行政诉讼制度发展的动因，司法权制约行政权则是行政诉讼制度的过程与性质，而司法权实现相对人权利救济是行政诉讼的最终目的。[③] 司法权与行政权（权力与权力）的关系以及行政权与行政相对人（权力与权利）的关系是决定和影响立法目的之主要因素。当强调司法权与行政权这对矛盾时，行政诉讼制度就会更多体现出司法权监督行政权的性质，一旦强调行政权与行政相对人这对矛盾，行政诉讼制度就会侧重于相对人权利救济。司法权与行政相对人权利关系体现为“权利救济理论”，即“有权利就有救济”。为了切实保障公民基本权利不受行政不作为的侵犯，有必要完善行政不作为诉讼等救济制度。如果司法救济缺失，则权利救济就沦为空谈。行政不作为诉讼即是司法权

① 夏勇：《人权概念起源——权利的历史哲学》，中国政法大学出版社 2001 年版，第 41 页。

② ［英］L. T. 霍布豪斯：《形而上学的国家论》，汪淑钧译，商务印刷馆 1997 年版，第 23~24 页。

③ 董茂云、唐建强：《论行政诉讼中的人权保障》，载《复旦学报》2005 年第 1 期，第 93~96 页。

为相对人权利提供救济的制度，法院面对强势的行政权应侧重保障相对人合法权益。

（三）审查范围："单一行为合法审"转向"原告实质诉求审"

"法律效果的产生，即是法律目的之实现过程。"[①] 立法目的是从主观角度阐释立法者的预期效果，功能则是制度实际发挥的法律效果，通过具体的裁判体系可以将目的与功能相衔接。实质性解决行政争议直接取决于行政相对人的诉讼请求能否得到及时和充分的回应。这就要求法院对被诉不作为行为进行合法性审查必须达到公民权利切实有效保障的程度，不仅注重合法性审查而且要围绕原告诉讼请求。但从表 3 中可以看出，在履责之诉中原告的诉讼目的是请求行政机关作出其申请的行为，而目前不作为诉讼裁判方式过于追求行政行为合法性审查，却未形成判决方式与原告诉求的一一对应关系，导致原告实质诉求落空及实质化解争议效果不理想。

表 3 判决方式与诉讼请求的对应关系

<table>
<tr><th>诉讼类型</th><th>诉讼请求</th><th>判决方式</th></tr>
<tr><td rowspan="4">行政
不作为</td><td rowspan="4">责令被告
履行作为义务</td><td>履行判决
（《行政诉讼法》第 72 条）</td></tr>
<tr><td>确认违法或者采取补救措施
（《行政诉讼法》第 74 条第 2 款第 2 项、《执行解释》第 57 条第 2 款）</td></tr>
<tr><td>"撤销+重作"判决
（《行政诉讼法》第 70 条）</td></tr>
<tr><td>驳回原告诉讼请求
（《行政诉讼法》第 69 条）</td></tr>
</table>

① 付子堂：《法律功能论》，中国政法大学出版社 1999 年版，第 259~260 页。

笔者通过汇总2014年1月至2018年9月近五年刊登在《人民法院案例选》上有关行政不作为的典型案例发现，行政不作为诉讼裁判方式主要集中在撤销判决、履行判决、确认违法判决和驳回诉讼请求等方面，且呈现出以“撤销判决”为核心的裁判架构模式。本章从实质性解决行政争议视角来构建不作为诉讼裁判方式，根据“诉判关系”理论，笔者主张应该以履行判决作为主要判决方式，同时辅之以其他判决方式作为替代性和补充性方式。由于我国的判决种类是逐步发展扩充的过程，其具体方式并不完全遵循诉判一致性，在技术层面上不回应诉讼请求是争议无法实质解决的根本原因，而回应诉讼请求的技术路线就是诉讼类型化。域外国家的行政不作为诉讼判决种类通常以履行判决作为诉讼救济的核心手段，如日本最初塑造了以“撤销判决”为核心救济手段的不作为判决形式，随着现代福利国家行政职能的转变，撤销判决很难适应行政职能转变的节奏。日本通过修订《行政案件诉讼法》确立课予义务诉讼借此改变以撤销判决为中心的局面。德国《行政法院法》对撤销判决和履行判决进行了明确分类，该法第42条第1款中规定，“通过起诉可以诉请撤销一个具体行政行为（撤销之诉）或判决行政机关作出其拒绝作出的或尚未作出的具体行政行为（义务之诉）”。德国《行政法院法》第43条第2项中确立了以课予义务为主、以确认违法为辅的裁判模式。由此，德国将拒绝性决定等不作为行为进行了撤销之诉与义务之诉的并轨运行模式转化，体现了彻底解决争议的特点。可以说，在现代服务行政和福利国家的背景下，履行判决被赋予了更多期待。

表 4　2014~2018 年《人民法院案例选》行政不作为典型案件裁判方式汇总

<table>
<tr><th colspan="2">年份
裁判方式</th><th>2014</th><th>2015</th><th>2016</th><th>2017</th><th>2018</th></tr>
<tr><td rowspan="3">撤销判决（16）</td><td>撤销+重作（10）</td><td></td><td>1</td><td>6</td><td>2</td><td>1</td></tr>
<tr><td>撤销+履行（5）</td><td></td><td></td><td>4</td><td>1</td><td></td></tr>
<tr><td>单独撤销（1）</td><td></td><td></td><td></td><td>1</td><td></td></tr>
<tr><td colspan="2">履行判决（9）</td><td></td><td>1</td><td>4</td><td>3</td><td>1</td></tr>
<tr><td rowspan="2">确认违法判决（8）</td><td>单独确认违法（7）</td><td></td><td>1</td><td>3</td><td>1</td><td>2</td></tr>
<tr><td>确认违法+履行（1）</td><td></td><td>1</td><td></td><td></td><td></td></tr>
<tr><td colspan="2">驳回诉讼请求（10）</td><td>2</td><td>1</td><td>4</td><td>1</td><td>2</td></tr>
<tr><td colspan="2">驳回起诉（2）</td><td></td><td></td><td></td><td>2</td><td></td></tr>
</table>

在行政不作为诉讼中，司法权对行政权具有监督功能，行政不作为判决是法院通过行使司法权调控行政权的结果，司法权力中最为核心关键的是判决权力。判决方式的不同类型反映出司法权监督行政权的广度和深度。有学者从政策推广型、消极司法型和能动司法型的行政诉讼制度类型来阐述司法权与行政权之间的平衡制约状态。[①]“消极司法型”强调司法权仅为解决法律纠纷，同时要严格遵循行政诉讼的合法性审查限缩司法裁量权和追求程序正义；而“能动司法型”强调对原告诉求的回应和法官的裁量权，司法审查不仅拘泥于行为合法性审查还要兼顾平衡各方利益。在此种诉讼类型下，判决方式的作出需要综合判断的因素不仅包括原告的诉求，

---

① 梁凤云：《行政诉讼判决之选择适用》，人民法院出版社 2007 年版，第 51~56 页。

还包括追求裁判的实质性结果以及判决最终履行的可能性等。

"原告诉讼请求"→"行政争议"思路下，以原告诉求作为诉讼的逻辑起点来确定诉争的实质"行政争议"，以此为契机达到解决行政争议的功能。行政不作为诉讼审查的核心如果仅围绕行政行为的合法性，会发生撤销原违法的拒绝履行行为，或判决行政机关重作。如此判决后，行政争议仍未得到妥善解决。在主观权利诉讼模式下，行政不作为诉讼面临的基本问题是围绕原告诉讼请求来实现诉讼功能，而原告提起不作为诉讼的主要目的在于实现自己期待被告作出特定内容之行为，通过诉讼督促行政机关履职仅是手段和途径。总之，行政不作为判决不仅局限于审查行政不作为的合法性，还要审理不作为引发的法律关系，直接通过裁判回应原告诉求。法院针对当事人的具体诉求进行审查裁判，既具有针对性又能作出具体明确地解决实际问题的判决。①

第二节　履行判决的适用规则

《行政诉讼法》及《行诉解释》对行政诉讼判决方式进行了类型化处理，行政不作为案件的主要判决方式是履行判决。修订后的《行政诉讼法》和《行诉解释》对履行判决方式也进行了修改完善，但仅是笼统规定了履行判决的适用条件。目前，随着行政不作为案件数量的不断攀升，履行判决方式在审判实践中面临的问题也日益突出。为了减少行政不作为案件中的诉讼程序空转，应按照有利于实质解决行政争议的立法目的完善履行判决的适用规则，从而满足对当事人的实质权利救济。

① 江必新、邵长茂：《最高人民法院关于适用〈中华人民共和国行政诉讼法〉若干问题的解释辅导读本》，中国法制出版社 2015 年版，第 45~46 页。

一、“实质性解决行政争议”的提出对履行判决适用的影响①

“解决行政争议”立法目的之确立，对行政诉讼判决制度产生深刻影响。由于我国没有采用行政诉讼类型化的立法技术，判决制度就成为行政诉讼的核心制度。司法对公民权利救济力度和对行政权监督强度，均主要通过判决方式及其适用条件予以体现。“实质性解决行政争议”要求法院的审理和裁判围绕原被告之间的争议展开，而非机械围绕行政行为合法性。此种争议解决理念也体现于《行诉解释》第 91 条的规定，在不作为案件中争议内容为被告是否应当履行原告请求其履行的作为义务。从实质性解决行政争议的视角，如果法院已经能够确定原告请求被告履行作为义务的理由成立，即可直接在判决中明确被告应当履行的具体义务，行政机关直接履行判决内容就满足了原告的诉求，诉讼程序本身就解决了原被告之间的实体争议不需要再行启动行政程序。

“实质性解决行政争议”命题的提出，要求履行判决的内容除考量传统因素即国家权力结构及行政权与司法权各自特性外，还应当将为公民提供有效司法救济和诉讼能够产生定分止争的社会效果等因素纳入制度建构因素。法院在不作为案件审理和裁判中不是机械奉行司法权尊重行政首次判断权和消极确认被告不履职违法，而是在合理范围内适当能动且尽可能地将争议化解在诉讼程序中。尤其是在目前行政执法状况不甚理想及行政不作为情形比较突出的情况下，如果司法权过于消极则不能为公民提供有效的司法救济，在行政权力强势情形下很难在行政机关败诉之后再通过行政机关满足原告的利益诉求。故而应由法院在处理履职类案件中通过有效发挥司法能动性，督促行政机关充分、完整、适当地履行义务，保障行政相对人实体权利实现，力求争议的实质性化解，推进实现实质法

---

① 本部分内容参见笔者发表的论文《实质解决行政争议视角下的行政履行判决适用研究》，载《行政法学研究》2019 年第 2 期，第 126~135 页。

治主义。"实质性解决行政争议"引入履行判决并非对司法尊重行政首次判断权原则的放弃，而是基于为公民提供更有力的司法救济、更有效解决行政争议对这一原则适用范围的限缩。履行判决的适用需要在尊重行政首次判断权与实现对公民权利有效司法救济之间寻求平衡，这也是本节探讨具体适用规则所应遵循的。

二、履行判决的适用范围

不管是判决种类的增加还是判决适用范围的扩张，都仅是来自司法权介入行政权的可行性和必要性两个向度相反力量间的博弈与平衡。[①] 履行判决的适用范围主要涉及"不履行"范围的界定。关于履行判决的适用范围，大体上是与不作为表现形态具有一致性，鉴于本书第一章中已经详细阐明了不作为表现形态的内容，此处不再赘述。

关于行政机关是否构成不作为的标准可以通过以下四点判断：第一，阻却违法性。将行政行为是否达到阻却行政相对人的违法行为作为履职程度的判断依据之一。第二，法律手段的穷尽性。例如，行政机关作出行政处罚决定后对相对人不执行处罚决定听之任之未履行催告等相关程序，则可认为行政机关未穷尽法律手段并按照《行政诉讼法》第 74 条第 2 款第 2 项的规定确认不作为行为违法。第三，正当理由的排他性。例如，"仙居县常青山庄老年公寓诉仙居县政府不履行土地行政审批法定职责案"[②]，法院判定上级机关对其下级初审后报送的行政许可申请不作决定的行为属于不作为，依法应当由上级机关决定的行政许可，下级机关收到行政许可申请材料后应当依法进行初步审查，提出初步审查意见并上报，上级机关应在法定期限内作出批准或者不予批准决定。第四，"合理

① 张旭勇：《行政判决的分析与重构》，北京大学出版社 2006 年版，第 5 页。

② 最高人民法院中国应用法学研究所编：《人民法院案例选》（2015 年第 3 辑），人民法院出版社 2015 年版，第 257 页。

履行作为义务”的认定。在不完全履行中涉及作为义务的合理性判断问题，换言之，当法律法规没有穷尽对行政机关履行职责的全面规定时，法院判定行政机关应达到何种程度的合理义务成为司法审查的难点和重点。关于紧急情况下行政主体已尽“合理履行作为义务”的判定，如在“曾某勇诉福建省安溪县政府不履行职责案”[①] 中，法院认定在紧急情况下，只要被诉行政主体遵循技术规范采取了必要措施尽到最大限度的合理避险义务就属于已尽了合理职责。同时，此种情况下行政主体在技术操作规范层面享有裁量空间而该裁量要符合比例原则，即依据技术规范采取措施的必要性、最小损害性。换言之，技术规范和比例原则等可以作为合理性履职的审查依据。该案裁判要旨中认定，根据《防洪法》及地方防洪条例的规定，防洪抗汛属于各级政府及所属水利行政主管部门的法定职责，为避免灾害后果的发生，行政机关遵循“工程设计”“防洪规划”等技术操作规范的要求，采取 24 小时值班、现场巡查等必要措施的可以认定已尽合理履行职责。至于财产损失的造成与不可抗力等自然灾害具有直接因果关系，行政机关对因为自然灾害造成的损失不承担赔偿责任。

关于履行判决中履职的具体内容属于行政机关的权限，应防止司法权侵犯行政首次判断权，但是从实质性解决行政争议出发，不作为诉讼应突破仅表明法院对行政机关履行义务的法律意见，除非含有裁量权和专业因素。从诉讼经济和避免程序空转角度来看，关于“明示拒绝履行行为”如果将其排除在履行判决之外，法院往往撤销该行政行为后会责令被告重作，但当事人能否得到实质救济取决于行政机关，如此容易导致程序空转。鉴于撤销判决对当事人权利救济的不充分性和诉讼经济的考量，可以将明示拒绝履行纳入履行判决的范围。例如，“广州贝氏药业有限公司诉卫生部不予复

① 一审：福建省安溪县人民法院（2004）安行初字第 8 号行政判决书；二审：福建省泉州市中级人民法院（2004）泉行终字第 101 号行政判决书。

议案”，法院认定将行政机关是否满足当事人符合法定条件的申请作为判断行政不作为的标准，行政机关不予答复和明示拒绝当事人的请求本质都是未对当事人提供实质救济，未履行作为义务的行为。即使对行政行为进行有限审查的美国，在行政不作为的审查程度上也允许当事人提交足够的证据证明行政机关不作为成立从而法院能够作出合理判决。① 从行政行为整体性原则来看，可以将明示拒绝履行与履责事项作为整体评判，法院在履行判决中可以先行撤销行政机关的拒绝性决定，然后再判决作出履行义务的内容。此时撤销内容仅是附带产生的，判决履行的内容才是不作为诉讼的根本目的。例如，“唐某芳诉重庆市开县社会保险局工伤保险基金先行支付纠纷案”② 中，法院采取了“撤销+履行”的判决方式，判决撤销被告作出的《补正通知》，并判令被告在判决生效之日起 60 日内审核并发放原告应获得的工伤保险待遇。

在审理“明示拒绝履行”案件时，法院审查的重点在于原告履责请求是否成立而非仅局限于拒绝性决定的理由及合法性问题。对于拒绝性决定不当且原告的履责请求成立的羁束性不作为行为，法院可以直接判决行政机关履行特定的法定职责；对于拒绝性决定不当，但原告的履责请求不能成立的，可以判决驳回原告的诉讼请求。但是，为了实质性解决行政争议，应在判决理由中指明拒绝性决定不当之处来明确事实和法律关系。此外，为了避免程序空转，对于理由不当但结论正确的明示拒绝履行行为，应该判决驳回诉讼请求。

① Steven Stark, *Setting no Records: The Failed Attempts to Limit the Recording Review of Administrative Action*, Administrative Law Review, Vol. 36, No. 4, Fall 1984, p. 351.

② 最高人民法院中国应用法学研究所编：《人民法院案例选》（2016 年第 5 辑），人民法院出版社 2016 年版，第 220 页。

三、判断基准时：裁判时机成熟

（一）行政不作为诉讼的裁判基准

关于行政不作为诉讼判决中如何确定判断基准的关键在于，解决司法裁判中应以事实与法律状态的何种状态来对“诉的理由具备性”和“诉的适法性”加以判断。即，行政不作为诉讼中关于判断基准时的核心在于裁判者要明确在哪个时点对涉诉不作为行为的事实及法律基础进行司法审查并作出裁判。关于行政不作为判决的判断基准，有学者提出根据德国法“判断基准时理论”，行政诉讼中关于判断基准的确定通常与诉讼目的及裁判方式具有牵连关系，主张将我国行政不作为诉讼判决的判断基准分为实体法上和程序法上之判断基准时。① 笔者认为关于不作为诉讼判决判断基准的确定，法院应根据不作为的不同类型来适用不同的审查标准。“审查的标准应该具有灵活性，应该是一个根据不同情况而滑动的标尺，包括合法利益的性质，行政机关作出意思表示的环境，结果对私人来说的不公正性以及为不保护合法期待辩护的占优势的公共利益。”②

总之，在行政不作为案件中，通过借鉴德国法上“判断基准时理论”，结合我国行政诉讼目的及裁判方式综合确定判决的判断基准。针对行政不作为行为，法院在适用履行判决时应基于主观权利保护目的，以“裁判时机成熟”理论作为判断基准；③ 如果法院作出撤销判决或者确认违法判决，鉴于行政诉讼实质性解决行政争

---

① 李泠烨：《论不履行法定职责案件中的判断基准时》，载《当代法学》2018年第5期，第49页。

② Andrew S. Y. Li, *The Doctrine of Substantive Legitimate Expectation*: *The Significance of Ng Siu Tung and Others v. Director of Immigration*, Hong Kong Law Journal 471, 491 (2002), p. 32.

③ 李泠烨：《论不履行法定职责案件中的判断基准时》，载《当代法学》2018年第5期，第10页。

议的诉讼功能，应以“判决时的当下基准时”作为判断基准。

(二) 德国“裁判时机成熟”理论

“裁判时机成熟”，是指法院经过审查确认待决案件的事实和法律前提都已具备，案件达到“成熟性”标准。即，在所申请的不作为行为属于羁束性行为或者“裁量权压缩为零”的裁量性不作为行为的前提下，满足原告诉讼请求的时机已经成熟，不仅包括行政行为适宜司法裁判，还包括一旦推迟行政行为的司法审查会给当事人造成困难。德国《行政法院法》第113条第1款提出“裁判时机”的概念，该法第5款进一步阐述了相关判断标准。德国针对不作为诉讼的审查重点在于“被告适格、拒绝或不作为系违法、造成权利损害、裁判时机成熟”。① 法院应在履行判决中对行政主体履行作为义务的内容作出限定，另外，要兼顾司法权与行政权的分工，将“尚需调查”作为法院作出判决的主要依据，对于需要补充调查的涉及专业技术问题，应该交由行政机关处理而不能自行调查，并判决行政机关在一定期限内根据其重新调查的结果作出决定。在保证行政机关自由裁量权、保护行政相对人合法权益和避免诉累中寻求平衡支点。

根据前述，在德国行政法理论中，法院对于不作为的判断标准通常要结合“主观公权”与“裁量收缩”。② 除非行政机关的裁量权压缩为零，否则行政机关还有裁量余地的可能性时，法院不能进行“彻底裁判”。德国义务诉讼构成要件之一的“裁判时机成熟”较好地平衡了行政裁量权与相对人权利有效保障之间的关系。裁判时机成熟可以用于对程序性瑕疵的判断，假如相对人向行政主体申请作出的行政行为需要其裁量决定的，则需要通过裁判时机成熟进

① ［德］弗里德赫尔穆·胡芬：《行政诉讼法》，莫光华译，法律出版社2003年版，第448页。

② 余凌云：《行政法讲义》，清华大学出版社2010年版，第182页。

行判断。[①]

我国《行政诉讼法》第72条笼统规定了履行判决的规范指引，但规范表达内容模糊，缺乏履行程度的判断基准，这就需要我们明确判决基准，从而为审判实践和行政机关依法履行作为义务提供指引。[②]《行诉解释》第91条的补充性规定，体现了履行判决的判断基准要受裁判时机成熟的限制，其进步意义值得肯定。笔者主张借鉴国外相关经验，考虑到履行判决具有主观权利保护的主观诉讼性质，在我国履行判决的判断基准中适用“裁判时机成熟”理论。

（三）履行判决“裁判时机成熟”的判断基准

1.“裁判时机”的影响因素

法院在把握和正确适用履行判决的“裁判时机”时，会受到“事实调查”和“裁量因素”的影响，具体来说应注意以下几点：

（1）事实因素

案件事实的查明是否已经到了可裁判的程度，即审判是否涉及全部法定要件的事实。例如，拒绝公开信息案件中，如果法院经过审查确认的案件事实可以作为评判拒绝行为合法性的充分要件，此时事实调查阶段可以结束，也可以视为裁判时机已经成熟。此外，由于我国行政诉讼实行全面审查原则，法院具有相当程度的司法审查裁量空间，其审查的对象范围不仅限于争议事实，也可以对尚未产生争议的案件事实进行调查。

（2）法律因素

涉案行为是否属于排除裁量余地的羁束性行政行为，即法律层面上是否给行政机关留下了裁量余地。如果行政机关仍然存在裁量余地或者存在某些不确定情况下尚需行政机关进一步调查或酌情裁

① ［德］弗里德赫尔穆·胡芬：《行政诉讼法》，莫光华译，法律出版社2003年版，第440页。

② 参见笔者发表的论文《实质解决行政争议视角下的行政履行判决适用研究》，载《行政法学研究》2019年第2期，第126~135页。

量其是否应当和如何履行作为义务时，则被诉行政机关还存在进一步裁量斟酌的空间，应由被告作出首次判断，法院仅能判决被诉行政机关依据原告诉求重新处理而不能代替行政机关，这是由司法尊重行政首次判断权原则决定的。如果行政行为的违法性和原告的权利侵害得到确认后，行政机关仍然保有独立的裁量余地，此时裁判时机就是不成熟的，还存在尚需裁量的空间。[①]

（3）避免不适时的权利保护

如果行政机关履行期限尚未届满相对人就提起诉讼，则属于起诉时机未成熟，法院应当不予立案或者裁定驳回起诉。例如，（2017）最高法行申307号“王某诉宣城市人民政府不予行政复议案”，宣城市城管局在法定期限内尚未作出处理决定时，王某即以宣城市城管局不履行查处职责为由向宣城市人民政府申请行政复议，被告作出驳回其复议申请的决定。法院适用裁判时机成熟理论认为王某过早通过提起诉讼请求保护，因欠缺权利保护必要性而不合法，即不适时权利保护。

2. 裁判时机“成熟”的判断标准[②]

行政诉讼实质性解决行政争议的终局目的是为当事人提供权利救济，审判实践中可以适用行政法原则来判断是否应当对法律条文作有利于相对人的解释。[③] 笔者提出，关于行政不作为案件是否达到裁判时机“成熟”标准的判断依据有以下几点：

（1）信赖保护原则

该原则又称为“合法期待”（the doctrine of legitimate expectations）标准。

---

① ［德］弗里德赫尔穆·胡芬：《行政诉讼法》，莫光华译，法律出版社2003年版，第444页。

② 参见笔者发表的论文《实质解决行政争议视角下的行政诉讼履行判决适用研究》，载《行政法学研究》2019年第2期，第126~135页。

③ 林涛：《行政诉讼之利于公民法律解释规则研究》，中国政法大学2004年硕士学位论文，第27页。

信赖保护原则在授益性行政行为中得到广泛应用，是指行政行为具有公定力，一经作出非因法定事由和法定程序不可随意更改，以维护社会关系的稳定，相对人基于对行政行为的信赖而为处分行为且此种信赖利益值得保护，如出于公共利益的需要撤销该行政行为时，应给予相对人相应的补偿。[①] “法安定说”认为，法安定性原则是信赖保护原则的依据，“保护合法期待原则与法安定性原则决定了法律安定与信赖保护的一体两面，信赖保护是从法安定性原则推衍出的，是法安定性最主要的派生原则”。[②] “诚信类推说”主张，信赖保护原则是民法上诚实守信原则在行政法中的运用。可以说，信赖保护的理论依据源于法安定原则和诚实信用原则，而信赖救济的适法性在于诉的利益之充分性和行政行为的成熟性。作为法律权利的期待权理应受到法律保护且值得司法保护，尤其是基于信赖保护的期待系出于信赖保护原则，原告受损与不作为之间存在因果关系时更应得到保护。信赖不仅具有法律保护的既得权益和期待权，还有裁判上值得保护的期待法益，具有充分的诉的利益。例如，“陈某伟与邳州市人民政府不履行法定职责案”，法院判定行政机关的承诺具有行政行为公定力，同时产生信赖保护效果，应该作为行政机关履职的依据。[③] 本案中，法院对信赖保护的审查分为两步：“一是相对人能否证明其期待具有合理性，即存在受益人对履职的期待；二是通过利益衡量，政策考量是否不能优于对期待的满足。”[④] 具体来说，首先，审查是否符合信赖保护的构成要件，

---

① ［德］哈特穆特·毛雷尔：《行政法学总论》，高家伟译，法律出版社 2000 年版，第 277～278 页。

② ［德］哈特穆特·毛雷尔：《行政法学总论》，高家伟译，法律出版社 2000 年版，第 106 页；陈新民：《德国公法学基础理论》，山东人民出版社 2001 年版，第 547～548 页。

③ 江苏省高级人民法院（2016）苏行终字第 241 号行政判决书。

④ Reg. v. Ministry of Agriculture , Fisheries and Food, Exparte Hamble (Off-shore) Fisheries Ltd. [1995] 2 All E. R. 714. 参见英国汉布尔（Hamble）案，赛德莱法官所采用的审查步骤。

包括行政机关不作为是否属于信赖保护适用的情形，信赖基础是否成立；相对人是否有正当、善意的信赖表现；信赖利益是否是合法的授益性行政行为，即通过运用比例原则在信赖利益与不作为或拒绝性决定所依据的公共利益间进行衡量，从而推断行政行为的合法性问题。法院据此判断是否存在足够的占优势的利益来证明行政机关违背先前承诺的正当性问题。其次，要看信赖如何保护，通过利益衡量从保护法益角度和利益的性质来区分程序性和实体性保护。例如，“郭某汉诉山西省翼城县政府行政补偿案”①，法院判定行政相对人基于对行政行为信赖而作出行为所产生的损失，属于行政补偿的范围，行政机关应当履行补偿职责。

为了达到行政机关作为行为的明确、连续和稳定，需要在依法行政原则所保护的公益和信赖保护原则所保护的私益间寻求平衡。例如，“罗某华诉息县政府、息县住房和城乡建设局、息县房地产管理所不履行法定职责案”②，就涉及行政机关履行作为义务与当事人信赖利益保护之间的衡量，法院通过利益衡量依据信赖保护原则、服务行政及公平原则等，判定相对人基于前述原则实际取得的合法权益应受法律保护，由于行政机关的原因导致相对人无法实现实体权益的不利后果应由被诉行政机关承担。

（2）法益均衡原则

该原则又称为“利益衡量”标准。“利益衡量”理论是在20世纪60年代由日本学者加藤一郎与星野英一提出，该理论以价值相对主义为基础，当法院处理个案无法找到明确的现行法依据时，对法条背后隐含的具体利益进行价值判断和评估权衡，从而在冲突双方之间达成大体妥协。③“利益衡量”源于德国的自由法学，是

① 最高人民法院中国应用法学研究所编：《人民法院案例选》（2017年第3辑），人民法院出版社2017年版，第228页。

② 河南省信阳市中级人民法院（2015）信行终字第50号行政判决书。

③ 刘东亮：《行政诉讼目的研究——立法目的和诉讼制度的耦合与差异》，中国法制出版社2011年版，第131~137页。

法社会学的一种法律研究方法。该种法解释方法以批判概念法学为对象，强调司法的能动性和法律实施的实际社会效果，体现出案件处理结果与社会需求的深切回应而非侧重于法律适用的形式逻辑。该原则涉及当立法存在滞后性或者立法不明晰时，有必要由司法确定相关事实以及辨析相互对立主张。由于存在利益内在需求外化的过程和利益的多元化，则不可避免地导致转化过程中存在与周围的利益冲突。此时，就涉及个案利益评估和价值判断。有学者主张，“利益衡量方法是将法官上升为公共利益与私人利益的协调者，法官是通过利益衡量的方式来进行利益权衡，从而以增进社会整体利益最大化为目标来进行取舍”。[①] 借用拉伦茨的观点，“法益衡量方法在个案中的运用，主要源于法益及法价值构成的固定阶层秩序的缺失，进而导致结论的不确定性”。[②] 而司法固有的功能包括通过个案来判断不同“位阶式”的社会利益。

需要指出的是“利益的相互性”，即从“零和博弈”理论来讲，一方获益必是另一方受损。无论司法判决的结果如何，都将面临一方权利的保护必然导致另一方权利的减损。“法益均衡”原则成为解决上述司法难题的钥匙之一，这就需要法官在处理具体个案的过程中在保证优位利益的前提下兼顾让位利益，将二者的落差控制在最低限度。利益衡量容忍了法官的裁量权，何种利益应视为“值得保护的利益”以及划定利益保护的范围和限度，并基于各方诉求赋予相应的等级和位序。即，通过“利益评估”（valuation of interests）形式作为司法衡量标准。“案件裁判结论的实际效果在很大程度上影响法官对法律的解释，因此，法官在裁判时，通常先有结论而后有理由。这种结论的选择和理由的‘编造’过程，即是利益衡量的过程。”[③] 法院在裁判过程中要衡量行政机关增加程序

① 甘文：《行政与法律的一般原理》，中国法制出版社 2002 年版，第 135 页。

② ［德］卡尔·拉伦茨：《法学方法论》，陈爱娥译，商务印书馆 2003 年版，第 279 页。

③ 甘文：《行政与法律的一般原理》，中国法制出版社 2002 年版，第 159 页。

保障以及采取替代程序所带来的效益与所花费的成本是否相当。有学者将其表述为，“P×V≥C，其中 P 表示因采用附加程序保障而提高的决策正确概率；V 代表系争的个人利益价值；C 为所增加的成本。当 P×V≥C 时，行政机关增加程序保障属于正当”。[①] 例如，“周某诉某公安分局拖延履行法定职责案”中[②]，法院从社会公德和行使权利不得损害他人合法权益等角度进行衡量，从而认定公安局不处理广场舞噪声过大的行为构成拖延履行法定职责。2018 年《最高人民法院公报》刊登的“寿光中石油昆仑燃气有限公司诉寿光市人民政府、潍坊市人民政府解除政府特许经营协议”一案中，二审判决认为由于公用事业特许经营涉及公共利益，本案中的听证程序缺失导致的程序正当与行政相对人迟延履行特许经营协议导致协议目的无法实现的公共利益受损发生冲突时，法官应采用利益衡量方法综合考量最优先保护的法益。依据此原理，法院在裁判过程中既选择优先保护公共利益，又依法保护相对人合法权益的价值导向，认定取消特许经营权行为实体正确但程序违法的情况下判决确认违法，但不撤销行政机关单方解除政府特许经营协议的行为。[③]

（3）综合权衡标准

“权衡决定”是德国法上的概念，主要适用于不作为行政复议程序合目的性审查范围的界定，是针对以特殊程序服务于调整利益和平息冲突，从而将各种不同利益纳入一个特别权衡程序中的决定。司法裁判的过程更多体现的是“三段论”推理，即由大前提、小前提来推导出结论。司法推理作为正当性的证明，在具体个案尤其是疑难案件中，法官需要在规则之间、相关事实的认定中进行价

① 汤德宗：《行政程序》，载翁岳生主编：《行政法》（下册），翰芦图书出版公司 1998 年版，第 869 页。

② 最高人民法院中国应用法学研究所编：《人民法院案例选》（2016 年第 4 辑），人民法院出版社 2016 年版，第 82 页。

③ 《寿光中石油昆仑燃气有限公司诉寿光市人民政府、潍坊市人民政府解除政府特许经营协议案》，载《中华人民共和国最高人民法院公报》2018 年第 9 期，第 7 页。

值判断。正如博登海默主张，“价值判断在法律制度中所起的主要作用在于其被纳入作为审判客观渊源的宪法规定、法规以及其他种类的规范之中”。[①] 我国是成文法国家，不同于英美法系的判例法国家。法治思维的本质特点是依照法律条文进行裁判。在我国不存在“法官造法”，而是“法官释法”，公正裁判始终是行政审判法治思维的主旋律。制定法国家通常依照法律规范进行司法推理，而正确适用法律规范的前提是对法律规范背后隐含的立法价值进行判断。当法官依据价值判断进行裁判时或许会存在价值体系冲突的可能性，这需要法官价值衡量的综合权衡，即司法审查合理性与专业性的综合判断。例如，在加害履行类案件中，也称为“危险防止型不作为”，法院需要在“侵犯法益之重大性”“危险可预见性”“损害可避免性”和“作为行为之可期待性”等审查要件中进行综合权衡，通过判断行政机关作出行政行为的时间是否及时、处置是否积极妥当，并结合常识惯例和一般理性人标准来认定没有实施“最终”防止危险发生的行为之合法性问题。综合权衡标准实质上是合理性判断司法技术精细化的司法运作。[②]

总之，法院对判决基准的确定通常需要综合权衡具体个案中的考量因素，在审查不作为案件时可以运用上述标准综合判断案件裁判时机是否达到“成熟”标准。具体来讲，法官可以通过采用“信赖保护原则”来判断相对人在实体法上是否具有值得保护之利益，进而采用本章第一节中提到的“行政机关首次判断权原则”来判断被告是否存在裁量余地之可能性，最终通过“法益均衡”“综合权衡”标准来综合判断案件的裁判是否达到成熟性。

① ［美］E. 博登海默：《法理学——法哲学及其方法》，邓正来译，华夏出版社1999年版，第488页。

② ［德］弗里德赫尔穆·胡芬：《行政诉讼法》，莫光华译，法律出版社2003年版，第96页。

四、"履职程度"的判断标准①

"履职程度"，是指履行职责（作为义务）要达到何种程度，即，履行职责的程度是否满足实质、全面、及时履职，否则也构成不作为。关于"履职程度"的认定标准，笔者认为具体可以采用以下标准来综合判断。

（一）"理性人标准"兼顾"客观性标准"

该标准是指基于常识和具有正常理性的普通公众之观念，即可合理判断出行政机关没有完全履行作为义务。在判断履职程度时，还要兼顾"客观性标准"，其是指以法律专家角度来衡量行政机关的不作为具有客观明显性。② 另外，运用哈贝马斯"交往行为理论"也可以阐述上述标准来判断履职程度，该理论提出以"交往理性"来代替工具理性。根据交往行为理论，行政机关不作为的过程可以看作原被告双方的"交往行为"③，且始终贯穿着双方的交往理性，这也成为认定行政机关履职是否充分的依据。行政行为不仅要满足合法性要件，同时要证明作出行为的合理性。因为对于理性的行政相对人来说，一个完全合法且合理的行政行为才具有可接受性。例如，在"王某升诉寿光市人民政府行政不作为"一案④中，法院判定被告在履行责令职责时，不应仅限于形式上符合法律规定，还要限定公开的合理期限并将履职行为达到法律规定的"责令"程度，达到完全履行法定义务的履责目的，从而才符合及

① 参见笔者发表的论文《实质解决行政争议视角下的行政诉讼履行判决适用研究》，载《行政法学研究》2019 年第 2 期，第 126~135 页。

② 南博方：《行政法》，中国人民大学出版社 2009 年版，第 55 页。

③ ［德］尤尔根·哈贝马斯：《在事实与规范之间——关于法律和民主法治国的商谈理论》，童世骏译，生活·读书·新知三联书店 2003 年版；高鸿钧：《走向交往理性的政治哲学和法学理论——哈贝马斯的民主法治思想及对中国的借鉴意义》，载《政法论坛》2008 年第 4 期，第 50~79 页。

④ 《最高人民法院 2015 年 1 月 15 日公布行政不作为十大案例》，最高人民法院网：http：//www.court.gov.cn/zixun-xiangqing-13404.html（访问时间：2018 年 7 月 26 日）。

时履责和全面履责之规定。本案中，法院认为行政机关履职的程度尚不足以达到立法所规定的保障村民知情权的目的，行政机关仅笼统责令涉案村委会公开村务，但是没有进而跟踪其是否确实公开了，立法规定的保障村民知情权的目的还没有实现，行政机关履职不到位构成不作为。

（二）结果替代标准

该标准源于德国行政法，主要适用于判断程序瑕疵是否构成可撤销判断基准，一旦程序瑕疵会对实体决定造成明显影响或者该程序瑕疵的补正会导致不同行政决定的作出，此时可申请撤销。[①] 对相对人实体权利义务不产生影响的程序性权利义务，由于缺乏实体法律效果，因此不具有可诉性。但是从行政行为的内部过程性来讲，对于被诉行政机关已经实施的受理和调查等部分性“作为”，可以通过借助法律拟制推定为属于行政不作为，而且构成“不完全履行”。例如，在“张某竹诉濮阳市国土资源局行政不作为”一案[②]中，法院判定被告未及时将审查结果告知原告张某竹，属于不完全履行作为义务，判决确认被告不作为违法并限期履行。在《最高人民法院公报》刊登的案例（2016）最高法行再5号“刘某务诉太原市交警支队晋源一大队道路交通管理行政强制案”中，法院判决认为对于“扣留”等暂时性强制措施不能代替对案件的实体处理，行政机关如果无正当理由而长期不处理的，构成滥用职权。[③]

（三）“权利侵害的可能性”标准

在不完全履行中，对权利侵害的可能性不宜提出过于严苛的要

---

① ［德］哈特穆特·毛雷尔：《行政法学总论》，高家伟译，法律出版社2000年版，第254页。

② 《最高人民法院2015年1月15日公布行政不作为十大案例》，最高人民法院网：http：//www. court. gov. cn/zixun-xiangqing-13404. html（访问时间：2018年7月26日）。

③ 耿宝建、李纬华：《背离立法目的的有权扣押构成滥用职权——刘云务诉山西省太原市公安局交通警察支队晋源一大队道路交通管理行政强制案》，载《中国法律评论》2016年第4期，第5页。

求，应运用“显然性规则”，只有权利侵害具有显而易见不会发生的程度时相对人的诉权才属于不适时行使，该标准又称为“实质利益影响标准”。[①] 例如，“彭某诉深圳市南山区规划土地监察大队行政不作为”一案[②]中，法院认定完全履行作为义务不仅体现为被告仅作出处罚决定，还要依据强制执行的相关法律将处罚决定贯彻执行。在行政主体具有裁量余地的前提下，即便存在行政不作为的违法性及权利侵害的可能性，此时仍应认定裁判时机不成熟。例如，为了解决纠纷要求警察采取措施的诉讼，法院仅能判决警察应该采取措施，关于措施的具体方式和种类则应由警察决定，法院不能对行政机关采取措施的内容进行过多干预，否则违背权力分立原则。

（四）目的正当性标准

所谓目的正当性，是指行政机关履行作为义务是否符合“法律期待”（法律目的）和诉讼目的。不作为的结果要件要看是否达到法律目的。司法收益，又称为“司法产出”，是指司法活动所获取的各种社会效果的综合指标体系，包括当事人诉讼利益和裁判结果的辐射力及影响力等。因此，需要司法在有限成本的投入下，保证司法解决纠纷的案件质量进而提高司法收益。例如，行政主体对于不属于自己管辖的事项应当及时移送有管辖权的机关，并且移送管辖后应当告知履职申请人。在“钟某诉北京市工商行政管理局通州分局行政不作为案”[③] 中，如果相关行政规范性文件对行政机关的权限有明确规定的，即使不属于本机关有权办理的事项也应积极移送有权机关办理，因为积极移送也是一种法定职责。在“李

---

① ［德］弗里德赫尔穆·胡芬：《行政诉讼法》，莫光华译，法律出版社 2003 年版，第 290 页。

② 《最高人民法院 2015 年 1 月 15 日公布行政不作为十大案例》，最高人民法院网：http：//www. court. gov. cn/zixun-xiangqing-13404. html（访问时间：2018 年 7 月 21 日）。

③ 《最高人民法院 2015 年 1 月 15 日公布行政不作为十大案例》，最高人民法院网：http：//www. court. gov. cn/zixun-xiangqing-13404. html（访问时间：2018 年 7 月 26 日）。

某某申请北京市公安局行政处理案”① 中，申请人提出查处申请，北京市公安局因自身没有管辖权，遂将原告的申请移送有管辖权的通州公安分局处理，但是北京市公安局未将移送管辖事项告知申请人，此种程序上的不当处理构成不作为。

（五）原则判断标准

对于行政行为违法程度的判断应将法律原则作为考量因素，主要包括行政法等基本法的原则，如，比例原则在履职程度方面的运用。以“刘某务诉山西省太原市交警支队晋源一大队行政强制案”为例，本案法院判决认为，在服务型政府建设过程中行政机关既要加强对社会管理秩序的严格管控，同时也应该兼顾个案中行政相对人的实际情况，在行政机关的处理行为尚存在裁量余地的情况下，应该尽可能选择对相对人合法权益损害最小的方式。

综上，法院在审理行政不作为案件时，应该结合上述“履职程度”的认定标准进行综合权衡判断。其中，作为“明显性”判断的“理性人”标准可以作为履职程度判断的最低标准，由于“结果替代标准”往往不可避免地存在对于“结果”解读得过于宽泛，这就需要法院在处理具体个案中加强司法审查的力度，从而得出行政机关履职到何种程度才会出现“可能”导致结果被替代，并通过运用“权利侵害的可能性”标准来进行补足。“目的正当性标准”和“原则判断标准”作为履职程度的合理性判断范畴，属于判断履职程度的较高标准，法官在实际运用该标准进行履职程度判断时，往往需要结合经验法则、生活经验以及对于立法目的之深入解读。

五、履行判决的“实体性判决”

笔者主张，法院审理不作为案件时应根据案件情况确定责令行政机关作为义务的内容。从实质性解决行政争议视角出发，关于履

① 李灵雁：《北京市行政复议典型案例选编》，北京市人民政府法制办公室编 2016 年版，第 38 页。

行判决的内容履行程度，应以实体性判决为主。

（一）实体判决论

1. 履行判决的内容履行程度

根据与不作为表现形态的对应关系，法院在多大程度上规定行政机关的履行内容这涉及司法权与行政权的关系，既要发挥司法权解决争议的功能，又要避免不适当地干预行政管理。关于法院作出履行判决时应把握的尺度和确定履职内容的边界，即司法权介入行政权的程度，理论界存在“程序性判决”（原则判决说）、“实体性判决”（具体判决说）和“情况判决说”等观点。① 从实质性解决行政争议视角来探讨履行判决的内容履行程度，主要涉及如何把握“程序性判决”与“实体性判决”二者之间的界限。

2. 程序性判决

传统观点认为，履行判决原则上应仅表明以法院对行政机关履行义务的法律意见作为指导，尤其是含有裁量权和专业因素时，至于履行的具体内容则属于行政机关的权限，为防止司法权侵犯行政首次判断权应尽可能作出“程序性判决”，可以给行政机关履行作为义务预留空间，也保留行政机关根据管理需要作出决定的裁量权。②

“程序性判决”，又称为原则判决，即法院仅是笼统判令行政机关履行义务，但并不明示履行的具体期限、内容和具体方式，由

① “原则判决说”主张，秉持司法审查有限论，坚持司法权不能干预行政权的原则，法院作出履行判决只能笼统要求行政机关限期履行法定职责，而对行政机关如何履行职责不能作出限定。“具体判决说”主张，为了保障诉讼效益，法院作出履行判决的内容要包括履行的具体内容，明确履职的事项、期限、数额等实体内容。“情况判决说”主张，法院应根据行政不作为的性质分情况作出履行判决：对受益性或羁束性行政不作为，应运用具体判决说；对行政主体不予答复或涉及行政机关自由裁量权的不作为，应运用原则判决说。参见周佑勇：《行政不作为判解》，武汉大学出版社 2000 年版，第 134~135 页。

② 宋智敏：《论行政拒绝履行行为的司法审查——以 42 份行政拒绝履行案件判决书为分析样本》，载《法学评论》2017 年第 5 期，第 175 页。

行政机关裁量决定。该种裁判模式主要针对裁量性行政不作为，如《行政诉讼法》第 72 条及《适用解释》第 22 条第 2 款之规定。例如，依据《信息公开若干规定》第 10 条的规定，该条款旨在政府信息公开消极不作为案件中，原告未请求一并判决被告公开或者更正有关信息的，法院一般仅作出程序性判决即可。即，概括性地判决被告在一定期限内答复，而不必判决其作出特定内容的给付行为。

笔者主张，程序性判决主要适用于以下三种情形：

（1）涉及行政自由裁量不作为行为

当被诉行政主体尚有裁量或者调查余地时，法院通常不会代替行政机关作出判断而是尊重其首次判断权，仅作出程序性判决。例如，“济南丰宁食品公司诉章丘市国税局不作为案”，涉案公司的诉求为申请退税，但是该问题仍处于被告章丘市国税局的调查状态中，因此法院作出笼统的程序性判决，责令被告于判决生效之日起 60 日内作出是否退税的处理。①

（2）课予第三人义务

当不作为案件中判决被告履行作为义务需要以课予第三人履行协助义务为前提时，法院在判决主文中通常采取程序性判决明确第三人义务内容并责令其履行。例如，在“封某艳诉南京市社保局不作为案”② 中，法院判决认为，由于本案第三人的原因造成违法阻却事由，导致被告无法完成对原告负有的作为义务，据此判决第三人在判决生效后 3 日内完成协助义务，被告在第三人协助义务履行终结后为原告作出处理行为。

（3）例外情形

如果在行政不作为案件的审理过程中，行政机关对履行内容已

---

① 于洋：《行政诉讼履行法定职责实体判决论——以“尹荷玲案”为核心》，载《北京理工大学学报（社会科学版）》2018 年第 2 期，第 9 页。

② 江苏省南京市白下区人民法院（2002）白行初字第 74 号行政判决书。

经有具体明确之意思表示的，法院可以在履行判决中予以明确。[①]

3. 实体性判决

“实体性判决”是对程序性判决的修正，是指法院不仅责令被告在一定期限内履行作为义务，还对被告履行作为义务的具体内容进行限制。[②]《行诉解释》第91条规定被诉行政机关不作为行为成立时，法院可以判决其在“一定期限”内“履行原告请求”的法定职责，该条款弥补了《行政诉讼法》第72条中规定的“判决被告在一定期限内履行”的不足，但是立法仍然给实体性判决留下了完善空间。值得注意的是，《行诉解释》第91条规定出台之前法院已经在一系列判决中直接对行政机关课予作为义务。例如，在2018年最高人民法院发布的产权保护案例“许某某诉金华市婺城区人民政府行政强制及行政赔偿案”中，最高人民法院的再审判决先行明确了“给予被征收人的赔偿不低于征收补偿标准”的赔偿标准，又明确了“被告既可以依据赔偿决定作出时房产评估价给予赔偿款，也可以置换就近同等地段房屋”的赔偿方式，进而责令被告婺城区政府在再审判决生效之日起90日内对原告依法予以行政赔偿。再审判决尽管没有直接核定行政赔偿具体数额，但是明确了“赔偿标准不得低于补偿标准”这一影响原告获得赔偿结果的关键问题。可以说，《行诉解释》第91条的规定正是对近年来不作为案件审判实践的提炼与制度化。

（二）实体性判决的可行性和必要性分析

笔者认为，当条件成熟时为有效保护当事人合法权益和实质性化解行政争议，法院应尽可能作出确定行政主体履行具体内容的实体性判决。根据明确的法律规定划定行政机关行使裁量权法律允许的界限，这属于法院正常行使职权的范围。

---

① 山东法官培训学院课题组：《行政不作为诉讼案件的法律适用问题》，载《山东审判》2011年第4期，第5页。

② 章剑生：《现代行政法基本理论》（第二版），法律出版社2014年版，第878~882页。

1. 直接回应“实质性解决行政争议”的立法目的

《行政诉讼法》将“解决行政争议”位列三大立法目的之首，这将“实质性解决行政争议”从法律层面提升为行政审判的一项重要使命，当事人选择诉讼渠道是为了解决争议而不是仅获得一张纸面判决。法律效果是法律运行的应然价值标准，而社会效果是法律运行的实然价值标准。在大量不作为案件中，法院判决确认拒绝性决定违法或者撤销，而行政争议仍未得到实质性化解，不仅导致相对人的权利得不到有效救济和被诉不作为行为得不到有效监督，而且会损害司法的公信力和权威。为了达到行政争议的实质性、彻底性解决，法官需要能动地调整行政相对人对解决争议的期待与行政审判有限性之间的矛盾，增加裁判结果的可接受程度，实现法律效果与社会效果的统一。

实体性判决契合“实质性解决行政争议”目的，主要体现为该种判决方式的裁判程度可以使行政争议得到实质性、彻底性化解。履行判决的内容履行程度涉及判决应将行政机关履行的义务内容明确到何种程度，不仅关涉到行政争议能否实质性解决，还涉及理论层面上司法权对行政权监督的尺度。“撤销+重作”判决模式的弊端，导致其弱化了行政诉讼实质性解决行政争议的功能。由于坚持“司法审查有限性”作为基本原则，导致在审判实践中难以有效把控“撤销+重作”判决模式的实际操作程序，而法律条文规定的模糊性更加剧了此种窘境出现程序空转，导致出现行政争议无法得到实质性解决的局面。不仅影响当事人权利有效救济，而且为行政机关潜在违法的产生埋下了伏笔。因此，法院通过直接判令被诉行政机关在特定期限内作出特定内容的实体性判决，不仅以具体判决形式促使被诉行政机关及时且具体到位地履行作为义务，而且这也是对实质性解决行政争议最有力的回应。

2. “司法有限性原则”的反向场域

行政不作为诉讼是法院通过启动司法程序审查不作为行为的合法性，其作用并不局限于确认行政行为的合法性，还可以处分诉讼主体之间的实体权益。法院审查行政机关是否履行义务时，不仅应将重点放在程序审查即审查原告请求权是否按照法定要求提出过申请，还要审查被告是否具有请求权要求的作为义务。行政审判权对行政权有监督与制约作用，此种作用是通过行政诉讼实现的。行政不作为是行政机关对自身应当履行的义务置若罔闻怠于行使，属于对行政机关首次判断权的放弃，原告启动诉讼程序后通过启用司法审查该判断权就转移到司法机关，进入权力的二次分配阶段。司法权的本质属性是判断权，在诉讼程序中经过当事人举证适用证明标准规则，当不存在判断余地的场域法院可以代替行政机关作出判断。“法院在属于其职权范围内的行政诉讼中，通过审理判令被诉行政机关作出处分，这是法院对司法权的正当行使，并未与三权分立的思想相悖。”① 实体性判决并不是对司法审查有限原则的突破和侵犯，而是在坚持司法审查有限性的前提下，对实质法治追求的必然结果。笔者认为，在履行判决的内容履行程度方面法院享有裁量权，既要发挥司法权实质解决行政争议和实现当事人权利无遗漏保护的立法功能，又要避免司法权侵越行政权。② 即，坚持履行判决功能的有限性与司法能动的平衡。由于司法权与行政权的功能区别，虽然试图通过诉讼方式来救济因行政权行使受到不利影响的当事人并以法院自己的观点代替行政决定与司法功能及判决功能有限性并不完全吻合。但是当原告行使请求权本身足以让行政主体作出行政行为时，法院可直接判决行政机关在一定期限内作出原告要求的具体内容之行政行为。③

① ［日］原田尚彦：《诉的利益》，石龙潭译，中国政法大学出版社 2014 年版，第 69 页。

② 参见笔者发表的论文《实质解决行政争议视角下的行政履行判决适用研究》，载《行政法学研究》2019 年第 2 期，第 126~135 页。

③ 毛建军：《行政诉讼履行判决研究——从行政不作为角度分析》，载《上海政法学院学报（法治论丛）》2013 年第 6 期，第 75 页。

3. 审判实践对实体性判决的回应①

尽管我国行政诉讼立法及相关司法解释中并未对实体性判决作出具体界定且履行判决通常被视为“程序性判决”②，但是行政不作为案件审判实务中却大量存在法院采用“实体性判决”的个案，不仅有效回应了原告的实质诉求而且实现了行政争议的实质性解决。例如，《人民法院案例选》公布的指导案例“王某香等人诉黔东南苗族侗族自治州社会保险事业局不履行法定职责案”，法院判令“被告自判决生效之日起60天内支付一次性工亡补助金329900元和丧葬补助金14886元”；“彭某诉广安市公安局交通警察支队不履行法定职责案”，法院判令“被告在判决生效后10日内为原告核发机动车检验合格标志”等。截至2018年1月，《人民法院案例选》及《最高人民法院公报》共公布154件行政指导案例，其中涉及不作为的案件有43件。在前述43件不作为案件的裁判方式中，法院作出履行判决13件，其中实体性判决9件，占比高达70%。由于实质法治强调法官有保证个案公正的义务，通过审视具体的审判实践我们可以发现，法院出于对相对人权利保护的实效性并兼顾诉讼经济及行政效率的考虑，在作出履行判决时例外地承认“实体性判决”，且“实体性判决”在实务中已没有障碍。

实体性判决可以有效回应原告诉讼请求并防止重复诉讼。关于履行判决的履行内容程度的选择，主要取决于何种判决方式能够更有利于对行政相对人提供权利保护和能够尽可能地实质性解决行政争议。实体性判决有利于实质性解决行政争议的原因在于法院采用直接具体的判决形式，不仅能够直接回应原告诉讼请求使其获得相应的权利救济，而且这种及时的救济方式可以为相对人合法利益实现提供坚实保障。另外，法院通过恰当处理司法权与行政权之间的

① 参见笔者发表的论文《实质解决行政争议视角下的行政履行判决适用研究》，载《行政法学研究》2019年第2期，第126~135页。

② 章剑生：《行政诉讼履行法定职责判决论——基于〈行政诉讼法〉第54条第3项规定之展开》，载《中国法学》2011年第1期，第141~152页。

界限，能动发挥司法审判职能作出实体性判决，可以有效回应相对人对司法的期待。行政审判在追求公正的裁判过程中，要兼顾诉讼制度的效率和判决结果的实效性。程序性判决由于判决内容的不确定性和模糊性不利于纠纷的化解，同时笼统的判决方式往往赋予被告重新处理的程序要件，此举不仅增加了诉讼成本和行政成本，而且容易产生新的争议造成循环诉讼。

4．域外实体性判决的规定

日本《行政案件诉讼法》第37条第2款第5项规定，“从系争处分所依据的法令规定来看，行政机关显然应当作出课予义务之诉所指向的处分时，或者行政机关不作出该处分超越其裁量权范围或者构成裁量权滥用时，法院可以作出责令行政机关作出该处分的判决”。我国台湾地区“行政诉讼法”第200条第3项、第4项关于请求应为行政处分之诉讼判决方式条款确定了在课予义务判决和不作为违法确认判决中，如果不作为案件达到事实证成“明确”的标准且原告诉求理由正当时，应该直接判令被诉行政机关为原告请求内容的行政处分。我国澳门特别行政区《行政诉讼法典》第135条中规定，法院须于裁判中详细明示应作出或不应作出之行为，以及应履行该义务之人，并在应定出期限时，定出履行期限。根据德国《行政法院法》第113条第5款的规定，如果法院经过审理认为拒绝或不作出具体行政行为系违法且原告权利因此受侵害，当判决时机成熟时，法院认定被告承担履行被诉职务行为的义务。通过梳理域外国家和我国境外相关立法实践不难发现，实体性判决具有实体法规范基础，而我国相关立法①中也进行了有关探索，并用“一定期限”“原告请求”等对裁判内容程度进行了实体内容上的限缩。

① 例如，《最高人民法院关于审理政府信息公开行政案件若干问题的规定》第9条、《最高人民法院关于适用〈中华人民共和国行政诉讼法〉若干问题的解释》第22条、《行政诉讼法》第72条、《最高人民法院关于适用〈中华人民共和国行政诉讼法〉的解释》第91条。

实体性判决可以避免行政机关履行义务过于迟延，并且可以节约重作判决的替代性选择和避免违法成本的提高，对于提高行政效率、行政效能和预防未来产生争议的可能性具有重要意义。法院通过作出实体性判决，不仅可以回应当事人对诉讼实质诉求的期待，而且可以祛除行政机关以进行调查或者裁量为名产生的权力滥用。

（三）实体性判决的裁判路径："四阶要件"

实体性判决通常体现出实质性解决行政争议的处理思路，具体表现如图 13 所示。

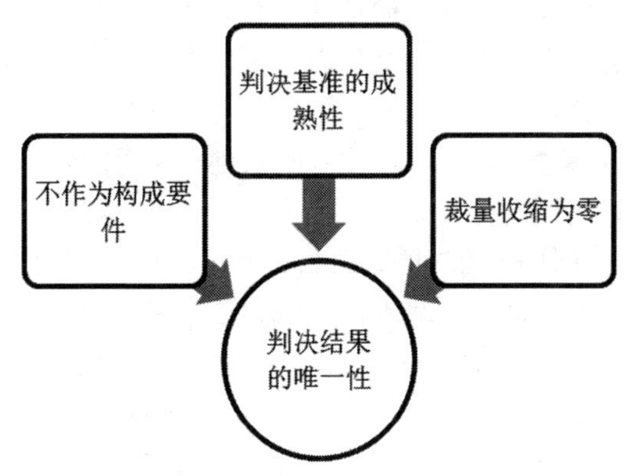

图 13　实体性判决的裁判路径

1. 基础要件

（1）适用前提：行政不作为成立，即符合不作为构成要件

这涉及权利有效保障理论，关乎保护规范理论下原告所主张的权益是否属于系争行政处分所依据的行政实体法律规范所保护的个别利益。[①] 涉及行政机关以积极方式表现的滥用职权或者违背作为义务是否属于行政不作为问题。即，实体性判决作出的前提涉及前述章节中阐明的确定原告资格的"诉的利益"以及关于行政不作

① 王天华：《行政诉讼的构造——日本行政诉讼法研究》，法律出版社 2010 年版，第 57 页。

为构成要件的司法识别。法院通过审查行政不作为的构成要件，确定适用履行判决的条件应该包括的内容有：被诉行政机关具有作为义务；行政机关不予作出行政行为且无正当理由；被诉行政机关履行作为义务具有现实可能性；行政机关已不存在裁量判断余地。

（2）证明标准证成：法律规定明确且案件事实查明程度达到“清楚而有说服力”标准

法院适用实体性判决所要求的证明标准程度应该达到“案件事实清楚”，即要求待决事实客观上达到清楚明确的程度，才可进行司法裁判。例如，我国台湾地区“行政诉讼法”第200条第3项规定，仅当起诉人的诉求确有理由且案件事实待证明确时，法院方可判令行政机关作出起诉人诉请内容之行政处分。

（3）司法审查强度：“排除判断余地”+“排除不确定法律概念”的羁束性行政行为

裁判方式往往是司法审查强度之最终呈现。实体性判决作出的前提，涉及通过对被诉行政不作为的司法审查进而排除行政裁量或者判断余地空间。这触及的深层理论问题是，如何权衡“原告诉讼请求”与“行政机关首次判断权”之间的关系。履行判决的内容履行程度需要考量“直接回应原告实质诉求”和“尊重行政机关首次判断权”两大因素，而这两大因素的衡量也决定了履行判决的程序性判决和实体性判决的区别。有学者主张，法院在作出履行判决时应尽可能明确具体并直接回应原告实质诉求，同时也应尊重行政机关首次判断权。① 虽然我国部分行政诉讼立法规定②采用了程序性判决形式，但若行政机关没有裁量权或者不存在裁量余地时，法院应对行政机关作为义务的内容作出清晰界定并在判决理由中写明，这实际上等同于实体判决的效果。

① 姜明安：《行政法与行政诉讼法》（第六版），北京大学出版社、高等教育出版社2015年版，第520页。

② 例如，《最高人民法院关于审理行政许可案件若干问题的规定》第11条及《最高人民法院关于审理政府信息公开行政案件若干问题的规定》第9条第1款的规定。

经过案件事实审理和法律适用，法院认定行政机关的裁量权压缩为零，并且行政机关首次判断权在原告提起诉讼前就以不作为的表现形态放弃行使，行政机关不再存在裁量余地，此时通过实体性判决责令行政机关作出内容明确的行政行为并不违反司法权有限原则。例如，在“谢某杰诉山西师范大学不履行颁发毕业证法定职责案”中，一审法院采用的“程序性判决”，判令被告在判决生效之日起1个月内对原告提出的颁发毕业证请求作出书面决定，将行政行为具体内容的决定权交由行政机关判断。一审的程序性判决背离了当事人的诉讼请求，在已经查明被告不存在不予授予学位的正当理由时，仍要求被告作出书面决定没有实际意义。本案的二审法院纠正了一审判决采用的“实体性判决”，即课予行政机关具体义务的判决，责令被告在判决生效的30日内依法为原告颁发本科毕业证书。这不仅有效回应了当事人的诉讼请求，并且实现了实质性解决行政争议的诉讼目的。类似案件还有“刘某文诉北京大学案”“杨某玺诉天津服装技校不履行法定职责案”等。

①排除裁量判断余地

即，裁量权压缩为零。前述关于裁量行为的司法审查中对此问题有所涉及，法院对于行政机关行使特定管理领域之专业问题应保持司法谦抑和司法审查有限性，不宜过多介入行政机关首次判断权行使的空间，避免对行政效率造成减损。除非存在裁量滥用、裁量怠惰或者裁量逾越之情形，或者由于重大法益导致裁量权收缩为零，否则法院不应对裁量余地进行审查。据此，法院针对裁量性不作为行为作出实体性判决的前提是排除裁量余地和裁量空间。

②排除不确定法律概念

行政机关裁量范围内的法律构成要件中经常存在不确定法律概念。不确定法律概念的判断涉及法律要件是否妥当的问题。对于该不确定法律概念的解释往往存在规章以下行政规范性文件，对此法院应该尊重行政机关依据首次判断权进行解释的权威性。对于事实要件中不确定法律概念的解释，法官审理此类案件应根据日常经验及客观认知，尊重行政机关的解释判断并保持对不确定法律概念进行司法审查的有限性，除非行政机关存在超越职权或者滥用职权进行解释的情形。对于具有高度属人性质的不确定法律概念，法院原则上应该保持司法谦抑和克制。例如，在高校教育部门的解释行为以及专业领域高度技术性的决定等方面，法院更应该保持审慎审查原则，不宜将司法审查的介入程度无限扩张，应该尊重行政机关首次判断权。

2. 特殊要件：裁量权收缩为零

实体性判决的构成要件涉及“裁量收缩理论”。如果行政不作为以人权保障为底线使行政裁量权“收缩为零”或称为“无裁量余地”，则其不行使就构成裁量权的滥用。[①] 根据德国《行政法院法》第 113 条第 5 款的规定，“如果拒绝或者不作出具体行政行为系违法且原告的权利因此而受到侵害的话，则在裁判时机成熟的情况下，法院宣告行政机关负有作出该被申请的职务行为的义务”。即，法院对于行政不作为行为可以作出实体性判决，宣布该行政机关的具体义务。在日本，判决被告履行具体义务被纳入课予义务诉讼类型且其是撤销诉讼的重要补充。[②] 当法院经过审查，认为被诉行政机关不存在进一步裁量的空间时，即“裁量权收缩为零”。法院应通过实体性判决责令被诉行政机关在特定期限内依法履行原告请求的具体职责，从而减少诉累和程序空转并实质性解决行政争议。

(1) 判决基准：已到裁决程度

法院经过司法审查，判断行政主体已经行使了裁量权且已没有判断余地时，可以据此认定其裁量权压缩为零，并判决责令行政主体直接作出特定内容的行政行为，即我国台湾地区课予义务之诉中

① 罗明通：《英国行政法上法定权限不作为之国家赔偿责任》，载《宪法体制与法治行政论文集》，台湾三民书局 1998 年版，第 433~434 页。

② ［日］盐野宏：《行政法》，杨建顺译，法律出版社 1999 年版，第 412~417 页。

提到的“已到裁决程度”。[1]

根据“已到裁决程度”原理，法院将行政机关的义务特定化，判令行政机关在一定期限内履行法院明确指定的作为义务。例如，在“尹某诉某市国土资源局椒江分局土地行政批准案”[2] 中，法院将裁判时机成熟原则确立为我国行政审判实务中的准则之一。只要案件事实清楚且法律规范明确，则法院得出处理结论具有唯一性，即可认为裁判时机已经成熟并径直作出实体性判决。此时，并不构成司法权代替行政权，仅是对行政机关作出具体内容行政行为的限定。

（2）裁判结果的唯一性

“如果案件事实因属于享有裁量判断权的行政机关独占管辖权而不适合诉讼裁决，法院只能判决给予答复，而不能判决采取特定的措施。也就是说，法院不能以‘实质裁判’方式处理案件，作出本来应当由行政机关做成的决定或者判断。相反，如果案件事实的讼争时机已经成熟，只有一种判断是合法的，则已不存在判断余地，那么法院就可以判令被告采取特定的措施。”[3] 简言之，羁束性行政行为或者尽管存在裁量余地但裁量权压缩为零，并且不存在不确定法律概念。“裁量收缩理论下裁量权压缩为零”推导出“行政机关处理结论的唯一性”，即满足裁判结果唯一性的实质要件。值得注意的是，《最高人民法院公报》刊登的“田某诉北京科技大学拒绝颁发学位证”一案中，一审法院在判项中区分了有“裁量余地”的颁发学位证行为和“裁量权压缩为零”的颁发本科毕业证行为，前者属于被告授权自主范围，司法权为了不侵犯行政自主权，法院经审查判令被告依照《学位条例暂行实施办法》第 4 条、

① 马英娟：《行政法典型案例评析》，北京大学出版社 2016 年版，第 289 页。

② 最高人民法院行政审判庭编：《中国行政审判案例》（第 4 卷），中国法制出版社 2012 年版，第 169 页。

③ ［德］汉斯·J. 沃尔夫、奥托·巴霍夫、罗尔夫·施托贝尔：《行政法》（第 1 卷），商务印书馆 2002 年版，第 357~360 页。

第5条规定的程序，在判决生效60日内召开学位评定委员会来决定是否授予原告学士学位；后者由于符合《教育法》及《普通高等学校学生管理规定》等相关规定，且被告已不具有裁量权限，因此法院直接判令被告在判决生效之日起30日内向原告颁发本科毕业证书。

总之，如果判决被诉行政机关作出的行政行为不存在裁量余地时，即属于羁束性行政行为，法院经过审理认为不作为构成要件成立，案件事实清楚，法律规定明确具体，未赋予行政机关裁量余地且判决时机已达到成熟程度，此时可以作出实体性判决，责令被诉行政机关作出期限及内容明确的行政行为。在存在裁量余地的前提下，如果通过司法审查涉诉标的符合裁量收缩的前述要件，则裁量权压缩为零且不存在非法阻却事由，此时法院作出实体判决的时机成熟。

3. 时限要件

根据《执行解释》第60条之规定，除非法院有无法确定履行期限的特殊情况，否则判决行政机关履行作为义务时须根据个案不同实际情况明确履行期限。这也是履行判决区别于撤销拒绝决定并责令重作判决的特殊之处，在“撤销+重作”判决类型中，原则上并不设定行政机关的重作期限。履行判决中明确履行期限时，应该综合考虑行政机关的履行能力、行政效率、公共利益以及行政相对人实体权利救济的迫切性，根据前述提到的要件标准或其他标准在判决的判项中具体列明。

4. 实质效果要件

实质效果要件是指履行判决的作出具有可能性与实际意义。根据《执行解释》第57条第2款第1项和《行政诉讼法》第74条第2款第3项之规定，行政不作为案件中如果被告构成不作为，但是不具备责令被诉行政机关履行义务的可能性或判决履行已无实际意义，此时法院不再作出履行判决而是判决确认违法。据此，构成实体性判决的效力要件是判令履行内容具体的作为行为仍有可能或有实际意义，具体包括以下判断规则。

①关于“履行没有实际意义”的判断

应该基于起诉后发现的事实，如果起诉前原告诉请的理由已不具备履行意义，此时可以借鉴日本《行政案件诉讼法》中关于不作为违法确认之诉的做法。为了便于原告寻求行政赔偿救济，法院可以根据个案具体情况作出不作为违法确认判决，而无须适用《行政诉讼法》第 74 条第 2 款第 3 项之规定。[①]

②关于如何判断履行义务已无实际意义

换言之，应该达到何种程度才构成“无意义”。笔者认为应该从“利益衡量”和“合目的性”角度来审查并综合权衡。例如，在“沈某诉北京市工商行政管理局通州分局梨园工商所不履行法定职责案”[②] 中，被告梨园工商所发现案件不属于自己管辖时依法应履行移送职责，但是从诉讼成本和行政成本利益衡量考虑，诉讼中再行移送已无必要也不符合诉讼效益原则。因此，法院判决确认梨园工商所未履行移送职责而将原告的投诉举报信退回的行政行为违法。

③关于履行判决的可能性问题

主要体现于政府信息不予公开案件中，对于可区分的政府信息是直接判决公开还是判决行政机关重新答复。例如，被告以需要汇总加工为由不予公开原告申请公开的信息，但诉讼中被告认可相关信息可进行区分处理，此时就会出现“判决撤销不予公开答复并责令被告重新答复”与直接在诉讼中进一步查明后判决公开两种不同的做法。笔者认为，从实质解决争议和信息可分性的角度考虑，应该直接作出实体性履行判决，责令被告公开涉案政府信息。

（四）实体性判决的替代性方式

1. 法律见解判决

“法律见解判决”，又称为“答复判决”或者“提示性判决”。

① 江必新：《新行政诉讼法专题讲座》，中国法制出版社 2015 年版，第 272 页。

② 最高人民法院中国应用法学研究所编：《人民法院案例选》（2016 年第 12 辑），人民法院出版社 2016 年版，第 193 页。

在德国，对于行政主体尚有判断余地或裁量范围内存在选择空间时，假如义务之诉存在理由则法院应裁判行政主体的义务；如果裁判时机不成熟时，法院应作出“答复判决”，该类答复判决不仅确认了行政主体有义务对原告的申请进行答复并确认行政主体拒绝决定违法，而且答复判决的判决理由中还会写明行政主体在实施行政活动时要注意法院的法律观。[①] 我国台湾地区“行政诉讼法”第200条第4项关于请求应为行政处分之诉讼判决方式中规定，如果案件事实不明确或者存在裁量余地的情况下，可以判令被告按照相关规定见解作出行政行为判决。在第216条关于判决拘束力中赋予相关规定见解强制性拘束力。如果案情没有达到可为裁判的程度或者基于公共利益衡量和实质性解决行政争议目的之整体性考量，法院通常也仅能作出“答复判决”。

在“苏某诉某市人民政府不作为案”[②] 中，法院经过审理查明案件事实清楚、裁判结果具有唯一性且行政机关已没有裁量余地，但仍判决认为当案件涉及法律关系复杂且不宜在主文判决中直接作出履职内容具体的实体性判决时，法官在履行判决“本院认为部分”的裁判理由说理中可以提示行政机关按照法院的法律见解作出实体性的特定行为，从而增强裁判的说服力达到案结事了。此时“本院认为部分”的功能类似于司法建议的效果，但是法院提出的法律见解应该合法、提示内容留有余地并且提示应是裁判说理的必要内容。本案裁判思路明确了法院裁判不能仅止步于没有实质性意义的程序性答复，同时还要兼顾司法权不得侵越行政权的合理边界。当条件成熟时，为实质性化解行政争议和有效保护当事人合法权益，应尽可能通过灵活方式确定行政机关作为义务的具体内容。

---

① ［德］弗里德赫尔穆·胡芬：《行政诉讼法》，莫光华译，法律出版社2003年版，第463~464页。

② 最高人民法院行政审判庭编：《中国行政审判案例》（第4卷），中国法制出版社2012年版，第168页。

类似案例还有“杨某诉北京市海淀区国家税务局行政奖励案”[①]、《最高人民法院公报》刊登的“汤某诉安徽省当涂县劳动局不履行法定职责案”等。

2. “消除结果义务”

从实质性解决行政争议视角来看，我国不完全履行的裁判方式可以借鉴韩国义务履行之诉中的规定，设置“消除违法结果义务”。针对不完全履行，法院可以判决行政机关继续履行或者责令行政机关采取补救措施，如果履行已无实际意义或者没有现实可能性则确认违法，甚至相对人可以据此请求赔偿，从而避免撤销判决解决争议的不彻底性。由于撤销判决会导致行政主体不主动消除违法结果，行政相对人会再次提起诉讼。例如，在德国，如果行政行为执行完毕并且存在回复原状的可能性，当事人可以依据《行政法院法》第113条第1款的规定，在提起撤销之诉时合并提起要求恢复原状的一般给付之诉，并以此来行使公法上的结果除去请求权。[②]

(五) 实体性判决的软法规制：司法建议

1. 司法建议的功能定位

从实质性解决行政争议角度来讲，法院通过向被诉行政机关发送司法建议从而指导行政主体作出行为时注意法院的法律意见，是对裁量权进行规制的方式之一。2010~2014年全国法院共向行政机关发送司法建议2.2万件，行政机关反馈率达49.7%。图14以中部C省为例，2017年该省法院共发出司法建议112件，行政机关反馈率达74.1%，同比增长16.9个百分点，为近5年来的最高值。司法建议主要分布在土地、房屋征收管理及劳动和社会保障领域，共占司法建议案件数量的67%，与全省2017年审结的行政一审不作为诉讼案件整体情况相符。通过推进司法建议反馈机制，可以在某种程度上解决司法权无法触及或由于司法的局限性不能实质性化

① 北京市第一中级人民法院（2000）一中行终字第34号行政判决书。

② 章志远：《行政诉讼类型构造研究》，法律出版社2007年版，第222页。

解行政争议的问题。尤其是在履行判决的实体性判决中，为了实质解决行政争议，对于审判中发现的非行政行为合法性及案件不适宜在判决主文中表明的法律见解，可以通过向行政机关发送司法建议来发挥法官的司法能动性进而达到对社会管理的柔性填补功能和软法规制手段。司法建议的指导性及柔性规范的弱强制性特点，有利于从源头或规范层面促进行政争议的实质性解决，能够平衡刚性判决带来的社会抵触与尊重行政机关首次判断权之间的关系，在利益平衡与节约司法成本之间实现功能的最大化。域外国家也有类似的实践经验，例如，法国最高院法官的咨询功能、美国的行政会议制度（Administrative Conference of the United States）。

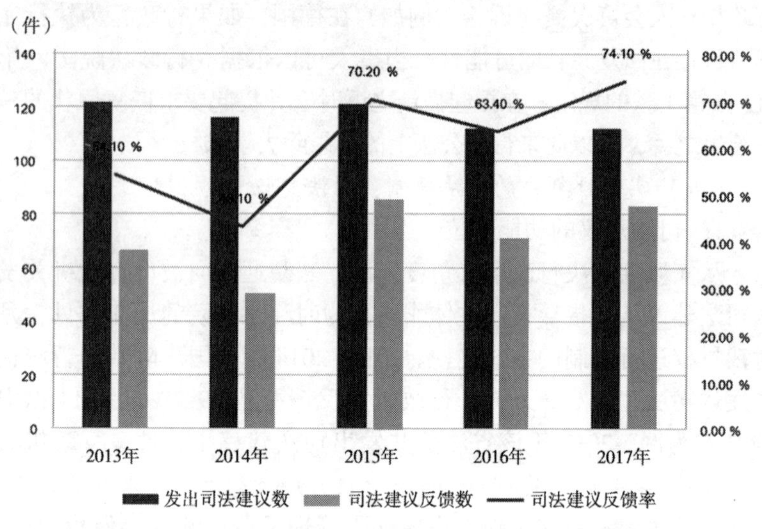

图 14　2013~2017 年中部 C 省行政案件司法建议情况①

2. 司法建议的规范程序

根据法院内部岗位设置司法建议的职责分工，需要规范司法建

① 数据来源：中部 C 省的数据统计分析。

议的程序工作流程，加强内部联动机制。从实质性解决行政争议的角度来看，审判业务庭办案法官应善于在不作为诉讼案件中“发现问题”，并将问题提交给研究室形成“研究对策”，审判监督部门负责司法建议的质效和填补监管漏洞，形成法院内部统筹配合的司法建议联动机制。具体路径设计，参见图15。

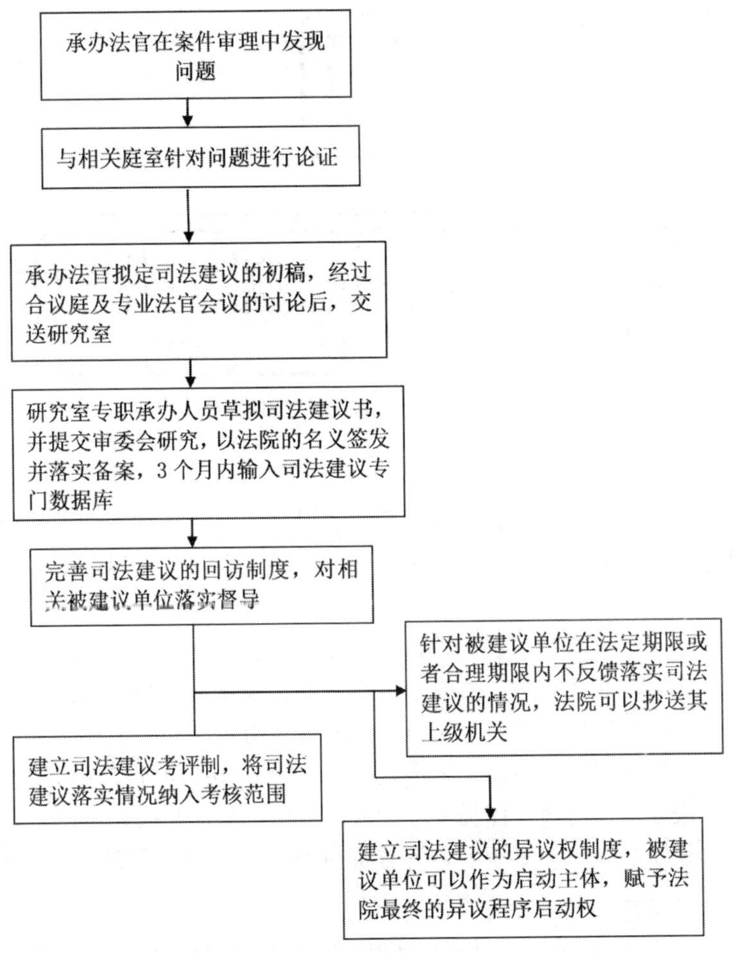

图15　司法建议的路径设计流程

3. 司法建议配套制度的规范流程

法院要加强司法建议在司法权与行政权之间的良性互动作用，完善法院与人大专项汇报制度，汇报司法建议开展情况。通过定期召开联席会议的方式，加强司法建议的跟踪回访及反馈制度，督促司法建议落实，积极畅通司法建议通报制度。

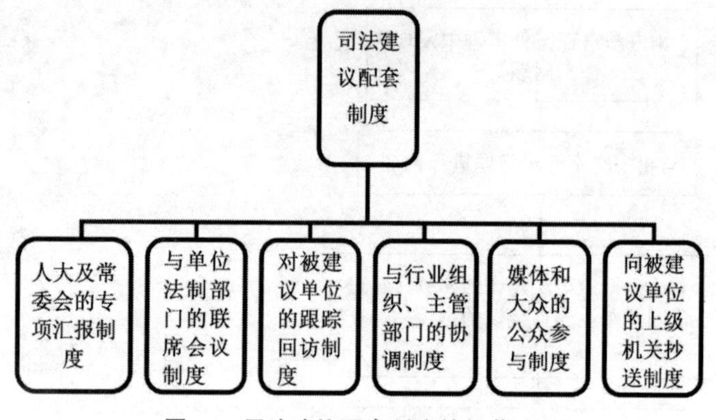

图 16 司法建议配套制度的规范流程

（六）小结①

关于履行判决的内容履行程度，笔者主张在具体案件中法院应结合不作为表现形式和原告诉求兼顾司法权与行政权界限，区别以下情况处理。

第一，针对羁束性行政行为和原告起诉请求法院判令被告作出特定内容的行政行为，法院经过审查认为被告不作为违法，其对作为义务的履行已无裁量余地且判决履行还有可能和必要意义，则法院可以作出内容具体的实体性判决。此时，存在两种例外情况：其一，假如被诉行政主体仍有裁量权时，法院只能判决其作出一定处分的程序性判决。对于原告诉求部分有理由或部分无理由的情况，

① 本小结的部分内容参见笔者发表的论文《实质解决行政争议视角下的行政履行判决适用研究》，载《行政法学研究》2019 年第 2 期，第 126~135 页。

司法权不宜直接代替行政机关作出决定，但作出被诉行政主体为一定处分行为的履行判决时应给予其一定的提示，在判决理由部分阐述法院的法律意见。[①] 其二，假如法院经过调查发现事实证据尚未达到可裁判程度时，只能作出一定处分的程序性判决。此时，涉及前述裁判时机是否成熟要受“事实调查”和“裁量”因素的影响，即《行政诉讼法》第72条第2款中规定的“尚需调查”就成为作出程序性判决而不是实体性判决的原因。因为司法权与行政权各自的分工及优势决定了法院在很多情况下需要采取司法克制和自限，对于涉及专业技术性问题的补充调查通常不会代替行政机关进行调查而是将该项权力交还行政机关进行综合判断。此时，法院通常会判决行政机关在一定期限内根据重新调查的情况作出处理决定或答复。

第二，如果原告的诉求是要求被诉行政主体作出一定处分的行政行为，根据前述“诉判一致性”原理，法院应在原告的诉求范围内作出裁判，判决被诉行政主体为一定处分的实体性判决。法院通过直接判决行政机关作出内容具体的行政行为间接拓宽司法审查的范围，有利于保护相对人合法权益和督促行政机关依法行政。如果法院在查清案情的基础上不具体指明重作行为的内容，可能会出现行政机关以相同事实和理由变相拒绝履行作为义务的情形，导致行政相对人再次针对新作出的行政行为提起诉讼，从而增加行政机关的行政成本和相对人的诉讼成本，有违“诉讼效益”原则，也不利于纠纷的实质性化解。当然，法院运用实体性判决时应在司法权与行政权界限内酌情决定。

第三，当满足涉案争议属于原告诉求范围、案件事实清楚明确、裁判时机达到成熟条件，且行政机关不存在裁量余地时，法院可径直作出被告完全依照原告请求内容履职的实体性判决。

① 张家慧、余德厚、文利：《行政履行判决的内容履行程度研究——兼论行政诉讼中行政权与审判》，载《特区法坛》2016年第12期，第7页。

总之，法院通过作出明确履职期限和具体履职内容的“实体性判决”，体现了权利有效保障理念和救济的尽可能充分原理，同时弥补了《行政诉讼法》第72条中没有彰显的实质性裁判的立法精神，契合实质性解决行政争议的立法宗旨，达到“案结事了”的诉讼效果。此外，通过实体性判决将保护相对人合法权益作为首要价值，不仅有利于建立客观价值判断机制从而最大限度地保护当事人合法权益，也有利于实现从形式法治到实质法治的转型，在以“形式法治”为原则的基础上建立“规则之治”和“过程之治”，从而克服立法缺陷带来的公平正义流失。

第三节　行政不作为诉讼的补充性裁判方式

从行政诉讼判决功能来看，可以将不作为诉讼判决方式分为具体救济判决和替代救济判决。前者是指判决应该围绕原告诉讼请求，具体判决行政主体履行应当履行的特定积极或消极义务；后者是指假如在判决行政主体履行义务不可能或者无意义的情况下，责令行政主体采取替代性补救措施，从而弥补相对人权益所遭受的损害。[①] 履行判决是行政不作为案件的具体救济判决形式，而其他判决形式是替代性救济判决。如前文所述，行政不作为裁判方式在司法实践中存在履行判决、确认判决、驳回诉讼请求和“撤销+重作”判决并存的格局。根据北京某中院的调研结果显示，《行政诉讼法》修订施行的近三年来，行政一审实体裁判的案件中判决撤销的占19.2%，判决履行的占4.3%，判决确认违法的占3.7%。“严格来讲，对于不履行特定义务的主体，采取司法救济措施时应当以具体救济为主，而替代性救济为辅，如此才合乎逻辑性。因为原告诉讼的根本目的是通过法院的判决尽可能使其权利状态恢复至

① 刘星：《西窗法雨》，法律出版社2003年版，第75页。

不法行为发生前的状态。”①

一、确认违法判决

（一）日本的“不作为违法确认判决”

日本的“不作为违法确认判决”对我国确认违法判决具有借鉴价值。在日本，确认判决是预防诉讼，只有当行政机关的不作为义务受到法律的羁束而完全没有自由裁量余地以至于司法权无须尊重行政首次判断权且存在事先解决争议的特殊情形时，才会允许确认判决。② 该类诉讼确认的利益应符合“权利侵害之可能性”，且诉的利益满足重大且事后无法弥补等性质。诉讼标的是“行政机关超出正当期间的不当行为是否侵害了当事人的给付请求权”。③ 在确认诉讼的“活用”以及与“处分性”的关系上，以撤销诉讼为中心的抗告诉讼无法提供救济时，就活用确认诉讼以实现救济的意图。④ 与我国行政诉讼中规定的确认违法判决不同，如果行政厅不作为的状态在不作为违法确认诉讼受理审理过程中消失，则诉的利益也随之消失，并且该类诉讼没有关于起诉期间的限制，只要行政厅不作为的状态继续存在就可以提起。⑤ 如果针对原告的申请行政厅作出拒绝申请处分，则原告须重新提起拒绝处分的撤销诉讼，从而实现有效救济。⑥

---

① 沈达明：《比较民事诉讼初论》，中国法制出版社 2002 年版，第 221 页。

② 王贵松：《论我国行政诉讼确认判决的定位》，载《政治与法律》2018 年第 9 期，第 15~17 页。参见东京地判昭和 36 年 8 月 24 日行裁例集 12 卷 8 号 1589 页。

③ ［日］原田尚彦：《诉的利益》，石龙潭译，中国政法大学出版社 2014 年版，第 24 页。

④ ［日］市桥克哉、平田和一等：《日本现行行政法》，田林、钱蓓蓓、李龙贤译，法律出版社 2016 年版，第 279 页。

⑤ ［日］市桥克哉、平田和一等：《日本现行行政法》，田林、钱蓓蓓、李龙贤译，法律出版社 2016 年版，第 330 页。

⑥ ［日］市桥克哉、平田和一等：《日本现行行政法》，田林、钱蓓蓓、李龙贤译，法律出版社 2016 年版，第 329 页。

（二）确认不作为违法判决的处理路径

考虑到具体个案的性质和法院司法审查的程度，笔者主张行政不作为诉讼判决应采用“情况判决说”，而根据《行政诉讼法》第74条第1款第1项之规定，确认不作为违法判决在判决形式上属于情况判决。根据《行政诉讼法》第74条第2款第3项和《执行解释》第57条第2款第1项关于履行判决的补充性规定，法院审理不作为案件时根据案件情况确定行政机关作为的内容。如果行政机关具备履行能力和履行的现实可能性，则可以判决履行；如果继续履行已经没有实际意义，当法院审查认为行政机关不作为违法，则可以判决确认违法的同时一并作出履行判决，判令其在一定期限内作出一定的行政行为。从法安定性和利益衡量角度来讲，如果法院仅仅判决确认被诉行政不作为违法，而不予明确被诉行政机关应当作出何种行为，则会导致法律关系长期处于不确定状态，当事人的合法权益也无法得到有效救济，不利于行政争议的实质性解决。根据《行政诉讼法》第74条、第76条之规定，可以说不作为违法确认判决是针对行政机关不作为行为的辅助判决形式而非主要判决形式，并且是履行判决的补充判决。该种判决方式并未改变行政行为所形成的法律关系，仅对行政行为的合法性进行了否定性评价，而且不涉及尊重行政首次判断权与裁判时机判断问题。

法院在确认违法判决中，具体的处理路径包括以下四项内容：第一，当原告请求行政机关履行作为义务的理由不成立时，法院在判决确认被诉拒绝性决定违法的同时一并判决驳回原告的其他诉讼请求。第二，当原告请求行政机关履行作为义务的理由成立但行政机关履行不能或者履行无实际意义时，应当判决确认不作为违法的同时一并判决酌情责令行政机关采取补救措施。第三，当原告诉请履行作为义务的理由成立且行政机关具有履行的实际能力和履职意义时，法院应该在确认拒绝性决定违法的同时直接判决被诉行政机关作出肯定或者否定的答复。在行政机关不存在裁量权限的情况下，法院可以直接判决行政机关按照原告诉求履行被申请的特定行政行为。第四，在法院判决确认被诉行政不作为违法的前提下，被诉行政机关的不作为行为已经给原告造成损失的，法院可以直接判决被告承担赔偿责任，而不必等待原告另行起诉请求赔偿。①

二、撤销判决

（一）“单独撤销判决”的弊端

撤销判决主要适用于积极不作为的拒绝性决定，即形式作为而实质不作为的明示拒绝履行案件。在此种不作为表现形态中，行政机关通过直接作出否定性拒绝决定来表明不履行的意思表示，此时行政相对人可以针对拒绝决定提起撤销之诉或者义务之诉。针对拒绝性决定，法院在作出撤销判决时通常会在事实认定、法律适用、程序方式、职权范围和裁量权限等五个方面进行合法性审查。“单独撤销判决”，是指法院在积极不作为案件中仅是撤销拒绝性决定，而不再附加责令被告履行或者重作行政行为的判决。撤销判决仅是对行政机关积极不作为行为的单纯撤销，原告的诉求并未基于法院对被诉行政不作为的否定性判断而得到满足。撤销判决与原告诉求在很多情况下并非一一对应关系，从而导致虽然被诉行政行为被撤销，但是原告的诉求并未得到真正实现，而行政争议也未被实质解决仅是暂时搁置。撤销判决的效力制度本身是将被告的重作义务包含在其中的，但由于缺少明确性的重作判决之表征，因此很难寄希望于被告主动履行重作义务。

（二）撤销判决的判断基准

1. 主观诉讼中撤销判决的判断基准：判决时当下基准

在我国不作为诉讼撤销判决中，关于诉讼过程中被告履职后应该如何确定判断基准问题，笔者主张应该审查被告变更后的行为进而作出判决，即以“判决时当下基准”作为撤销判决的判断基准。“违法判断基准时”是诉讼法中非常重要的问题，日本行政诉讼中

---

① 江必新：《新行政诉讼法专题讲座》，中国法制出版社2015年版，第272页。

存在“违法判断基准时”理论。[①] 所谓“违法判断基准时”是指作为或者不作为行为是否构成违法，应该是以行政机关行为时的事实及法律状态还是以法院判决时为时间节点。前者称为“行为时基准时”；后者称为“判决时当下基准”。根据日本学者盐野宏的观点，“不作为违法确认之诉是以排除行政厅的置之不理为目的之制度，所以违法判断基准时应该采取判决时的观点。据此，如果行政厅在诉讼中对原告申请事项作出某种应答，诉的利益便告消灭，将不被受理”。[②] 虽然撤销判决的审查核心是围绕被诉行政行为的合法性进行判断，且撤销判决具有侧重监督行政权为目的之复审性质。但本节是从实质性解决行政争议视角来考察我国的行政不作为诉讼，应该以满足相对人的主观权利保护作为解决争议的关键点，因为争议进入诉讼皆因原告诉请法院启动诉讼程序，因此应该围绕原告诉讼请求设置裁判规则。日本的撤销诉讼采取与民事诉讼“判决时裁判基准”相同的处理方式，是以当事人权利存在与否以及实体法存在作为前提的。在德国行政诉讼立法中，裁判基准时原则上是由“诉之声明”决定的。即，裁判基准以法院审理行政案件时所依据的请求基础存在与否作为判断基准。[③] 法院通过司法审查撤销被诉拒绝性不作为的最终目的是满足行政相对人判决时当下的请求权，“判决时当下基准”更符合不作为诉讼实质性解决行政争议和保护相对人实体权利的诉讼目的，同时也使违法判断具有与法律秩序的同步性。如果行政相对人向被诉行政机关申请履职的内容要件发生增减改变，则法院应该采用“判决时当下基准”来判断行政机关拒绝性决定或者纯粹不作为是否构成违法并予以撤销。

---

① 王天华：《行政诉讼的构造：日本行政诉讼法研究》，法律出版社 2010 年版，第 95~99 页。

② ［日］盐野宏：《行政救济法》，杨建顺译，北京大学出版社 2008 年版，第 158 页。

③ 蔡志方：《行政救济法新论》，台湾元照出版有限公司 2000 年版，第 134、331 页。

这不仅符合诉讼经济原则能够将当事人之间的行政争议一次性彻底解决，而且可以防止因判决时未考量新事实及法律状态从而导致当事人为彻底解决争议再次向行政机关提出履职申请。

行政诉讼裁判的目的直接影响着行政不作为诉讼判断基准时的确定。换言之，之所以采取“判决时当下基准”作为撤销判决的判断基准时，是因为我国行政诉讼的目的已不再单纯是事后复审性质的司法审查，也不再限于以监督行政机关依法行政的“控权论”为主导，而是更加强调以实现相对人权利无遗漏保护为终极目标的实质性解决行政争议。而最高人民法院的判决也支持了该种观点，如（2017）最高法行申121号“陈某晓等人诉浙江省杭州市人民政府行政赔偿案”中，最高人民法院认为，在判决的当下允许以作出行政行为后的证据、事实或法律变化为由来确认原行政行为（作为或不作为）的违法性。《行政许可法》第8条也体现了从行政行为违法时点之后来判断行政行为之合法性问题，从而作出撤销违法不作为的裁判。该条规定如果行政许可依据的法律法规被废止或发生其他情势变更重大变化，此时基于维护公共利益的需要行政机关可以撤回已生效的许可。即，法院对行政许可的违法判断基准是以“作出裁判时”作为时间节点的。

考虑到撤销判决是对行政机关首次判断权的事后审查，为了遵循权力分立之下的司法不侵犯行政首次判断权原则，当法院以“判决时”作为判断基准时，不能仅局限于事后审查不作为行为之合法性问题，而且要发挥司法能动性来考量更新后的相关事实及法律状态作出裁判。因为“法安定性”原则要求法律权利义务以及法律状态的安定性，法官在“判决时”应充分考虑被诉行政机关作出拒绝决定时对未来状态的预见可能性，这有利于行政法律秩序的稳定。从域外撤销判决的经验来看，法国在此问题上的处理思路是从该国行政诉讼的客观诉讼性质及监督行政权的核心诉讼理念出发，规定了撤销判决回溯到行政行为作出时，但其后又将此观点进行了修正，主张法官有权调整行政诉讼判决效力时点，而不全部遵循回溯到行政行为作出时的标准。[①] 我们姑且将该种撤销诉讼的判断基准，称为“修正的判决时当下基准”。

2. 检察机关提起行政不作为公益诉讼的判断基准

检察机关提起的行政不作为公益诉讼属于比较特殊的行政不作为诉讼样态，其既具有与普通不作为诉讼共性的判断基准也具有自身的特殊性。如果法院针对该类案件作出履行判决，那么应以“裁判时”作为判断基准。如果法院针对该类案件作出确认不作为违法判决，则应以“履行期限届满时”或“拒绝履行时”作为判断基准。[②] 之所以将“履行期限届满时”或“拒绝履行时”作为判断不作为是否违法的判断基准，主要在于检察机关提起的行政不作为公益诉讼具有客观诉讼的本质特征。虽然客观诉讼也具有主观权利保护的属性，但是更强调公法秩序维护。“法安定性”原则要求法律关系确定要有助于维护现有法秩序的稳定，如果以事后的事实和法律状态作为判断被诉行政机关违法与否的标准，则会存在行政机关对事后不可预见性而承担败诉结果，有违“法安定性”原则。在德国法上，判断基准时因法律关系确定存在的时间点不同而有差异：如果所要确定的法律关系存在过去时间段，则应以“当下时点”作为判断基准；如果该法律关系存在于现在，则以“言辞审理终结时”，即“裁判时”作为基准。[③]

关于“履行期限届满时”或“拒绝履行时”的确定，不应包含检察机关在诉前程序中提出检察建议而给被诉行政机关设定的履职期限。因为诉前程序阶段作为前置程序并不是“诉”的内容，法院在检察机关提起行政不作为公益诉讼类案件中审查的对象为被告的行政不作为之合法性，因此应以行政机关不作为期限届满或者

① 林腾鹞：《行政诉讼法》，台湾三民书局 2013 年版，第 483 页。

② 李泠烨：《论不履行法定职责案件中的判断基准时》，载《当代法学》2018 年第 5 期，第 10 页。

③ ［德］弗里德赫尔穆·胡芬：《行政诉讼法》，莫光华译，法律出版社 2003 年版，第 445~448 页。

拒绝履行时作为判断基准。

(三) 撤销判决的适用情形

1. “单独撤销判决”与“部分撤销判决”

针对拒绝性决定的单独撤销之诉仅可以在以下情况下适用：原告的诉讼目的仅是撤销拒绝性决定的部分内容或者通过撤销之诉来明确基础法律关系；原告已向被诉行政机关重新提出申请，通过撤销之诉仅是为了避免法律障碍。[①]

“部分判决”是相对于终局判决的一种判决形式，该种判决形式可以解决行政不作为诉讼中的部分履行行为。对于分阶段的案件，法院可以针对部分事实作出部分判决。至于撤销判决中存在的“部分撤销判决”，其主要适用于以下两种情形：一是申请人申请公开的全部信息都应公开，而被告部分拒绝的；二是原告请求的信息部分应予公开和部分不予公开，被告全部拒绝的。

2. “撤销+重作”判决与“撤销+履行”判决

在明示拒绝履行案件中，法院除了审查被诉明示拒绝履行行为的存在与否及其合法性之外，还要针对原告的诉求进行审查。从实质性解决行政争议的角度来看，对于裁量性不作为行为，法院应该同时判令被告重新作出行政行为；对于羁束性不作为行为，法院可以直接判令被告按照原告的诉讼请求作出特定内容的行政行为。具体来讲，在撤销诉讼中法院应以明示拒绝履行行为的合法性和实质性解决行政争议为原则，围绕原告的诉求进行审查。[②] 例如，在政府信息公开不作为（包括不履行或者不充分履行）案件中，法院在审查行政机关拒绝公开政府信息时，并非重点考虑行政机关不作为的理由是否具备，而是重点审查行政机关是否具备相应作为义务。在政府信息公开积极不作为案件中，如果行政机关存在不宜公

① 龙非：《中德履责之诉适当性研究》，载《行政法学研究》2011 年第 3 期，第 142 页。

② 宋智敏：《论行政拒绝履行行为的司法审查——以 42 份行政拒绝履行案件判决书为分析样本》，载《法学评论》2017 年第 5 期，第 176 页。

开情形决定不予公开的，撤销拒绝公开信息的决定是判决的必备内容，这是由行政行为效力理论决定的。根据行政行为效力理论，行政行为在未被撤销之前其效力具有存续力和拘束力，只有法院将该拒绝公开的决定予以撤销才可以为下一步司法审查排除障碍。当排除事实调查和裁量因素即裁判时机成熟时，法院应该适用《行政诉讼法》第72条的规定以具体判决形式判决公开有关政府信息。《信息公开若干规定》中也采纳了具体判决方式，这有利于实质解决行政争议和保障当事人诉权的充分实现。

关于明示拒绝履行的“作为型履责之诉”与撤销之诉的区别，主要体现为行政相对人提起诉讼的目的和意图是达到让法院判决被告履行作为义务还是出于撤销损益性拒绝履行行为。撤销诉讼中行政相对人提起诉讼的主要目的是撤销被诉行政行为或者确认违法，而拒绝履行的作为型履责之诉是为了达到要求行政机关履行作为义务的目的。在德国的义务之诉中，当事人针对行政主体的拒绝性决定可以提起拒绝性决定的义务之诉。德国学界通说认为当事人不能仅提起撤销拒绝决定的“单独的撤销之诉”，因为该种诉讼缺乏权利保护需要，不符合诉的适当性。[①] 从原告权利救济角度来讲，其向法院提起诉讼的实质目的并不仅仅在于撤销拒绝决定，而是获得其所请求被告作出的行政行为。因此，“单独的撤销之诉”违反了权利保护的全面性和完整性，并不利于行政争议的实质解决。此时，从有利于原告权利救济的角度来讲，“撤销+重作”或者“撤销+履行”的判决方式就成为更符合诉讼目标的诉讼类型，而仅是作出撤销判决则显得不合时宜。从实质性解决行政争议的角度，法院应该坚持全面审查原则和不受当事人诉讼请求以及事实理由的限制，只要在符合法律法规前提下可以在确认被诉行政机关未履行或者未实质履行作为义务的情况下，判决撤销拒绝性决定并要求行政

① 龙非：《中德履责之诉适当性研究》，载《行政法学研究》2011年第3期，第142页。

机关限期内继续履行。

三、重作判决

“重作判决”是指在积极不作为诉讼中，法院依法撤销被诉不作为行为后，当被诉行政不作为属于裁量性不作为且被诉违法不作为行为存在重新处理之必要时，法院在作出撤销判决的同时会附带判决被告针对原告的诉求重新作出行政行为。该种判决形式体现了司法权监督行政权的谦抑性和尊重行政机关首次判断权，属于我国特色的辅助或者补充判决形式。

关于撤销判决与重作判决二者之间的关系，重作判决是以撤销判决为前提的从判决和辅助判决。重作判决既具有弥补撤销判决方式功能不足的目的，也具有保护权利救济和监督行政权的双重目的。根据行政行为效力理论，撤销判决是针对违法行政行为的核心处理方式，重作判决是撤销判决的概况式附带判决方式。法院通过“撤销+重作”判决方式进行司法权与行政权的衔接，从而为相对人权利提供完整的救济方式，且在该种组合的判决方式中，法院通常会采取司法克制态度，充分尊重行政机关的裁量权和处置权。

（一）重作判决存在的理论基础

1．重作判决与诉讼功能、诉讼模式以及撤销判决的缺陷具有密切关联

目前我国不作为诉讼功能模式是以主观权利救济为主、以客观秩序维护为辅。鉴于我国并未建立完备的撤销判决效力制度，且我国的行政诉讼模式仍具有强烈的职权主义模式色彩。尤其是在具有客观诉讼性质的不作为裁判方式中，法院享有对诉讼标的更多的处分权限。因此，重作判决作为撤销判决的辅助判决具有存在的合理性，可以作为“诉判一致性”的例外，并且可以充分弥补单独撤销判决的缺陷，对于促进行政争议的实质解决具有重要作用。此外，重作判决与我国行政诉讼客观诉讼模式也具有契合性。在客观秩序维护的诉讼模式中，法院司法审查的重心和出发点在于被诉行

政不作为行为的合法性问题，而并非主观权利诉讼模式下侧重于满足原告诉求。法院通过提示性的重作判决可以督促被诉行政机关积极履职，充分体现我国司法权与行政权之间“分工与制约”的关系。

2. “诉判一致性”之例外

重作判决是法官依职权作出的情况判决，并不与原告诉求完全一致，存在诉判不一致的可能性。即属于“诉判一致”诉讼法原理之外的“诉外裁判”。根据“诉判一致性”原理的规定，原告诉求与法院裁判结果应该具有对应关系。虽然原告诉求会限制法院司法审判权行使的空间和幅度，但是法院在某些情况下可以不受原告诉求措辞之限制和拘束。例如，德国《行政法院法》第 88 条是有关法院裁判受限于原告诉求的规定，“法院不得超出诉讼请求的范围作出裁判，但不受申请表述的限制”。考虑到行政诉讼除了具有主观权利救济性质还有客观秩序维护之功能，为了公共利益及他人利益维护之需要，不作为裁判方式在某些特殊情况下具有超越原告诉求之可能性。

(二) 重作判决的判决基准：以“处分时”为主，以“判决时”为辅

由于重作判决会涉及裁量性不作为行为的裁量或判断余地，因此被告不作为行为的判断时点是以裁量时的事实与法律状态作为依据的。鉴于司法权尊重行政机关裁量余地（或称判断余地）的要求，法院在对裁量性不作为进行判决时应以裁量权处分时作为判决基准。由于不作为行为分为明示拒绝性决定的积极不作为和消极形式的纯粹不作为，对于前者的裁量判断基准为“拒绝履行时”，而对于后者的裁量判断基准为“履职期限届满时”。但是存在例外情形，如果法律法规授予行政机关裁量余地的目的在于要求行政机关高度专业判断或者针对不确定风险预测且其评判标准即将发生变动具有可预期性，或者其行为涉及第三人生命健康等重大基本权利

时，法院应以“判决时”作为判决基准。[①]

（三）重作判决的适用规则

重作判决适用的主要情形是裁量性不作为案件，即当行政机关尚需调查或者仍有判断裁量余地时，法院并未对行政机关能否履行作为义务的具体内容进行实质性判断也并未对原告诉求进行最终裁判，而是尊重行政机关重新作出行政行为的权限。此时法院通常不对重作内容作出明确具体的规定，避免诉外裁判和司法越权。

关于重作判决的适用条件，为了防止司法权有违监督行政权的被动性原理，回归法院解决行政争议的本质属性，同时为了达到实质性解决行政争议之目的，有必要严格限定重作判决的条件，从而使其更好地服务于履行判决。笔者主张，需要对重作判决的适用条件确定以下适用规则。

1. 重作判决的前提条件

由于重作判决是以撤销判决为前提的从判决和辅助判决，其必须依附于主判决的存在才能相伴而生。因此，重作判决的前提条件为法院作出撤销判决，将被诉行政机关的积极不作为行为予以撤销。同时，由于我国行政诉讼具有权利救济的主观诉讼性质以及客观秩序维护的客观诉讼属性，为了防止行政机关在法院作出撤销判决后怠于履行作为义务和损害公共利益扰乱客观法秩序之忧，需要以重作判决作为辅助和从属判决形式。

2. 重作判决的基础条件

根据《行诉解释》第91条之规定，重作判决适用于被诉行政机关存在裁量余地尚需调查或者裁量的情形，且被诉行政不作为存在重新处理的必要性。由于行政不作为行为主要涉及授益性不作为，出于对原告权利保护的必要性考虑同时为了兼顾公共利益，在违法的行政不作为行为尚存在调查及裁量余地且需要重新处理的情

① 赖恒盈：《论行政诉讼之裁判基准时》，载《政大法学评论》2011年第3期，第23页。

况下，法院为避免撤销判决之后存在的后顾之忧，应该通过行使司法自由裁量权判令被诉行政机关重新作出处理决定。司法权的行使要保证合理履职有实在法依据以及裁量权的合目的性。例如，“陈某珍等人诉广宁县人民政府不履行法定职责案”，关于裁量性行政不作为，“法院只能在有限情况下要求行政机关作为，却无法让消极怠工的行政机关积极向前，主动实施。即便法院站在实质法治立场对行政行为作出比法律条文更细致的审查，也无法排除行政机关对行政行为相当程度的裁量空间”。①

3．重作判决的权限条件

即，被诉行政机关具备重新作出处理决定的职权范围。在重作判决中，如果被诉行政机关“超越职权”经过行使裁量权限后作出行政行为，那么法院出于实质性解决行政争议的考量应该追加享有法定职责的行政机关作为第三人参加诉讼，或者通过提出司法建议的形式要求有作为义务的行政机关重新作出行政行为。

4．重作期限及内容

为了达到实质性解决行政争议之目的和防止行政机关怠于履行作为义务，法院在作出重作判决时应该根据个案行政争议涉及的内容情况，对于被诉行政机关的重作期限和重作内容进行规范。例如，《执行解释》第58条规定，对于被诉行政机关不及时重新作出行政行为会给当事人利益或者国家公共利益造成损失的，法院可以依据法律法规关于履行期限的规定来限定被诉行政机关重作的期限。对于高度专业性以及履行期限难以通过法律规定确定的，法院限定重作的期限也可以是合理期限。关于重作的内容，可以以原告诉求中要求行政机关作出的行政行为作为参照，同时考虑到行政机关裁量余地的存在，法院限定重作的内容不宜过于具体化。

5．重作判决的界限

根据《行政诉讼法》第70条第2项关于撤销判决后重作判决

① 何海波：《行政诉讼法》（第二版），法律出版社2016年版，第51页。

的规定，表明法院的撤销判决并未彻底解决行政争议，并且重作判决的作出也会造成新的潜在行政争议。《执行解释》第 60 条关于重作期限特别规定了存在有损公共利益或者可能性的前提。依据《行诉解释》第 62 条的规定，法院判决撤销被诉行政行为且被诉行政主体重作后，如果公民、法人或者其他组织对被诉行政主体的重作行为不服向法院起诉的，法院应当依法立案。审判实践中，如果不对重作判决加以限制，放任法院判决行政机关重作行政行为，则会为原告再行起诉从而使行政争议陷入恶性循环的怪圈埋下循环诉讼的伏笔，这不仅会大大损伤诉讼效益而且难以实质解决行政争议。[①] 为此，《行政诉讼法》第 71 条设置了重作判决的限制性规定，即被告不得以“同一事实和理由”作出与原行政行为基本相同的行为。

（1）关于“同一事实和理由”的理解

审判实践中，部分行政机关接到法院的重作判决后仅是补充了一些形式证据或者将调查结果部分修改无关紧要的表述用语视为重新作出了行政行为，此举应视为以“同一事实和理由”重作的行为进而引发新一轮诉讼，并不能实质解决行政争议反而制造了新的争议。因此，在重作判决中有必要限定《行诉解释》第 90 条第 3 款规定的“同一事实和理由”的具体内涵和判断标准。

至于“同一事实和理由”的认定，应依据《行政诉讼法》第 55 条综合判断，这不仅体现了对法院既判力的尊重和司法权威的维护，同时也有利于实质解决行政争议，避免给当事人造成诉累。在司法权与行政权分工前提下，司法权不能代替行政权作出行政行为，而是在行政机关自我决定和法院判决既判力之间发挥定分止争的功能。法院经审查认为被诉行政机关如果不重新作出行政行为将会给公共利益造成损害时，可以限定被诉行政机关的重作期限。总

① 章剑生：《现代行政法基本原则》（第二版），法律出版社 2014 年版，第 765 页。

之，根据目前行政诉讼立法及相关司法解释的规定，关于重作判决的限定体现为“同一事实和理由”的禁止性重作规定及“限期”的例外规定，至于重作判决的具体内容尚未有明确规定。

(2) 说明理由制度

在裁量性不作为行为中，通过强调裁量主体重作过程或程序的合乎理性，从而推定裁量主体具备考量因素的充分性及必要性，并且通过赋予裁量主体对于判断理由进行说明的责任，实现裁量结果的合法性与正当性。[①] 换言之，说明理由制度是裁量主体进行调查或判断裁量余地的程序保障之一。日本学者盐野宏也认为，说明理由制度具有抑制恣意的功能、确保慎重考虑的功能、对相对人的说服功能和确保程序公正的功能。[②] 同时，诸多学者如麦考密克、阿列克西等一般均将法律论证的场域置于法律裁决的证立过程。[③] 因此，为了实现司法裁判的正当性及可接受性，通过法律论证方式进行说明理由是客观要求，且说明理由之内容应符合逻辑正当性和法律正当性。例如，关于政府信息公开案件中的“三安全一稳定”的判断，《政府信息公开条例》第8条作为统领原则规定了“三安全一稳定”。“三安全一稳定”作为不确定法律概念，涵摄范围较广。行政机关以“三安全一稳定”为由作出不予公开决定时应当说明理由，防止行政裁量权的滥用。

(3) 增加“禁令判决”的规定

“禁令判决是指法院通过对行政不作为案件进行司法审查，禁止行政机关作出某种行为（如，否定性行为）的辅助判决形式。禁令制度起源于英美法系国家，适用于行政机关正在作出或将要作

① 尹建国：《不确定法律概念具体化的说明理由》，载《中外法学》2010年第5期，第115~130页。

② ［日］盐野宏：《行政法总论》，杨建顺译，北京大学出版社2008年版，第179页。

③ ［荷］伊芙琳·T. 菲特丽丝：《法律论证原理——司法裁决之证立理论概览》，张其山等译，商务印书馆2005年版，第72页。

出违法行政行为，其可以有效弥补行政不作为违法后果形成后适用撤销判决等判决方式的滞后，从而为相对人权利提供有效救济。”①

（四）“重作判决”与“实体判决”的转化

根据我国台湾地区“行政诉讼法”第216条的规定，“原处分或决定经判决撤销后，机关须重为处分或决定者，应依判决意旨为之”。日本《行政案件诉讼法》第33条中也设置了撤销判决后行政厅要依据判决宗旨处理再次申请。从实质性解决行政争议视角，我国积极不作为案件中法院在判决撤销拒绝性决定后，除了可以要求被告在特定期限内作出特定行政行为之外，仍需要解决对于重作判决责令到何种程度。只有实质解决前述问题，才可以避免被告重新作出行政行为后再次产生新的争议从而陷入循环诉讼的怪圈，防止“撤销—重作”之间无限循环的争议，达到实质性解决行政争议的目的。笔者认为，对于明示拒绝履行行为法院如果仅是通过作出“撤销+重作”判决似乎并不符合诉讼经济及救济的实效性，为此需要在重作判决中附加实体性限制内容作为解决路径。

第一种情形，从实质性解决行政争议视角来看，应该运用“判断余地理论”结合“裁量收缩理论”，即“裁量审查余地已经压缩为零”。如果经过法院审查认为被诉行政机关重作行为已经无裁量余地，此时可以直接判决其作出具体内容的行政行为。例如，在“尹某玲诉某市国土资源局椒江分局行政批准案”② 中，法院以被告作出不予审批宅基地答复无事实及法律依据为由，判决撤销涉案答复的同时责令被告于判决生效后30日内对原告申请宅基地建房申请审核同意。法院通过运用裁量收缩理论判断被告裁量空间限缩为零且已不具备进一步裁量的空间。因此直接判决被告限期作出原告申请的具体内容之行为，从实体上达到实质解决争议之目的。

① 崔胜东：《行政诉讼判决形式存在的问题及其完善》，载《法治研究》2007年第12期，第21~25页。

② 最高人民法院行政审判庭编：《中国行政审判案例》（第4卷），中国法制出版社2012年版，第165页。

法院在重作判决中作出实体性判决并不构成司法权干预行政权，也并未侵犯行政机关首次判断权。因为行政机关第一次作出行政行为时已经行使了首次判断权，法院基于案件事实和法律适用经过审查认定原行政行为违法予以撤销。此时行政机关的判断权转移至法院，法院通过运用裁量收缩理论认定被告已不具备进一步裁量的余地，因此司法权直接代替行政机关作出判断。

第二种情形，如果被诉行政机关重作后再次作出违法行政行为，那么法院在判决撤销的同时应该一并作出禁止重作判决。此时，从实质性解决行政争议的视角，法院可以直接代替行政机关对争议事项作出处理，要求其履行特定内容的行政行为。即，此时重作判决具有实体性履行判决的效果，二者的区别仅在于是否赋予行政机关首次判断权。

第三种情形，为了使行政争议得到彻底解决，当裁判时机成熟时法院针对明示拒绝履行可以根据个案情况直接作出履行判决。例如，我国台湾地区“行政诉讼法”第 5 条针对积极不作为并未设置重作判决，而是直接作出履行判决责令被诉行政机关履行作为义务。

（五）调解机制的构建

1. 不作为诉讼调解的正当性基础

调解机制的构建是行政不作为诉讼实质性解决行政争议的应有之义，因为判决是解决争议的刚性方式，但是过于刚性的司法裁判会引起抵触反弹，甚至会引起正当性质疑，此时需要借助“调解”这种柔性手段和软法规则来妥协刚性判决在适法过程中带来的利益固化。根据《行政诉讼法》第 60 条第 1 款的规定，“……行政机关行使法律、法规规定的自由裁量权的案件”可适用调解。而对于自由裁量权之外延的限定对应于法律、法规之强制性规定，而对于法律法规之外等行政规范性文件对行政执法之要求并不构成对行政机关诉讼过程中处分权之限制。[①] 本书前述第一章中已经对“行政不作为”与“不履行法定职责”进行了区分，不作为义务的范畴并不局限于法律法规及行政规范性文件设定的义务，还包括先行义务或者约定承诺等产生的义务。从规范意义上来说，行政机关享有判断余地的裁量权限给调解提供了存在空间。对于涉及行政机关自由裁量权的行政不作为领域，从实质性解决行政争议的角度法院可以进行调解，如“阮某勇诉北京银监局不履行投诉举报职责案”。在行政不作为诉讼中，司法裁判的首要价值目标是达到行政争议的实质性化解。对于诸如投诉举报类案件，法院应该充分尊重被诉行政机关在履职时的裁量权限及处理方式。被诉行政机关在查处投诉行为时将投诉处理交由被投诉对象处理的沟通协调方式等可以视为过程性行为，只要在合理合法范围内法院都不应过度审查。被诉行政机关自身不仅应向相对人进行答复和告知，并且要对投诉事项进行实质性处理，否则构成未“实质性”履责。再如，在“北京市海丰传媒文化公司诉北京市大兴区人民政府要求履行协议案”[②] 中，法院判决认为招商引资类行政协议中行政机关涉及较大裁量权限，该类案件的审理经过法官的释明指导可以适用调解，从而既达到争议的实质性解决又能通过协议妥善履行取得较好的法律与社会效果。

2. 构建裁量性不作为的调解规则

通过借鉴域外行政诉讼调解的经验及我国《行政诉讼法》第60条第1款之规定，具体到行政不作为诉讼中涉及裁量性不作为领域，笔者主张为了达到实质性化解争议之目的，可以规定有限调解的以下重构规则。

(1) 调解的原则

不作为诉讼中进行调解应该秉持自愿与合法原则，从而达到平

---

① 何海波：《行政诉讼法》（第二版），法律出版社2016年版，第511页。

② 北京市第四中级人民法院（2015）四中行初字第597号行政裁定书。

息当事人之间的矛盾和有效解决行政争议之诉讼初衷，进而通过平衡双方诉讼能力来保护当事人合法权利。日本学者棚濑孝雄主张，司法审判与“诉讼外”争议处理二者之间的最主要区别是“合意的二重获得”，换言之，行政争议的开启与最终处理都是基于双方合意。① 这是“自愿原则”在不作为诉讼调解程序及实体上的表现。关于调解适用的阶段，由于不作为诉讼主要是基于原告诉讼请求而对不作为行为进行合法性审查，法院对于不作为行为的合法性及行政机关是否存在裁量余地的判断都是在庭审过程或者判决作出前的两个阶段。因此，笔者认为，当法院经过审理认为行政机关不作为还存在调查或者裁量余地时，在判决重新处理前可以进行调解。即，法院可以在庭审前或者庭审后两个阶段进行调解。至于庭审前，由于法院对行政不作为的裁量权限及合法性未予审查，此时行政争议不宜进行调解，违背合法性审查原则也会背离原告诉讼请求。

（2）调解的规制

由于《行政诉讼法》修改后确立的调解是有限调解，对于行政机关超越裁量权限进行的调解应属无效。换言之，调解须在法律幅度范围内进行并且不得违背公共利益及第三人合法权益。同时，为了达到实质性解决行政争议之目的，避免调解的随意性浪费有限的司法资源和行政成本，在裁量性不作为案件的调解中法院应该严格审查调解协议的内容。一旦达成调解协议，法院经审查认可并经当事人签字即产生法律拘束力和强制力。如果当事人提供证据证实调解协议违反调解自愿原则或违反法律法规的强制性规定，可以向法院提出再审申请或者检察院依职权提出抗诉。

（3）调解瑕疵及救济

当行政不作为诉讼中尚存裁量余地时，行政机关经过与相对人

① ［日］棚濑孝雄：《纠纷的解决与审判制度》，王亚新译，中国政法大学出版社2004年版，第79页。

协商达成调解。当存在调解瑕疵（即无效或可撤销情形）时，从诉讼经济和实质解决争议角度考量，当事人可以针对此调解内容向原审法院主张对该存有瑕疵的调解内容继续裁判。[①] 对于当事人向原审法院请求对瑕疵调解继续裁判的情形，应进行起诉期间的限定。例如，当事人可以在“知道”或者“应该知道”该瑕疵原因之日起 60 日内向原审法院主张继续审判。

四、驳回诉讼请求

《行政诉讼法》第 69 条增加了“原告申请被告履行法定职责理由不成立的，判决驳回原告诉讼请求”的规定。该新增内容与《执行解释》第 56 条第 1 款中“起诉被告不作为理由不能成立”的规定相衔接，进一步丰富了行政不作为裁判方式。日本《行政案件诉讼法》上也有类似“请求弃却之判决”的规定，当原告所诉请行政处分违法的主张不成立，或者诉请的处分在判决前失去诉讼目的或效力，则法院作出原告请求不成立的判决。[②] 在行政不作为诉讼中，如果原告的诉讼请求不成立，则只有在其他判决方式都无法选择适用时才宜判决驳回诉讼请求。例如，根据政府信息的可分割性，如果经审查确认政府信息不能区分处理，则判决驳回原告诉讼请求。如果政府信息可分割，则可以作出部分判决，判决被告限期公开可以公开的内容。此类判决中，法院主要审查行政不作为的合法性及原告与被诉不作为行为之间的利害关系。

---

① 参见笔者发表的论文《构建行政诉讼有限调解的思考》，载《行政法学研究》2013 年第 2 期，第 95~101 页。

② ［日］美浓部达吉：《行政裁判法》，邓定人译，中国政法大学出版社 2005 年版，第 167~168 页。

第四节 行政不作为诉讼裁判方式选择适用的实现路径

一、裁判方式选择适用的"利益衡量方法"

在行政不作为诉讼的各种判决方式中，如何取舍和选择适用往往会涉及判决方式的"利益衡量"。裁判通常是指司法机关对双方争议的决断，其实质是通过解决程序和实体争议给当事人诉权和司法活动提供最终承载。[①]"司法判决书最主要的功能来自于当事人和社会公众对判决结果的认同，是为解决争议提供合理化的证明并且尽可能对后续类案提供指引。"[②]当法官面临选择适用撤销判决、履行判决与确认违法判决时，"利益衡量"成为解决选择困境的最佳方法。这是社会转型期制定法与社会生活脱节应运而生的法解释方法。由于我国司法功能的一元化特点和司法补充法律规则功能的缺失，导致法律推理泛化的演绎逻辑和劝服式判决说理，但缺乏归纳推理和法律规则的一般化论证。即，我国存在司法功能的一元化特点，进而导致演绎逻辑的泛化和归纳推理及法律规则论证的缺位。针对前述问题，学界和实务界提出的解决路径包括改变法律规则的供给方式、发展法律体系的功能、采纳归纳推理的法律推理方式、判决书说理的法律规则论证、司法制度功能还原于具体案件审判、案例指导制度取代规范性司法解释等。[③]

虽然法官通过演绎逻辑和归纳逻辑的方法，从制定法中可以稳妥地得出判决结果，但实质性解决行政争议包含争议解决的"妥善性"。这就要求法官在面对不作为案件时，需要综合考虑行政争

---

① 鲁千晓、何媛：《司法方法学》，法律出版社2009年版，第692页。

② 苏力：《判决书的背后》，载《法学研究》2001年第3期，第15页。

③ 翁子明：《司法判决的生产方式——当代中国法官的制度激励与行为逻辑》，北京大学出版社2009年版，第3~16页。

议涉及的案件事实、背后隐含的利益冲突以及与案件结果相关的利益，从而通过平衡各方利益的方式总结出该类案件的一般适用规则和利益分配方案。尤其是在某些特定情形下，需要法院采用特别的裁判方式来兼顾公共利益和个人利益。例如，“在确认违法判决中从平衡论角度来讲，当国家利益与个人利益产生冲突时，多数情况下应该以国家利益优先；但在个别案例中，通过利益衡量如果个人利益存在遭受重大损失的可能性时，个人利益也会成为确认违法判决的条件之一”①。而撤销拒绝性决定是否会损害公共利益就成为几种判决方式间的分水岭。“从争议解决的‘妥善性’出发，法官通过行使司法审判权、当事人通过行使诉权来解决争议。即便行政争议未必彻底根除，但是通过行政审判把共性争议转化为个别争议、把价值问题转化为技术问题，从而可以分散或者消减因为发生争议而给政治及社会体系带来的冲击和影响。”② 利益衡量是法官在具体个案中的释法依据，行政争议的存在是利益衡量运行的预设基础，实质性解决行政争议是利益衡量应该坚持的基本目标。

裁判文书说理是弥补利益衡量缺陷的制度化外力，只有通过充分的裁判文书说理，才能填补利益衡量给法官裁量权的过渡空间。司法裁判是法官在法律与事实之间辩证的过程，因此裁判文书说理要符合法理和情理。美国霍姆斯大法官曾言，“法律的生命在于经验，不在于逻辑”。我国目前的裁判文书说理没有被赋予生产法律规则的功能，导致裁判文书说理缺乏法律规则的论证。判决书说理应该与司法功能和法律推理相照应，具体包含以下两方面的内容：其一，针对判决结论合法性和正当性的说理论证。围绕案件事实和法律争议进行论证，通过证据和事实认定以及法律规则的运用，以演绎推理的方式推演出判决结论，目的是回应司法的争议解决功

---

① 孔祥发、王仓：《关于情况判决制度的思考》，《黑龙江科技信息》2009 年第 20 期，第 225 页。

② 王亚新：《民事诉讼中的依法审判原则和程序保障》，载梁治平：《法律解释问题》，法律出版社 1998 年版，第 150 页。

能。其二，根据司法的制度功能，通过归纳推理的方式将规则一般化。判决书说理不是所谓“就案论案”式的说理或“劝服式”的说理，应该是法律规则的论证，是围绕法律原则或者法律精神以及社会普遍接受的价值观而进行的综合说理。这个层面的法律说理，既立足于解决当前法律问题也着眼于未来的案件，不仅解决个案的问题同时具有普适性。通过行使判决技术践行司法的制度功能，而司法制度功能的发挥对于裁判文书说理来说显得尤为重要。

二、裁判方式改进的最终路径：诉讼类型化

为了推进行政不作为诉讼判决方式的改进，我们需要在技术上引入诉讼类型化，从而回应实质性解决行政争议的实践需要并确保有限司法资源得到有效运用，这也有助于甄别当事人提起行政诉讼的实质争议。通过类型化的技术手段，将行政相对人的诉讼请求进行明确分类，并且不同案件采用不同的诉讼门槛、裁判方法和处理结果，达到回应原告实质诉求的要求。不作为诉讼类型划分应该回应不同判决类型之间的互补性和衔接关系，既要防止出现原告诉讼请求的“疏漏”又要避免出现“重叠”。在某些条件下诉讼类型之间可以相互转化，从而共同构成不作为诉讼类型化的有机体系，实现争议的实质性解决。

裁判权威性来源于充分的说理。理想的行政不作为诉讼模式应该是在必要的基本法律存在之前提下辅之以成熟的法律解释，从而有效延伸立法在社会生活中的敏锐触角，要重视司法实践对裁判制度完善的推动作用。① 目前我国理论界和实务界都广泛讨论的行政诉讼类型化，就是从实质性解决行政争议视角将原告的不同诉求对应不同的诉讼规则和裁判规则，从而实现诉判一致。我国行政不作为诉讼应该借鉴不断成熟的类型化诉讼规则，针对原告的实质诉求

---

① 王利明：《论法律解释之必要性》，载《中国法律评论》2014 年第 2 期，第 92~94 页。

和不作为表现形态设置不同的类型化判决方式，从而提高司法效率和实现当事人权益全面有效的保护。近年来，最高人民法院总结司法实践经验公布的指导性案例和典型案例，都体现出诉讼类型化的倾向。①

针对行政不作为的精细化和类型化，从实质性解决行政争议角度法官需要发挥司法能动作用，在能动与谦抑中选择恰当的裁判方式。不同表现形态的行政不作为案件对应着不同适用条件的行政判决方式，因而需要对诉的适法性要件和判决方式进行系统化设计。例如，在政府信息公开不作为案件中，如果法院经过审查认为行政机关不应当公开涉案政府信息，则可以直接判决驳回原告的诉讼请求。如果法院认定行政机关应当公开涉案信息，则会存在两种处理方式：在裁判时机成熟时，法院可以直接判决被告在一定期限内公开具体内容的政府信息；也可以在裁判时机未成熟的情况下通过作出程序性判决责令被告在一定期限内重新答复，包括否定性或肯定性答复。对于判决行政机关重新答复的案件，如果被诉行政机关仍然拒绝公开，按照正当程序原则对于依据事实调查而拒绝公开的应有相应证据，据此被告依据裁量结论而拒绝公开的应说明理由。

三、行政不作为诉讼判决类型之间的交叉、转换和补充

从不作为诉讼救济权的归类来看，权利救济的表现形式主要体现为履行判决，通过请求之诉实现救济性请求权，而权力形式的救济权主要表现为确认违法判决、撤销判决和重作判决。对于不作为行为特定诉讼标的及诉讼救济目的，假如通过某种判决无法实现权利的无遗漏救济，则需要结合其他判决类型予以弥补。

---

① 江必新、梁凤云：《最高人民法院新行政诉讼法司法解释理解与适用》，中国法制出版社 2015 年版，第 17 页；李广宇：《新行政诉讼法司法解释读本》，法律出版社 2015 年版，第 28 页；章志远：《行政诉讼类型化时代的开启》，载《中国审判》2015 年第 10 期，第 16~17 页。

表 5 行政不作为诉讼各类判决形式之间的对应关系

各类判决形式之间的对应关系	履行判决	确认不作为违法判决
撤销判决	与明示拒绝履行的履行判决之间存在部分交叉关系	与确认不作为违法判决之间存在转换关系
履行判决		与明示拒绝履行的确认不作为违法判决之间存在部分交叉关系
确认不作为违法判决	与纯粹不作为的履行判决之间存在部分交叉、转换关系	

（一）撤销判决与履行判决

根据行政诉讼立法的相关规定，针对不作为表现形态的“明示拒绝履行”（如拒绝性决定），会出现撤销之诉与履责之诉的交叉。在“撤销判决”与“履行判决”关系模式中，需要考量“拒绝性决定”与“履职请求”之间的关系。虽然原告的诉求中没有关于撤销拒绝性决定的要求，但是法院通过审查认为该项内容隐含于诉求中则可依职权进行审查并针对拒绝性决定作出裁判。针对拒绝性决定，撤销之讼与履责之诉是否应该同时宣告还是合并提起应该进行界定。对违法的拒绝性决定，可以允许原告不提起拒绝性决定的撤销诉讼而直接提起义务履行诉讼。从保障当事人诉讼选择权角度来看，原告也可以根据自己的意愿选择提起撤销拒绝性决定的诉讼。德国也规定了独立的撤销诉讼制度。鉴于司法的本质属性在于恢复法律秩序，审判实践中有的法院会回避当事人提出的撤销拒绝性决定的诉求，而直接判令被告作出被诉行政行为的履行判决。例如，“北京市海淀区西山美庐小区业主委员会诉北京市海淀区住房和城乡建设委员会不履行法定职责案”。[①]

履行判决的替代方式还包括重作判决，此乃撤销判决的补充性判决类型。即，如果尚需被诉行政机关调查或裁量的，应责令其重新作出行政行为。行政裁量余地的存在，对于实现个案正义和克服立法能力的有限性具有重要意义。

（二）履行判决、撤销判决与确认不作为违法判决

在行政不作为诉讼中，存在履行判决、撤销判决与确认不作为违法判决的交织。在诉讼类型化中，确认之诉具有补充性质。出于诉讼经济的考量，只有当原告无法通过撤销诉讼或者课予义务诉讼实现权利救济时，确认之诉才具有诉讼利益。正如有学者主张，确认不作为违法判决是撤销判决及履行判决的衍生和补充，撤销判决与履行判决本身不仅具有确认违法的作用还具有直接救济的功能，因此，应优先适用撤销判决与履行判决，只有无法适用前述两种判决时确认不作为违法判决才有发挥作用的空间。[②]

总之，确认判决是撤销判决的“替代性”判决，在不宜作出撤销判决的情况下可以转化作出确认判决。确认不作为违法判决的适用前提条件是被诉行政不作为违法而不具有可撤销性，或者判令履行已无实际意义。此时，撤销之诉和履责之诉转化为确认之诉，从而保证了权利保护的完整性。例如，“李某龙诉宿迁市建设局不履行法定职责案”。[③]

确认不作为违法判决与撤销判决的区别在于，撤销判决导致行政行为自始不发生法律效力，将被诉行政行为的效力彻底消灭。确认不作为违法判决虽然通过司法判决的确认形式来判定被诉行政不

① 北京市第一中级人民法院（2014）一中行终字第10867号行政判决书，载国家法官学院案例开发研究中心编：《中国法院2016年度案例——行政纠纷》，中国法制出版社2016年版，第25页。

② 王贵松：《论我国行政诉讼确认判决的定位》，载《政治与法律》2018年第9期，第14页。

③ 江苏省高级人民法院（2002）苏行终字第6号行政判决书。

作为违法，但被诉行政不作为的法律效力仍然存续。在依申请行政不作为诉讼中，如果行政机关收到相对人申请时已不具有相应的作为义务，从法不溯及既往原则和避免执法混乱角度考虑，判决被告履行作为义务已无实际意义和现实可能性，此时应选择判决确认违法。

（三）补正判决与瑕疵治愈

“补正判决”是指法院经过审查认定被诉行政不作为的程序或效果有瑕疵但实体处理正确，从而判令被诉行政机关予以补正，该类判决可以适用于“不完全、不充分履行”。[①] 法官通过衡量相关法益，在撤销与不撤销相关行政行为之间作出合理的补正判决形成完整合法的行政行为，从而有利于节约司法资源和行政成本。无论是利益衡量论、诉讼效率论还是我国目前的职权主义模式都为补正判决的存在提供了法理基础。法院在认定行政程序（如告知等程序性行为）违法后，先要考虑是否损害相对人合法权益，然后通过价值衡量作出撤销并附带重作判决、确认违法判决或发出司法建议。

（四）补救措施与裁量收缩

根据前述确认违法判决与撤销判决存在的差异，确认判决由于被诉行政行为未被撤销仍存在法律效力，当事人之间的行政争议仍然存在且并不会因为法院判决确认违法而消除。确认违法判决往往无法实质性和彻底性解决行政争议。根据相关统计数据显示，法院在确认违法判决诉讼中实质性解决争议的比例仅为8.03%。[②] 关于确认违法判决与撤销判决的取舍关系，可以考虑在明示拒绝履行行为（拒绝性决定）违法的前提下如果保留其效力更有利于争议的实质性解决，则采用确认违法判决并采取补救措施。例如，未经社

① 陈立斌：《行政协议判决方式研究》，内蒙古大学2018年硕士学位论文，第22页。

② 贺荣：《深化司法改革与行政审判实践研究》，人民法院出版社2016年版，第1637页。

会稳定风险评估的征收决定，如果仅基于此理由认定征收决定不合法予以撤销或者确认违法会导致法律关系的失衡，进而危及公共利益和行政执法秩序引发系统性诉讼风险。为彻底解决行政争议和保障当事人合法权利，法官需要在判决方式中能动性地明确行政机关作出具有实质性内容的补救措施。诸如，法院不能在补救措施中仅是笼统规定责令被诉行政机关完善程序性措施，而应该明确具有弥补当事人合法权益的有效措施。只有如此才能更好实现司法判决的诉讼功能，克服确认违法判决的制度缺陷，弥补该种判决方式在实质性解决行政争议方面存在的不足。

如果在裁量收缩的情况下行政机关并未作出裁量权压缩为零的羁束性行政行为且判决履行已经没有意义，或者虽然被诉行政机关采取了措施但是存在裁量判断瑕疵或程序过程违法等情形不宜撤销该行政行为否则会有损公共利益，此时法院可以判决确认违法。

（五）判决主文的表述

综上所述，行政不作为诉讼判决的判项内容可以具体表述为：

1. 法院经过审理认为行政机关不作为不构成违法或者原告诉讼请求不成立，作出驳回诉讼请求的判决。

2. 法院经过审理认为案件已达到可裁判程度，即被告履行特定内容作为义务已具备条件，作出直接判令被告限期履行特定作为义务的判决。

具体表述为：责令被告在本判决生效之日起×××期限内（根据案件性质作出期限规定，特殊情况下可不作明确期限要求）作出×××行政行为。

3. 对于明示拒绝履行案件，法院判决撤销实体性不作为行为并附带判决履行作为义务。

具体表述为：一、撤销被告作出的明示拒绝履行行为（拒绝性决定的名称）；二、责令被告于判决生效之日起××日内履行对原告的×××义务。

4. 履行判决的替代方式之一：确认不作为违法判决。其一，被告不履行作为义务，但判决履行已无实际意义的，法院可以作出确认不作为违法判决；其二，判决确认不作为违法并可同时责令行政机关采取补救措施；其三，原告申请履行作为义务不成立，但被诉行政不作为行为存在违法情形的，法院可以判决确认相关行为违法并同时驳回原告的诉讼请求。

具体表述为：判决确认被告对原告申请×××的行为违法，责令被告应于判决生效之日起××日内采取补救措施。

5. 履行判决的替代方式之二：责令重新作出行政行为。

具体表述为：撤销行政主体作出的明示拒绝履行行为，判决被告对原告的×××申请重新作出×××行政行为。

结 论

在法治社会转型过程中，行政管理对象日趋多元繁杂。伴随着行政权的急剧扩张，其触角也延展至社会生活的各个领域。由于我国社会转型期利益格局处于调整状态，实践中出现的很多行政不作为案件都是社会格局调整的缩影。可以说，任何类型的行政活动样态中，都有产生行政不作为的可能性。尤其是目前我国反腐的高压态势下，为了避免因作为行为担责，行政机关不作为现象尤为突出。在此背景下，本书提出以“实质性解决行政争议”为视角构建行政不作为诉讼，重点可以从以下几个方面强化行政争议的实质性解决。

在行政不作为诉讼基本理论方面，重点明晰了实践中具有争议的“明示拒绝履行”和“不完全履行”等不作为表现形态，从而为行政不作为的司法识别、举证责任和裁判方式的构建提供前提基础。在起诉条件方面，从行政不作为诉讼争议解决的实效性和权利救济的必要性方面审查原告资格和起诉期限，从而有效防止滥诉，将有限的司法资源最大限度运用到值得法律保护的权利层面。同时，为了强化通过诉讼渠道最大限度解决争议的目的，未来原告资格的发展方向是不断扩大行政不作为公益诉讼的原告资格。在司法审查方面，为了准确界定行政机关的“履职程度”，达到争议的实质性解决，通过行政不作为的司法识别和判断基准来剖析行政不作为的构成要件。在审查标准方面，引入“实质性审查”的司法理念，避免形式审查存在的程序空转问题。在审查强度方面，实行“合目的性”和“区分事实与法律问题”的审查强度，通过司法审查强度的加深，可以为争议解决提供更加明确的司法指引。在裁判方式方面，强化具有促进实质解决争议效果的“实体性判决”，在行政机关尚有调查和裁量余地的场域，通过软法规制之“调解”“司法建议”的构建，可以弥补司法裁判监督依法行政的局限性，达到实质性解决行政争议之目的。

本书从实质性解决行政争议视角对行政不作为诉讼进行系统性研究，无论是对理论界还是实务界都大有裨益。从微观层面来讲，有利于在个案中通过规范法院的司法审判活动和统一裁判标准实现行政争议的实质性解决，最终达到保障当事人合法权益及监督行政权的目的；从宏观层面来讲，法院作为社会管理创新的参与者，通过完善行政不作为诉讼能够拓宽“共治主体”平台。此外，如果对行政不作为诉讼进行延伸扩展，还有后续值得研究的诸多切入点。例如，指导性案例制度、判决书说理、法官队伍建设等影响不作为诉讼实质性解决行政争议的重要问题。

参考文献

一、专著类

(一) 中文著作

1. 卞建林:《2016年中国诉讼法治发展报告》,中国政法大学出版社2017年版。

2. 蔡小雪、甘文:《行政诉讼实务指引》,人民法院出版社2014年版。

3. 殷清利:《最新行政审判实务问答》,法律出版社2017年版。

4. 蔡小雪:《行政审判与行政执法实务指引》,人民法院出版社2009年版。

5. 蔡志方:《行政救济法新论》,台湾元照出版有限公司2000年版。

6. 曹达全:《行政诉讼制度功能研究——行政诉讼制度在宪政和行政法治中的功能定位》,中国社会科学出版社2010年版。

7. 曾娜:《行政程序的正当性判断标准研究》,知识产权出版社2014年版。

8. 柴发邦:《当代行政诉讼基本问题》,中国人民公安大学出版社1989年版。

9. 陈柏霖:《论行政诉讼中之公法上权利——从德国法与欧盟法影响下观察》,台湾元照出版有限公司2014年版。

10. 陈浩然:《证据学原理》,华东理工大学出版社2002年版。

11. 陈计男:《行政诉讼法释论》,台湾三民书局2000年版。

12. 陈立斌：《2016年上海市第一中级人民法院案例精选》，人民法院出版社2017年版。

13. 陈敏：《行政法总论》，新学林出版有限公司2007年版。

14. 陈清秀：《行政诉讼法》，台湾元照出版有限公司2012年版。

15. 陈锐：《法律推理论》，山东人民出版社2006年版。

16. 邓玮：《法律场域的行动逻辑——一项关于行政诉讼的社会学研究》，上海大学出版社2010年版。

17. 苏国勋：《理性化及其限制——韦伯思想引论》，商务印书馆2016年版。

18. 杜仪方：《行政不作为的国家赔偿》，中国法制出版社2017年版。

19. 樊崇义：《诉讼原理》，法律出版社2003年版。

20. 樊崇义：《刑事证据法原理与适用》，中国人民公安大学出版社2001年版。

21. 范愉、李浩：《纠纷解决——理论、制度与技能》，清华大学出版社2010年版。

22. 方颉琳：《行政诉讼制度的解释学发展进路——以行政诉权为视角》，中国政法大学出版社2017年版。

23. 方世荣、邓佑文、谭冰霖：《参与式行政的政府与公众关系》，北京大学出版社2013年版。

24. 方世荣、石佑启：《行政法与行政诉讼法》（第三版），北京大学出版社2015年版。

25. 付子堂：《法律功能论》，中国政法大学出版社1999年版。

26. 甘文：《行政与法律的一般原理》，中国法制出版社2002年版。

27. 高鸿钧：《清华法治论衡》（第一辑），清华大学出版社2000年版。

28. 高家伟：《公正高效权威视野下的行政司法制度研究》，中国人民公安大学出版社 2013 年版。

29. 高家伟:《证据法基本范畴研究》,中国人民公安大学出版社 2018 年版。

30. 龚大春:《举证责任新论——控制者自证其当原则》,中国政法大学出版社 2018 年版。

31. 顾培东:《社会冲突与诉讼机制》,法律出版社 2004 年版。

32. 郭华成:《法律解释比较研究》,中国人民大学出版社 1993 年版。

33. 何海波:《实质法治:寻求行政判决的合法性》,法律出版社 2009 年版。

34. 何海波:《中外行政诉讼法汇编》,商务印书馆 2018 年版。

35. 何海波:《行政诉讼法》(第二版),法律出版社 2016 年版。

36. 何家弘:《外国证据法》,法律出版社 2003 年版。

37. 贺荣:《深化司法改革与行政审判实践研究》,人民法院出版社 2016 年版。

38. 贺卫方:《运送正义的方式》,上海三联书店 2002 年版。

39. 胡建淼:《行政行为基本范畴研究》,浙江大学出版社 2005 年版。

40. 胡建淼:《行政诉讼证据的实证与理论研究——〈最高人民法院关于行政诉讼证据若干规定〉问题的修改建议稿与论证》,中国法制出版社 2010 年版。

41. 胡建淼:《行政违法问题探究》,法律出版社 2000 年版。

42. 胡建淼:《行政诉讼法修改研究——〈中华人民共和国行政诉讼法〉法条建议及理由》,浙江大学出版社 2007 年版。

43. 胡建淼:《世界行政法院制度研究》,武汉大学出版社 2007 年版。

44. 胡卫列:《行政诉讼目的论》,中国检察出版社 2014 年版。

45. 黄先雄:《司法谦抑论——以美国司法审查为视角》,法律出版社 2008 年版。

46. 李卫东：《法治秩序的建构》，中国政法大学出版社 1999 年版。

47. 江必新、邵长茂：《新行政诉讼法修改条文理解与适用》，中国法制出版社 2015 年版。

48. 江必新、邵长茂：《最高人民法院关于适用〈中华人民共和国行政诉讼法〉若干问题的解释辅导读本》，中国法制出版社 2015 年版。

49. 江必新、梁凤云：《行政诉讼法理论与实务》（第三版），法律出版社 2016 年版。

50. 江必新、梁凤云：《最高人民法院新行政诉讼法司法解释理解与适用》，中国法制出版社 2015 年版。

51. 李广宇：《新行政诉讼法司法解释读本》，法律出版社 2015 年版。

52. 江必新、邵长茂、方颉琳：《行政诉讼法修改资料汇纂》，中国法制出版社 2015 年版。

53. 江必新：《法治中国的制度逻辑与理性构建》，中国法制出版社 2014 年版。

54. 江必新：《贯彻〈中华人民共和国行政诉讼法〉专题讲座》，人民法院出版社 2015 年版。

55. 江必新：《新行政诉讼法专题讲座》，中国法制出版社 2015 年版。

56. 江伟、邵明、陈刚：《民事诉权研究》，法律出版社 2002 年版。

57. 姜明安：《行政法与行政诉讼法》，北京大学出版社、高等教育出版社 2015 年版。

58. 姜明安：《行政诉讼与行政执法的法律适用》，人民法院出版社 1995 年版。

59. 姜世明：《举证责任与证明度》，厦门大学出版社 2017

年版。

60. 蒋剑鸣：《转型社会的司法：方法、制度与技术》，中国人民公安大学出版社 2008 年版。

61. 解兴权：《通向正义之路——法律推理的方法论研究》，中国政法大学出版社 2000 年版。

62. 孔繁华：《行政诉讼性质研究》，人民出版社 2011 年版。

63. 孔祥俊：《司法理念与裁判方法》，法律出版社 2005 年版。

64. 赖恒盈：《行政法律关系论之研究——行政法学方法论评析》，台湾元照出版有限公司 2003 年版。

65. 王利明、杨立新：《侵权行为法》，法律出版社 1996 年版。

66. 李广宇：《理性诉权观与实质法治主义》，法律出版社 2018 年版。

67. 李建良：《行政法基本十讲》，台湾元照出版有限公司 2013 年版。

68. 李灵雁：《北京市行政复议典型案例选编》，北京市人民政府法制办公室编 2016 年版。

69. 李玉华：《诉讼证明标准研究》，中国政法大学出版社 2010 年版。

70. 李源：《韩国的行政复议和行政诉讼》，中国政法大学出版社 2015 年版。

71. 李哲范：《行政诉讼司法权界限》，中国书籍出版社 2013 年版。

72. 李祖军：《民事诉讼目的论》，法律出版社 2000 年版。

73. 梁凤云：《行政诉讼判决之选择适用》，人民法院出版社 2007 年版。

74. 梁凤云：《新行政诉讼法讲义》，人民法院出版社 2015 年版。

75. 林莉红：《行政诉讼法问题专论》，武汉大学出版社 2010 年版。

76. 林腾鹞：《行政诉讼法》，台湾三民书局 2013 年版。

77. 刘东亮：《行政诉讼目的研究——立法目的和诉讼制度的耦合与差异》，中国法制出版社 2011 年版。

78. 刘峰：《行政诉讼裁判过程研究》，知识产权出版社 2013 年版。

79. 刘黎：《公正裁判之道——法官思维的 10 个维度》，中国方正出版社 2016 年版。

80. 刘善春、毕玉谦、郑旭：《诉讼证据规则研究》，中国法制出版社 2000 年版。

81. 刘善春：《行政诉讼实用理论与制度建构》，中国法制出版社 2008 年版。

82. 刘星：《司法的逻辑——实践中的方法与公正》，中国法制出版社 2015 年版。

83. 刘作翔：《法理学》，社会科学文献出版社 2005 年版。

84. 鲁千晓、何媛：《司法方法学》，法律出版社 2009 年版。

85. 罗豪才：《中国司法审查制度》，北京大学出版社 1993 年版。

86. 罗豪才：《行政法学》，北京大学出版社 2001 年版。

87. 吕立秋：《行政诉讼举证责任》，中国政法大学出版社 2001 年版。

88. 马怀德：《司法改革与行政诉讼制度的完善——〈行政诉讼法〉修改建议稿及理由说明书》，中国政法大学出版社 2004 年版。

89. 马怀德：《行政法与行政诉讼法》，中国法制出版社 2000 年版。

90. 马怀德：《行政诉讼原理》（第二版），法律出版社 2009 年版。

91. 马怀德：《司法改革与行政诉讼制度的完善》，中国政法大学出版社 2004 年版。

92. 马生安:《行政行为研究》,山东人民出版社 2008 年版。

93. 马英娟:《行政法典型案例评析》,北京大学出版社 2016 年版。

94. 茆荣华:《上海法院行政诉讼案例》,上海人民出版社 2017 年版。

95. 茅铭晨:《行政行为可诉性研究——理论重构与制度重构的对接》,北京大学出版社 2014 年版。

96. 南博方:《行政法》,中国人民大学出版社 2009 年版。

97. 戚渊、郑永流、舒国滢:《法律论证与法律方法》,山东人民出版社 2005 年版。

98. 齐树洁:《英国证据法》,厦门大学出版社 2014 年版。

99. 强昌文、陈晓峰:《法理三维——对社会热点问题的法理透析》,安徽大学出版社 2012 年版。

100. 沈达明:《比较民事诉讼初论》,中国法制出版社 2002 年版。

101. 沈宗灵:《法理学》,北京大学出版社 2003 年版。

102. 沈宗灵:《现代西方法理学》,北京大学出版社 1992 年版。

103. 舒小庆、万高隆:《行政法学专题研究》,江西人民出版社 2008 年版。

104. 宋功德:《行政法哲学》,法律出版社 2000 年版。

105. 宋随军、梁凤云:《行政诉讼法证据案件与评析》,人民法院出版社 2005 年版。

106. 宋英辉、汤维建:《我国证据制度的理论与实践》,中国人民公安大学出版社 2006 年版。

107. 苏力:《中国基层司法制度研究》,中国政法大学出版社 2002 年版。

108. 孙琬钟、江必新:《行政管理相对人的权益保护》,人民法院出版社 2003 年版。

109. 孙万胜：《司法权的法理之维》，法律出版社 2002 年版。

110. 孙笑侠：《法律对行政的控制——现代行政法的法理解释》，山东人民出版社 1999 年版。

111. 谭炜杰：《行政诉讼法重大争议问题研究——司法权与行政权关系之维度》，方志出版社 2016 年版。

112. 谭宗泽：《行政诉讼结构研究——以相对人权益保障为中心》，法律出版社 2009 年版。

113. 王春业：《新行政诉讼法修改评析》，中国法制出版社 2015 年版。

114. 王和雄：《论行政不作为之权利保护》，台湾三民书局 1994 年版。

115. 王利明：《法学方法论》，中国人民大学出版社 2011 年版。

116. 王利明：《侵权行为法归责原则研究》，中国政法大学出版社 2004 年版。

117. 王名扬：《美国行政法》，中国法制出版社 1995 年版。

118. 王名扬：《外国行政诉讼制度》，人民法院出版社 1991 年版。

119. 王名扬：《法国行政法》，中国政法大学出版社 1988 年版。

120. 王名扬：《英国行政法比较行政法》，北京大学出版社 2016 年版。

121. 王圣扬：《诉讼证明责任与证明标准研究》，中国人民公安大学出版社 2012 年版。

122. 王天华：《行政诉讼的构造——日本行政诉讼法研究》，法律出版社 2010 年版。

123. 王锡锌：《行政程序法理念与制度研究》，中国民主法制出版社 2007 年版。

124. 王勇：《行政法学若干专题问题研究》，知识出版社 2010

年版。

125. 王泽鉴：《侵权行为法》，中国政法大学出版社 2001 年版。

126. 王振清：《行政诉讼前沿实务问题研究》，中国方正出版社 2004 年版。

127. 王振宇：《行政诉讼制度研究》，中国人民大学出版社 2012 年版。

128. 王志强、章武生、吴英姿：《司法公正的路径选择：从体制到程序》，中国法制出版社 2010 年版。

129. 王周户、徐文星：《现代政府与行政裁量权》，法律出版社 2010 年版。

130. 翁岳生：《法治国家之行政法与司法》，台湾元照出版有限公司 2009 年版。

131. 翁岳生：《行政法》，翰芦图书出版有限公司 1998 年版。

132. 翁子明：《司法判决的生产方式——当代中国法官的制度激励与行为逻辑》，北京大学出版社 2009 年版。

133. 吴东镐、徐炳煊：《日本行政法》，中国政法大学出版社 2011 年版。

134. 吴庚：《行政法之理论与实用》，中国人民大学出版社 2005 年版。

135. 吴卫军、樊斌：《行政权的司法控制——行政诉讼热点问题专题研究》，电子科技大学出版社 2011 年版。

136. 夏勇：《人权概念起源——权利的历史哲学》，中国政法大学出版社 2001 年版。

137. 肖金明：《法治行政的逻辑》，中国政法大学出版社 2004 年版。

138. 肖前：《马克思主义哲学原理》，中国人民大学出版社 1993 年版。

139. 谢晖：《法学范畴的矛盾辨思》，山东人民出版社 1999

年版。

140. 信春鹰：《中华人民共和国行政诉讼法释义》，法律出版社 2014 年版。

141. 熊先觉：《中国司法制度新论》，中国法制出版社 1999 年版。

142. 徐国栋：《民法基本原则解释》，中国政法大学出版社 1992 年版。

143. 徐昕：《纠纷解决与社会冲突》，法律出版社 2006 年版。

144. 徐以祥：《行政法学视野下的公法权利理论问题研究》，中国人民大学出版社 2014 年版。

145. 徐永康：《法理学专论》，北京大学出版社 2008 年版。

146. 薛刚凌：《法治国家与行政诉讼——中国行政诉讼制度基本问题研究》，人民出版社 2015 年版。

147. 薛刚凌：《行政法与行政诉讼法》，中国人民大学出版社 2007 年版。

148. 闫尔宝：《行政行为的性质界定与实务》，法律出版社 2010 年版。

149. 杨海坤、黄学贤：《行政诉讼基本原理与制度完善》，中国人事出版社 2005 年版。

150. 杨海坤、章志远：《行政诉讼法专题研究评述》，中国民主法制出版社 2006 年版。

151. 杨建顺：《行政规制与权利保障》，中国人民大学出版社 2007 年版。

152. 杨解君：《行政诉讼法学》，中国方正出版社 2002 年版。

153. 杨仁寿：《法学方法论》，中国政法大学出版社 1999 年版。

154. 杨伟东：《行政行为司法审查强度研究——行政审判权纵向范围分析》，中国人民大学出版社 2003 年版。

155. 杨伟东：《权力结构中的行政诉讼》，北京大学出版社

2008 年版。

156. 杨小军：《行政机关作为职责与不作为行为法律研究》，国家行政学院出版社 2013 年版。

157. 应松年、杨伟东：《中国行政法学二十年研究报告》，中国政法大学出版社 2008 年版。

158. 应松年、杨小君：《法定行政程序实证研究——从司法审查角度的分析》，国家行政学院出版社 2005 年版。

159. 应松年：《行政法与行政诉讼法学》，法律出版社 2005 年版。

160. 于安：《德国行政法》，清华大学出版社 1999 年版。

161. 余凌云：《行政法讲义》，清华大学出版社 2010 年版。

162. 余凌云：《行政自由裁量论》，中国人民公安大学出版社 2005 年版。

163. 袁曙宏：《现代公法制度的统一性》，北京大学出版社 2009 年版。

164. 张保生：《法律推理的理论和方法》，中国政法大学出版社 2000 年版。

165. 张坤世：《行政诉讼机理探究与制度建构》，中国政法大学出版社 2012 年版。

166. 张树义：《纠纷的行政解决机制研究——以行政裁决为中心》，中国政法大学出版社 2006 年版。

167. 张树义：《行政诉讼证据判例与理论分析》，法律出版社 2002 年版。

168. 张文显：《法理学》（第五版），高等教育出版社 2018 年版。

169. 张文显：《法学基本范畴研究》，中国政法大学出版社 1993 年版。

170. 张显伟：《行政审判权研究》，中国社会出版社 2009 年版。

171. 张新宝：《侵权责任法》，中国人民大学出版社 2010 年版。

172. 张旭勇：《行政判决的分析与重构》，北京大学出版社 2006 年版。

173. 张治宇：《合作论——从政治哲学、法哲学到行政法哲学》，法律出版社 2017 年版。

174. 章剑生、黄锴：《行政法判例选析（一）》，法律出版社 2017 年版。

175. 章剑生：《现代行政法基本理论》（第二版），法律出版社 2014 年版。

176. 章剑生：《行政程序法学》，中国政法大学出版社 2004 年版。

177. 章志远：《行政诉讼类型构造研究》，法律出版社 2007 年版。

178. 赵清林：《行政诉讼类型研究》，法律出版社 2008 年版。

179. 郑春燕：《现代行政中的裁量及其规制》，法律出版社 2015 年版。

180. 周永坤：《规范权力——权力的法理研究》，法律出版社 2006 年版。

181. 周佑勇：《行政不作为判解》，武汉大学出版社 2000 年版。

182. 周佑勇：《行政裁量治理研究——一种功能主义的立场》，法律出版社 2008 年版。

183. 周佑勇：《行政法原论》（第二版），中国方正出版社 2005 年版。

184. 朱景文：《中国法律发展报告 2011：走向多元化的法律实施》，中国人民大学出版社 2011 年版。

185. 朱新力：《司法审查的基准——探索行政诉讼的裁判艺术》，法律出版社 2005 年版。

186. 邵明：《民事诉讼法理研究》，中国人民大学出版社 2004 年版。

187. 陈皓：《卡多佐：司法传统的革新》，黑龙江大学出版社 2010 年版。

（二）外文译著

1. ［美］诺内特、塞尔兹尼克：《转变中的法律与社会：迈向回应型法》，张志铭译，中国政法大学出版社 1994 年版。

2. ［美］罗斯科·庞德：《法律史解释》，曹玉堂等译，华夏出版社 1989 年版。

3. ［美］弗兰克·奈特：《风险、不确定性与利润》，刘亮等译，华夏出版社 2013 年版。

4. ［美］理查德·A. 波斯纳：《法官如何思考》，苏力译，北京大学出版社 2009 年版。

5. ［美］理查德·A. 波斯纳：《法律的经济分析》，蒋兆康译，中国大百科全书出版社 1997 年版。

6. ［美］理查德·A. 波斯纳：《法理学问题》，苏力译，中国政法大学出版社 1994 年版。

7. ［美］理查德·A. 波斯纳：《证据法的经济分析》，徐昕、徐昀译，中国法制出版社 2001 年版。

8. ［美］伯尔曼：《法律与宗教》，梁治平译，上海三联书店 1991 年版。

9. ［美］丹尼斯·H. 朗：《权力论》，陆震纶、郑明哲译，中国社会科学出版社 2001 年版。

10. ［美］德沃金：《法律帝国》，李常青译，中国大百科全书出版社 1996 年版。

11. ［美］亚历山大·汉密尔顿、詹姆斯·麦迪逊、约翰·杰伊：《联邦党人文集》，程逢如等译，商务印书馆 1980 年版。

12. ［美］贝勒斯：《法律的原则——一个规范的分析》，张文显等译，中国大百科全书出版社 1996 年版。

13. ［美］马克斯·韦伯：《经济与社会》，林荣远译，商务印书馆 1998 年版。

14. ［美］E. 博登海默：《法理学：法律哲学与法律方法》，邓正来译，中国政法大学出版社 2004 年版。

15. ［美］史蒂文·J. 伯顿：《法律和法律推理导论》，张志铭、解兴权译，中国政法大学出版社 1998 年版。

16. ［美］伊恩·罗伯逊：《社会学》，黄育馥译，商务印书馆 1994 年版。

17. ［美］米尔伊安·R. 达玛什卡：《司法和国家权力的多种面孔——比较视野中的法律程序》，郑戈译，中国政法大学出版社 2004 年版。

18. ［美］理查德·B. 斯图尔特：《美国行政法的重构》，沈岿译，商务印书馆 2002 年版。

19. ［美］约翰·罗尔斯：《政治自由主义》，万俊人译，译林出版社 2000 年版。

20. ［美］罗斯科·庞德：《通过法律的社会控制——法律的任务》，沈宗灵、董世忠译，商务印书馆 1984 年版。

21. ［美］O. C. 麦克斯怀特：《公共行政的合法性——一种话语分析》，吴琼译，中国人民大学出版社 2002 年版。

22. ［美］伯纳德·施瓦茨：《行政法》，徐炳译，群众出版社 1986 年版。

23. ［美］史蒂文·J. 伯顿：《法律和法律推理导论》，张志铭、解兴权译，中国政法大学出版社 1998 年版。

24. ［德］尤尔根·哈贝马斯：《在事实与规范之间：关于法律和民主法治国的商谈理论》，童世骏译，生活·读书·新知三联书店 2003 年版。

25. ［德］伯恩·魏德士：《法理学》，丁小春、吴越译，法律出版社 2003 年版。

26. ［德］莱奥·罗森贝克：《证明责任论》，庄敬华译，中国法制出版社 2018 年版。

27. ［德］汉斯·J. 沃尔夫、奥托·巴霍夫、罗尔夫·施托贝尔：《行政法》（第 1 卷），高家伟译，商务印书馆 2002 年版。

28. ［德］哈特穆特·毛雷尔：《行政法学总论》，高家伟译，法律出版社 2000 年版。

29. ［德］卡尔·拉伦茨：《法学方法论》，陈爱娥译，商务印书馆 2003 年版。

30. ［德］弗里德赫尔穆·胡芬：《行政诉讼法》，莫光华译，法律出版社 2003 年版。

31. ［德］恩施特·贝林：《构成要件理论》，王安异译，中国人民公安大学出版社 2006 年版。

32. ［德］平特纳：《德国普通行政法》，朱林译，中国政法大学出版社 1999 年版。

33. ［德］莱因荷德·齐佩利乌斯：《法哲学》（第六版），金振豹译，北京大学出版社 2013 年版。

34. ［德］迪特尔施瓦布：《民法导论》，郑冲译，法律出版社 2006 年版。

35. ［德］卡尔·拉伦茨：《德国民法通论》，王晓晔、邵建东等译，法律出版社 2003 年版。

36. ［德］埃贝哈德·斯密特·阿斯曼：《德国行政法读本》，于安等译，高等教育出版社 2006 年版。

37. ［日］室井力：《日本现代行政法》，吴微译，中国政法大学出版社 1995 年版。

38. ［日］兼子一、竹下守夫：《民事诉讼法》，白绿铉译，法律出版社 1995 年版。

39. ［日］藤田宙靖：《日本行政法入门》，杨桐译，中国法制出版社 2012 年版。

40. ［日］棚濑孝雄：《纠纷的解决与审判制度》，王亚新译，中国政法大学出版社 2004 年版。

41. ［日］盐野宏：《行政法》，杨建顺译，法律出版社 1999 年版。

42. ［日］盐野宏：《行政救济法》，杨建顺译，北京大学出版社 2008 年版。

43. ［日］盐野宏：《行政法总论》，杨建顺译，北京大学出版社 2008 年版。

44. ［日］原田尚彦：《诉的利益》，石龙潭译，中国政法大学出版社 2014 年版。

45. ［日］市桥克哉、平田和一等：《日本现行行政法》，田林、钱蓓蓓、李龙贤译，法律出版社 2016 年版。

46. ［日］芦部信喜：《宪法》，李鸿喜译，月旦出版社 1994 年版。

47. ［日］中村英郎：《新民事诉讼法讲义》，陈刚、林建锋、郭美松译，法律出版社 2001 年版。

48. ［日］美浓部达吉：《行政裁判法》，邓定人译，中国政法大学出版社 2005 年版。

49. ［日］川岛武宜：《现代化与法》，申政武、渠涛等译，中国政法大学出版社 2004 年版。

50. ［法］孟德斯鸠：《论法的精神》，张雁深译，商务印书馆 1982 年版。

51. ［法］托克维尔：《论美国的民主》（上卷），董良果译，商务印书馆 1997 年版。

52. ［法］福柯：《规训与惩罚：监狱的诞生》，刘北成、杨远婴译，生活·读书·新知三联书店 2007 年版。

53. ［法］古斯塔夫·佩泽尔：《法国行政法》，廖申明、周洁译，国家行政学院出版社 2002 年版。

54. ［法］让·里韦罗、让·瓦利纳：《法国行政法》，鲁仁译，商务印书馆 2008 年版。

55. ［英］约翰·S. 贝尔、L. 赖维乐·布朗：《法国行政法》

（第五版），高秦伟、王楷译，中国人民大学出版社 2006 年版。

56. ［英］威廉·韦德：《行政法》，徐炳等译，中国大百科全书出版社 1997 年版。

57. ［英］哈特：《法律的概念》，张文显等译，中国大百科全书出版社 1996 年版。

58. ［英］戈尔丁：《法律哲学》，齐海滨译，生活·读书·新知三联书店 1987 年版。

59. ［英］约瑟夫·拉兹：《法律的权威——法律与道德论文集》，朱峰译，法律出版社 2005 年版。

60. ［英］T. R. S. 艾伦：《法律、自由与正义——英国宪政的法律基础》，成协中、江菁译，法律出版社 2006 年版。

61. ［英］L. T. 霍布豪斯：《形而上学的国家论》，汪淑钧译，商务印书馆 1997 年版。

62. ［英］弗里德利希·冯·哈耶克：《法律、立法与自由》（第 1 卷），邓正来、张守东、李静冰译，中国大百科全书出版社 2000 年版。

63. ［英］A. J. M. 米尔恩：《人的权利与人的多样性——人权哲学》，夏勇等译，中国大百科全书出版社 1995 年版。

64. ［意］莫诺·卡佩莱蒂：《比较法视野中的司法程序》，徐昕、王奕译，清华大学出版社 2005 年版。

65. ［韩］金东熙：《行政法》，赵峰译，中国人民大学出版社 2008 年版。

66. ［葡］苏乐治：《行政法》，冯文庄译，法律出版社 2014 年版。

67. ［古希腊］亚里士多德：《政治学》，吴寿彭译，商务印书馆 1965 年版。

68. ［古希腊］柏拉图：《法律篇》，张智仁、何勤华译，上海人民出版社 2001 年版。

69. ［荷］伊芙琳·T. 菲特丽丝：《法律论证原理——司法裁

决之证立理论概览》，张其山等译，商务印书馆 2005 年版。

70. ［比］马克·范·胡克：《法律的沟通之维度》，孙国东译，法律出版社 2008 年版。

71. ［奥］凯尔森：《法与国家的一般理论》，沈宗灵译，中国大百科全书出版社 1996 年版。

二、论文类

1. 曾韬：《裁量与裁量收缩——一个宪法、行政法结合部问题》，载《财经法学》2017 年第 4 期。

2. 白雅丽：《论中国行政诉讼和解制度的建立》，载《现代法学》2006 年第 3 期。

3. 蔡潇：《白某诉某省国土资源厅不履行法定职责案》，载《资源导刊》2018 年第 6 期。

4. 陈端洪：《对峙——从行政诉讼看中国的宪政出路》，载《中外法学》1995 年第 4 期。

5. 陈景辉：《合规范性：规范基础上的合法观念——兼论违法、不法与合法的关系》，载《政法论坛》2006 年第 2 期。

6. 陈少琼：《我国行政诉讼应确立合理性审查原则》，载《行政法学研究》2004 年第 4 期。

7. 陈小君、方世荣：《具体行政行为几个疑难问题的识别研析》，载《中国法学》1996 年第 1 期。

8. 陈依卓宁、王震：《履责之诉中的审查思路探析》，载《法律适用（司法案例）》2018 年第 4 期。

9. 崔胜东：《行政诉讼判决形式存在的问题及其完善》，载《法治研究》2007 年第 12 期。

10. 邓刚宏：《行政诉讼举证责任分配的逻辑及其制度构建》，载《政治与法律》2017 年第 3 期。

11. 邓刚宏：《论我国行政诉讼功能模式及其理论价值》，载《中国法学》2009 年第 5 期。

12. 杜仪方:《行政承诺不履行的法律责任》,载《法学论坛》2011 年第 4 期。

13. 曹沽:《论法律的确定性与不确定性》,载《法律科学》2004 年第 3 期。

14. 傅郁林:《民事裁判文书的功能与风格》,载《中国社会科学》2000 年第 4 期。

15. 高鸿:《行政承诺及其司法审查》,载《人民司法》2002 年第 4 期。

16. 高鸿钧:《走向交往理性的政治哲学和法学理论——哈贝马斯的民主法治思想及对中国的借鉴意义》,载《政法论坛》2008 年第 4 期。

17. 高家伟:《论行政审判制度的实质法治化转型》,载《河南社会科学》2013 年第 3 期。

18. 顾培东:《能动司法若干问题研究》,载《中国法学》2010 年第 4 期。

19. 郭道晖:《现代行政法治理念概述》,载《江苏社会科学》2003 年第 1 期。

20. 韩春晖:《从“行政国家”到“法治政府”?——我国行政法治中的国家形象研究》,载《中国法学》2010 年第 6 期。

21. 莫纪宏:《论人权的司法最终救济性》,载《法学家》2001 年第 3 期。

22. 韩思阳:《“裁量收缩理论”在国内司法实践中的运用——以行政复议案例为基础的整理》,载《行政法学研究》2012 年第 4 期。

23. 何家弘:《论司法证明的目的和标准——兼论司法证明的基本概念和范畴》,载《法学研究》2001 年第 6 期。

24. 贺江华:《行政法视域下形式法治和实质法治模式的比较与抉择》,载《学理论》2018 年第 6 期。

25. 胡肖华:《行政诉讼目的论》,载《中国法学》2001 年第

6 期。

26. 黄文艺：《全球化时代的国际政治——以形式法治概念为基准的考察》，载《吉林大学社会科学学报》2009 年第 4 期。

27. 黄先雄：《行政首次判断权理论及其适用》，载《行政法学研究》2017 年第 5 期。

28. 黄先雄：《论德国行政诉讼中司法权的边界》，载《行政与法》2013 年第 1 期。

29. 黄学贤：《行政公益诉讼若干热点问题探讨》，载《法学》2005 年第 10 期。

30. 黄学贤：《行政诉讼中法院依职权调查取证制度之完善探讨》，载《苏州大学学报》2012 年第 1 期。

31. 黄学贤：《形式作为而实质不作为行政行为探讨——行政不作为的新视角》，载《中国法学》2009 年第 5 期。

32. 黄先雄、皮丹丹：《公益性投诉举报类行政案件的诉讼救济问题研究》，载《中南大学学报》2017 年第 6 期。

33. 季美君：《检察机关提起行政公益诉讼的路径》，载《中国法律评论》2015 年第 3 期。

34. 季卫东：《论法制的权威》，载《中国法学》2013 年第 1 期。

35. 贾亚强：《论行政诉讼实质性解决行政争议的实现——以争讼行政法律关系的确定为研究进路》，载《法律适用》2012 年第 4 期。

36. 江必新：《论行政争议的实质性解决》，载《人民司法（应用）》2012 年第 19 期。

37. 江必新：《大力推进行政审判体系和审判能力现代化》，载《人民司法（应用）》2017 年第 16 期。

38. 江必新：《构建“三位一体”的行政法治规则》，载《检察风云》2013 年第 8 期。

39. 江必新：《行政法治理念的反思与重构——以“支撑性概

念”为分析基础》，载《法学》2009 年第 12 期。

40. 江必新：《论实质法治主义背景下的司法审查》，载《法律科学》2011 年第 6 期。

41. 江必新：《司法解释对行政法理论的发展》，载《中国法学》2001 年第 4 期。

42. 江必新：《完善行政诉讼制度的若干思考》，载《中国法学》2013 年第 1 期。

43. 江必新：《在法律之内寻求社会效果》，载《中国法学》2009 年第 3 期。

44. 江利红：《论宏观行政程序法与我国行政程序立法模式的选择——从行政过程论的视角出发》，载《浙江学刊》2009 年第 5 期。

45. 江勇：《关于浙江省审理履行法定职责行政案件基本情况的调查报告》，载《法律适用》2003 年第 8 期。

46. 江勇：《审理不履行法定职责行政案件的十大问题》，载《人民司法（应用）》2018 年第 4 期。

47. 姜明安：《行政裁量的软法规制》，载《法学论坛》2009 年第 4 期。

48. 姜明安：《行政诉讼功能和作用的再审视》，载《求是学刊》2011 年第 1 期。

49. 姜鹏：《不履行法定职责行政案件司法审查强度之检讨》，载《华东政法大学学报》2017 年第 4 期。

50. 蒋飞：《论当代中国司法的基本功能解决纠纷》，载《法律适用》2010 年第 10 期。

51. 蒋红珍、李学尧：《论司法的原初与衍生功能》，载《法学论坛》2004 年第 2 期。

52. 解志勇、闫映全：《反向行政诉讼：全域性控权与实质性解决争议的新思路》，载《比较法研究》2018 年第 3 期。

53. 解志勇：《论行政诉讼中的合目的性审查》，载《中国法学》2004 年第 3 期。

54. 晋松：《法律论证与司法裁判的正当性追求——转型中国语境下的司法裁判困境及其反思》，载《西南政法大学学报》2009 年第 2 期。

55. 孔祥俊：《论法律效果与社会效果的统一：一项基本司法政策的法理分析》，载《法律适用》2005 年第 1 期。

56. 李晨清：《行政诉讼原告资格的利害关系要件分析》，载《行政法学研究》2004 年第 1 期。

57. 李大勇：《行政诉讼证明责任分配：从被告举证到多元主体分担》，载《证据科学》2018 年第 3 期。

58. 李泠烨：《论不履行法定职责案件中的判断基准时》，载《当代法学》2018 年第 5 期。

59. 李梦琳：《行政不作为与不履行法定职责的关系界定》，载《黑龙江省政法管理干部学院学报》2018 年第 4 期。

60. 李卫华：《不完全作为行政行为研究》，载《山西警察学院学报》2017 年第 2 期。

61. 李拥军：《权利问题研究与中国当代劳动法观念的更新》，载《当代法学》2005 年第 5 期。

62. 梁凤云：《行政诉讼法修订的若干理论前提》，载《法律适用》2006 年第 5 期。

63. 梁平、陈焘：《司法权力去行政化改革》，载《河北法学》2015 年第 10 期。

64. 林卉：《怠于履行公共职能的国家赔偿责任》，载《法学研究》2010 年第 2 期。

65. 林莉红、马立群：《作为客观诉讼的行政公益诉讼》，载《行政法学研究》2011 年第 4 期。

66. 孔繁华：《行政诉讼性质研究》，载《武汉大学学报》2009 年第 1 期。

67. 范忠信：《纠纷解决是和谐社会的第一要义——关于全方

位解决模式的初步思考》，载《湖北大学学报》2008 年第 6 期。

68. 刘瑞华：《司法权的基本特征》，载《现代法学》2003 年第 3 期。

69. 刘善春：《行政诉讼举证责任分配规则论纲》，载《中国法学》2003 年第 3 期。

70. 刘莘：《行政诉讼是纠纷解决机制》，载《行政法学研究》2009 年第 3 期。

71. 刘澍：《论司法裁判中的经验法则——对典型案例的实证分析》，载《福建法学》2012 年第 3 期。

72. 刘艺：《检察公益诉讼的司法实践与理论探索》，载《国家检察官学院学报》2017 年第 2 期。

73. 刘长玉、山莹：《新法实施背景下行政审判司法审查强度初探》，载《山东审判》2017 年第 1 期。

74. 龙非：《中德履责之诉适当性研究》，载《行政法学研究》2011 年第 3 期。

75. 罗智敏：《论欧盟行政法一体化进程——以意大利对“合法权益”的损害赔偿为例》，载《华东政法大学学报》2013 年第 2 期。

76. 罗智敏：《意大利行政诉讼制度的发展变化及启示》，载《行政法学研究》2018 年第 3 期。

77. 马怀德：《保护公民、法人和其他组织的权益应成为行政诉讼的根本目的》，载《行政法学研究》2012 年第 2 期。

78. 马怀德：《行政诉讼法存在的问题及修改建议》，载《法学论坛》2010 年第 5 期。

79. 马可：《程序法事实证明的概念、适用、实质与意义》，载《中国刑事法杂志》2013 年第 1 期。

80. 毛建军：《行政诉讼履行判决研究——从行政不作为角度分析》，载《上海政法学院学报（法治论丛）》2013 年第 6 期。

81. 王华伟：《依职权行政不作为的合法性司法审查》，载《人民司法（应用）》2012年第1期。

82. 刘永廷：《论行政不作为的构成要件》，载《法学杂志》2008年第2期。

83. 关保英：《论行政不作为的诉权范畴》，载《法律适用》2010年第4期。

84. 庞凌：《法院如何寻求司法能动主义与克制主义的平衡》，载《法律适用》2004年第1期。

85. 钱弘道、吴亮：《纠纷解决与权力监督的平衡——解读行政诉讼法上的纠纷解决目的》，载《现代法学》2008年第5期。

86. 彭波：《论行政诉讼履行判决的内容》，载《河北北方学院学报》2011年第1期。

87. 齐树洁：《公益诉讼与当事人适格之扩张》，载《现代法学》2005年第5期。

88. 石佑启：《在我国行政诉讼中确立"成熟原则"的思考》，载《行政法学研究》2004年第1期。

89. 宋智敏：《论行政拒绝履行行为的司法审查——以42份行政拒绝履行案件判决书为分析样本》，载《法学评论》2017年第5期。

90. 宋雅芳：《行政诉讼原告资格的生成模式剖析》，载《贵州社会科学》2007年第10期。

91. 苏力：《法条主义、民意与难办案件》，载《中外法学》2009年第1期。

92. 苏力：《判决书的背后》，载《法学研究》2001年第3期。

93. 谭宗泽：《行政诉讼目的新论——以行政诉讼结构转换为维度》，载《现代法学》2010年第4期。

94. 汤军：《论行政诉讼原告资格认定的"权益保护"路径》，载《政治与法律》2013年第9期。

95. 汤维建、陈开欣：《试论英美证据法上的刑事证明标准》，载《政法论坛》1993年第4期。

96. 唐晔旎：《论利益衡量方法在行政诉讼原告资格认定中的作用》，载《行政法学研究》2005 年第 2 期。

97. 汪厚冬：《行政不作为构成要件体系的重构》，载《现代法治研究》2018 年第 2 期。

98. 汪庆华：《中国行政诉讼：多中心主义的司法》，载《中外法学》2007 年第 5 期。

99. 汪燕：《行政承诺不作为的司法救济研究》，载《政治与法律》2009 年第 9 期。

100. 王春云：《论行政不能》，载《山东审判》2003 年第 4 期。

101. 王玎：《检察机关提起行政公益诉讼的举证责任》，载《上海政法学院学报（法治论丛）》2017 年第 4 期。

102. 王贵松：《行政裁量权收缩之要件分析——以危险防止型行政为中心》，载《法学评论》2009 年第 3 期。

103. 王贵松：《论行政裁量的司法审查强度》，载《法商研究》2012 年第 4 期。

104. 王鉴辉：《行政不作为违法的国家赔偿责任研究》，载《现代法学》2000 年第 1 期。

105. 王克稳：《论行政诉讼中利害关系人的原告资格——以两案为例》，载《行政法学研究》2013 年第 1 期。

106. 王利明：《论法律解释之必要性》，载《中国法律评论》2014 年第 2 期。

107. 王鹏森：《行政法上不确定法律概念的具体化》，载《法制博览》2018 年第 24 期。

108. 王万华：《法治政府建设的程序主义进路》，载《法学研究》2013 年第 4 期。

109. 王晓平：《不成熟行政行为不具有可诉性》，载《人民司法（案例）》2008 年第 8 期。

110. 王彦：《日本行政案件诉讼法》，载《行政法学研究》

2005 年第 1 期。

111. 王振宇：《行政审判中解释法律的五种基本方法》，载《人民司法（应用）》2011 年第 3 期。

112. 吴华：《论课予义务诉讼——对行政不作为的救济形式》，载《行政法学研究》2006 年第 1 期。

113. 吴英姿：《风险时代的秩序重建与法治信念——以“能动司法”为对象的讨论》，载《法学论坛》2011 年第 1 期。

114. 徐朝建：《我国行政诉讼中适用成熟原则探究》，载《辽宁行政学院学报》2014 年第 2 期。

115. 薛刚凌、王霁霞：《论行政诉讼制度的完善与发展——〈行政诉讼法〉修订之构想》，载《政法论坛》2003 年第 1 期。

116. 闫尔宝：《行政不作为重述——界定与审查》，载《甘肃行政学院学报》2008 年第 1 期。

117. 阳平：《从客观性到相关性：中国证据法学四十年回顾与展望》，载《浙江工商大学学报》2018 年第 6 期。

118. 杨海坤、张琳：《行政诉讼制度目的论辨析》，载《学术交流》2016 年第 8 期。

119. 章志远：《行政行为概念之科学界定》，载《浙江社会科学》2003 年第 1 期。

120. 杨临萍：《行政诉讼法修改十大焦点问题》，载《国家检察官学院学报》2013 年第 3 期。

121. 杨伟东：《行政诉讼法修改的基本动向及其问题》，载《国家检察官学院学报》2007 年第 2 期。

122. 吴英姿：《司法的限度：在司法能动与司法克制之间》，载《法学研究》2007 年第 1 期。

123. 杨建顺：《论行政裁量与司法审查——兼及行政自我拘束原则的理论根据》，载《法商研究》2003 年第 1 期。

124. 杨小军：《怠于履行行政义务及其赔偿责任》，载《中国法学》2003 年第 6 期。

125. 杨小君：《行政诉讼原告资格：影响与利害关系》，载《法治论丛》2006 年第 4 期。

126. 杨寅：《行政诉讼概念重构》，载《中国法学》2002 年第 4 期。

127. 杨寅：《行政诉讼证据规则梳探》，载《华东政法学院学报》2002 年第 3 期。

128. 叶必丰：《行政不作为略论》，载《法制与社会发展》1996 年第 5 期。

129. 叶金强：《相当因果关系理论的展开》，载《中国法学》2008 年第 1 期。

130. 尹华容、胡龙：《行政诉讼功能探析》，载《求索》2007 年第 6 期。

131. 尹建国：《公共行政给付中的裁量权治理》，载《环球法律评论》2010 年第 4 期。

132. 应松年、杨伟东：《我国行政诉讼法修正初步设想》，载《中国司法》2004 年第 4 期。

133. 于安：《发展导向的行政诉讼法修订问题》，载《华东政法大学学报》2012 年第 2 期。

134. 于立深、刘东霞：《行政诉讼受案范围的权利义务实际影响条款研究》，载《当代法学》2013 年第 6 期。

135. 于立深：《违反行政程序司法审查中的争点问题》，载《中国法学》2010 年第 5 期。

136. 袁曙宏、方世荣：《论行政法律关系的产生》，载《江苏社会科学》2000 年第 6 期。

137. 袁文峰：《论行政承诺形式化》，载《政治与法律》2009 年第 9 期。

138. 张峰振：《论不当行政行为的司法救济——从我国〈行政诉讼法〉中的“明显不当行政行为”谈起》，载《政治与法律》2016 年第 1 期。

139. 张文显、李光宇：《司法：法律效果与社会效果的衡平分析》，载《社会科学战线》2011 年第 7 期。

140. 张旭勇：《“法律上利害关系”新表述——利害关系人原告资格生成模式探析》，载《华东政法大学学报》2001 年第 6 期。

141. 张耀泽：《行政诉讼一审中第三人举证规则——以新行政诉讼法第三十四条为视角》，载《人民司法（应用）》2016 年第 31 期。

142. 章剑生：《行政诉讼履行法定职责判决论——基于〈行政诉讼法〉第 54 条第 3 项规定之展开》，载《中国法学》2011 年第 1 期。

143. 章志远：《司法判决中的行政不作为》，载《法学研究》2010 年第 5 期。

144. 章志远：《我国司法政策变迁与行政诉讼法学的新课题》，载《浙江学刊》2009 年第 5 期。

145. 章志远：《行政诉讼类型化时代的开启》，载《中国审判》2015 年第 10 期。

146. 赵清林：《类型化视野下行政诉讼目的新论》，载《当代法学》2017 年第 6 期。

147. 赵肖筠、沈国琴：《从行政不作为看政府与社会关系的新发展》，载《江苏社会科学》2001 年第 1 期。

148. 赵星：《逻辑司法推理的有限性》，载《求索》2007 年第 9 期。

149. 郑海涛：《对行政不作为的行政法制控制》，载《理论学习》2006 年第 9 期。

150. 周永坤：《诉权法理研究论纲》，载《中国法学》2004 年第 5 期。

151. 周佑勇、邓小兵：《行政裁量概念的比较观察》，载《环球法律评论》2006 年第 4 期。

152. 周佑勇：《行政不作为构成要件的展开》，载《中国法学》2001 年第 5 期。

153. 周赟：《司法能动性与司法能动主义》，载《政法论坛》2008 年第 2 期。

154. 朱新力：《行政不作为违法之国家赔偿责任》，载《浙江大学学报》2001 年第 2 期。

155. 朱永红：《法律推理视角中的法官自由裁量》，载《河北法学》2007 年第 10 期。

156. 左卫民：《法院制度功能之比较研究》，载《现代法学》2001 年第 1 期。

三、学位论文类

1. 杜琼：《行政诉讼判决研究》，中国政法大学 2005 年硕士学位论文。

2. 冯珍珍：《论我国行政诉讼履行判决》，广西民族大学 2012 年硕士学位论文。

3. 胡龙：《论行政诉讼的功能及其障碍破解》，湘潭大学 2007 年硕士学位论文。

4. 李桂红：《中国语境下行政审判制度的改革与完善》，西南政法大学 2012 年硕士学位论文。

5. 林涛：《行政诉讼之利于公民法律解释规则研究》，中国政法大学 2004 年硕士学位论文。

6. 刘东亮：《行政诉讼目的论》，中国政法大学 2004 年博士学位论文。

7. 刘宏博：《行政不作为诉讼研究》，吉林大学 2015 年博士学位论文。

8. 王宏：《行政诉讼原告资格的流变与前瞻——以德国法为参考》，中国政法大学 2016 年硕士学位论文。

9. 祖燕：《行政解释论》，中国政法大学 2009 年博士学位论文。

四、外文类

1. B. C. Canon, *Defining the Dimensions of Judicial Activism*, Judicature, Vol. 66, 1983.

2. Cf. Clive Lewis, *Judicial Remedies in Public Law*, London, Sweet & Maxwell, 2000.

3. De Smith, Woolf Jowell, *Judicial Review of Administrative Action*, London, Sweet & Maxwell, 1995.

4. L. Neville Brown, John S. Bell, *French Administrative Law*, Clarendon Press Oxford (fifth edition), 1998.

5. Peter H. A. Lehner, *Judicial Review of Administrative Inaction*, Columbia Law Review, 83 Colum, L. Rev. 627, APRIL, 1983.

6. R. Brazier, *Constitutional and Administrative Law*, Penguin, 7th edn, 1994.

7. Brigid Hadfield, *Judicial Review: A Thematic Approach*, Gill & Macmillan Ltd., 1995.

8. Jurgen Schwarze, *European Administrative Law*, translated by Brussels, Office for Official Publications of the European Communities, Sweet and Maxwell, 1992.

9. Justice Brennan, *The Purpose and Scope of Judicial Review*, M. Taggart (ed.), Judicial Review of Administrative Action in the 1980s, Oxford University Press, 1986.

10. Steven Stark & Sarah Wald, *Setting no Records: The Failed Attempts to Limit the Record in Review in Review of Administrative Action*, Administrative Law Review, 1984.

11. TRS Allan, *Common Law Reason and the Limits of Judicial Deference*, David Dyzenhaus (ed.): The Unity of Public Law, Hart Publishing, 2004.

12. D. J. Galligan, *Discretionary Power: A Legal Study of Official*

Discretion, Clarendon Press, 1986.

13. Cf. Nicholas Emiliou, *The Principle of Proportionally in European Law: A Comparative Study*, London, Kluwer Law International, 1996.

14. Oliver Wendell Holmes, *The Path of the Law*, Harvard law Review, 1897.

15. Bernard Schwartz, *Administrative Law*, Brown & Company, 1976.

16. John Rawls, *A Theory of Justice*, *China Social Science*, Publishing House Chengcheng Books Ltd., 1999.

17. Jerry Mashiaw, Richard A. Merrill & Peter M. Shane, *Administrative Law*, The American Public Law System, Case and Materials, Third edition, West Publishing Co., ST. Paul, Minn., 1992.

18. Michael Asimow, *The Scope of Judicial Review of Decisions of California Administrative Agencies*, 42, UCLA Law Review, 1995.

19. Lon L. Fuller, *The Forms and Limits of Adjudication*, Harvard Law Review, Vol. 92, 1978.

20. John H. Reese, *Bursting the Chevron Bubble: Clarifying the Scope of Judicial Review in Troubled Times*, FordhamL. Rev, 2004; Allen. M. Tompson. B, *Cases and Materials on Constitutional and Administrative law*, 7th ed., Oxford Clarendon Press, 2002.

21. Unger Roberto M, *Law in Mordern Society–Toward a Criticism of Social Theory*, New York, The Free Press, 1997.

22. M. Cappelletti, *Governmental and Private Advocates for the Public Interest in Civil Litigation*, Michigan law Review, 1975.

23. William R. Andersen, *Judicial Review of State Administrative Action–Designing the Statutory Framework*, Administrative Law Review, 1992.

24. Richard Clayton, *Judicial Deference and Democratic Dialogue*, The Legitimacy of Judicial Intervention under the Human Right Act 1998, Public Law, 2004.

25. TRS Allan, *Common Law Reason and the Limits of Judicial Deference*, David Dyzenhaus (ed.), *The Unity of Public Law*, Hart Publishing, 2004.

26. C. Harlow, *Global Administrative Law: the Quest for Principles and Values*, European Journal of International Law, 2006.

27. Robert E. Riggs, *Legitimate Expectation and Proceedural Fairness in English Law*, the American Journal of Comparative Law, 1988.

28. Andrew S. Y. Li, Hester Wai-San Leung, *The Doctrine of Substantive Legitimate Expectation: The Significance of Ng Siu Tung and Others v. Director of Immigration*, Hong Kong Law Journal, 2002.

29. Steven Stark, Sarah Wald, *Setting no Records: The Failed Attempts to Limit the Record in Review of Administrative Action*, Administrative Law Review, Vol. 36, No. 4, 1984.

30. Cf. Bernard Schwartz, *French Administrative Law and the Common-Law World*, New York University Press, 1954.

五、报纸类

1. 曾照旭：《不完全履行法定职责的司法认定》，载《人民法院报》2013 年 6 月 6 日第 6 版。

2. 冯庆俊：《如何认定行政机关不履行法定职责》，载《检察日报》2017 年 3 月 27 日第 3 版。

3. 陈光中：《诉讼中的客观真实与法律真实》，载《检察日报》2000 年 7 月 13 日第 8 版。

4. 金民珍、徐婷姿：《回应型司法的理论与实践》，载《人民法院报》2012 年 11 月 21 日第 8 版。

六、案例参考

1. 福建省安溪县人民法院（2004）安行初字第 8 号。

2. 福建省泉州市中级人民法院（2004）泉行终字第 101 号。

3. 河南省信阳市中级人民法院（2015）信行终字第 50 号。
4. 河南省洛阳市中级人民法院（2015）洛行终字第 129 号。
5. 安徽省淮南市中级人民法院（2016）皖 04 行终字第 4 号。
6. 江苏省常州市钟楼区人民法院（2007）钟行初字第 93 号。
7. 江苏省常州市中级人民法院（2008）常行终字第 20 号。
8. 北京市第二中级人民法院（2015）二中行终字第 400 号。
9. 四川省绵阳市中级人民法院（2016）川 07 行终字第 60 号。
10. 白城市中级人民法院（2015）白行终字第 22 号。
11. 湖南省郴州市中级人民法院（2013）郴行再终字第 4 号。
12. 山东省东营市中级人民法院（2004）东行终字第 53 号。
13. 泰安市中级人民法院（2013）泰行终字第 42 号。
14. 广州铁路运输中级人民法院（2017）粤 71 行终 2203 号。
15. 福建省南平市延平区人民法院（2007）延行初字第 38 号。
16. 福建省南平市中级人民法院（2009）南行终字第 50 号。
17. 重庆市第五中级人民法院（2014）渝五中法行终字第 268 号。
18. 江苏省扬州市中级人民法院（2014）扬行终字第 22 号。
19. 江西赣州市中级人民法院（2012）赣中行终字第 52 号。
20. 江苏省无锡市中级人民法院（2017）苏 02 行终 125 号。
21. 江苏省无锡市南长区人民法院（2015）南行初字第 3 号。
22. 湖南省湘潭市中级人民法院（2014）潭中行终字第 62 号。
23. 北京市第一中级人民法院（2014）一中行终字第 10867 号。
24. 吉林省吉林市昌邑区人民法院（2010）昌行初字第 23 号。
25. 吉林省吉林市中级人民法院（2010）吉中行终字第 35 号。
26. 江苏省扬州市中级人民法院（2015）扬行初字第 3 号。
27. 最高人民法院（2016）最高法行申 4305 号。
28. 海南省海口市中级人民法院（2009）海中法行初字第 79 号。

29. 海南省高级人民法院（2010）琼行终字第27号。
30. 北京市第四中级人民法院（2015）四中行初字第597号。
31. 江苏省高级人民法院（2002）苏行终字第6号。
32. 昆明市中级人民法院（2003）昆行终字第9号。
33. 北京市第一中级人民法院（2014）一中行终字第10867号。
34. 北京市第一中级人民法院（2015）一中行初字第10172号。
35. 最高人民法院（2016）最高法行申字第180号。
36. 贵州省福泉市中级人民法院（2015）福环行初字第2号。
37. 江苏省如皋市中级人民法院（2008）皋行初字第54号。
38. 海南省海口市中级人民法院（2014）海中法行终字第115号。
39. 北京市丰台区人民法院（2003）丰行初字第49号。

后　记

本书是根据我的博士学位论文修改完成的，回顾自己考博读博的过程不禁感慨万端。还记得考上博士那一刻的乐不可支，也对博士学位论文写作进入瓶颈期的夜不能寐记忆犹新。读博阶段的学习是枯燥但又充满生趣的，是不断质疑但又充满欣喜的。读博阶段的学习对我个人而言充满了艰辛和挑战，是一个不断认知自我、否定自我和重塑自我的过程。我的博士学位论文能够有幸选入法大诉讼法学博士文库，并由中国人民公安大学出版社出版，我感到非常荣幸。本书的出版镌刻并珍藏了一段值得怀念的青春记忆。囿于自己学术水平和理论功底，本书的内容仍有雕琢的空间和余地，这都亟待自己继续汲取大量实践经验。博士学位论文的完成和本书的出版不仅凝聚了自己大量的心血和博士生导师的悉心指导，更承载了太多同人的期许。

本书交付出版之时有一种发自内心的感动，需要说明的是，本书关于行政不作为的研究仅是笔者粗浅的角度和观点。随着我国法治思想的更新和社会发展的需要，如果对行政不作为诉讼进行延伸扩展，还有后续值得研究的诸多切入点。例如，指导性案例制度、判决书说理、法官队伍建设等影响不作为诉讼实质性解决行政争议的重要问题。相信不久的将来，会有更多学者和实务界同人投入到不作为诉讼的研究中。